民初
風雲人物

上

惜秋 撰

三民書局

國家圖書館出版品預行編目資料

民初風雲人物(上)／惜秋撰.－－二版一刷.－－臺北
市：三民，2006
　　面；　公分

ISBN 957-14-4577-0　(平裝)

1.中華民國－傳記

782.18　　　　　　　　　　　　　　　95019585

©　民初風雲人物(上)

撰　　　者	惜　秋
責任編輯	黃毓芳
美術設計	陳佩瑜
校　　　對	王良郁
發 行 人	劉振強
著作財產權人	三民書局股份有限公司
發 行 所	三民書局股份有限公司
	地址　臺北市復興北路386號
	電話　(02)25006600
	郵撥帳號　0009998-5
門 市 部	(復北店)臺北市復興北路386號
	(重南店)臺北市重慶南路一段61號
出版日期	初版一刷　1976年10月
	初版三刷　1988年10月
	二版一刷　2006年10月
編　　　號	S780600
基本定價	陸　元

行政院新聞局登記證局版臺業字第○二○○號

有著作權，不准侵害

ISBN　957-14-4577-0　(平裝)

http : // www.sanmin.com.tw 三民網路書店

二版說明

一、 人物故事常常可以啟發智慧，鼓勵向上，提供經驗，
　　 示範品行等等，歸納言之，對世道人心，有所裨益而
　　 已。作者本此宗旨，撰寫歷代人物故事集，本書即為
　　 該系列中的一冊。

二、 歷代人物足供啟發借鏡者甚多，作者所選擇的以動亂
　　 時期之偉人為主，有鼓勵世人積極奮鬥之意。

三、 歷史人物為斷代史片面之一角，為使讀者能了解整個
　　 時代，作者不僅對當時歷史事實之來源，常加扼要的
　　 敘述；對後世的影響，亦作簡要的說明，有助於讀者
　　 了解這些人物在歷史主流中所處之地位。

四、 作者將民國建立的成果，歸諸革命志士，並為本書選
　　 裁人物的依準，以明史觀。

五、 為豐富本書內容，另增補新圖，特此說明。

編輯部謹識

二〇〇六年十月

【歷史人物第七輯】

民初風雲人物（上）

目　次

壹 黃 興

——百戰功高，名震中外的革命英雄

異軍突起的革命青年

民國初年的風雲人物，我們必首推黃興先生。這位湘中青年，憑其特異的天資，任俠的性格，在湘中首創革命，組織華興會，密謀起義；事敗，東走日本，歸到革命的陣營，與國父的興中會、江浙的光復會，合組為中國革命同盟總會。由國父孫先生為總理，先生為事務部長，蓋即祕書長也，於是孫、黃齊名，合力策劃起義，在廣東、廣西與雲南的邊區，屢次舉義，以寡擊眾，纏鬥不已，黃興之名，震於遐邇，為革命同志公認的軍事天才，清軍聞名喪膽。辛亥三月二十九日的廣州起義，親率敢死同志，進撲廣州督署，所向披靡，事雖未成，而黃興之威名更盛。武昌首義之後，清政府起用袁世凱，以其素所精鍊的北洋大軍，分由馮國璋、段祺瑞率領，進攻陽夏（漢口、漢陽），黃興被推為漢口與漢陽方面的前敵總指揮，鏖戰三十日，使武昌危而復安，使東南各省聯軍得從容部署，攻克南京，北洋軍之氣燄，為之大減。民國臨時政府成立，任陸軍總長兼參謀總長，總領師干，捍禦強敵，籌北伐，立兵制，整部隊，安後方，可謂以一身寄民國之安危，以黃興先生為民國初年的風雲人物之首要，誰曰不宜！

黃興先生本名軫，字杞園，一字廑午，諧作菫塢、近午、慶午等，也是他常用的。他之改名興，字克強，是在亡命日本時，其取義是：「興我中華，興我民族，克復強暴。」他一生的革命救國行動，完全在這一範疇之中，觀其名，審其字，便可以知道他的性格與事業。他的先世，本是中原望族，大約由於中原的混亂

時期向南遷徙，至江西落籍，明末始遷湖南，是因為仰慕周敦頤濂溪先生的理學，欲親炙其餘韻。其所居的地區，是長沙附郭的善化縣糧塘。先生的父親筱村公，是湘中的名諸生，生子二人，長叔霞，次即先生。同治十三年，即西元 1874 年，先生誕生。時國父孫中山先生已八歲，蔡元培則已七歲，湘中名人胡元倓則已二歲，梁啟超則為一歲，其他革命黨人如秋瑾、張人傑、陳其美、廖仲愷、于右任、史堅如、胡漢民、趙聲、宋教仁、朱執信、戴傳賢等皆較先生稍小數歲不等（參考李雲漢《黃克強先生年譜》）。許多革命志士，都陸續誕生於這數年之間，一如上帝為了要救中國而作的特別安排，雲從龍，風從虎，風雲際會，極一時之盛，民國成立，就是這些革命黨人努力的結果。先生的故居糧塘，是一個風景優美的地區，那裡有壯闊的波瀾，高聳的喬木，有遠山為點綴，有清水通舟楫，近處則有市廛，鍾靈毓秀，孕育出這樣一個民族偉人和民國偉人。父親是湘中的名諸生，母親是湘中的名門淑女，地利和人和，都是先生成為名人的重要因素。

先生幼年，就表現出他特有的性格，陳維綸的〈黃興〉一文中，有如下的一段：

> 先生早年，就展開他獨特的行動，在衣、食、住、行方面，注意整潔，處理有條；在鄉黨親戚間，進退有節；聽講聖賢英雄故事，常好問其所以，得到詳細的解答，才肯休止。又好攀山、涉水、騎馬、弋釣等活動，鄰兒都歡喜和他交遊，當他得到親長的饋贈，必邀約鄰兒共享；倘使自己分享不得，便相視而嬉。

上述這些特性的表現，有許多都是他五歲時的逸事。不自私的個性，可以說是得諸天性，尤其是在運動方面，是先生日後有強健體格的來源之一。

在六歲的那年，筱村公始以《論語》授先生，益以書法和對句，但其所作常能超出指定的範圍，其聰明才智，可謂異乎常兒，

這大概就是所謂天才兒童了。如是受教者凡三年，到了九歲，始就讀於馮唐（即糧塘）蕭舉人所設的家塾，其中先生最感興趣為《詩經》。蕭氏家塾距先生家約半里，母親羅太夫人愛之彌深，出入皆親自接送。是年羅太夫人患病，先生侍於榻前，朝夕不離，及羅太夫人卒，先生哀毀逾恆，安葬之後，每至校，必繞道母墓，拜而後去。其至誠的孝思，亦出於天賦。翌年，筱村公繼娶易太夫人，也是湘中著名的淑女，知書識禮，愛先生如己出，督教甚嚴，先生之學業，因而大進。一日，蕭舉人為人書聯，把「向陽門第春光早」，誤寫為「向陽門第春先到」，一時不能出下聯，先生進曰：「何不書積善人家喜事多」，蕭先生稱善，同學們都對先生欽佩不已，其才思敏捷常類此。

光緒十一年，先生年十二歲，改從周翰林家塾就讀，受《春秋》及《楚辭》，兼習八股文。先生喜詩詞，獨惡八股文之徒尚空架子而無內容。然每有所作，文詞與氣勢，均稱佳構，為鄉里所重。是年中法之間為越事而發生戰爭，劉永福、馮子材等屢敗法陸軍，但其在閩海軍則以詐術獲勝。先生知道了這一消息，便向周翰林請教戰事經過，尋根究底的個性，至此繼續發生，得到的結果，是對滿清政府的嫌惡與憎恨，是為先生排滿運動的發端。是年年假期間，先生從瀏陽李永球習烏家拳，一點就透，突飛猛進，能舉百鈞，本有豪俠性格，至此與拳擊相結合，遂有俠士之稱。先生本與鄉子弟善，常部勒之，所用之法，暗與兵法相合，至此遂為群兒之首領，鄉中匪類，皆凜懼不敢犯。

先生從周翰林就學，先後凡三年，到了十五歲，就讀於嶽麓書院，那是湖南省的最高學府，考課甚嚴。先生在院，初仍以研究詞章為主，旁及諸經、訓詁、音韻，後改宗義理，而注意輿地與算學。凡有心得，皆錄之於劄記之中。其治理學，除研究《宋明學案》、語錄外，並斟酌程朱的明德與新民，陳同甫、陳良與葉水心的救世濟時，匡復宋室的意旨，以及王陽明的平亂匡明，顧

亭林、黃梨洲的除奸抗清，王船山的明物弭亂，光復漢族江山的民族思想，由此而奠定了基礎。其治詩文，不斤斤於章句與文辭以及唐宋諸家之體制，只注意於風格與性情，故其所作，在樸茂中有汪洋恣肆的氣概，時有沉鬱悲涼之作，並擅雄渾流麗的勝場，而有奮勵前進，規復漢業的意旨。先生時亦旁習諸子為輔，尤喜老莊與禹墨及兵法刑名，對《孫子兵法》，注意獨多。他認為《孫子兵法》所重的「修道保法」，「因時地制宜」，「上下同欲，可與生死」，都與儒墨諸家相貫通，這真是獨特的心得了。先生認為：機智權謀，輔以仁愛，調兵遣將，威愛兼施，並不是尋常軍人與文士所能輕易做得到的。在這段期間，先生習練書法甚勤，但他於當時風尚的行楷，不甚措意，獨好東晉與北魏的書法，他說：「鄭文公碑，字法真正，篆勢分韻，盡在其中，蘭亭雄健幻化，似乎奇怪百出，實歸於中和。」誠確論也，雖作臨摹，但只注意於字法的點、畫，使轉的形質，而尤注意於性情。有評其書法近蘇軾與董其昌者，先生則謂：「東坡之書力弱，弊在瀾漫；香光之書氣輕，弊在凋疏，均由指勁不足。若使指有勁，要效法打拳，出手起腳，極勁力所能至，氣通勁出，便能盡勢傳意。」這是先生諸學相通的一貫看法，其好學深思而能融會貫通，也是表現了他的思想之革命性的發展。在嶽麓書院肄業四年，至十九歲，與廖淡如女士結婚。廖女士與先生同歲，是湘中名諸生廖星舫之女公子，也是名門淑女，生四子、二女，除幼子夭折外，餘皆卓然有成。是年，殆為先生嶽麓書院卒業之年，觀乎先生年譜，此年以後，即無嶽麓肄業之記載而可以窺見之。

　　先生在十八歲時曾參加縣考，未能錄取。同往應試者有二人，黎明前進場，即日交卷，先生文稿已成，而其他二人正在搜索枯腸。三篇完成，先生首先出場，二人皆取，而先生獨名落孫山，憾之。二十歲又應考，蓋由親命難違，先生固志不在此也。是科獲中秀才，先生嘗有詩云：「一第豈能酬我志，此行聊慰白頭親」。

又賦〈少年淥鷹詩〉云:「獨立雄無敵,長空萬里風;可憐此豪傑,
豈肯困樊籠!」「一去渡蒼海,高陽磨碧穹;秋深霜氣肅,木落萬
山空。」這才是先生的志願。光緒二十三年,先生年二十四歲,奉
筱村公命,北至漢上,參加秋闈考試。行裝甫卸,忽得筱村公噩
耗,先生趕回奔喪,哀毀盡禮,時已中日甲午戰敗,維新黨人大
行其道,首領之一的梁啟超應聘入湘,主講於長沙時務學堂。時
務學堂,本由王先謙等創立,本係私塾,至此改為官立,熊希齡
為經理,王先謙、黃自元等為學董,梁啟超則任總教習,皆一時
人望。蔡鍔、唐才常、范源廉等皆在校受業,造就人才不少。梁
氏在湘,創設南學會、《湘學報》、保衛局,為維新派宣傳不遺餘
力,對湘中學風影響甚大。時先生在守制期間,獨不受其影響。
服闋,由嶽麓書院保入兩湖書院肄業。院中課程,除經、史、文
學外,尚有天文、地理、數學、測量、化學、博物、兵法、史略
及兵操等課,而地理一科之任教者為宜都楊守敬、新化鄒代鈞,
都是當代的名家。先生在院,篤志向學,尤對地理與兵操最感興
趣。他認為不明地理,無以知天下之大勢;不習兵操,無以強身
有為。當時風氣未開,學生中大多數都不肯脫下長袍,以短裝習
操。一二頑劣學生,常故意與教師相頑耍,令其左,果意向右,
並相視而笑。有翻皮袍上縛,毛茸茸有如跳草裙舞,令人發噱。
但先生則奉命唯敬,動作一如法度,久之便成風氣。故深為院長
梁鼎芬所器重。梁本為科場得意人物,見先生遵守規定,而詩、
書、詞、文均臻上選,力勸先生致力於翰苑,先生口雖允從,而
心勿謂然。先生之記日記,蓋亦始於此時,所作詩詞,亦記載於
日記中。

庚子拳亂時,先生仍在兩湖書院肄業,時北京已陷,慈禧與
光緒狼狽出奔。是年七月,唐才常、秦力山等組自立軍,對外以
勤王為號召,實謀起事以推翻滿清政府,先生參與其事。自立軍
失敗,唐才常死難,先生哭至痛。說者往往以唐為梁啟超之學生,

其勤王討賊的號召，又為康梁所利用，而以唐才常歸諸保皇黨，即章太炎亦以此責之，先生力闢其非。唐等之為革命黨人，經先生之辨而始明。

先生在兩湖書院，先後四年，至光緒二十七年卒業，翌年以湖北官費保送至日本留學，入東京弘文學院，攻教育，與先生同時留日的湖北官費生尚有三十人，為湖北留日學生之極盛時期，為革命黨造就不少的人才。胡漢民先生少先生六歲，未幾亦至日留學，與先生同學，兩人志同道合，不久即成密友，且為國父革命運動的左右手。胡先生對先生極為敬佩，嘗謂：「先生雄健不可一世，而處事接物，則虛懷縝密，轉為流輩所弗逮。先生使人，事無大小，輒曰慢慢細細，余耳熟是語，以為即先生生平治己之格言。」從胡先生的觀感中，我們可以理解先生決非勇往直前的粗線條人物。

時先生已決心革命，願從軍事方面對革命有所貢獻，故特於課餘，講究軍略，暇則參觀士官聯隊兵操，每晨必赴神樂坂武術會習騎射。會中規定，凡連中紅心靶六次者，獎以銀牌，先生射無不中，得獎牌滿匾。留日學生本有勵志社的組織，以「聯絡感情、策勵志節」為宗旨，發刊《譯學彙編雜誌》，專譯歐西民主思想之典籍，對留日學生之政治思想影響甚大。及八國聯軍陷北京，此一組織，逐漸演變為救國組織。救國不能離革命而空談，於是進一步成為革命組織。唐才常自立軍之役，返國參加者不少。他們脫險返日後，更加傾心於革命。其傾談革命，也在此時更為熱烈。其時各省留日學生也紛紛發行革命刊物，東京留日學生的革命空氣，至此益為濃厚。會日政府應滿清政府之請，禁止私費學生肄習陸軍，留日學生因與駐日清使發生衝突，吳稚暉被解回國，胡漢民憤而退學，各省留日學生乃組織青年會，以民族主義與破壞主義相號召。先生則與湘籍同學陳天華、楊篤生等發起《游學編譯雜誌》，一方面翻譯外國名著，灌輸新思想，一方面鼓吹民族

革命，收效甚宏。這一組織，後來改組為湖南編譯社，先生曾譯日本教育家山田邦彥所著的《學校行政法論》，分期刊載，對中國教育啟發甚多。

　　光緒二十九年正月初一日，留日學生在東京舉行元旦團拜，清駐日公使蔡鈞及留學生監督汪大燮均在座。國父預囑馬君武與劉成禺在會中發表演說，馬氏首先登臺，闡述排滿革命之必要，言次聲淚俱下；劉成禺繼起發言，力陳救國必需排滿，激昂慷慨，博得滿座的掌聲。留日學生革命情緒之強烈，由此可知。翌年，日俄戰爭以我東北為戰場，留日學生大憤，召集會議，分電南北洋大臣主戰，鈕永建等主張留日學生應組織軍隊，以實力抗俄，當即徵求志願參軍之留日學生，名之曰拒俄義勇隊。凡此諸事的推行，先生都是躬與其事，而且是最熱心策動的一分子。鈕永建等回國請願參戰，既被拒於北洋大臣，清政府並下令各省禁止拒俄義勇隊之集合與訓練，清駐日公使也透過日本警察，禁止拒俄義勇隊的活動。留日學生乃改變方針，改組學生軍為軍國民教育會，以「養成尚武精神，實行愛國主義」為宗旨，其言有云：「祖父世仇則報之，文明大敵則抗拒之，事成為獨立之國民，不成則為獨立之雄鬼。」其志其節，可謂悲壯之至。東京軍國民教育會之推行，先生為重要負責人之一，也是最熱心的推行人員之一。東京軍國民教育會成立之消息，傳至上海，上海中國教育會立即致賀，並成立軍國民教育分會以響應之。東京軍國民教育會的職員，有教員、事務員、會計員、運動員、執法員等，其運動員即派遣留學生返國推行革命運動之意。先生與陳天華即奉派回湘，任策動革命的任務。先生奉派後，即日啟程，並向劉揆一請示方略。劉揆一建議多與會黨聯絡。他說：

　　　　種族革命，固非運動軍學界不為功；而欲收發難速效，則
　　　　宜採用哥老會黨，以彼輩本為反對滿清而早有團結，且其
　　　　執法好義，每可贊歎。比如湖南會黨有戴某者，違犯會規，

其頭目馬福益星夜開堂，判處死刑。當……死者路過山阿狹隘處，死者猶回顧馬福益曰：大哥好走，須防失足落下坑去。馬亦嗚咽應而慰之。由此，可見其不肯枉法與視死如歸，足為吾輩革命所取法。

先生聞之，深為感動，並謂：「聞馬昔遭危難，君曾救濟之，聯絡似較容易，故望君及早歸國，共圖大舉。」先生之虛心與縝密，由此可知。自此，先生放棄了學業，返國從事於實際的革命。時光緒二十九年五月，先生年三十歲。劉揆一允於三個月後，在長沙相會。

明德教員密謀起義

先生返滬，適值湘潭人胡元倓在滬聘請英文教師。胡元倓是光緒二十八年的拔貢生，留學東京弘文學院師範速成班，與先生同學，私交甚篤。胡先回，創辦明德學堂，為湖南第一所的私立中學，因須聘英文教師而至滬，至此與先生相晤，堅請返湘相助，先生允之。上海聖彼得堂會長吳國光並為先生具函介紹長沙聖公會會長黃吉亭，請登冊記名，作為先生策劃革命的掩護。先生又乘在滬的機會，赴泰興訪縣知事湘人龍璋，商革命籌款事；又赴南京，訪兩江總督魏光燾之三子魏肇文，肇文乃先生之東京同學。他的活動，都是為革命發展留一地步，乃是他細心縝密處。

先生返湘經鄂，寓武昌李廉方寓，宣傳革命，不遺餘力。嘗至他的母校兩湖書院，發表演說，闡述滿清的畛域觀念，指斥清廷的愚昧無能，主張推翻滿清政府的專制政體，攜回鄒容所著的《革命軍》與陳天華所著的《猛回頭》四千餘部，分贈武昌軍學各界。宋教仁時肄業於武昌文普通學堂，聽到先生的演說後，深為欽佩，遂相訂交。時武昌清吏聞先生進行革命宣傳，密告於張之洞，張令梁鼎芬拿辦。梁鼎芬奉令後，訝異地說：「不意黃軫亦竟變為革命黨！」梁尚有憐才之意，乃代以驅逐出境，但先生在武

昌仍滯留八日，始返長沙。

　　先生至校，胡元倓即請其任教於第一期速成師範班，分兩班上課，教師有譚延闓、張繼、王正廷、蘇玄瑛（即革命詩僧曼殊上人）等，皆一時俊彥，學生則有陳嘉佑、彭國鈞等，日後都是湘省的知名人物。先生又約李書城、吳祿貞來湘，為湘省籌設武備學堂，他自己又兼課於正經學堂。革命志士，雲集長沙，而兩校學生受師長之薰陶，對革命思想，遂多認識，為日後革命幹部者甚多。先生多才多藝，有時教生物、圖畫，有時教歷史、體操，教員缺課，文科方面皆先生代之，真是忙得不亦樂乎。張繼任西洋史教師，他開宗明義，即講法蘭西大革命，都是有為而發，先生和張繼的交誼，自此益密。他們白天的工作，雖如此之多，但晚間則仍舉行祕密會議，策劃發展革命運動，籌備革命起義。一夕，他和張繼在密議之後，擦拭手槍，不慎走火，幾傷及先生，險哉！時先生已剪去髮辮，在校時多穿體操制服，夏日常讀書於樹蔭之下，赤膊坐在塘邊，有目空一切之氣概。出門時則戴假辮，以掩人耳目，但服裝亦甚隨便，並沒有一般士子的頭巾氣，這真所謂英雄本色了。

　　先生是在光緒二十九年五月離日返國，六月至明德任教，即與諸同志悉心籌劃，發展革命運動，吸收革命同志，聯絡湘省各路會黨，至是年九月（陰曆）已有相當成就，明德學校就是他活動的中心。十六日是先生三十歲生日，乃以祝賀為名，聚集各地同志，集會於長沙，組織革命團體，初名大成會，既而改稱華興會，與會者有彭淵恂、周震麟、張繼、譚人鳳、蘇玄瑛、吳祿貞、陳天華、宋教仁等二十多人，先生被推為會長，對外則用華興公司的名義，設址於南門附近，以興辦礦業為號召，招股一百萬元作為資本。實際上是以礦業代表革命，以入股代表入會，以發股票代表發會員證，並以「同心撲滿，當面算清」為口號，表示了華興會的革命宗旨。其時劉揆一等自日返國，揆一蓋踐九月之約

圖1　黃興（前排中坐者）及華興會成員

也，革命黨人之重信尚義，此其一例。先生在會中建議說：

　　本會皆實行革命之同志，自當討論發難之地點與方法，以
何者為宜：一為顛覆北京首都，建瓴以臨海內，有如法國
大革命發難於巴黎，英國大革命之發難於倫敦；然英法為
市民革命，而非國民革命，市民生歿於本市，身受專制痛
苦，奮臂可以集事，故能扼其吭而拊其背。若吾輩革命，
既不能藉北京偷安無識之市民，撲滅虜廷，又非可與異族
之禁衛軍，同謀合作；則是吾人發難，只宜採取雄據一省
與各省分起之法。今就湘省而論，軍學界革命思想，日見
發達，市民亦潛濡默化，且同一排滿宗旨之洪會黨人，久
已蔓延團結，惟相顧而莫敢先發，正如炸藥既實，待我輩
引線而後燃。使能聯絡一體，審時度勢，或由會黨發難，
或由軍學界發難，互為聲援，不難取湘省為根據地。然使
湘省首義，他省無起而應之者，是亦以一隅而敵天下，仍
難直搗燕幽，驅逐韃虜。故望諸同志對於本省外省各界與
有機緣者，分途運動，俟有成效，再議發難與應接之策。

　　（劉揆一《黃興傳記》）

　　從這一建議中，可知先生的革命基地論，以湘省為主，輔以各省之響應，其結合會黨，乃劉揆一在東京的臨別贈言。華興會成立後，即推派同志，赴湖北、江西、四川、上海等地，一面聯絡，一面籌設革命機關，作為大舉革命之準備。劉揆一之出任醴陵中學監督，旨在聯絡湘東會黨與軍隊；宋教仁從常德中學轉移至武昌文普通學堂，專與武漢方面之革命黨胡瑛（宗琬）等聯絡，策動武漢的革命運動之發展；譚人鳳在新化中學任職，專任資江地區的會黨與軍學界之聯絡；周震麟以明德學堂教員為掩護，專事長沙一帶文武學堂師生之聯絡；陳天華與姚宏業則至江西遊說，章士釗則至南京與趙聲等聯絡；萬聲洋與楊守仁則至上海，以昌明公司為掩護，與滬上及海外同志聯絡；而張繼與秦毓鎏則在長沙與先生共同負責結合長沙學界，作為革命活動的核心。有方案，有辦法，策劃周密，是先生革命工作的特色。

　　光緒三十年（1904 年），先生為了與會黨接洽順利，特設同仇會，以符會黨的原來宗旨。馬福益即在同仇會成立後首先與先生聯絡，並策劃起義，是即萍瀏醴起義的謀劃。馬福益是湖南哥老會中擁有群眾最多及地域最廣的領袖，時為湖南輪迴山佛祖堂的山長，有眾萬餘，在長沙、衡州、永州三府，勢力甚大。先生以手書令萬武、劉道一前往接洽，福益豪情俠氣，見先生書，立即皈依革命，萬武完成任務後，南至廣西，與桂省會黨聯絡。先生得到馬福益皈依革命的報告，乃與劉揆一同至湘潭，服短裝，踏釘鞋、戴斗笠，乘雪夜行三十里，與福益會晤於蔡園舖的一個山洞，福益饗以烤山雞，款談至天明而別。先生詩所謂「結義憑杯酒，驅胡等殺雞」者便是。十月初十日起事，即此次會談之結果。從這些經過來看，華興會是知識分子的結合，同仇會是會黨分子的結合，其領導人均為先生，又設黃漢會，專門負責軍隊之策反與聯絡，可謂三元組織，一元領導。非若武漢方面共進會與文學社，二元組織，二元領導，必待三二九以後，譚人鳳的撮合，

始告合作者可比。先生誠具組織之長才。

　　光緒三十年，是慈禧太后的七十歲正生日。照例，湘省軍政首要，都聚集省垣，祝此所謂萬壽日，這是革命起義的最好機會。上述先生與馬福益決定之起義日，就是那一天。足證先生胸有成竹，不露聲色之一斑。為了得到武漢的響應，先生曾親至武昌，與該方面之革命團體科學補習所聯絡，科學補習所由劉靜安主持，是先生在武漢演說以後組成的。會長是呂大森，總幹事為胡瑛，宋教仁、曹亞伯等都是科學補習所的重要分子。先生歸後，即推曹亞伯為湘鄂革命組織的聯絡人，曹時在長沙三所中學任教師，自此往來於湘鄂之間，倍形忙碌。起義之日既定，曹亞伯專程返鄂，傳達命令，鄂方乃積極籌備，以謀響應。其時軍費需用浩繁，先生乃以祖遺三百石田租的土地出售，以濟急需，鄂方則印軍用票三十萬以充起義後的軍事需要。合以各方捐款，購得長槍五百枝，手槍二百枝，分發各方應用。各方積極準備，大體已告就緒，先生乃作軍隊組織之部署，先生自任大將，劉揆一為中將，馬福益為少將。乘瀏陽普集市的牛馬交易大會，舉行馬福益任命的布達式。江西自強會亦於此時（八月）派員至湘聯絡，革命聲勢益為浩大。

　　九月間，先生在明德學堂，印刷陳天華所著的《猛回頭》、《警世鐘》等宣傳品，被長沙知府偵悉，湘撫頗欲藉此以傾覆明德學堂，但兵備處總辦俞明頤、學務處總辦張鶴齡，皆與明德教師譚延闓友善，陰祐之，先生乃離明德，創設東文講習所，仍致力於革命工作的地下發展。胡元倓之創辦明德學堂，是開風氣之先，湘中守舊紳士，反對本力；至此，由王先謙領銜，向湘撫密告胡元倓、周震麟與先生為湘中革命領導人，將密謀起義。巡撫陸元鼎密令俞明頤：「速即拿問，分別審訊，明正典刑。」譚延闓等密藏先生於龍萸溪（紱瑞）家中。萸溪之父龍芝生曾任侍郎，為湘中鉅紳，特函湘撫，盛稱先生之賢。學務總辦張鶴齡亦以身家性

命力保，乃得暫息。惟陸元鼎已派巡防營統領趙春廷各方緝捕，其營兵特與會黨聯絡，因盡悉五路起義的情報，派兵圍先生宅。龍家已得緝捕先生的消息，因接連下帖請先生赴宴。九月十六日適為先生生日，家中設麵為壽。先生尚欲食麵而後去，其繼太夫人見龍家速下請帖，必有要事，乃促先生即去。先生乘轎甫出大門，而緝捕者至，問其是否黃軫？先生答稱：不是的，乃是誘黃軫的。因是得脫，暫住龍家。《譚祖安先生年譜》有下列一段記載：

> 是秋，黃克強興，任明德學堂教員，先已設華興公司，秘結同志，密謀革命。時已多傳言，而王葵園先謙攻之尤力。……巡撫陸元鼎密令捕之。張筱浦鶴齡時任提學使，山陰俞壽丞明頤時總督練處，二公與公雅故，而俞交尤篤，均以公故，故少緩之，遂得脫。……公題黃公手札後云：「甲辰，克強先生為明德學堂教習，密謀革命。……事覺，乃匿荄溪家，揚揚若無事，臥讀書不輟，每飯三碗。其所刻印章名籍，皆在長沙府中學堂，荄溪乘輿往，盡取納輿中以歸。……俞壽丞言，是日故少緩之，使在事者得避，若持之急，皆不得脫云。」

由此，可知先生之得脫，俞壽丞以譚先生之故，緩其行動之所致。三日後，稍弛，乃遷居聖公會，胡元倓、黃吉亭等謀脫險之計。會武昌日知會會長胡蘭亭牧師至，共謀良策。金乃珠謂上得外國輪船即等於至租界，胡元倓等乃為訂日輪票，先生則剃去髯鬚，黃牧師等則喬裝海關辦事人員，於黃昏城門未閉時，安全出城，登日輪沱江號而下漢口。適有招商局江亨輪下駛，漢口同志為包房艙二間，堂堂皇皇的離開漢口，其時先生去髯貌變，無識之者，故與其躲躲藏藏，啟人疑竇，不如明明正正作富商達宦狀，反較安全。離時秋高蟹肥，先生輪泊九江，得數斤，並能大快朵頤，其豪壯之氣常類此。先生離湘時之川資三百銀元，蓋得之於學務總辦張鶴齡，張在案發時召胡元倓，詢情況，胡氏自承

參與其事，請縛以邀功，張憤然擊桌曰：「此狗官誰願做，此刻看如何保護他們？」胡乘閒告以乏川資事，張遂畀以銀元三百，革命之影響及於開明的清吏，亦革命史之佳話了。長沙案發，連及武漢，黨人皆先避，張之洞圍捕撲空。先生離湘後，各方致先生之函件，皆由在郵局工作之同志收而毀之，故湘中亦無枝連。

先生既安抵上海，三湘華興會員及東京湘籍志士相繼來會，先生乃邀集他們開會於英租界新馬路餘慶里八號，決定設譯書局，作為活動的中心，派同志分赴大江南北各省區，聯絡軍學界，重行策動革命舉義，故湘省革命雖暫時失敗，而華興會之革命運動，並未中斷，但不幸事件，卻又接著發生。這一事件，就是萬福華刺王之春案。王之春曾任廣西巡撫，任內與法人勾結，以廣西的權利，換取法人的援助，革命同志曾嚴予聲討。及王之春至上海，黨人探知其與廬江吳葆初相善，酒食徵逐，習為常事。乃由劉先漢摹吳之筆跡，柬約王之春赴宴於四馬路之金谷香西菜館，密派二人刺殺之。萬福華就是執行暗殺的二人之一。福華安徽合肥人，由皖方負責同志吳暘谷之介而識先生。王之春在金谷香登樓入席時，見座上客皆青年，無一相識者，遂退出，福華扭之於樓梯口，拔槍未及發，而王之春的差弁護送之，乃得脫，租界探捕驟至，遂執福華。王之春乃請捕房窮治其黨羽。章行嚴自告奮勇，探萬福華於獄中，捕房拘之，問其住址，這個一生投機的沒骨蟲，以餘慶里八號為答。捕房乃搜餘慶里八號，幸黨人之在餘慶機關部者事先得消息，皆走避，無所獲。先生等時適外出而歸，未知究竟，因被暗探圍捕，時被捕者已十三人，皆疾首蹙額，不勝其憂戚，惟先生泰然自若，飯盡三盂，行若無事。閒向年輕人陶嚴調侃，謂：「我輩惟汝年最稚，何年將滿二十，亦曾幾度親美人芳澤耶？」聞者皆大笑，以為先生真可人！

在被捕的十三人中，先生最危險，以湘撫已出賞格五千元緝捕先生，兩江總督端方亦札飭上海道袁樹勛知照捕房通緝；而編

譯局原藏於楊篤生床下之黨人名冊及製造爆炸藥的譯書，均被捕房搜出，故危險萬狀。會審時西吏以照片核對，先生以已去鬚，故能避免注意，而所得黨人名單，譯者稱係日用小菜賬簿，隨即棄取，故未予窮追。及問至先生，先生詭稱姓李名壽芝，湖南長沙人，年二十六歲，係九江民立蒙學堂漢文講習，與郭人漳來滬採辦儀器書籍。郭人漳名寶生，湘軍宿將郭松林之第五子，時為江西巡防營統領，與上海道袁樹勛有姻婭之誼，因與先生同車返餘慶里而被誤捕。江西巡撫夏之時乃郭之父執。至此，夏之時電袁樹勛，請保釋人漳。袁樹勛乃親訪英總領事。令審公廨釋之，並因先生及張繼等與郭人漳同車而至餘慶里，罪嫌不大，因亦被釋，險哉！先生出獄後，與劉揆一移居法租界的湖北學生招待所內，並密謀營救其他同志，以便發動湘省革命，集諸同志會議於曾子億店中，決定由蔡鍔負責武崗起義，鄒永成赴桂聯絡會黨首領陸亞發和長沙新來陸軍黃忠浩部隊，周召期負責長沙與寧鄉一帶之聯絡事宜，經費皆由曾子億負擔。時英租界西捕已知隨郭人漳出獄者，有先生在內，仍圖緝捕，先生因此不能在上海久居，乃再度至日本，在留日學生中籌得四千餘元，專人送至滬上，營救在獄同志。會審五、六次，歷時兩個月，諸人皆得省釋。由此，可知先生的同志愛之深。

湘西起義與同盟會成立

先生赴日後，第一重要的事是集資營救萬福華案中的在獄同志，第二重要的事，是阻止陳天華北上請清廷立憲事，第三件事是哀痛馬福益的被害，第四件事是調查鄒容被害案，第五件事是組織湖南同鄉，第六件事是與國父共同組織中國同盟總會，第七件事是抗議日本政府取締留學生及查禁《二十世紀之支那》，第八件事是和東京同志發起刊行《民報》。

陳天華自湘事失敗後，間道江西，而至上海，與先生同主編

譯局事。萬福華案發，天華獨免，乃至日本，及先生至日，重行
晤面，決心北上，向清廷要求立憲，先生以為事必無成，即成亦
無甚意義，身陷危境，頗不值得，力阻其行，天華不從。先生乃
約劉揆一、宋教仁合力勸之，並發動湖南同鄉會作成決議案，一
致決定不贊成天華北上，天華仍在堅持。先生乃與宋教仁共訪天
華，教仁責天華為何捨革命而採取保皇黨的路線？雙方辯論良久，
未得結論。先生乃作最後的勸告，天華大為感動，乃放棄其主張。
先生這種百折不撓的同志愛，可謂並世無雙。

　　長沙起義之失敗，會黨中人的洩漏機密，是一個重要關鍵。
馬福益對此，歉疚至深，因集會黨精銳於洪江，願作孤注之一擲，
派人至上海，請先生支持，並派員指揮，時先生已東渡，惟劉道
一留滬，任營救在獄同志之職。道一以馬福益計劃轉告先生，先
生與劉揆一商議，認為洪江僻處湘西，在萬山叢中，有天險可恃，
有出路可擊，可以持久，以待天下之變，因覆函贊同，並以槍械
接濟之。先生與道一亦首途返湘，參加起義，詎知所運槍彈，在
沅陵被釐卡所查獲，先生亦在船上，卡弁直撲先生。幸先生力大，
將卡弁撲倒於沅江，其餘卡弁亦被劉揆一等擊倒。先生等見事已
敗露，乃捨舟登陸避走，而馬福益亦在湘鄉被清軍防營所捕。先
生等乃北走石門，出公安，有時喬裝商販，有時喬充官員，總算
順利地到達漢口，仍東返日本。馬福益在光緒三十一年被湘撫端
方所害。先生痛之，曾以馬之照片贈日友而題之曰：「湖南黨魁馬
福益甲辰謀起革命軍，乙巳三月十六日被滿賊端方慘戮於長沙，
聞就縛時曾手刃六人焉。」其對馬福益之就義，痛之深而壯之甚，
然內心之酸楚，溢之於言表矣。

　　鄒容為《革命軍》一書的著者，此書係激烈排滿的作品，發
行以後，風行一時，大有洛陽紙貴之概，清政府因而恨之入骨。
會章太炎在上海《蘇報》，也發表了〈客帝篇〉等排滿文章，亦遭
清政府深忌。清政府令兩江總督嚴向租界當局交涉，逮捕章太炎

與鄒容，封閉《蘇報》館。這是光緒二十九年癸卯冬天的事。這件案子，當時不僅鬧動上海，也鬧動全國。因為按照會審公廨的慣例，凡民刑案件，必有原告與被告。章太炎、鄒容與《蘇報》館是被告，清政府則為原告，對簿公庭時，原被告皆須出席，那便是清政府與章鄒等以平等地位，在會審公廨對質，這是中國向所未有的創例，皇朝政府神聖不可侵犯的地位，因此消失，實為革命運動之一大發展。章、鄒入獄後，章太炎研究佛經以自遣，鄒容年少氣盛，體本

圖 2　鄒容

不強，受此打擊，因而抑鬱成疾，於翌年二月十九日卒於獄中。當時上海的傳說，都認為鄒容是清政府派人毒死的。東京留學生，對於清政府之摧殘輿論，本已憤慨殊深；及知鄒容死因的傳說，悲憤益深，乃於三月中會議於留學生會館，決議調查鄒容死難案，公推先生主持之，並設機關於東京，推張繼赴滬調查，推川籍同學三人協助一切，以鄒容為川人之故。張繼至滬，得上海四川會館之助，覓得鄒容靈柩於四川義莊，並悉鄒容確係病死。張繼返東京覆命，留東學生之義憤，得以稍平。這是五月下旬的事。

　　先是，四月初，東京湖南同學，會議於一川橋之帝國教育會，組織同鄉會，先生以最多數票當選為會長，謙辭不就，最後由劉耕石出任。會中並討論發行雜誌案，幾經辯論，始決定出版《二十世紀之支那》，作為宣傳革命與排滿之刊物，由宋教仁任總庶務，陳天華、程家檉、田桐等協助之。因籌措經費及約請撰稿人等種種問題，解決殊不簡單，故遲至五月下旬始得發行，先生則為主要撰述人之一。

　　先生抵日後，華興會同仁到日者漸多，因有重組會黨，繼續

革命的共同要求。程家檉主張組織一政黨，應奉孫中山先生為領袖。他慷慨地說：

> 革命者，陰謀也，事務其實，弗惟其名。近得孫文來書，
> 不久將遊日本。孫文於革命，名已大震，腳跡不能履中國
> 一步，盍緩時日，以俟其來，以設會之名，奉之孫文，而
> 我輩得以歸國，相機起義，事在必成。（宋教仁《程家檉革
> 命大事略》）

先生雅慕中山先生，力贊程議。是年六月中，孫先生自歐至日，住橫濱。孫先生將至日，日人宮崎寅藏首先知道。宮崎深知華興會諸人熱心革命，有意促成孫先生的興中會與華興會諸人間之合作。及孫先生至日，東京留學生前往歡迎並商革命進行之方略者，絡繹於途。宮崎事先已向宋教仁等說明中山先生之為人：「志趣清源，心地光明，現今東西洋殆無其匹。」故宋等對孫先生仰慕已深。至此，宮崎介紹先生與孫先生會晤東京鳳樂園，互談革命大勢，英雄所見略同，大家都主張合作組黨，開創革命發展的新機運。惟細節問題，先生尚須與在日華興會同仁商議。華興會會員對此問題，多數贊成，只有章士釗獨持反對意見。中山先生乃與程家檉、宋教仁、陳天華等相會於《二十世紀之支那》雜誌社。孫先生闡述大勢，有云：

> 中國現在，不必憂各國之瓜分，但憂自己之內訌。此一省
> 欲起事，彼一省亦欲起事，不相聯絡，各自號召，終必成
> 秦末二十餘國之爭，明末朱、陳、張、明之亂。此時各國
> 乘亂干涉之，則中國必亡無疑矣；方今兩粵之間，民氣強
> 悍，會黨充斥，與清政府為難者已十餘年，而清兵不能平
> 之，此其破壞之能力已有餘矣。但其間人才太少，無一少
> 可有為之人以主持之。去歲，柳州之役，彼等間關至香港，
> 招納人才，時余在美國而無以應之也。若現在有數十百人
> 者出而聯絡之、主張之，一切破壞之前之建設，破壞之後

之建設，種種方面，件件事情，皆有人以任之，一旦發難，
立文明之政府，天下事從此定矣。」（宋教仁《我之歷史》）

　　這一席談話，大家雖然都已心領神會，但是時間已近晚，言
尚未盡，故約越日再晤於赤坂區之黑龍會。但先生對興中、華興
兩會之合作，已有成算在胸，但恐華興會中人有不明其意義者，
故邀約宋教仁、陳天華、劉揆一等作調停之計。陳天華贊成合併，
劉揆一則反對之。先生乃作折衷建議：形式上加入興中會，精神
上仍存華興會之團體。最後決定，每人自由加入。及同盟會成立，
華興會員幾全部加入，即反對合併之劉揆一，亦隨先生之加入而
加入。由此可知，華興會與同盟會合併之成功，實由先生促成之。
這是孫先生與宋教仁會談之第二日，其翌日，同盟會即進行籌備
會議。此會議由孫先生與先生同為發起人，開會地點在日人內田
良平的住宅，與會者有張繼、宋教仁、陳天華、程家檉、馬君武、
胡毅生、劉道一、曹亞伯、汪精衛、朱大符、李文範、古應芬、
鄧宗彥等七十餘人，其籍貫包括全國十七省的留日學生，惟缺甘
肅一省，以其時甘肅尚無留日學生也。所以這一會議，實際上是
十七省革命青年之大結合。孫先生首先發言，闡述革命的形勢與
方法，主張全國革命黨各派應合組新團體，以開創革命的新形勢。
眾皆贊成，遂推孫先生為主席，決定此一新組織定名為中國同盟
會，以「驅逐韃虜，恢復中華，創立民國，平均地權」為誓詞。
先生乃向會眾建議：「今日開會，原所以立會，贊成者請即簽名並
書立誓約。」簽名立誓既畢，由孫先生領導舉手宣讀誓約。在幹事
部未成立前，各人之誓約由孫先生保管，孫先生之誓約則由先生
保管。由此可知先生在中國同盟會中地位之重要。最後推定起草
委員，草擬章程，馬君武、宋教仁、陳天華、汪精衛等八人當選。
二十日開中國同盟會成立大會，孫先生被推為總理。先生則由孫
先生指定為庶務部長，其他各部則有書記部，由馬君武、陳天華
為部長；內務部由朱炳麟為部長；外務部由程家檉、廖仲愷為部

長；會計部由劉維燾為部長；經理部由谷思慎擔任。六部全為執行部，由總理直接統率，其人事皆由總理指派。此外尚有評議部與司法部，與執行部地位平等。評議部議員二十人，以公推方式產生，由汪精衛任議長，朱大符兼任司記。司法部由鄧家彥任部長，張繼、何天瀚任判事，宋教仁任檢事。

各省設分會，會長當經推定，其名單如下：直隸，張繼；河南，杜潛；湖北，時功玖；湖南，仇式匡；廣東，何天瀚；四川，丁原拔；陝西，康寶忠；廣西，劉崛；山西，王蔭藩；江蘇，高劍公；山東，徐鏡心；安徽，吳春暘；上海，蔡元培；江西，鍾震川；福建，林時塽；貴州，平剛；雲南，呂志伊；浙江，秋瑾。各省分會會長，就是各省實際負責發展革命運動的負責人。中央負決策之責，各省負推行之責。自此，革命運動的組織大備，革命運動進入指臂相連的新階段了。

會議將終，先生建議將湖南同鄉會所創辦之《二十世紀之支那》，交由同盟會辦理，作為同盟會之機關報，眾皆贊成，自此同盟會有了發言的喉舌，在宣傳上收到很大的功效。時孫先生將有西貢之行，總理之職務，交由先生代理，先生在同盟會中之地位，更為重要了。

《二十世紀之支那》尚未移交同盟會接辦，即受日本政府的干預，下令停刊，因為蔡匯東發表了一篇〈日本政客之經營中國談〉評論遼東半島的文章，日政府啣恨之，乃下令禁止發行，已印就者完全沒收，並派警察至社中，對程家檉、宋教仁、田桐盤問，幾至被捕，留日學生已大憤；是時日政府頒布〈取締清韓學生規則〉，留日學生更憤，乃集議商對付方法，但寄人籬下，雖有抗議，也難收效果，惟有加緊革命，推翻滿清，始可與日本周旋；故兩項挫折發生後，加入同盟會之留學生更多，如王用賓、閻錫山、溫壽泉、姚宏業等，先後加盟，皆由先生主盟。為了同盟會必須有一個刊物作為喉舌，以廣宣傳，先生乃與孫先生等屢次商

發刊詞

孫文

近時雜誌之作者亦夥矣姱詞以為美器聽而無所終摭埴索塗不獲則反覆其詞而自惑求其料時弊以立言如古人所謂對症發藥者已不可見而況夫孤懷宏識遠矚將來者乎夫緒羣之道與羣俱來惟其宜此羣之歷史既與彼草殊則所以按而進之不無先進之別由之不武此所以為與論之母也余維歐美之進化凡以三大主義曰民族曰民權曰民生羅馬之亡民族主義興而歐洲各國以獨立洎自帝其國威行專制在下者不堪其苦則民權主義起十八世之末十九世紀之初專制仆而立憲政體殖為世界開化人智益蒸物質發舒百年銳於千載經濟問題繼政治問題之後則民生主義躍然動二十世紀不得不為民生主義之擅場時代也是三大主義皆基本於民遞嬗變

圖 3　民報為革命黨的機關報，在發刊詞中，孫中山首次揭示民族、民權、民生之三大主義。

量，決定不恢復《二十世紀之支那》，避免日政府干涉，另行組織《民報》以代之，推張繼為發行人，編輯初擬推陳天華，嗣以胡漢民在戊戌庚子死事諸人紀念會上發表演說，激昂慷慨，淋漓盡致，大獲同志的欣賞，乃推胡氏任編輯。是年十月二十一日，首期問世，孫先生親撰發刊詞，揭示民族、民權、民生三大主義，為革命運動之目標，胡氏在《民報》第三期復發表「《民報》之六大主義：一、傾覆現今之惡劣政府，二、建設共和政體，三、維持世界真正和平，四、土地國有，五、中日兩國國民之聯合，六、要求世界列強贊成中國之革新事業。」這六大主義，不啻中國革命之宣言。其中第五點中日兩國國民之聯合，雖然是為了向東京警視所立案之便利，但中日兩國國民應該聯合起來，共同維護東亞之和平，亦所以使熱心贊助中國革命的日本人士有其地位，也有其深遠的意義，東京警視所看到此條，連連稱好，故立案甚為順利。

　　日本文部省（相當於教育部）所頒布之留學生規則，旨在取締留日中國學生之政治活動，在留學生方面，引起了很大的風波，程家檉發表〈反對清國留學取締規程〉一文於《朝日新聞》，各校留學生相繼罷課，一部分留學生紛紛返國，上海中國教育會與滬上同志則組中國公學以容納之，姚宏業係其中的一員，宏業見國內人心萎靡，大憤，投黃浦江自殺以激勵之。宏業湖南益陽人，明德學堂高才生，為先生之高足。無何，陳天華亦憤而投大森海灣以示抗議。天華長才，與先生屢共患境。時先生至友老同志鈕永建、秦毓鎏已服務於廣西軍界，鈕任龍州將弁學堂監督，秦任龍州法政學堂監督，都是策動革命的最好掩護；廣西南界越南，東通港澳，而且越南僑胞甚多，皆欽慕孫先生而傾向革命，孫先生已在該方面有所部署，緩急可得支援。故選定廣西為發展革命運動之目標區。

　　郭人漳這個人，實是貌善心險，鬼計多端而優柔寡斷的小人。先生入桂，首與郭人漳會晤，說以舉義革命，人漳陽示贊成，而陰實防範甚嚴。先生對於這樣一位故人的認識，似不深刻，故始終信賴他，實際上受紿不淺，此後欽廉起義、龍州起義等，都因人漳首鼠兩端不能實踐諾言，終於不能成功。先生見郭人漳贊成，認有誠意，促其舉兵，郭則以與蔡鍔不睦，而婉言推委。蔡鍔與先生有舊，認為不難調處，促其獨力進行，但郭人漳始終引以為慮，而不肯舉兵。郭蔡不睦，事亦不虛，但出於郭之妒忌，並無不可協議之癥結。此因蔡鍔抵桂後，巡撫李經羲接見之，悉摒官場慣例，罄談至為款洽，故人漳忌之極深，而先生不知也。故所有努力，均成泡影。但先生仍居桂林，則以聯絡同志，發展革命組織為務，其成效亦甚顯著。隨營學校的教員雷飈等、學生曾傳範等數十人，都經先生介紹，加入同盟會。先生並曾在梧州、龍州與河內，部署軍事，事畢仍返桂林，專俟郭人漳之反正。

　　時劉揆一適返滬省親，先生乃以在桂情形函告，揆一警告先

生：郭人漳決不能捨棄利祿，危地不能久居，希即離去，別圖良
策。先生乃離桂，由香港轉赴新加坡，與孫先生會合，並協助孫
先生組織吉隆坡、庇能（即檳榔嶼）、芙蓉、怡保、瓜勝卑南、麻
六甲、砂勞越等十餘處的同盟分會，徐宗漢女士即於此時與先生
相識而加入同盟會者。辛亥三二九的廣州起義，卒賴徐女士之助
而得以療治手傷，後且成為眷屬。

　　南洋諸事既畢，先生乃北返，經港、滬而再至日本，時為是
年七月下旬之事。當先生自南洋返港時，仍寓《中國日報》社，
同志梅霓生自桂林來訪，謂郭人漳自先生離桂後，頗有悔意，業
已傾向革命，俟先生有匯款到，即可舉義。實際上郭人漳此種態
度，完全是虛情假意，旨在騙錢，但先生南洋之行，僅得款千餘
元，而《中國日報》窘甚，連印報紙張都沒有，先生只好將旅費
一部分濟之，實際上亦無款可匯郭某，郭某的騙錢計劃因此未遂。
先生過滬時，曾與滬上同志馬君武等設廣藝書局於四馬路，作為
革命同志的聯絡機關，先生誠無時無地不為革命著想者矣。

三度至日策動萍瀏醴起義

　　先生既至東京，首與宋教仁相晤，互談別後情形。宋氏對先
生之冒險進取精神，頗加讚佩，但慮其激進過甚，難免有孤注一
擲之弊，勸其稍加改變，先生不從。時教仁病，入醫院療治，先
生多方勸慰，並請其擔任《洞庭波雜誌》總編輯，宋先生亦不從。
是年十月初十日，同盟會湖南分會集會，商擬自治章程，由先生
主持之。未幾，《民報》發行週年紀念，舉行集會，到會者將近萬
人，盛況空前，足證當時東京革命空氣之濃厚。時孫先生亦至日
本，大會由先生任主席，胡漢民任書記，章太炎讀祝詞，孫先生
和幾位同情中國革命的日本人士都發表演說，先生則作結論云：

　　　　今天，孫先生所說的是革命的宗旨及其條理，章先生所說
　　　　的是革命實行時代的政策，各位來賓所說的是激發我們革

命的感情。……但是兄弟所望於諸君的，卻還有再進一步。……凡是革命事業，……惟有自己的國民，……負起革命的責任。（拍掌大喝采）諸君現在都是學生，……歐洲大國革命的事業，是學生擔任去做的。（拍掌大喝采）日本的革命，人人都推西南一役，那是西鄉隆盛所倡率的義師，就是鹿兒島私立學校的學生。這樣說來，日本革命的事業，也是學生擔任去做的。（拍掌大喝采）諸君莫要說，今日做學生的時候，是專預備做建設的工夫，須得要盡革命的責任。（拍掌大喝采）今天這會，就是我們大家拿著赤心相見，誓要盡這做學生的本分的。（拍掌大喝采）」《民報》第十號民意（胡漢民筆名）〈記十二月二日本報紀元節慶祝大會事及演講詞〉）

時湘省革命老人譚人鳳亦與會，譚氏尚未加盟於同盟會，聞先生言遂入盟。他曾有一段記載說：「克強於交際間，有一種休休之容，藹藹之色，能令人一見傾心，余之加入同盟會，亦緣於此。」人言先生不善詞令，但其長處全在誠懇篤實，語語出自肺腑，其收效之宏，蓋有勝於擅長詞令者多矣。

湘省會黨革命，自馬福益洪江起義失敗後，由姜日章代領其眾。姜日章者，歐陽篤初之化名，時時以報復馬福益之遇害，勗勉其眾，深得會眾之信仰。先生夙以湘贛邊區之萍、醴、瀏一帶為理想的舉義地區，故明德學生在此區工作者甚眾，深知這些人之可資運用，因在回日之初，即令居正、胡瑛等返鄂，與日知會的首要劉靜安等聯絡，作為同時舉義的準備。同時派劉道一、覃振回湘，發動湘省會黨。劉道一等將行，先生作臨別贈言：

今之倡義，為國民革命，而非古代之英雄革命。洪會中人，猶以推翻滿清，為襲取漢高祖、明太祖、洪天王（按即洪秀全）之故智，而有帝制自為之心，未悉共和真理。……望時時以民族主義、國民主義，多方指導為宜。（劉揆一《黃

興傳記》》

劉道一於返湘途中，密集同志數十人會議，轉達先生意旨，並建議應集會黨於省城附近各縣，與運動成熟之軍隊密取聯繫，乃計劃三路進兵：一由瀏陽進取長沙，一據萍鄉以為基地，一由萬載出南昌以制長江。義師一舉，會黨紛起響應，但同盟會本部未獲消息，而道一所致日知會的電報，悉為張之洞所扣留，日知會被封，劉靜安入獄，長江各督撫嚴密戒備，無從著手，湘省清吏復調大軍圍攻起義革命同志。先生閱外報始得萍瀏醴起義消息，乃商得孫先生同意，派譚人鳳等回湘指導，但會黨已先敗，劉道一被捕，寧死無詞，清吏無奈，惟以道一所懷印章有「鋤非」二字作定讞之根據，被害於長沙瀏陽門外，年僅二十二歲。先生聞道一噩耗，痛之深，曾哭以詩曰：「英雄無命哭劉郎，慘澹中原俠骨香！我未吞胡恢漢業，君先懸首看吳荒；啾啾赤子天何意，獵獵黃旗日有光；眼底人才思國士，萬方多難立蒼茫。」孫先生亦哭以詩，有「劉郎死去霸圖空」，「誰與斯人慷慨同」及「幾時痛飲黃龍酒，橫攬江流一奠公」諸句，蓋亦痛其失敗而惜其才能之深了。

先生痛萍瀏醴起義之失，謀再舉，即離日赴港主其事，而以同盟會庶務部的職務，交宋教仁代理。先生未赴港前，與孫先生訂定各省革命方略十五條，使此後起義，彼此聯絡進行，各照十五條行事，蓋以萍瀏醴之孤立無援為前車之鑑也。同盟會會員之習軍事者，亦於此時組丈夫團，加入同盟會者不下百餘人，皆由先生主盟。丈夫團之發起人為黃郛，乃振武學校學生，與先總統蔣公為同學，共同發起《武學雜誌》。丈夫團對後日之各地起義與臨時政府成立時之軍事計劃和軍制之建立，對先生協助甚多。先生至香港後，鑑於廣東戒備森嚴，香港亦無法久居，故不久仍返東京。時光緒三十三年之初，先生年三十四歲。

粵桂滇邊區的起義

先生回東京後約半個月，孫先生離東京赴新加坡。時清政府已令駐日清使楊樞與日本政府交涉，要日政府驅逐孫先生，以萍瀏醴之役皆由留日學生主持之故，而孫先生實為之首。其時孫先生已識一英友名葛卡塞及東京帝國大學英籍教授斯密史，斯密史介紹孫先生往見日本內務大臣內田康哉，乘機以程儀五千元送給孫先生，勸其離日，東京日本股票商亦贈銀萬元，以壯行色。孫先生遂偕胡漢民等離日，經香港而至新加坡，後轉往河內，設革命機關部於甘必達街，策劃粵桂地區的起義。孫先生這一計劃，當受先生桂中策動革命起義之影響。胡漢民奉派至香港，籌劃粵東黃岡起義，即在孫先生在河內設定機關之後。孫先生並函約先生南去，策動郭人漳率部起義。時郭人漳已由桂林調至肇慶（今高要），而革命同志趙聲則已調至廣東任新軍第二標統帶，駐屯廉州（今合浦）。先生乃至香港，欲入肇慶，為廣東清吏偵知先生在港，要求引渡，而郭人漳則已調至欽州（今欽縣），劉揆一則以秋瑾將在浙東起義，謀所以助之之策，電邀先生返日，共商此事。揆一電謂：「郭本富，兵精糧足，欲反正則反正耳，何前言必待匯款而後動也？……待其發動而後，亦未為晚。如不幸而言中，則望急轉滬上，會商浙事為宜。」時先生所居之香港松原旅館，已發現有偵探監視，因知行動困難，危險滋甚，乃命胡毅生往洽郭人漳，其本人即返東京，籌劃援助秋瑾舉義之事。不幸徐錫麟在皖謀刺皖撫恩銘失敗，秋瑾也因計劃敗露而就義。故先生返日不久，遽赴河內，與孫先生會合，共籌粵桂邊區起義之事。會欽紳劉思裕以反抗清吏重稅，組有萬人會，聲勢甚壯，孫先生乃命鄺敬川約劉思裕響應革命，而命先生入郭人漳營，胡毅生入趙聲營，約共舉事。先生既說郭人漳以舉兵大義，郭仍以敷衍態度答先生，謂「若有堂堂正正之革命軍起，當反戈相應。」先生認為事有可為，

遂留郭營。

有王和順者，廣西邕寧人，原為黑旗軍劉永福部之哨官。黑旗軍內調後，加入洪門會，頗有光復之志。孫先生自新轉西貢（今胡志明市）而至河內，王和順在西貢謁見孫先生，加入同盟會。先生乃命其至桂越邊區，結納會黨，和順乃化名張德興，隨胡毅生往見趙聲，趙委以軍事委員作為掩護，工作進行，甚為順利，並與防城清軍哨官相聯絡，得到內應的承諾。王和順遂於光緒三十三年七月二十四日舉義於欽州的王光山，擊敗清軍，進擊防城而破之，生擒清知縣宋鼎元而誅之，軍紀嚴明，秋毫無犯，和順乃以中華民國軍都督名義，布告安民，丁壯響應者，不數日而數達萬人，聲勢浩大，外籍記者亦盛道其軍容之整。和順在防，整頓隊伍，待械到後，即將長趨進攻。不料孫先生在日購械，被不知輕重的書生章太炎所破壞，王和順不得已乃揮軍進攻欽州，以為彼處有郭人漳部可資內應，勝數可操，故於距欽州四十里之涌口駐兵，以待人漳之行動。先生時正在欽，聞此消息，密令郭營中之同志王德潤等作緊急布置，促郭人漳實踐諾言。詎郭人漳這個奸賊，表面上仍然敷衍，並派人通知王和順：「不必攻欽，遲來必得。」實際上他已知道王和順軍械彈無多，久戰已疲，故詭言欽州有欽廉道王瑚及其所部多營為阻，行動不便，要王和順先攻南寧，而坐觀其敗也。先生知郭人漳不可恃，乃借出巡為名，率軍六十名逕至王和順軍中，密商攻城計劃，和順外攻，先生內應。計已決，先生復回欽州。王瑚疑之，乃親自率隊巡城，戒備森嚴，故和順軍雖攻至欽城外，而先生不能動，乃授和順以聲東擊西之策，佯移軍作攻南寧狀；詎知和順軍攻靈山不克，擬退廉州就趙聲，中途被清軍邀擊，眾寡懸殊，軍潰。和順退入越境，而先生只好赴河內向孫先生覆命了。這便是防城起義之役，此役如郭人漳不持首鼠兩端的態度，勝利可期，郭人漳之罪，可勝誅哉！

先生既與孫先生會合於河內，乃謀在鎮南關起義。胡漢民與

日人池亨吉自香港至河內，參加其間。有黃明堂者，欽州人，素有豪俠尚義之風，為這一帶的有力會黨首領之一，行八，黃八哥之聲望，夙著於越粵桂三角地帶。孫先生既至河內，乃派李京與黃八哥相晤，曉以民族大義，明堂感動，決定加入革命行列。孫先生乃命李經營桂邊，借械於明堂，以為王和順軍之助。及王和順軍敗返河內，孫先生仍命其擔任進攻鎮南關的軍事，而命黃明堂由左州拔隊赴援。馮祥土司、李佑卿本與和順有友誼，王和順受命攻鎮南關，即以有李佑卿之助。但李佑卿部的游勇不願受命於綠林出身之王和順，按兵不動，和順只好退回河內。孫先生乃命黃明堂為都督，馮祥土司為司令，李佑卿任副司令。十月二十六日（陰曆），黃明堂率八十勇士，以繩為渡，自危崖暗襲鎮南關之背，一舉而破之，連佔南、中、北三砲臺。翌日，孫先生偕先生及胡漢民、胡毅生等登鎮南關，全軍鼓舞，孫先生並親自發砲攻擊，無不命中，凡負傷之人，孫先生一一為之包紮，軍心益振。先生入關後，以為邊陲要塞，軍火必多，乃首先檢查械庫，僅有十二公分的克虜伯大砲一、七公分大砲一、四響機砲一、七公分半野砲四、臼砲四，且機件皆不全，彈藥甚少，砲門皆向安南，轉向頗難；而廣西提督龍濟光、鎮南關統帶陸榮廷，合四千之眾，向關進攻。先生度難久守，乃以守關之責交黃明堂，力勸孫先生與胡漢民等先行下山。山路險滑，下山諸人，一路傾跌而前，有跌七、八十次者，有跌二、三十次者，孫先生跌最少，亦有三次，十月初一日始至諒山，搭火車返河內。黃明堂守鎮南關，與敵堅持七日夜，卒如先生所料，鎮南關仍陷敵手，但黃明堂仍得突圍而出，率數百人退至越境，經孫先生等設法運至新加坡等地安頓之。是為鎮南關之役，其成功頗為突出，其失敗乃勢所必然。孫先生自此離北越，其機械部由胡漢民代理，軍事部署則由先生主之。

　　鎮南關之役雖敗，但先生仍圖在粵西南進行起義，期在必得，

其憑藉仍為郭人漳與王和順。胡漢民特向先生進言：「王和順這個人不中用，郭人漳這個人更靠不住，我們應該小心留意才好。」先生認為大義所在，責無旁貸，乃再入郭營。郭人漳仍然一副奸猾態度，且陰謀不利於先生。先生警覺甚高，不動聲色，領得營中護照，逕返河內。及人漳察覺，而先生已離營有時，郭人漳仍電先生，請其返營，先生置之不理，決定另組軍隊。而東京革命黨人知道了防城與鎮南關兩處捷訊，紛至河內，同赴革命。及至，則兩處均敗。譚人鳳時亦至河內，先生以譚與郭人漳有舊，乃派至郭人漳營，一以觀動靜，一以謀械彈。譚氏深夜與郭相晤，初談頗洽。翌日，省報人漳獲道銜，意又翻覆，並問人鳳革命軍究竟有多少餉銀？人鳳答稱：為數不多，僅數百萬。人漳意又動，命其姪隨人鳳至河內探虛實。人鳳為郭姪向同志介紹，首言此郭統領姪，諸同志皆會意，凡郭有所問，皆言兵如何眾，餉如何足。先生又約郭小酌，席間連獲四函，二函報告攻龍軍情，鈐有第一、第二兩軍印信；另二函則為法文，譯者言均是外地之匯款也。其姪信之，歸報郭人漳，人漳乃允革命軍進攻時當助以械彈，實則亦為空頭人情，先生亦漫應之而已。

　　光緒三十四年戊申，先生所組軍隊已成，稱為「中華國民軍南路軍」，河內機關部購自法方的盒子砲，購自香港之槍彈炸藥均到，胡漢民策反陸榮廷及其幕賓陳炳焜等，均有端倪，起義時機已成熟，乃於二月二十五日舉義，兵分兩隊，自東興進入國境，法軍不加干涉，居民且燃爆竹歡迎，先生亦以南路軍名義，布告安民，軍容之盛，為往昔所未有。首至小峰村，破郭人漳軍之第二十營，乘勝追擊，又破其一營。隨至馬篤山，郭人漳派其最驍勇的部隊三營，由督帶官龍某指揮。南路軍首佔高地，得形勢之利，龍某首先中砲墜馬，三營郭軍，不戰而潰。但郭部參將率領三千人，向南路軍包圍，先生密令勇士，潛至清軍駐在地的民房，拋擲炸彈，郭軍又驚潰。先生揮兵追擊，郭人漳的軍旗與乘馬，

都被南路所俘獲。先生對郭，乃施心理戰，還其軍旗，而遣以書曰：

> 君與吾黨主義，本表同情，徒以誤會而致相戰，亦屬不得
> 已之舉。軍旗關於君之責任綦重，故特奉還，聊補缺憾，
> 而申友誼。馬則暫請兄賜耳。（劉揆一《黃興傳記》）

馬篤山的大勝，使清軍喪膽，自此先生縱橫於粵桂邊區一帶，如入無人之境，黃興的盛名，自此遠振，大小數十戰，歷時四個月，清軍無敢攖其鋒者。先生在粵桂邊區，雖然都獲勝利，但是也有極其驚險的場合。孫先生曾述其中一則云：

> 前次黃克強在欽廉舉事時，有一次僅剩四人，逃在山上，
> 敵圍攻者約六百人，然彼實不知僅有四人也。來攻時，皆
> 用三十人為前鋒，……敵人未來時，則隱伏不動，俟彼來
> 襲近五十步左右，始行發槍，每開一排，必死敵二、三人，
> 連開三、四排，敵死者十餘人，卒以脫險。（〈軍人精神教
> 育〉，《國父全集》）

孫先生又說：

> 諸君都曉得黃克強的威名，是以欽廉之役起的。……那個
> 時候，我們在安南到處買槍，……東湊西湊，然後纏得了
> 雜槍二百多枝，每槍所配子彈，最多也不過二百發。他帶
> 到了欽廉，便和龍濟光、陸榮廷打了幾個月的仗，後來雖
> 然失敗，但是他的精神很偉大，實在令人欽佩，所以他的
> 威名大振。（民國十二年十二月二日在廣州歡宴各將領演說
> 詞）

孫先生這兩次對先生的讚譽，真是「一登龍門，身價十倍」，但他也道盡了南路軍的實力只有這一點，這是以少勝多的實例之一。至於先生最後的失敗，一是由於陸榮廷沒有實踐諾言，反正來歸；二是由於接濟困難，故士氣雖旺，而火力不繼，先生斟酌情勢，在萬不得已的情況下，把部眾散入十萬大山，他自己和幾

個患難同志退入越南。這便是著稱於革命史的欽廉起義。

當先生起義於欽廉時，孫先生命黃明堂、王和順等襲取雲南邊境的河口，乃由河內的胡漢民任策應之責。黃明堂率鎮南關退入越境之革命軍百餘人為主力，並策動清軍河管帶黃元貞等為內應，故義軍幾於唾手而入河口，這便是河口起義之役。義軍初佔優勢，但清軍之進攻河口者日眾，而義軍號令不一，形勢堪虞。時先生甫入越境，胡漢民乃電請孫先生委先生以指揮河口革命軍之責。孫先生立即電委先生任雲南國民軍總司令，先生乃急趨河內，與胡漢民會商，認為河口清軍如無力遏制革命軍，則必調桂軍以為助。先生休息兩日，即趨老街而至河口就職。先生發現歸義清軍五營，皆疲頑不振，諸將對黃明堂的命令，亦不遵從，乃定出擊計劃，以振軍心，商得滇越鐵路當局同意，運兵以攻蒙自，明堂猶豫不決，諸軍則向空開槍，以示抗命。先生憤甚，欲親率一軍進攻，黃明堂僅撥百餘人，行一里而不前，先生再三撫慰，行半里又止。先生不得已乃返河口，電請胡漢民購買械彈，以便自組基本部隊，隨即返河內催促，住一日復返老街。時日人正在越北煽動越民作亂，法人已加防備。先生往來於老街與河內間，法警疑為日人，加以追蹤，並予盤詰。先生乃以粵語為答，其音不類，遂予截留，送河內，經胡漢民設法交涉，由有力僑商保出，而先生竟被驅逐出境。自此，法人改變態度，取締黨人活動，河口義軍遂成孤立之勢而不能支持了。這是光緒三十四年戊申歲五月間的事，先生年三十五歲。清政府便在那個時候，懸賞緝捕先生等六人，先生的賞格為五千元，胡漢民為四千元，汪精衛、田桐、劉揆一、譚人鳳各二千元。

整理東京黨務與訓練軍事幹部

先生離越後，首至新加坡，會晤孫先生，未幾胡漢民亦被逐，經港至新。先生以親身的經驗，向孫先生建議，革命事業應有具

備革命信仰之軍事幹部，建立基本武力，否則斷難進展；胡漢民也深覺會黨分子之不可靠，與先生有同樣的主張，建議此後的革命運動，應以爭取軍隊中連排長以下軍官為著眼點。孫先生對於他們的建議，都深以為然，乃密下命令多道，要負有任務的同志，照此途徑進行。武昌的文學社就是在這一命令之下，爭取新軍中的連排長以下軍官與士兵，或派同志混入軍中，充當排長以下軍官或士兵，為武昌首義一舉成功的因素。

　　時清政府以革命軍起義頻繁，深覺其鋒難當，乃下令籌備立憲，妄圖緩和之。但此舉對保皇黨人，頗有鼓勵作用，因而在南洋一帶，鼓吹保皇運動甚力，康有為在檳榔嶼領導之，徐勤在新加坡辦《總匯報》以鼓吹之，破壞革命運動為其目的之一。而浙人陶成章在南洋大組其光復會，破壞革命運動亦甚力。南洋的部分僑胞亦有受其蠱惑者，孫先生乃命胡漢民留新加坡主持《中興日報》，詞而闢之。並命先生回東京，整理黨務，培養革命幹部。

　　東京本有梁啟超創辦《新民叢報》，與《民報》展開筆戰，徹底失敗，梁亦離東京。故當時東京的問題，不在保皇黨之猖獗，而在同志間之意見紛歧與志氣消沉。章太炎與陶成章反對孫先生，則以孫先生被日政府以資遣代驅逐未向同盟會報告之故，而不知孫先生行色匆匆，無暇為此，所以他們的行動，是私人意氣用事而破壞革命團結，是極不應該的事，其他同志之受其影響者亦多。時張繼因談社會主義而被日本當局所逐，遠赴歐洲。宋教仁貧困交迫，抑鬱無聊，章太炎亦以粵桂滇起義諸役的失敗，對先生與孫先生不滿；而焦達峰等則組共進會，別創革命系統，真可以說龐雜之至。宋教仁與先生交誼素深，及先生至日本，避不見面。先生對於這些情況，都不以為意，獨對共進會之組織，頗不以為然。共進會之發起人，除湘人焦達峰外，尚有川人張百祥、贛人鄧文輝、皖人方潛與鄂人孫武等，他們的宗旨，是聯絡長江上下游的會黨分子，這是已有失敗經驗的老路線；而且他們對於在南

方起義，也不贊成；更把同盟會的平均地權政策，改為極有問題的「平均人權」，與孫先生的原意相乖謬。故共進會雖然還是同盟會中的一個黨團性的組織，但實際上與同盟會的宗旨不合，大有自樹一幟之勢。先生至日後，與焦達峰等晤，要求團結，焦等不從。時譚人鳳亦至日本，對共進會一派會黨組織的氣氛，如開山立堂等的綠林英雄做法，認為是「反文明」的做法，頗為不滿，但焦達峰均不為所動。但是他們雖然另立派系，卻仍以革命為目標，與同盟會之前提尚無不合，所以這一問題，暫置不理。後來焦達峰光復湖南後卒以會黨分子之不守紀律而死於亂軍中。江西情形亦然，非李烈鈞任都督，以大刀闊斧處理會黨，江西才得安定。此皆不從先生與譚人鳳所言之過了。

先生回日的任務，整理黨務，不過一端，其尤重要者乃為訓練軍事幹部。為了實行此一任務，乃重組大森體育會，使留日同志有一個練習軍事的地方。大森體育會本為雲南同志趙伸、呂志伊等創辦，由大森體育學校附設特別班，專授軍事，特重實地演習，經費本由先生籌撥。先生離日後，則由雲南雜誌社墊付。河口之役，雲南同志呂志伊等返國參戰，但甫至香港，而河口義師已失敗，呂等留港，及先生經港返日，乃相偕同返。先生乃就原有之大森體育會加以改組，聘請日籍教官授軍事技能，先生亦親自任教。每週演習行軍戰鬥，每與日籍教官各率學生一隊相對壘，演習拂曉攻擊與夜間襲擊，勝利常歸先生所率之一隊，深為日籍教官所欽佩。學員中有孫武、焦達峰、夏之時、彭家珍等，在革命起義中，皆多貢獻，而共進會對於先生的畛域之見，也因此而逐漸消除於無形。

是年，清政府與美國談判同盟問題，派唐紹儀赴美交涉，途出東京，《民報》二十四期由章太炎撰一短評，題為〈清美同盟之利病〉，唐紹儀認為蓄意抨擊，嗾使駐日清使向日政府要求封閉，《民報》遂被強迫停刊，涉訟敗訴，先生乃欲將《民報》移美出

版，以種種問題，未能實現。《民報》之不能出版，予留東京革命同志的情緒上之打擊不小，對同盟會的活動之打擊亦大。先生患之，乃於翌年另組勤學舍於東京小石川區，東京同志的革命氣氛，因得重振，但不久又形渙散，月費且常不照繳，初尚由先生勉力籌付，終且不支而停辦。若干同志鑑於東京革命氣氛之沉悶，乃有倡暗殺主義，以一鳴驚人之手段，以振奮人心，因有祕習炸藥之製造。先生聞之，嘗召集同志而誡之曰：「吾本不欲諸君採個人犧牲主義；如志願所在，必欲出此，以諸君至誠，不患膽不大，而患心不細，是則全賴自己修養力如何耳。」乃為延師教授，並在東京市郊設一祕密場所以試驗之。此舉足證先生之善與人同。時為宣統元年己酉歲，先生年三十六歲。是年四月初，新加坡政府驅逐孫先生，孫先生自此不能居留於中國領土較近之處，只好遠赴歐美，向僑胞及西方人士遊說中國革命，籌募革命經費，而以黨務交胡漢民代理，軍事交先生代理。

孫先生接受日政府與日人之款而離日，未經同盟會會議，頗受非議。及黃岡、惠州兩地起義及粵桂滇邊境起義皆敗，東京黨人反對孫先生更甚，而為之尤力者乃章太炎。太炎更不惜以卑劣手段，破壞起義革命軍的在日購械計劃，甚至發動改選同盟會總理，陶成章赴南洋組光復會，也是章太炎反對孫先生的計劃之一部分。但代理先生主持黨務之劉揆一則堅持原來主張，拒絕接受一切反孫建議，而有的人並先生亦反對之。東京同盟會真是烏煙瘴氣，龍蛇雜處，此所以東京黨務之必需整理也。先生既至東京，大部分同志之意氣用事，均已消除，但章太炎獨固執成見，反對孫先生如故。先生不得已，乃向孫先生報告，並分函南洋、歐美各地僑社及各地報社，列舉章太炎與陶成章之荒謬言論以駁斥之，先生之忠於革命，忠於孫先生，此其例也。由於先生力斥陶、章而為孫先生辯白，收效極宏，陶、章恨及先生，致有「孫黃朋比為奸」之攻擊。會汪精衛自南洋至東京，與先生商《民報》復刊，

於是續出兩期,而章太炎竟在《日華新報》刊登一篇〈偽民報檢舉狀〉的文章,仍對孫先生肆意攻擊,先生怒斥之為喪心病狂之舉。至此,先生對整理黨務之任務,亦幾於達成,惟對「章瘋子」則只有置之不理而已。

新軍起義與庇能會議

方革命的努力偏向於軍事起義時,黨務幾於為軍事而活動,完全處於協助的地位。及南方邊區諸役失敗,黨務活動復為中心。孫先生離南洋後,命胡漢民主持南方同盟會支部,北至香港,積極工作。於是粵方同志如鄒魯、姚萬瑜、陳炯明、朱執信、倪映典(即倪炳章)等皆與胡漢民密取聯絡,專門策動軍中同志的反正。宣統三年夏,南方軍政界同志舉行祕密會議於廣州的白雲山,舉胡漢民為支部長,汪精衛為祕書,林直勉為會計,胡毅生、林時塽、陳炯明等十餘人分別負運動軍隊之責,而由倪映典總其事。時趙聲已受兩廣總督張人駿之忌,辭職至港,任事於支部,與胡漢民共同策劃一切工作,與先生操密切之聯繫。

廣州吸收軍人參加同盟會的工作,發展至為順利,至是年十二月,加盟者已有三千餘人,姚雨平、鄒魯等運動會黨響應,也已成熟。倪映典至香港報告實情,大家認為舉義時機,已迫眉睫,胡漢民乃向旅美的孫先生要求接濟軍費兩萬元,並電請先生與譚人鳳來港,共同主持起義軍事之指揮。先生其時已債臺高築,囊空如洗,但得陳猶龍及日人萱野長知之助,乃得潛赴香港,此十二月二十日事也。時已近陰曆年底,各界籌辦過年之事甚忙,軍中亦然。同志中有因購買年貨而與警察發生衝突者,甚且愈鬧愈大。無意中洩漏新軍起義之祕密,新軍遂遭禁閉,新年不得出營門一步,同志情緒緊張,不可遏止。映典情急,乃赴香港南方支部請示,支部負責人方擬阻止發難,以俟各方之策應,詎映典尚在港,而廣州已發生事故,映典乃於陰曆新年(宣統二年)匆匆

返省，舉兵起義，是為廣州新軍起義之役，事之無成，勢所必然，而倪映典即犧牲於是役。映典皖人，與趙聲最相得，其入粵係投趙而來，其在粵新軍中服務，也是趙所安置的，至是在有計劃的舉兵起義中作臨時性的匆忙發動，以致失敗，趙聲的精神痛苦最深，甚至因此悲傷而影響其健康，對革命運動的損失，實在太大。其時先生已在港，參與密晤，雖明知其必敗，而無法加以阻止，誠憾事了。

廣州新軍既敗，先生於香港暫時無事可做。當時最為迫切的事，莫過於軍費的籌措，乃於宣統二年與胡漢民、趙聲等同赴新加坡籌募經費，徐圖再舉。汪精衛任南方支部祕書，並未實際做事，而專門籌劃暗殺的發動。宣統二年三月初七日，與黃復生刺殺清攝政王載灃未成，被捕入獄。此為汪一生對革命最勇敢的事。及武昌首義，袁世凱用事，乃命其子克定密與汪精衛交往而成摯友，且有結為兄弟之說，密居袁宅，以汪季新名義，參加南北和談的幕後活動，此人之善於投機，由此可知。汪之入獄，得同志程家檉等之援助不死，先生知其失敗，曾有詩云：

> 淒絕義堂碧血鮮，沃雲彌漫嶺南天。窮圖匕見荊卿苦，脫劍今逢季札賢；他日征秦終有救，十年興越豈徒然！會須劫取紅羊日，百萬雄師直抵燕。（羅家倫編《黃克強先生全集》）

蓋賢之甚也。這真是錯把馮京作馬涼，然當時汪之行動，儼然革命之健者，非待三十年始證明其偽也。

是年三月，胡毅生在港，得孫先生電，對革命策劃，有所指示；先生的日友宮崎寅藏亦唧日政府命來港調查革命黨實力，日政府對滿清在東北的多方軍事要求無進展，但漸知清新軍中同情革命者日眾，日政府深恐他日革命軍推翻滿清成功，對革命軍並無香火情緣，勢將不利，故藉宮崎與先生的交誼，欲知革命黨究有多少力量，以便事先有所部署。乃知所有日本友人，在國家利

益有所衝突時，不僅不能相助，且轉有利用之意，而置私人情誼於不顧。因此二事，胡毅生電請先生返港。先生對宮崎所欲知之革命實力，作誇大之答覆，此亦事理之常，非對朋友不忠也。

孫先生自南洋赴美後，鑑於歷次革命起義之失敗，皆由於經費不足、械彈兩缺之所致，乃設法自美籌措鉅款，經美友荷馬李 (Homer Lea) 與布斯 (Charles B. Boothe) 兩人之介紹，與美東財團接洽借款，授布斯以同盟會全權代表，洽借一百五十萬至二百萬美元，俾便組織臨時政府，組訓軍隊，推翻滿清政府。孫先生親赴洛杉磯，與荷馬李商訂大規模之起義計劃，函囑先生選送軍官，至美受訓，並發委任狀予荷馬李、布斯兩美友。先生與趙聲研究孫先生之計劃後，乃向孫先生建議，其要點凡四，撮述如下：

一、廣東必可由省城下手，且必能由軍隊下手。俟鉅款得手，先刺殺李準，使其部下自亂。省城一得，兵眾械足，事皆可為。

二、廣東而外，須注意他省軍隊與會黨之聯絡，滿洲馬賊、渤海海盜、長江會黨、三江陸軍，均須視輕重緩急以圖之，俾成谷中一鳴，萬方皆應之勢。

三、軍人擬聘武員及各種技師前來，預備作組織與教練之用。但以地點難得，俟起事後，再請彼等來助。

四、組織總機關之人才，必多求各省同志，以為將來調和省界之計。鉅款到後，擬去日本，招集已散歸各省有膽識之同志，來日會議，分別遣回，赴各省運動各事。（參考《黃克強先生全集》）

這是「開國大謀」，策劃可謂周詳。是年五月，孫先生祕密自美至日，先生與趙聲亦自港赴會，謀設統一的革命團體，以改進同盟會務。但孫先生之行蹤，旋為日本政府偵知，孫先生乃不得不密赴新加坡，先生亦返回香港。孫先生在東京與留日同志籌商革命起義地點，譚人鳳、宋教仁等與孫先生及先生意見不一。先生等離日後，留日同志林時塽等會議於宋教仁寓所，對革命起義地點，有所商討，宋教仁建議上中下三策：北方舉義為上策，中

部起義為中策，邊區起義為下策。同志中多認為起義地點應居中，不宜偏僻；革命時期應縮短，不可延長；戰爭地域應狹小，不可擴大。於是決議以中策為上策，籌劃在長江上下游各省起義。宋教仁並建議以新化錫礦山的銻礦售予日本，作為起義經費。會後，鄒永成返湘，負有遊說其親友股東出售礦權之任務；譚人鳳赴港，與先生商起義地點問題，先生頗不以東京同志之意見為然，故不歡而散。這是宣統二年九月上旬的事。

孫先生在新也不能久居，乃於是年六月轉赴庇能祕居，約先生及趙聲、胡漢民至庇能會商。時先生已與趙聲、呂天民赴仰光，籌劃進攻滇西，獲孫先生函，乃轉赴庇能集議，是為庇能會議之預備會。與會諸人，或以新敗之後，宜作休養，或以經費不足，宜多籌劃。孫先生以生平雖遇挫敗，但從不氣餒以激勵之。惟籌募鉅款，確是急要之圖，孫先生乃約南洋各埠同盟負責人數十人至庇能，正式開會，商定起義經費、起義時間與地點等重要問題，經費之籌募，英屬、荷屬各籌五萬元，暹、越各籌三萬元。舉義地點決定為廣州，集全黨之人力與財力促成之。事成之後，由先生率一軍出湖南以趨湖北，趙聲率一軍出江西以窺南京，長江各省必大為震動，事可大定。此即廣州三二九起義的計劃。孫先生在檳榔嶼行蹤因清芳閣的演講而公開出來，殖民地當局認為有礙治安，乃令孫先生離境。孫先生不得已，乃於是年十一月初離檳城，遠遊歐洲，先生仍返仰光，部署滇事，胡漢民與鄧澤如等則至各埠籌募起義經費。及滇事稍有頭緒，先生急赴馬來亞會晤鄧澤如，意在了解募款情形，所得不多，距離理想甚遠，而荷屬各地更為渺茫，先生乃大憤，曾謂：如此情形，則本人不必返港，惟有如汪精衛之所為，拚個人之生命，以激勵同志之一途。鄧澤如力加勸慰，先生之憤稍舒。於是偕鄧澤如至芙蓉、吉隆坡、怡保、霹靂、文明閣、金保等地，發表演說，徵募軍費，富商們類皆怕事，不敢應，中小僑商則相當踴躍，成績尚稱不惡。是年十

二月，先生函催暹羅同志約定繳款辦法後，鼓輪返香港，開始部署廣州起義有關各事，成立統籌部，並分別函約謝良牧兄弟及日本同志赴港，函催南洋同志積極進行募款與繳款，函中有：「天下事所謂不愛錢、不要命，無不成者也」等語，意氣之豪，一如往昔。

三二九親率敢死同志進攻督署

香港的同盟會南方支部的統籌部，就是部署廣州起義的總機關，設於跑馬地鵝井三十五號，先生被推為部長，趙聲為副；起義時趙聲任總指揮，先生為副。下設八課：調度課，專負運動新舊軍，姚雨平主之；儲備課，胡毅生主之，負責購械運輸等事；交通課，趙聲兼任，負責聯絡江、浙、皖、鄂、贛、湘、桂、滇、閩的策動事宜；祕書課，胡漢民主之，負掌管文書之責；編輯課，陳炯明主之，負責起草規章制度，後因宋教仁至港，改由宋教仁擔任；出納課，李海雲主之，負責全部財政收支；調查課，羅熾揚主之，負敵情調查之責；總務課，洪承點主之，負責處理一切雜務。其他同志，則酌量情形，分隸各課辦事。別設實行部於攞花街，負責製造炸彈及進行暗殺之事。其對軍界之聯絡策動，則仍以新軍為主，兼及防營。新軍有槍無彈，必須加以補給，故必須有勇敢細心之同志，混入廣州城內，運輸軍械彈藥，兼作內應，破壞廣州秩序，開城門納新軍入城，並佔軍械局，以充裕軍火之來源。於是有敢死隊亦即選鋒之組織，初定五百名，後增為八百名，此即起義時之基本部隊。惠州為東江重地，也是廣州的門戶，亦由羅熾揚負責該方面之布置，作為省城起義時之策應。

東京同志之首先應先生之約而抵港者，則有譚人鳳等數人。譚素主起義地點應在中部，此次起義地點雖在南部，而其次一步的目標則為中部，此為兩方面意見之調和。先生以起義計劃告人鳳，人鳳大感興奮，謂南京方面早有準備，居正等日夕謀起義於

武漢，以制清廷之死命，如予以經費，則必有成就。先生素知居
正有才略，乃以五千元授人鳳，囑其赴中部聯絡策動，人鳳欣然
領命，先生並親函居正云：

> 吾黨舉事，須先取海岸交通處，以供輸入武器之便，現欽
> 廉失敗，而廣州大有可為，不久發動，望兄在武漢主持，
> 結合新軍，速謀響應。（居正《辛亥劄記》）

譚人鳳奉命即行，把五千元分給其他同志，分別在蘇、浙、
皖、贛聯絡，他自己溯江而上，經鄂入湘，親自進行策動工作，
居正所得僅八百元，譚氏自己則留七百元，也交給曾伯興作湘方
的運動費用，真是戔戔之數，然革命黨人從不計較困難，惟盡量
設法，完成其所負之任務。居正曾因經費不足，作盜取金佛的行
動，此種老輩的革命情緒之高，值得我們欽佩和效法。其時，先
生仍分函各地，或促急謀響應，或促從速來港，或催從速繳款，
日不暇給，辛勞非筆墨所可形容，而對經費不足，尤感焦慮，其
致鄧澤如函，其中有云：

> 弟等生命何足惜，為大局計，不能不稍籌完備，冀有以不
> 敗。況今各國瓜分之局已見實行，若仍圖冒萬險以為主，
> 心何忍也！現如引絃已滿，不得不發之時，公等豈能坐視！
> 望大發仁慈，其有以救之。謹呈小照一枚，以為紀念，願
> 他日尋尸馬革，尚能識我之真面目也。（《黃克強先生全集》）

先生蓋以必死之決心示鄧澤如，以激發其努力募款之心也。
「尋尸馬革，尚能識我之真面目」，真是悲壯之至。

三月初十日，統籌部開會，分配起義時之工作，地點在香港
總機關部，決定進攻計劃，分十路進行：一、先生率南洋及閩省
同志百人，進攻兩廣督署；二、趙聲率蘇皖同志百人，攻水師行
臺；三、徐維揚、莫紀彭率北江同志百人，攻督練公所；四、陳
炯明、胡毅生率東江同志百餘人，佔領歸德、大北兩城樓，並防
截旗滿界；五、黃俠毅、梁起率東莞同志百人攻警察署、廣中協

署，兼守南大門；六、姚雨平率百人佔領飛來廟，並攻小北門，接新軍入城；七、李文甫率五十人攻旗界，佔旗界、石馬槽軍械局；八、張六村率五十人佔龍王廟；九、洪承點率五十人破西槐二巷砲營；十、羅仲霍率五十人破壞電信局。會議中推定趙聲為總指揮，先生為副。惟趙聲因久在廣州軍界任職，識者甚多，故由先生先行入省，籌備一切，趙聲則在義軍發動時赴省，接總指揮任。會中並決定多設放火委員會，入旗界租屋九處，以便起義時放火，以亂清吏耳目。至起義日則決定為三月十五日。其刺殺李準之責，則由馮憶漢主之。

一切部署停當，先生與預備進入廣州的同志，陸續進省，分別在各區設立祕密機關，而設總機關部於河南地區一所大公館中。當時廣州市區內外的大小公館、學員宿舍、工業研究所等紛紛設置，實際上都是由港至省之革命同志所組織的掩護體。當時最重要問題，除同志們混入省垣外，尚有更重大而艱難者，是軍械與彈藥的運輸問題。香港是補給的總庫，由香港輸至廣州固多困難，自廣州輸至各起義地區，其事更難。自香港至廣州的運輸，多數由女同志擔任。自河南總機關運至各起義地區，亦賴女同志之力為多。其方式為送嫁粧，結婚花轎；亦有利用出殯送喪的機會以進行者。先生本人在集合於香港的選鋒隊員陸續抵省後，亦於二十五日進省，駐河南的總機關。

原定的起義日期，為溫生才刺殺將軍孚琦事所破壞。溫生才自南洋返國，突於是日向孚琦行刺，孚琦果然因此而斃命，但溫生才亦因此而犧牲，對影響革命起義者更大。因為從溫生才刺孚琦案發生後，省城施行戒嚴，同志行動遂多不便。此外，尚有三因：其一，美洲方面的匯款，尚未到達；其二，自日本購置的一批軍械，亦尚未到；其三，旗界租屋放火地，屢被查詰，主其事者膽怯遷居，布置尚未就緒。因此種種，乃將起義日期延至二十八日。時廣州忽然傳出一項消息，謂新軍將於四月初退伍，故三

月底以前必須舉義，否則大勢去矣。但是革命黨人將起義於廣州的消息，忽被奸細所知，向兩廣總督張鳴岐報告。因此，自二十六日起，廣州的盤查益嚴。張鳴岐並與水師提督李準會商對付之策，由李準飛調巡防營兩營入省，以三哨駐防於龍王廟高地，命旗兵運大砲於城上，並對城內發布搜索命令大肆搜捕革命同志，以便一網打盡。革命同志知道了清吏的措施，乃亦集議應付方策。胡毅生主張暫緩舉義，以俟清吏防範稍舒時為之。先生力持不可，他說：「吾輩革命，全力而為此舉，稍存畏葸，何以成事？軍火既已入城，難再運出，經濟部同人若不諒苦衷，謂吾輩欺詐，必致斷送各地餉源；黨眾既奉司令部命令，不戰而退，何以示信於後來，故吾願己身一死，與李準輩相拚，以謝海內外同胞，而維黨人名譽及信用，並欲各部保全槍械，留為後用，以免搜捕之禍。」於是命洪承點等分別通知趙聲所部返港，餘亦相繼撤退。未幾，同志林文、喻紀忠等皆言清吏搜索命令已下，即將實施，機關必破，危害實大，力主留四、五十同志，集攻督署，以解此厄。先生本有此意，乃於二十八日命姚雨平向各分支機構報告，謂李準調回之防營，中多同志，義兵一起，即可響應。先生乃將原計劃酌予改變，命陳炯明率八十人攻巡警督練所，因所內學員，多為同志，其中且多由先生所派者，加入受訓，以便吸收同志，其所長夏某係湖南籍的同志，故此路進攻，預料必能成功。但是陳炯明這個心懷不正的假革命分子，期而不至，學生又有械無彈，致此路有勝利把握的軍事行動，遂被陳炯明所破壞。臨時酌變的，尚有令姚雨平只擔任迎接新軍入小北門之責，由胡毅生率二十人守大南門，餘皆如故，起義日則改為二十九日，各路同時進行，惟陳炯明未遵命令行事。又各路進攻兵力，以部分同志已遣返香港，故人數亦較原計劃為少。

三月二十七、八兩日，張鳴岐加派軍警守軍械局，並加緊搜捕革命機關，有兩、三處被破壞，捕去同志十餘人，形勢更為緊

張。二十九日至總糧臺搜索，事態更為嚴重，張鳴岐更下令清軍備戰，即城外起火，也不應分心。從清軍這些行動來看，奸人對革命計劃的內容，知道得相當詳細，故其布置，幾乎完全針對革命軍之計劃而設，故革命軍之處境，可謂危急萬分。先生乃將總部遷於小東營之一機關部，而是日下午三時，鄰街的一個支部又被破壞，捕去同志八人，因此，同志們都認為情勢惡化，已達極點，非立即起義，不能解困難。先生因決定是日下午五時三十分，發動總攻，此即著稱於革命史之廣州三二九之役，即所謂黃花崗烈士之起義也。義兵將興，先生急電香港，以「母病稍痊，須購通草來」之隱語，表示廣州革命黨人即發難，希在港同志入省參戰。先是，在港同志，對穗方起義延期、遣歸同志之舉，意見龐雜，迄未統一，故未能枕戈以待；但在接獲起義之暗示後，即行集合，仍有很多同志或搭輪船，或乘火車，趕赴省垣，參加革命聖戰。

　　三二九起義計劃，臨時又作改變，原計劃為十路起兵，第一次修改為八路，臨起事時則改為四路，以人手不足之故。這四路是：第一路仍由先生親自率領，進攻兩廣總督署；第二路由姚雨平率領，進攻小北門飛來廟，以迎新軍入城；第三路由陳炯明率領攻巡警督練所；第四路由胡毅生率領，守大南門。約定五時半同時發動，以白布纏臂為標誌，以吹螺為訊號。詎香港方面，趙聲與胡漢民之意見又不一致，趙聲主張立即入省，由同志們把存港的荷花槍三百餘枝，隨身帶往，倘被查出，即發槍起義。胡漢民以港穗間關於起義時日問題，每次延期，且隱語所示，未必即是三二九起義，故電穗決定三十日舉義，並派譚人鳳、林直勉乘早輪進省，面達三十日起義之命令，而不知廣州方面之萬分緊急態勢，已有引弓已滿不得不發之勢。陳炯明是向來主張延期的，他一聽到香港決定延期，遂以此消息告知胡毅生，而不尊重當地最高負責指揮者之命令，於是四路起義，又改變為兩路，此為三

二九失敗的主要原因之一。

三月二十九日上午十時，已有同志多人集合於先生的機關部待命。下午四時，先生正頒布命令，發表演說，並以大餅、毛巾、槍枝、彈藥等分發各同志。譚人鳳適於此時到達，傳布香港延期一日的決定，先生頓足曰：「老先生勿亂軍心，吾不拿人，人將拿我矣。」時林時塽在側，告譚人鳳曰：「防營兩營已決響應義軍了。」譚乃向先生索槍，先生勸之曰：「先生年老矣，此是決死隊，願勿往。」譚怒曰：「君等敢死，余獨怕死耶！」先生乃以槍給之，人鳳誤觸槍機，轟然一響，幾致傷人，先生乃奪其槍曰：「先生不行！先生不行！」遂派人送至陳炯明處。五時二十五分，先生率林文、李文甫、喻培倫等百餘人出發，何克夫等為吹螺角，一時嗚嗚之聲大振，而先生等直衝督署了。督署門前本有守衛兵數十人，林文等以炸彈擲擊，死數人，餘皆鳥獸散。先生遂率數十人入內搜索，但署內無人，張鳴岐等早已逃避，留空署以待革命軍之入內而圍攻之。先生知已中計，乃置火種於總督臥床，迅速退出，轉赴東轅門，適宜李準之親兵大隊，林時塽前往招撫，中彈畢命，同死者尚有劉元棟與林尹民。先生方舉槍擊敵，忽一流彈飛至，右手中、食二指受傷一節，但先生仍以第二節扣槍射敵，並將所部分作三隊：由徐維揚出小北門迎新軍為一路，由川閩及南洋同志攻督練公所為另一路，先生率方聲洞等出大南門，與防營取得聯絡為第三路。先生等行至雙門底，正與防營相遇，這一隊防營是真的響應革命軍者，哨官溫帶雄站於隊前，正欲與革命軍問話，但臂無白布，方聲洞疑為敵軍，舉槍擊斃之，於是防營還擊，遂生互戰。這一誤會，使此次起義，遂無挽救之餘地，此為最後失敗之主要原因。先生回頭，已不見同志，知已無可為力，乃隻身擠入一小店，在門隙中發槍，左右射敵，擊斃敵軍七、八人，敵退，時先生指痛已難忍，仍以水洗去積血而自裹之，以待敵之再進。久之聞敵兵呼曰：須急往保護督署。巡營聞訊，乃相率而去

督署，時店中司理郭季文從西關來，先生以實相告，表示欲去長堤。季文知城門仍開，乃取一黑色長衫及草帽一頂，為先生易裝，且親送至五仙門直街，喚渡船，授以重酬而得渡，原欲至溪峽機關部，上岸詢警察，始知距溪峽尚遠，乃佇立而觀對岸火勢，良久始去。此役先生之脫險，咸賴老百姓之同情和他自己的鎮靜。行良久，始至溪峽機關部，先生不知其門牌，但知其為偽裝娶婦之新婚住宅，於紅紙門聯辨知之。叩門無應者，蓋同志均已外出參戰，久乃有僕婦應門，先生要求入內，僕婦不納，商久始允，乃得入門，時已晚間九時了。未幾，女同志徐宗漢歸，為先生裹傷，先生則痛絕而暈了。長公子一歐，時亦在軍中，得同鄉督練所夏所長之助脫險，亦云幸矣。

先生在溪峽機關部養傷，經一夜而痛增劇，乃由機關部同志莊六，上街購止血藥，路遇趙聲。趙聲是在起事之晚乘輪進省，同志二百餘人，悉數同來，準備參戰。至穗，始知敗息，城門嚴閉，不得入，方徬徨無措，遇莊六，被引至溪峽機關部，得與先生相遇，擁抱大哭，先生仍欲入城，與清吏相拚，趙聲和徐女士力阻之。有同志來詢者，皆以已死為答，避免困擾。三十日晚，莊六先護送趙聲，經由澳門返港，先生以血書託趙帶交港中同志，示恨意，至四月初一日，徐女士為先生購灰色長袍，擬喬裝赴港就醫。翌日，適有哈德安輪赴港，徐女士伴先生登輪，坐於梳裝椅上裝睡，徐女士並以身障之，始獲脫險。至港，入雅利氏醫院割治。醫院規定，須由親屬簽字，徐女士毫無遲疑，以妻子名義簽字，終且成為革命眷屬。時香港警察機關，忽然進行挨戶搜查，此殆出於清政府之要求。先生指疾稍癒，乃由胡漢民陪同至九龍暫住，以避其鋒。時陳炯明亦至香港，往見先生。先生後告同志曰：

> 競存此人，不足與共大事。觀其眸子，足知其陰險，亟須除之，免為後患。（魯直等合著《陳炯明叛國史》）

這是先生和陳炯明在三二九共事後親身的體驗，此人苟活於當時，後且叛離革命陣營，後患至大，一如先生所言。趙聲返港後，抑鬱悲憤而卒，先生痛之深。趙聲之任起義總指揮，由先生向孫先生推薦，函中有云：

> 趙伯先兄於軍事，甚勇擔任，此次款項若成，可委廣東發難軍事於伊，命弟為之參謀，以補其短，庶於事有濟。（《黃克強先生書翰墨蹟》）

先生在籌劃廣州起義時，曾為人作書：「大丈夫不為情死，不為病先，當先為殺賊而死」，趙聲稱快。不意趙聲不死於廣州起義之役，而死於病，故先生痛之極深。關於趙聲的革命經過，作者另有一傳，可資參閱。

三二九起義之失敗，本身所有失敗的主要原因，已加敘述；但是另外一個不屬於革命軍方面的主要因素，便是頑強的清吏水師提督李準。李準不除，對南方革命起義，始終是一個大患。故港中同志集議，決定暗殺李準，先生主之甚力。曾致美洲同志書，有云：

> 革命與暗殺，二者相輔而行，而收效至豐且速。

他曾經對胡漢民說：

> 此時黨人惟有行個人暗殺之事，否則無以對諸先烈。

胡漢民對於先生的見解，甚為支持，曾說：

> 此不止為復仇計，亦以寒敵之膽而張吾軍。（《胡漢民自傳》）

先生致馮自由書也說：

> 廣州之役，弟實才德薄弱，不足以激發眾人，以致臨事多畏懼退縮，遭此大敗。……弟之負國負友，雖萬死無以蔽其辜。自念惟有躬自狙擊此次最為害之虜賊，以酬死事諸人，庶於心稍安，亦以作勵吾黨之氣。……（《黃克強先生書翰墨蹟》）

故先生返港後，以籌劃暗殺為中心工作，譚人鳳是他在港接

見的友好之一，先生亦告以「當盡個人天職，報死者於地下」。按先生與胡漢民先生都是反對暗殺的，此時專以暗殺為務，以身相拚，大有英雄末路之慨。他所要暗殺的「虜賊」，便是李準。時孫先生在美，聞先生將實行暗殺，大不謂然，立電先生，囑其為大局打算，不應貿然走險，並函在美的吳稚暉力勸之。三二九之敗，勇敢的黨人多有灰心而欲退卻者，趙聲之患盲腸炎而不治，譚人鳳之欲歸隱於故鄉新化，先生之欲鋌而走險，都是此種心理之表現。但孫先生決心依舊，中部同志則謀革命愈急，而若干主暗殺之同志則以刺殺滿室要員為目的，如彭家珍等，其志氣如虹，尚較先生為積極。黨中同志勸慰先生者紛函阻止，且有願代先生任暗殺之責，請先生留此身以有待。先生為之感動，乃函孫先生曰：

> 弟此行，非先行破壞，急難下手，且不足壯黨氣，酬死友。
>
> 今遵諭先組織四隊，按次進行。惟設機關及養恤費甚鉅，茲李準雖傷，須再接再勵，請助萬五千元，電中國報收。

　　（此函見於《國父全集》）

孫先生接函後，立匯萬元，餘由檀香山等地同志湊集。由此可知孫先生及全黨同志對先生屬望之殷。由「李準雖傷」一語觀之，可知其時對刺殺李準一事，已在進行，且已收相當之效果。按先生在港所組織之暗殺團，稱為東方暗殺團。所撰〈蝶戀花〉詞一首，即係贈東方暗殺團者。詞云：

> 畫軻天風吹客去，一段新秋，不誦新詞句，聞道高樓人獨住，感懷定有登臨賦。半夜晚涼添幾許？夢枕驚回，猶自思君語。不道珠江行役苦，祇憂博浪椎難鑄。（《黃克強先生書翰墨蹟》）

　　按東方暗殺團，黃夫人徐宗漢女士曾參與其事，讀其詞，意或徐女士亦至廣州行動者。這一段暗殺團的行動，我們可以看作三二九之役的餘波。先生不得已而為之，所以洩憤慨而酬死友，其內心之痛苦由此可知。

武昌首義與陽夏保衛戰

中國革命的起義地點，本有三派意見，一、中央革命論，宋教仁、彭家珍等主之；二、中部革命論，譚人鳳等主之；三、南方革命論，孫先生等主之。及三二九之役失敗，中部革命論驟佔優勢。及譚人鳳自港歸，意欲歸隱家園，道出漢口，漢上同志認為新化已無容身之地，不如振作精神，致力於中部革命。譚先生乃約武漢同志晤談，力促團結。時武漢革命組織，分文學社與共進會兩派，前者由蔣翊武等主持之，專門聯絡軍界下級幹部與士兵，並派同志多人，投身軍界，吸收同志，擴大組織，成效頗著。後者由焦達峰、孫武等主之，專以聯絡沿江各省的會黨，尤其著眼於各埠會黨之聯繫與策動。這兩個團體各自為政，甚少聯絡，譚人鳳認為如不合作，革命起義時無以壯聲勢。兩派首要人物，遂相往來，並組織聯合會議，共同進行革命起義的籌劃。譚人鳳遂偕同志數人，遍歷長江各埠，最後抵上海，與滬上同志會商革命起義於中部，乃組織中部同盟總會，成立於是年閏六月初六日。時先生尚在香港，對中部同志之行動，尚無所悉。

其時各省發生護路風潮，四川尤為激烈。清政府乃調鄂軍兩營入川，湖北實力，頓告空虛，武漢同志乃急謀起義，派居正、楊玉如赴上海購械，並邀譚人鳳、宋教仁回鄂主持，託呂天民往香港，與南方支部聯絡，並邀先生北返，同主鄂方起義。時先生本有策動滇省起義的計劃，及知武漢方面情況及上海中部同盟總部的計劃，乃決定圖鄂，分函美洲致公堂、籌餉局及南洋鄧澤如、胡漢民（時胡先生在西貢）等，請急為籌募經費，促成武漢起義，並函陳其美等，以廣州起義之經驗，勸他們「布置不可過大，用人不可不擇」。居正在滬，亦得先生函，謂「一俟外款稍有眉目，即行前來。」但武漢黨人以情勢所迫，不得不在辛亥八月十九日（即陽曆十月十日）舉義。時宋教仁在滬患病，聞舉義消息，躍然而

起，決至武昌赴敵，急電先生速駕，先生亦急電荷印華僑書報社同仁，以日內赴武昌相告，蓋希該方面籌款接濟，先生在未離港前，曾有和譚人鳳詩一首云：

> 懷錐不遇粵途窮，露布飛傳蜀道通。吳楚英豪戈指日，江湖俠氣劍如虹。能爭漢上為先著，此復神州第一功。愧我年來頻敗北，馬前趨拜敢稱雄。（李廉方《辛亥武昌首義紀》）

其好整以暇常類此。「能爭漢上為先著，此復神州第一功」，曾寫成對聯以贈吳醒漢，今尚存世，誠墨寶矣。

先生於九月初三日抵上海，由夫人徐宗漢偕行，途中電孫先生速匯款，抵滬後電日友萱野長知請購炸藥，在滬又策動柏文蔚、范鴻仙赴南京，運動第九鎮新軍起義，先生以手槍一枝贈柏氏。時長江沿岸各埠，清軍盤查甚嚴，時女黨人張竹君醫師在上海組織紅十字救護隊赴武昌，先生乃化裝看護士混跡其間，乃得安抵武昌。時清政府已起用袁世凱，分由北洋軍馮國璋、段祺瑞統一、二兩軍猛攻陽夏，漢口已被佔一部分，武昌革命軍與漢口北洋軍隔江砲戰甚烈。先生乃僱舢版登岸。時為九月初七日，漢口的劉家廟大智門均陷敵手。黎元洪聞先生至，派軍樂隊迎於漢陽門，並以「黃興到」的大牌示民眾。群情振奮，沿途爆竹齊放，民心士氣大振。當晚，先生與黎元洪會談，力主堅守漢口、漢陽，以待各省之響應與援助。黎韙之，即推先生為陽夏總指揮，先生立即渡江，設臨時指揮部於滿春茶園，與北洋軍展開鏖戰。民軍聞先生來任指揮，無不奮戰，即北洋軍聞之，亦互相私議，謂：「此即在廣東欲殺張督者，乃真將軍也」。其威望之高有如此者。但是先生雖足智多謀、驍勇善戰，而其困難正多，綜其要點，約有四端：其一，民軍係臨時招募而來，無訓練，不知戰；其二，兵數太少，先生曾派蔡濟民查點，實在人數僅六千餘人，有一標實際上僅百餘人；其三，黎元洪膽怯，時思棄武昌於不顧，故赴援不力；其四，民軍中缺乏大砲，故火力遠在敵方之下。故先生雖兩

度親自率部反攻，仍難挽回頹勢，漢口終於十一日淪於敵手，先生只好退守漢陽。盱衡當前情勢，非下游各省起義，不足以分敵勢而全漢陽。先生乃派章鋆、蔡國光攜手書赴滬，促潘訓初、楊譜笙在下游舉義。函云：

> 別後抵鄂，敵人已佔漢口之劉家廟，倚租界設立砲兵陣地，相持數日不下。至昨晚風起，漢鎮房屋，中砲火起，全市被毀，我軍退守漢陽，盡力防禦。兵卒多係新招，不能久戰，今已疲乏。常有湘軍大隊來援及江南各學堂勇士，尚可保捍。弟到此間，雖督戰多次，未能獲勝。亟盼寧皖響應，絕彼海軍後援，則易驅除也。（《黃克強先生書翰墨蹟》）

函中所稱的湘軍赴援，即焦達峰在湖南起義成功後所遣之援軍，也是先生防守漢陽的主力。漢口既陷敵手，黎元洪迎先生返武昌，議攻守。田桐等認為漢口之失，由於先生無軍方名義，致民軍多不奉命，乃決定由黎元洪以都督名義，拜先生為民軍戰時總司令，行登壇拜將古禮，以昭鄭重而勵士氣，先生在接受「戰時總司令黃」的軍旗後，發表演說云：

> 兄弟才識本不勝任，既承不棄，亦不能不盡力。現今各省響應，大功已將告成，然我同胞亦不可以自滿。兄弟今天有三層意思，勗我同胞：第一，要努力，現今黃河鐵橋已斷，敵兵已無歸路，勢不能不拚死命，……我若稍存畏縮，敵即攻入我心腹矣！臨戰若不努力，後退決意斬首示眾。（眾拍手）第二，須服從軍紀，紀律非服從不可，倘不服從長官命令，……此種士兵萬不能用。以後軍界同胞，須服從長官命令，皆不得規避。（眾拍手）第三，須協同，……若自己各存己見，互相柄鑿，無論有何勢力，皆不能成事。……我同胞無論辦事人及兵士，皆須互相友愛，以期共達目的。（眾拍手）（《革命文牘》第三集）

先生這篇演說詞，都是當時新軍的弱點，故慨乎言之，以期

改正而挽局勢。先生演說畢，眾三呼萬歲。先生下壇後，乘馬巡視軍隊，眾皆立正舉槍，先生亦行答禮，軍紀之威初立。是晚湖南王隆中旅抵武昌，先生請居正慰勞之，而居部學生軍亦於是晚隨先生赴漢陽，設司令部於漢陽西門外之昭忠祠，以李書城為參謀長，楊璽章、吳兆麟副之；以王孝鎮為副官長，以田桐為祕書長，以蔡濟民為經理處長，蔣翊武副之，其兵站司令則由王安瀾主之。於是總部之規模始具。昭忠祠係一破爛不堪之小廟，先生指揮軍事，手批口管，行若無事，而有條不紊，悉中肯綮，於是僚屬皆服先生之才能。

其時各方來援之學生軍，除舊時留日學生數十人外，南京陸軍中小學生有蔣光鼐、陳果夫等數十人，日人萱野長知亦率義士十數人加入作戰行列，復有日本記者二人採訪戰地新聞，以先生雍容儒雅的風度，向日報報導，有云：

> 漢陽……城內戒備森嚴，將出西門，遇新募兵二隊入城，年皆自二十至三十許，意氣雄豪，不可一世。出西門……則漢陽軍糧餉部在焉，擔魚、雞、肉、菜來者，不招而麇集。曩昔見清軍在孝感，糧餉缺乏，無肯售子，人心可知也。……敕建淮軍昭忠祠，是即中華民國軍政府戰時司令部之所在，亦黃興之所在也。通刺求見，門者導之入一室，室中桌一、椅數，有軍士送茶至，壁懸文天祥〈正氣歌〉，讀未竟，有一人入，則黃之祕書官田桐，未幾，黃亦入見二人，莞爾曰：故人乃相偕來訪也；黃顏色赭黑，……容仍肥滿，身御縞衣，無雜色，足躡黃皮鞋，氣象凜然，令人起敬。談笑間，祕書劄子自都督來者，絡繹不絕，黃一一予以覆書，裁決如流，雖甚繁劇，而處之裕如，且語且作答。二人見事殷，將告別，黃起取雲箋，援筆書秋高馬肥四字，笑贈內藤。狄原亦求書，書殺機二字。……（宣統三年十月八日《民立報》）

此先生之戰時生活，出之於外籍記者之手筆，其處事明敏，好整以暇而盡禮，一如往昔。

陽夏之役，最為暗淡之時，乃吳祿貞之被刺。吳祿貞早已加入革命行列，時任清新軍第六鎮統制（師長），奉袁世凱命，調駐石家莊要地，相機南下，增援陽夏清軍。時清軍統制而為革命黨人者，尚有二十鎮張紹曾，與吳祿貞互為犄角，誠北方革命軍最佳之形勢。吳祿貞在石家莊，阻塞清軍南下之通路，扣留南運之輜重，他本人則單騎赴娘子關，與已經起義之山西都督閻錫山相晤，準備舉義。袁世凱知祿貞將不利於清軍，乃賄通其部下之協統，嗣機加以暗殺，時為上海光復之第三日，即十月十六日之事。第二鎮被接收改編，不僅陽夏北洋軍餉道遂通，且有盧永祥的北洋軍攻入山西，閻錫山部只有逐漸向綏遠退卻，與革命聲勢隔絕，是為北方之大變局，對革命至為不利。

袁世凱之盡量剷除異己，擴充地盤，皆在作政治販子，以北洋軍之威勢，脅制革命軍就範；而另以革命軍之威勢，壓迫清政府讓位，乘機為民國之領袖。故吳祿貞遇難後，即派劉承恩、蔡廷幹密至漢口，求見黎元洪議和，先生洞燭其陰謀，乃致書袁世凱，勸其歸順革命，倒戈驅滿，中有「以拿破倫華盛頓之資格，出而建拿破倫華盛頓之事功，直搗黃龍，滅此虜而朝食」等語（原函甚長，中央黨史史料編纂會有抄件，此不具錄），真是一語道破袁世凱的居心，由此可知先生是心理戰的能手。時滿清貴族諮府大臣載濤，亦有罷戰言和之意，派黃郛、李書城至滬，探詢其可能性，與袁意不謀而合，而用心則絕對不同。李書城與黃郛都是革命黨人，黃郛至滬，留佐陳其美，而李書城則赴武昌，就民軍參謀長職。先生深恐這來自兩方面的和議消息，將影響民軍士氣，乃向軍中下令曰：

> 自鄂軍起義以來，不旬日間，我同胞之響應者已六七省，
> 足見天命已歸，滿賊立亡。乃虜廷不揣時勢，不問民心，

出其狴犴之卒，敵我仁義之師，是實妄干天誅，於我何妨。漢口之戰，吾師屢勝，繼雖小挫，不必介意。……現鄂軍大整，湘軍來援，恢復之功，當在旦夕。……袁世凱甘心事虜，根據初九日罪己詔，倡擁皇帝之邪說，先運動諮政院遍電各省諮議局，有云政府十分退讓，吾人以求政治革命，不屑為己甚者云云；袁世凱已派心腹多名，分道馳往各省，發布傳單，演說諭眾，冀離間我同胞之心，渙散我已成之勢，設心之詭，用計之毒，誠堪痛恨。我同胞光復舊宇，義正詞嚴，既為九仞之山，何惜一簣之覆，自不致為所動搖，惟恐妖情善蠱，致熒眾聽，故此密諭同胞，速飭密探，查拿前項演說之人，消滅傳單，俾鼠端之使，無由而施，大局幸甚。（李廉方《辛亥武昌首義記》）

由此可知先生不但長於對敵之心理戰，而且更長於破敵之心理戰，其設想之周詳，大率類此。

先生整軍既畢，乃圖漢口之再度光復。先生就任戰時總司令時，即命部隊在襄河（即漢水）的琴塘口搭橋，即為反攻漢口作準備。至是月二十六日橋成，下令反攻漢口，其進兵共分三路：第一路以步兵第三協統成炳榮率所部自武昌的青山，橫渡長江，在湛家磯登陸，向劉家廟進攻；第二路以步兵第六標標統楊選青率所部乘裝甲小輪及民船，自漢陽東方渡襄河，向漢口方面的龍王廟登陸，佔據陣地，相機進攻；第三路由先生直接指揮，組成分子為漢陽的各方部隊，而以湘軍第一協統王隆中部為右翼，湘軍第二協協統甘興典部為左翼，鄂軍步兵協協統熊秉坤（武昌首義時第一發槍之人）所部為總預備隊，並有砲兵第一標及工程營隨同出發，這一路是反攻民軍的主力。先生命令左右兩翼在是晚黃昏後出發，自琴塘口浮橋渡江，以在拂曉時分發動總攻擊，先生本人則於晚間十時許即過江準備。先生明搭浮橋，為主力部隊的渡河之道，是否為適宜的良策，應該是一個問題。因為搭浮橋

不是一件祕密工作，易為敵人所知，事先必有準備；故在革命軍渡江之前，即已預設機關槍陣地，向過橋民軍掃射，民軍傷亡慘重，湘軍甘興典所部係新募的部隊，首先不能忍受而急取回路，革命軍陣地因此動亂，雖由先生督率學生軍督戰陣斬數人，仍無法挽回頹勢，一退不可復制。先生乃嘆曰：「新兵誤事，功敗垂成！」這當然是一件最為可惜的事。先生倘能根據我國戰史上名將過河的經驗，以琴塘浮橋一路為佯攻，而改以攻佔湛家磯或龍王廟的任何一路為先攻部隊，而以琴塘一路牽制敵兵的主力，俟兩路得手，敵軍調攻而猛攻之，則勝券可操了。昔韓信與魏豹隔黃河為陣，那段的黃河以臨晉為最主要的渡口，韓信陳兵河畔，作渡河狀，魏豹乃集全力以防守之，而不知這一路的漢兵是佯攻，其真正的渡河地點為夏陽，而且以木罌為渡河工具，故漢兵渡河成功，而魏豹驚惶失措，魏軍不戰自潰了。故此役反攻之未見功效，戰略部署，不無關係，未必全係新兵誤事。先生日後受人口舌，與此不無關係。

　　渡橋退兵，既一發難制，先生不得已，只好退回漢陽，開會檢討責任，認定甘興典的責任最大，既擅自潰退，又不向漢陽集結，而逕自逃回湖南，罪無可逭，乃電湖南都督譚延闓俟甘興典回湘時，即就地正法。又第三協統成炳榮未能依照預定計劃，從青山渡江進攻，議定免職。第二路標統楊選青在應該領兵出戰之日，在家結婚，置軍事計劃於不顧，應予槍決。由此種情形來觀察，可知當時的革命軍，仍不免視軍事命令如兒戲，故此次失敗，乃各方原因之綜合。故先生曾電胡漢民說：「鄂軍怯，湘軍驕，敗無疑也。」先生所恃者為湘軍，而湘鄂兩軍不合作，亦為實情。

　　漢陽民軍反攻失敗，北洋軍則乘其疲而反向漢陽進攻，一變而為漢陽的保衛戰。革命軍雖進攻無力，但守尚有餘，故正面北洋軍自九月二十八日起雙方發生砲戰，北洋軍無機可乘。袁世凱乃令段祺瑞部增援，並令李純率領第六混成協繞道孝感，自蔡家

匐偷渡襄河，暗襲美娘山要塞而佔之，正面清軍亦自琴塘渡口搭浮橋，渡河來攻漢陽，漢陽形勢，更加緊急，先生督率所部，迎戰來犯之敵，日以繼夜，不眠不休，但湘鄂兩軍之未能合作，新兵之不服從命令，依然如故。先生仍賴王隆中部之拚死抵禦，尚能維持漢陽的苟安局面。但戰事延至十月初三日，王隆中部實已疲憊不堪，乃退至武昌休息，幸湖南都督譚延闓復派劉玉堂協統率兵來援，初五日到達漢陽，加入戰線，局勢尚能維持，劉玉堂及其參謀人員，真不愧為勇將，親自督陣，竟致陣亡，其副參謀長未幾亦亡。先生派李書城要王隆中重返漢陽參戰，王亦未允，鄂軍亦未派得力部隊增援，以致漢陽守軍，軍力日薄，彈藥日少，清軍卒在猛烈砲火之下，陸續攻擊仙女山、龜山等要塞，盡入敵手，初六日午夜，漢陽遂告失守。黎元洪派人迎先生返武昌，先生憤欲投江，卒由同志劉揆一等擁回。方漢陽危急時，先生曾派萬耀煌先生赴贛求援。萬字武樵，鄂東人，原為文學社同志，早已加入革命陣營，辛亥六月考入保定陸軍軍官學校，武昌首義時，曾謁吳祿貞，建議向北京進軍，未成事實，乃南下至滬，投滬軍都督陳其美，受委為聯絡參謀。後因武昌同志電促返漢，乃由陳都督函介於先生，先生嘉之，留在總部參謀處工作。至此，令其入贛求援，時贛軍李烈鈞所部適有事於安徽，聞訊趕往應援，詎李部甫抵鄂東，而漢陽已陷。假使漢陽的保衛，能多得武昌方面的援助，則各省援軍，必紛紛前來，戰局當可挽回。關於湘鄂兩軍間之不合作情形，上海在鄂代表莊蘊寬氏曾有一段記載，頗為客觀，茲節錄如下：

> 鄂人自此次發難為不世出之功，趾高氣揚，目無餘子。漢陽空虛，早無可守，幸湘軍勇敢，而官軍（係指清軍）無智，故能支持較久，否則早失之矣。且鄂之視湘，曾路人之不若，湘軍血戰二晝夜，鄂軍不惟不相救援，且猜忌而訕病焉。湘軍迫於饑寒，鄂軍則安於溫飽，懸隔若是，誰

　　復能為用者？余之所見如斯，其餘則不忍言矣。（盛先覺致
　　梁啟超函，見《梁任公年譜長編初稿》）

　　莊蘊寬所記已如此的可怕，況尚有「不忍言」者。我們客觀
的說，漢口反攻之役，先生的部署是有問題的，但是漢陽之失，
則鄂軍應負最大的責任，而湘之援鄂，已盡其能事，先生的負責
盡職，也是盡其最高的智能。陽夏既失，袁世凱實現其陰謀之可
能性增高，而革命軍則未免受到很大的影響。若非滬杭蘇鎮光復，
組聯軍以克南京，則陽夏失守之影響，誠有不堪想像的演變了。

　　先生等既至武昌，與黎元洪等鄂軍政府將領，舉行軍事會議，
商討此後行動。會中主張，可分二派：先生主張撤出武昌，與下
游革命軍聯合，襲取南京，此為奇兵之計；黎元洪支持先生的襲
取南京的意見，鄂軍政府暫離武昌；譚人鳳及部分鄂軍將領，主
張死守武昌，以待各省的援軍，譚並慷慨陳詞，謂如先生等必要
襲取南京，請分軍隊及軍需之半，俾便死守武昌，與北洋清軍周
旋到底。會議結果，意見分歧如此，先生決定單身離鄂赴滬，黎
元洪怯懦，亦離武昌，移居近郊，而以譚人鳳為長江上游招討使，
負責武昌一帶的防守。在此一會議中，足以說明譚人鳳的見解，
確較先生略高，尤高於黎元洪。因為事後證明南京的光復，無須
借重於上游軍；而武昌經過一段艱苦的防禦後，卻是安全無恙。
黎元洪這個不知廉恥為何事的懦夫，在南北和談和武昌安寧中，
又回到武昌，執行鄂軍都督的職務，把軍權從譚人鳳手中收回，
而以譚為鄂省代表，參加南京的各省代表會議，譚人鳳有功於武
昌的防備，而其結果等於被黎元洪放逐。可是譚人鳳對黎元洪卻
毫不介意，在南京代表會議選舉臨時大總統時，因對黎元洪未作
安排，乃特別投黃興一票，以示抗議。譚氏並非推重黎元洪，而
是感於其革命首義以後，群龍無首之際，出任艱鉅，以維大局，
不無貢獻之故。各省代表修改臨時政府組織法，增設副總統一席，
而選舉黎元洪任之，未始非譚氏此一抗議之結果。

先生自九月初七日到達武昌，至十月初七日離開，整整一個月，日夜與敵人相周旋，而將士不用命，士卒多離散，內憂外患，交相煎迫，其精神之痛苦與體力之疲乏，不是我們可以想像得到的。十月十一日先生抵滬，時上海已光復，滬軍都督陳其美等組織江浙聯軍，進攻南京，即於先生抵滬之翌日入城，足以彌補陽夏之失陷而有餘了。方江浙聯軍進圍南京時，先生長子一歐參加作戰，先生特以簡函勖勉之曰：「努力殺賊，一歐愛兒，父字。」父子均為革命拚命，亦民國革命史之佳話。先生至滬時，接見《民立報》記者而告之曰：「此行目的，在速定北伐計劃，並謀政治之統一。」先生仍在為革命效力，由此可知。時長沙明德校長胡元倓亦在上海，慰先生曰：「成功矣。」先生答曰：「我敗來，何出此言？」元倓答曰：「君非軍事家，敗乃常事，前者君一人革命，故難成功；自黃花崗事出後，全國人心皆趨向，革命自成功矣。」胡氏自革命歷程言，自無可訾議；但漢陽之保衛戰，歷時匝月，期間有很多省區光復，終且圍取南京，其失敗處，正是其成功處，這是我們應該特別認識的。

暫定大元帥與代理大元帥

武昌首義後，各省紛紛光復，大家都感到各自為政之非計，乃由各省推舉代表，至武昌集會，謀組臨時中央政府。一部分代表先行赴鄂，但其時陽夏保衛戰已極激烈，故各省代表之陸續至滬者，留上海，以俟發展。於是有留鄂代表與留滬代表之別。陽夏既失，南京光復，革命的領導中心，自武昌轉移至南京。先生既至滬，而南京又光復，各省留滬代表與江蘇都督程德全、滬軍都督陳其美等協議，召開會議，選舉先生為假定亦稱暫定大元帥，黎元洪為副元帥並兼鄂軍都督，主持統籌革命計劃與聯合行動之任務及聯合臨時政府。其所以稱為假定或暫定的，是因為有一部分代表尚留鄂，等他們回來後召開全體會議，作成正式決議案，

始去假定或暫定字樣，而成正式的大元帥，作為臨時大總統產生以前的過渡時期之國家最高負責人。後來留鄂代表東返，以鄂省首義之功不可沒，應顧及黎元洪之地位，因此在全體會議中改選黎元洪為大元帥，而以先生為副，在黎元洪未到任前，由先生代理，這是兩全之計。但是實際上黎元洪對革命毫無貢獻，他這個「床下都督」是撿來的，部分代表不明真相，致有此議。但先生則處之泰然，只要有利於革命局勢的鞏固與發展，他無不樂從。

　　先生既負責籌劃中華民國臨時政府之組織，乃電請胡漢民北來，共負艱鉅。先生雅重漢民先生，故有此請。廣東光復後，胡氏任都督，力組部隊，北援漢陽，由姚雨平率粵省新軍甫抵上海，而漢陽已陷，先生亦至上海。時革命軍的重要將領如柏文蔚、林述慶等雲集上海，共商軍政大計。先生與柏氏等都主張北伐軍應進佔黃河以南地區，以為南京之屏障，並密派炸彈隊北上，實施暗殺，以亂袁世凱之耳目，然後相機底定魯豫，作為進一步北伐之基礎。但是那個時候，汪精衛已中袁克定勾結之計，出入袁寓，與楊度共倡國事共濟會，受袁囑，特電先生，為袁世凱關說。先生素厭袁世凱之奸猾，但經再三籌思後，以北伐軍經費無著，進行至為困難，如果袁世凱誠心反正，投效革命，未始非國家之福。乃電覆汪精衛（其時改名季新）說：

　　……此時民軍已肅清十餘行省，所未下者才二、三耳。北京不早勘定，恐遭外人干涉。項城雄才英略，素負全國重望，能顧及大局，為一致之行動，迅速推倒滿清政府，全國大勢早定，外人早日承認，此全國人人所仰望，中華民國大統領一職，斷推舉項城無疑。但現在事機迫切，中外皆注意民軍舉動，不早成立臨時政府，恐難維持現狀，策劃進行。現已有各省代表選舉興為大統領，組織臨時政府。興正力辭，尚未允許，萬一辭不獲已，興只得從各省代表之請，暫充臨時大元帥（按此電發時，鄂方代表尚未返滬），

專任北伐，以待項城舉事後，即行辭職，便請項城充中華
民國大統領，組織完全政府。此非興一人之意，全國人心
皆有此意。惟項城舉事愈速，宜須令中國為完全民國，不
得令孤兒寡婦（按係指隆裕太后與宣統帝）尚擁虛位。萬
一牽延不決，恐全國人皆有恨項城之心，彼時全國臨時政
府如已經鞏固，便非他人所能搖動。總之，東南人民希望
項城之心，無非欲早日恢復完全土地，免生外人意外之干
涉。項城若肯從人民之請，英斷獨行，中華民國大統領，
興知全國人民決無有懷挾私意，欲與爭之者。此時盼速成
功，民國幸甚。……」（《山東魯齊公報》第十號《革命文
獻彙編》第五冊轉載）

袁世凱志在挾革命軍以推翻滿清而為民國總統，先生則以袁
世凱應速推翻滿清，響應革命軍為要求，尤以迅速行動為著眼點，
而以臨時政府即將成立以脅之。這是高等的心理戰術。先生隻身
革命多年，曾以二、三百人橫行於粵桂邊區，以八百人起義廣州，
從無怯意，而此時十餘省已響應，而忽有軍隊不足，餉糈缺乏之
顧慮，此或與漢陽保衛戰之失敗有關。先生對於大元帥或副元帥
代理大元帥職權，均堅決不就，有人懷疑此或與黎元洪通電反對
有關，其實不然，時孫先生已有返國消息，故先生有以待之耳。
但對革命政府之組織與軍事之進行，先生當仁不讓，一切照常負
責。真正的革命家，不計較名位，先生有之矣。黎元洪之反對選
舉先生為大元帥，他是想望這一最高的榮譽，此人何德、何能、
何功？而欲當此高位！一言以蔽之，虛榮而已，而置國事於腦後
也。這個假革命分子，民國初年，有黎菩薩之稱，實則僅能與小
鳳仙、余叔岩等倡優並稱為黃陂三傑而已，然小鳳仙有翼護護國
軍神蔡鍔之功，余叔岩在民國十年前後與楊小樓、梅蘭芳有北平
伶界三大賢之稱，都有真貢獻與真本領，若黎元洪者聞革命軍舉
義而躲避於床下，被人拖出而拜為鄂軍都督，猶復覬覦大元帥之

位而反對黃興之當選，其後又靦顏而為民國之副總統與總統，北
洋軍閥招之即來，揮之即去，黎菩薩真是一個貪戀祿位的軟骨蟲。

南北和談之幕後

南北和議之說，首倡於袁世凱，劉承恩奉袁命在漢陽危急時
至鄂探和談之可能，為此事之發端。其時民軍尚無統一之組織，
先生正在漢陽督師，黎元洪時時怯懦而有遁走之企圖，談判無對
象，且劉承恩之地位，亦非足以代表袁世凱者，故此議如曇花之
一現而已。漢陽既陷，漢口英領事出而調停，雙方停戰三天，於
是和談之議再起，民軍亦欲藉此機會，以資休養補充，乃推伍廷
芳為總代表，袁世凱亦派其親信郵傳部尚書（交通部長）唐紹儀
為代表，首先會議於上海英租界的南京路市政廳，當即決定停戰，
如有擅自行動之軍隊，將從嚴處置。先生鑑於部隊之實力懸殊，
故陽示堅強，而陰實贊成。故對廖宇春以私人資格，由北來南，
作幕後活動，先生密令江浙聯軍參謀長顧忠琛與之接洽，由此可
知先生對和議之期望。

時袁世凱與其得力將領馮國璋之間已有嫌隙。原來，隆裕太
后在陽夏勝利後，曾召見馮國璋，馮力言革命軍軍力有限，不堪
一擊，平「亂」極有把握。袁世凱知道了馮國璋的奏對，深為不
滿，故陽夏前敵總指揮之職，撤馮國璋而易以段祺瑞，段在陽夏
前方，恪守停戰命令，未再滋生事故。由此可知袁世凱對清政府
之偽忠，段祺瑞知之，而馮國璋不知也。廖宇春曾任保定陸軍小
學堂監督，與段部最主要將領之一的靳雲鵬頗有交誼，段與靳則
與袁世凱之子袁克定交往頗深。廖宇春看到袁世凱有贊助共和之
意，得靳雲鵬之支持，南下展開幕後活動，向先生力陳袁世凱之
意向，故先生手令密派顧忠琛為代表，在上海四馬路的文明書局
樓上，進行談判，議定祕密條款五項如下：「一、確定共和政體；
二、優待滿清皇室；三、先推翻滿清政府者為大總統；四、南北

漢滿軍出力將士，各享其應得之優待，並不負戰時害敵之責任；五、同時組織臨時議會，恢復各地之秩序。」（廖宇春《新中國武裝和平解決記》）伍廷芳與唐紹儀在會議桌上所談的問題，主要是這些協議的細節罷了。廖宇春攜此五項決議北返，與靳雲鵬商決三項行動：一、運動親貴，由內廷降旨自行宣布共和；二、由各軍隊聯名要求宣布共和；三、用武力脅迫，要求宣布共和。第一步工作，由於宗社黨首領良弼等反對，無法實現，乃祕密策動段祺瑞等四十餘將領聯名通電，要求共和（翌年二月初四日）；而革命同志彭家珍刺殺良弼，使清室宗親之反對共和者，皆噤若寒蟬，不敢再有反動言行。故彭家珍之一槍，對滿清之退位與和議之完成，實有催生之功。

　　十一月初六日，即陽曆十二月二十五日，孫先生自歐返抵上海，滬軍都督陳其美等專輪往迎，由宗仰上人迎往上海著名的愛儷園即哈同花園暫住，園主人為英籍猶太人歐斯愛哈同，女主人則為國人羅迦陵女士，篤信佛法，禮尊宗仰上人，即所謂烏目山僧者便是。烏目山僧為一革命僧人，由於深得羅迦陵夫人的尊崇，上海革命黨遇有急需，常由山僧向羅迦陵夫人說項而得濟助，故滬上同志對他非常尊敬，至此與孫先生同住愛儷園，園主人待以上賓之禮，先生與其美先生更不離左右，籌商組織臨時政府問題。

　　宋教仁對於臨時政府的組織，本已擬具一套責任內閣制的辦法，孫先生不以為然，反對的理由是：

　　　　內閣制乃平時不使元首當政治之衝，故以總理對國會負責，斷非此非常時代所宜。吾人不能對於惟一置信推舉之人，而復設防制之法度。余亦不肯詢諸人之意見，自居於神聖之贅疣，以誤革命之大計。」（《胡漢民自傳》）

　　張人傑首先支持孫先生的意見，乃商討內閣總理人選，眾屬意於先生，先生力辭，強而後可。於是孫先生任臨時大總統，先生任內閣總理之議始定。先生乃於初八日偕宋教仁赴南京，與各

省代表接洽三個問題：其一，改用陽曆；其二，起義時用黃帝紀元，今應改為中華民國紀元；其三，政府組織改總統制。各省代表均表贊成。初十日選舉總統，每省代表有一投票權，出席者十七省代表，孫先生得十六票，先生得一票。於是確定孫先生為中華民國第一任臨時大總統，於明年一月一日（陽曆）宣誓就職，遂以是日為開國紀念日。一月三日（以下均用陽曆），孫先生通電各省，派參議院組織臨時參議院，各省代表選舉黎元洪為副總統。中華民國臨時政府，遂告成立。

陸軍總長與參謀總長

臨時政府設祕書處及陸軍部、海軍部、司法部、財政部、外交部、內務部、教育部、交通部、實業部等九部，各部設總長一人總其事，次長一人輔助之。孫大總統舉先生為陸軍總長兼參謀總長，蔣作賓為陸軍次長，鈕永建為參謀次長並代理部務。臨時政府的各部首長，黨人參加者不多，而次長則一律為黨人，這便是所謂「總長其名，次長其實」的原則，可以使聲望高而同情革命的紳士名流得為總長，是一個團結的良好政策。各總長人選，除司法為伍廷芳、外交為王寵惠是出於孫先生之主動提出，餘皆由先生提出而經孫先生同意者。關於臨時政府人選問題之商決，張繼有一段頗堪注意的記載：

> 民國元年，革命政府成立之際，一日于右任訪克強，適展堂（胡漢民）、鈍初（一作遯初，宋教仁）在座。克強曰：你來正好，我們組織政府的人選，大家商議商議。右任提及應注意武漢首義同志。惟當時武漢對克強不好，克強亦厭惡武漢數人。加以孫武到上海，態度殊惹人厭，英士（陳其美）更表示反對，竟以各部次長予海外歸國同志，而於武漢起義者反未顧及，實為一大失。湯薌銘即在歐洲盜總理皮包之人，克強竟未知，亦任為海軍部長，更招物議。

（《張溥泉先生全集》）

從這記載來看，可知商決臨時政府者，胡漢民、宋教仁、陳其美、張繼及于右任皆參與其事，而由先生總其成，先生之意見較多，應為事實，未必是先生一個人的主張，但其不妥處，則由先生承當其責任了。

先生任陸軍總長後，曾電請黃郛至寧任參事，陳都督不允；曾接見鎮軍總司令林述慶，林請辭總司令，願以個人力量協助先生，先生亦拒之，黃郛任滬軍參謀長，為陳都督之得力助手，先生不能得其助，是為先生之損失，至於林述慶野心甚大，到處爭權奪位，先生拒之是也。一月九日，陸軍部正式成立，編制及部分人選均定，先生本對軍制、軍紀、軍法等建立抱有很大的期望，尤其對北伐的支援，更具熱誠。但當時最大困難是經費問題，殊使先生有無米為炊的痛苦，晝思夜想，無法解決，以致患咯血病，其為國事負責之精神，令人欽佩之外，又不勝同情。

袁世凱既以未來的民國總統自居，南京臨時政府成立，雖孫大總統曾有「虛位以待」的宣示，以促其從速反正，但袁頗失望，表示「南京組織臨時政府一事，未敢與聞」，並將唐紹儀與伍廷芳所成立而得袁之同意的協議，藉口唐逾越權限，不予承認，改為直接商談，而各地北洋軍即滋生事端，和談前途，頓呈暗淡。先生知袁世凱無誠意言和，乃與各省民軍聯合，展開北伐的運動，於是有六路北伐的計劃，這六路北伐軍：

第一軍，以湘鄂兩省部隊為主力，沿京漢鐵路（即後日的平漢鐵路）北進，先攻河南；

第二軍，以在南京的各省北伐軍為主力，沿津浦鐵路前進，進取魯豫兩省；

第三軍，以淮揚駐軍為主力，沿運河北上，進攻魯南；

第四軍，以煙台駐軍為主力，西取濟南，與第二、三兩軍會合；

　　第五軍，以關外革命軍為主力，入關以脅北京，以策應一、二、三、四各軍；

　　第六軍，以山西、陝西的革命軍為主力，東出娘子關與潼關，與第一軍會師後，與其他各軍會攻北京。

　　先生的六路北伐計劃，可以見先生在軍略方面之才能，然六路民軍實際出動者僅第二路，其主力為粵軍姚雨平部與淮軍陳幹部，清軍張勳一敗於固鎮，再敗於南宿州，棄徐州而遁濟南，津京大震，先生又連電促各省出兵，照計劃行事，各省亦請先生下北伐令，相繼出兵。袁世凱始知民軍實力之不可侮，又有求和之意。時革命黨人張先培、黃之萌、楊禹昌在北京三義茶店實行對袁世凱之暗殺，雖未使袁世凱受傷，然已使之魂飛魄散，不得不密令唐紹儀向南方探詢和意。孫先生乃提五項謀和條件：一、清帝宣布退位，袁即知照北京各國公使，請轉達民國政府，或由駐滬各國領事轉達亦可；二、袁須宣布政見，絕對贊同共和主義；三、各國宣告清帝退位後，孫大總統即行辭職；四、由參議院舉袁為臨時大總統；五、袁被舉為臨時大總統後，須遵守參議所定之憲法（按指《臨時約法》），乃能接收事權。孫先生之所以辭職讓袁者，根據胡漢民先生的自傳，實由於先生開示兵數糧餉與財政之窘態，民軍實無法施行六路北伐的大計劃之故。

　　袁世凱看到民軍提出條件之如此迅速，必有其內部之困難；而且他的基本要求，業已達到目的，乃對民軍在安徽等地肆行攻擊，作為討價還價的籌碼；對滿清施以壓力，迫令退位，於是段祺瑞等四十餘將領通電要求共和，有「謹率全軍將士入京，與王公剖析利害」的威脅語，「今日曹操」的真面目，至此畢露了，這是一月二十二日的事。二月十二日，清帝退位，孫大總統實踐諾言，於十三日向參議院辭職，舉袁世凱以自代。翌日參議院選袁世凱繼任臨時大總統。南北和平統一的基礎始定。然尚有若干枝節問題，如建都南京問題、袁世凱至南京宣誓就職問題等。民軍

認為牽制袁世凱之有效辦法，
一一被袁世凱破壞，最後牽制
袁世凱的內閣制與《臨時約
法》，也都被破壞，終且造成袁
世凱的帝制自為與北洋軍十餘
年的割據局面，皆南北和平統
一對民國的後遺症，其對國家
之為害，可勝言哉！

圖4　宣布退位時的溥儀和他的父
親攝政王載灃

　　南京臨時政府的結束，延
至四月一日，其間先生所做的
陸軍善後工作，頗多有意義之
事，如限制各省招兵，召開軍
事會議確定軍制，解散女子北
伐軍，成立各省陸軍昭忠祠，
電請各省裁撤軍政分府，縮減
軍隊等，而最重要者莫過於南京陸軍將校聯合會的成立，與會者
有各軍將領三百餘人，舉先生為會長，這是軍界團結的組織，對
日後的軍事行動，有很大的影響。三月三日，同盟會開全體會員
大會，選舉孫先生為總理，先生為協理。凡此種種，都是為了南
京臨時政府結束後的善後問題之重要處置。

　　當時同盟會同志對於袁世凱的新政府各部人事最注意者為陸
軍部。滬軍都督陳其美對此問題，特別發表通電，提出原則性的
主張，他說：「南北統一政府，將次設立。憶當此軍政時代，陸軍
部尤關重要，總次長非有醉心共和、威望、道德、學術、經驗，
確為全國軍界所信仰者，不能勝任。」陳先生的見解，可謂非常的
正確。但是此一建議，應提出於南北和議席上，那才不致使新的
陸軍總長，落入袁家軍人手中。此一問題，仍與建都南京有關。
假使首都在南京，而陸軍總長為同盟會人士，則定能對袁世凱發

生制衡作用。如政府已遷北京，四周都是北洋軍，一個孤立的陸軍總長，並不能發生作用。進一步說，總長人選，由總統提出於參議院，得同意始能就任，故陳都督之主張，如被袁世凱採納，袁亦可行使免職權與另行提名權，無補於實際。但陳氏此電發出後，卻引起部分人士之誤解，以為先生有壟斷陸軍之意圖，先生不免多費一番辭而闢之的麻煩了。袁世凱既破壞南下就職的南方計劃，改在北方就職，先生恐各省部隊不服，乃通電全國軍隊恪守法紀；及袁世凱無端增招新兵，先生則通電反對之，至組織拓殖協會公司而為之長，組織中華民族大同會而領導之，也都是為南京臨時政府結束後為袍澤留一退步，為國家之將來，留一監督機構，用意都很深遠。

南京留守及其被制的陰謀

　　民國元年四月一日，孫先生解除臨時大總統職，由袁世凱接替，結束南京臨時政府。袁世凱為了掩飾其抗拒至南京就職之罪惡，先命唐紹儀為內閣總理，在南京接受參議院的通過。其國務員及各部總長人選，大家最矚目的，就是陸軍總長。自陳其美表示陸軍總長應有之資格後，各方紛請先生留任，當時通電要求者，社會團體有省民團協濟會等，軍界有徐紹楨、王芝祥、顧忠琛、段祺瑞、段芝貴等，一時成為報紙之熱門新聞。段祺瑞與段芝貴為袁世凱北洋軍之死黨，其做此表示，那是惺惺作態，亦足以見輿情之不可不順而已。惟陸軍總長一職，袁世凱曾堅決表示，若非改由段祺瑞繼任，則總統將不可為，故先生之不能蟬聯陸軍總長，乃為全局。但袁世凱鑑於民意如此，亦不能過分冷淡先生，乃發表先生為參謀總長；未既，又改任徐紹楨而以先生為南京留守，令負南方軍隊整編之職，袁世凱對先生顧忌之深，由此可知，袁世凱三月二十九日的命令是這樣說的：

　　　　任命黃興為參謀總長，此令。

又令云：

> 雨江一舉，軍隊眾多，事體繁重，參謀總長黃興，威望素
> 著，情形熟悉，特任統轄佈置。現值建設肇始，時艱孔殷，
> 該總長素顧大局，務當力為其難，為國民前途謀幸福，本
> 大總統有厚望焉，此令。（中華民國臨時政府新法令）

按參謀總長是主管全國作戰計宜的主管長官，就國家來說，
元首是國家的陸海軍大元帥（當時空軍尚未成軍），而參謀總長便
是大元帥軍事方面的幕僚長，德國即稱為最高統帥，那是在首都
工作的。但是袁世凱深忌先生得知北京的軍事內容，不欲先生至
京服務，故其補充命令，明定先生的工作地在南方，先生得命令
後，對參謀總長一職，堅辭而不就，但對集合於南京一帶的新軍，
不能不有所安置，所以他通電報表示可以就職意思，電又說：

> 袁大總統命以興繼任參謀長，已覆電力辭。至兩江一帶軍
> 隊，維持整理，刻不容緩。興縱懷歸隱之志，斷不敢置經
> 手未完事宜於不顧，以負我軍界同胞。已商請唐總理妥定
> 辦法，務使南方各軍隊布置得宜，各安其所。俟布置大定，
> 始行告退，以遂初志。

這是先生為了袍澤的善後之苦心，袁世凱對先生之不就參謀
總長，可謂正中下懷，但是南方軍人一個都不加入新政府，究竟
是一件說不過去的事，乃以徐紹楨（時為南京衛戍總司令）繼任，
而以先生為南京留守，徐亦力辭，遂以黎元洪暫兼。

先生對南京留守一職，義不容辭，即日就職，成立留守府，
以李書城為總參議，陳鳳光為祕書長，並設軍務、參謀、政務、
副官、總務、軍機、軍需等處，並有軍官學校校長、入伍生總隊
長、四路要塞司令、憲兵司令、軍需學校校長、測量局局長、金
陵機器局局長、巡警總監、南京府知府等官職。依照南京留守條
例的規定，留守直隸於大總統，財政權歸於財政部，人事權歸於
江蘇都督，而其職務則為「維持整理南方各軍及南京地面之責」，

真是有責而無權，處處牽制，他的工作，真是艱難之至。

其時，南京軍官，有軍長七人，師長三十六人，旅長五十一人，軍隊人數，號稱三十萬。顯然的，這些番號，有不情不實之處；這些部隊有龍蛇混雜之處。如果當時部隊的實力，實有如此龐大的人數，則北伐何愁不成，孫先生亦何致讓大總統給明知其為今日曹操的袁世凱？先生對於如此良莠不齊、名目繁多的雜色部隊，處理之困難，我們可以想像得之。但是，先生是有決斷心、有具體辦法的，他首先決定兩大原則，即改編與遣散。凡具革命意識之部隊，則充實之；凡名位雖高而空缺太多，既無戰績，又無訓練者，則遣散之；其軍事幹部能耐勞苦，曾受訓練而有進取心者則安置之，或給予繼續求知之機會。留守府中設有軍官學校、軍需學校與入伍生總隊，其用意亦即在此。先生保留革命種子的苦心，至此更為明顯。而其更值得注意的，則為模範師的組織，這個師的骨幹，是湘軍趙恆惕部與廣西的巡防軍，合成第八師，當時稱為模範師。原任司令趙恆惕與陳裕時均任旅長，而以陳之驥為師長。陳之驥者，留日學生，曾參加革命而為丈夫團的一分子，其妻則馮國璋之女，以馮國璋本為袁世凱最重要的軍事高級幹部，其寵信地位尚在段祺瑞之上；但自攻陷陽夏以後，由於馮國璋表示對清室之忠忱，而以段祺瑞代之，寵信稍減，但在袁系軍人中地位仍極高，故先生以陳之驥為師長，有其岳丈之支持，將來不致被免，有兩旅長為之股肱，不致有何反動，這是含有心理戰的意義的煞費苦心之一著。先生並曾表示：「馮華甫（馮國璋）如效命民國，將來可為民國總統，幸勿做一姓家奴。」（趙恆惕《往事記》）但是陳之驥為利慾薰心之輩，先生利用馮國璋以保全此師，而陳之驥反以此師長抬高其在北洋軍之地位，在二次革命中表現惡劣，為二次革命迅速失敗的主因之一。

南京編整軍隊告一段落後，先生赴上海，與國務總理唐紹儀協商要公，這是四月九日的事。但在十一日的夜間，駐寧贛軍與

匪徒相勾結，發生兵變，北門橋一帶商店，遭受劫掠。這固然是
軍隊不守紀律的一件極堪痛心的事，但是留守府經費由財政部發
給，而北京財政部總長熊希齡竟仰袁世凱的鼻息，南京軍餉，分
文不發，以致部隊中連稀飯都喝不成，也是一個莫大的因素。留
守府總參議李書城曾記其事云：

> 當時最感困難的問題，是南京擁有十餘萬人的軍隊，軍費
> 沒有來源，熊希齡在上海時，曾允俟到北京就財政總長職
> 以後，即撥匯軍費到南京來。但他就職以後，分文不給。
> ……我曾用南京留守府總參議名義，公開指責他的失信，
> 他還是不理。我不得已，只得把南京軍隊的伙食，從乾飯
> 改為稀粥，以後連稀粥也不能維持了，乃將南京城的小火
> 車向日商抵借二十萬元，暫維現狀。某夜，江西軍隊俞麓
> 所部突然譁變，在南京城內肆行搶劫。經請廣西軍王芝祥
> 軍長派隊鎮壓，到天曉才平定。……（《辛亥前後黃克強先
> 生的革命活動》）

由此可知此一兵變之形成，實為袁世凱對南京留守府的一貫
陰謀。先生在滬聞訊，立即趕回，並向北京政府引咎辭職，請求

圖5　民國元年二月北京兵變後的街頭情景

嚴加處罰，袁世凱自然還是假惺惺的一套，加以慰勉了事。

同盟會以政黨的組織，完成推翻滿清政府的功業，於是鼓勵了各界不知政黨為何物的野心分子，競相組黨，以致各式各樣的政黨，紛紛成立，如不法軍人組成之「大公黨」，「青幫」首領章武派組織之「青紅幫改進會」，無賴們組成的「漁業統一黨」等，名目繁多，不能悉舉，先生本已深惡痛絕。會江蘇都督程德全發起政見商榷會，請先生主其事。先生乘此機會，函覆程德全，對政黨組成的條件與不法政黨組織之為害，痛加指斥。函云：

> 民國肇造，各處人士多倉卒聯合，競立黨派，邀集一切學識經驗不相等之人，合為一群，對於國家，無一定政見，故黨派愈覺紛歧，往往以一、二人之濁見，蠱惑多人，互相排擠，有一重大問題出，專攻他黨，不問是非，除排擠外，幾無所謂政黨之解決。竊查各國政黨，皆由各個人獨立自由之意見，擇其相同者結為一團體，平日研究均有一定不移之方針，決非他人之所可奴使；故一旦立身政府，或被選議員，全國皆知其必有何種議論，世界皆測其必有何種政策。蓋其初本因政而為黨，非臨時以黨而為政也。以黨為政，其弊專橫而無理，他黨又必效尤而加甚，貽誤國事，實非淺鮮。……使長此不改，復至是非倒置，則人之藉政黨以立國者，吾國且因政黨而召亡，豈不可痛！」（黃克強先生函稿，李雲漢《黃克強先生年譜》引）

先生對於當時亂七八糟之政黨的紛立，真可以說慨乎言之了。

袁世凱對於南京臨時政府尚遣軍隊、尚遣有數省的都督，處心積慮要加以削弱。對南京留守府的陰謀，已如前述。到了四月二十五日，國務院下令全國，頒發統一購械的命令，規定：所有各省軍隊購運軍械，應由中央政府收回，承認給價，以歸劃一；江蘇、福建、湖南、貴州等省均持有購運軍械護照，通知稅務機關，一律扣留，由陸軍部稅務處核辦。這一命令，旨在防制民軍

購械以充足實力。先生對此，認為未盡妥當，乃電國務院請予修改，其中有云：

> ……各省購械情形，雖有不同，無非因地方秩序未復，土匪蠢動，宗社黨到處煽惑，軍械不容缺乏之故。且各省經濟困難，百計羅掘，僅能購得此數，良非易易；若遽一律收回，電關扣留，似與目前情形，諸多窒礙；且恐因此遂釀他變。……前曾擬具特別護照，商由唐總理轉溫交涉使，與滬稅司交涉免稅，實欲就已購之械，分別准駁，而將來亦可藉以稽查約束，免致濫購。現各省紛紛來領此項護照者已屬不少。會准來電，又忽與前項辦法，事出兩歧，似亦有所未妥。擬請貴院，仍將前令變通，凡在中央政府未成立以前各省所購軍械，無論已未到關，凡持有本府護照者，應請稅司一律免稅放行；一面通電各處，此後不得再由各省自行訂購，以歸劃一。……（中華民國臨時政府新法令）

由此，可知先生對於民黨利益，顧慮周詳，他是要政府顧全過去的信用和各省的需要來做著眼點，請作合理的修正，辭雖不嚴，而義實甚正，其處事的態度常如此。然北京政府對留守府之財政上的控制，依然十分嚴厲，分文未發。先生曾發電云：「二日內倘無款救寧，大亂立致，興材薄能鮮，支持至今，實已財盡力竭。」不啻是一最後之警告，因有熊希齡的南京之行，協議撥現銀百萬元，鈔票百萬元，但未能撥足，仍未能解決留守府財政上之困難。為此問題，雙方來往電報，不免有責難之意，而袁系政客，竟攻訐先生，甚至公然提出撤銷留守府的主張，袁世凱之陰謀益顯，而先生處境益為困難了。

五月十二日，南京軍界組織同袍社，公推先生為社長，王軍長芝祥為副社長，陳師長懋修為庶務部長，這是另一個團結南京軍界的組織，是先生去職的最後準備。翌日，先生即電袁世凱，

辭去南京留守，並陳述編遣的經過，電文中有這樣一段話：

> 興賦性愚拙，固知矯飾，凡自力量所能為，無論如何艱苦困難，非所敢辭。十餘年來，矢志如此。今茲所請，非敢自圖暇逸，蓋為國家制度計，統一政府既經成立，斷不可以南京一隅，長留此特立之機關，以破國家統一之制，致令南北人士，互相猜疑，外患內憂，因此乘隙而起，甚非興愛國之本心也。（民國元年五月九日《民立報》）

由此，可知先生之辭職，仍是愛護國家的動機。關於先生辭去南京留守，袁世凱目的已達，內心自然非常歡喜，但是表面上還要假惺惺的做作一番，要陸軍部次長蔣作賓赴寧慰留；可是黨人對先生之辭職，頗多異見，尤以譚人鳳為最激烈。譚人鳳親至南京，責先生以大義說：

> 閣員去職，復所恃以保障共和者，君一人而已。何忍放棄責任，博功成身退之虛名！

先生乃以經費困難的實際情形告知人鳳。他真是一個為黨為國家體制的熱心人，親自跑到北平去見袁世凱力爭，袁諉稱：大局甫定，亟思借重，留守府並無裁撤之意，業已慰留先生。譚氏責以：既誠意慰留，即應代為解決困難。袁裝作一副窮相，蹙額云：庫空無可如何？實則袁之所謂庫空，完全是謊言，袁曾以一百萬元賄買柏文蔚，這種謊言，完全是壓迫先生去職的藉口。過了兩天，袁召見譚人鳳，謂黃興之辭呈又至，辭意堅決，不便強其所難，只得成其高尚之志。譚氏至此，更加認識袁世凱之奸詐，深悔多此一行。顧先生雖辭留守府職，對國事的關切，依然極深，他向來主張國民捐，代替向外國借款，聞袁世凱將借鉅額外款，通電竭力反對，詞意嚴峻，對袁世凱承認外人監督財政、監督軍隊，指責更為嚴厲。六月四日，袁世凱准先生辭職。十四日，先生交代留守府職務，暫居上海。先生離職時，發表〈告別南京將士及各界者〉，仍殷殷以愛國、保民、服從軍紀為勗勉，仁人憂國

之深,由此可知。

愛黨愛國的沉痛演說

先生既至上海,不久孫先生亦自廣州北來,上海各界乃開歡迎孫黃大會於張園,孫先生因事未能出席,由先生代表。先生發表演說,仍主張募國民捐以代外債。他說:

> 鄙人自被推任南京留守以來,無日不以民國為憂。今日雖已推倒滿清政府,而障礙之物尚多,……目下最重要問題,即是財政與內閣問題。政府既借外債,不顧後患,但是稍有知識者,無不知外債之可畏。且外國資本團,即欲因此而監督我財政。我國民欲圖挽救之策,必先從事於國民捐,鄙人在南京時曾首先提倡,想我熱心愛國之士亦必樂為贊助,……即有識之北方人,亦皆贊同此舉。……至內閣問題為目下最重要者。唐氏此行,雖未得究其真相,而要為他黨所傾軋,故惘惘然去信無疑也。革命流血,推倒滿廷,我雖不敢自誇為大功,而亦可告無罪於天下。組織內閣,政治洽和者,方可福國家。以今日之現象觀之,非政見相爭,實以黨名相爭,前途非常危險。而今日之內閣,若不速為解決,我知非驢非馬將繼續出現,民國之危,甚於累卵。……(民國元年六月二十四日《民立報》)

同月三十日,中國同盟會上海支部開夏季常會,邀請孫先生出席,孫先生也因他事不克蒞會,請先生代表出席,發表演說云:

> 中華民國成立已半年,而一切未能就緒,其原因在於政黨未能確立。今日內閣風潮,實非好現象,如何辦法,實政黨一大問題。前次本黨專致力於破壞事業,後革命成功,於南京大會始決議改為政黨。夫政黨者,以政為黨,非以黨為政也。本黨成立與他黨異。中山先生倡三大主義,其特注重者為平均地權。本黨對於社會,亦甚出力,全體一

致，此乃本黨之特色，可以謂之黨風。本黨性質與民權黨無別。凡此特色，本黨須發揮出來。民生主義，孫先生曾屢次演說，惟外間尚未明晰。以世界大勢觀之，社會革命，岌岌不可終日，吾人此次革命，即根據社會革命而來。民生主義，繁博廣大，而其要則為平均地權。……他人見吾黨持社會主義群相驚訝，不知吾人於建國之初，不先鞏固國基，即難以立國。故吾黨員極宜注意此點，宏其黨風。而欲宏黨風，須有包含一切之宏量，他黨之攻吾者也，雖含種種疾忌，而不好之點，吾人亦當引以為戒，……成一個最大之政黨，於攻擊風潮中，特立不移，造成一種黨德。故吾黨……以後當純帶一種建設性質。欲定建設，當得人才；欲得人才，當興教育，……先在上海設立一宏大學校，教育本會會員，養成法政人才，然後各地再依次增設，漸漸忍耐進行，則本黨人材自裕。……本黨自當多設言論機關，發揮政黨政見。二者之外，其最要者為設調查專部，……調查部之性質，是國家大事，均歸調查，而各地分部可分任調查之責，然欲調查之完美，必先養成調查之人才，故本黨宜集中學以上意氣堅卓之人才，授以簡單之學科，使分赴各地而得其真相。……今日政治中心雖在北京，而實在長江流域，故本機關部之責甚重。……（民國元年七月一日《上海太平洋報》）

我們從上面兩篇演說中，可以知道先生憂時憂國之深，而這些問題之解決，有賴於同盟會之改進來負此責任。他對同盟會此後工作之進行，提出具體的新觀念、新辦法和新的工作方針，而依然認為中部尤其是上海為同盟會工作的重心所在，那便是先生對袁世凱的違法行為，已作制裁的準備了。袁世凱一腦子帝王思想，只知施行其譎詐與破壞法紀的手段，毫無為國家奠定民主法治政治的觀念，先生曾以華盛頓期許之，那真是對牛彈琴了。先

生對大借款與唐內閣危機的看法，完全正確。袁世凱不經內閣而直接以偷天換日的方法，瞞過國會，唐紹儀憤而辭職，府會之間造成摩擦，其由趙秉鈞繼任內閣，那就變成袁世凱的私人內閣了。宋教仁被刺案，就是袁世凱與趙秉鈞聯合犯法的「傑作」。

　　同盟會自革命組織而為革命政府的執政黨，一般無聊政客及政治混混，都設法加入，分子複雜，風紀敗壞，內部組織紊亂，意見龐雜，有各行其是者，如章太炎之創設中華民國聯合會，孫武之創設民社，都是依附黎元洪，而與同盟會相敵對。其下也者，有冒充同盟會敲詐者，有偽名領錢者，於是潔身自好之會員，頗有引而他去者。由此，可知先生對上海同盟支部的演說是有所指而發的一篇重振同盟會的宣言。時袁世凱在實行正式國會選舉之前，結合許多無聊政客組成小黨派，意欲與同盟會在選舉場上一決勝負。宋教仁見此情況，乃與統一共和黨、國民共進會、國民公黨、共和實進會等協商合併，以與袁家政客相抗衡，在北京安慶會館開籌備會議，隨開同盟會全體職員會議，籌設一般性之政黨。先生對此，表示同意，乃與孫先生以同盟會總理與協理的資格，對各支部發表通告，徵求同意。孫先生對此，本不同意，其所發表通告者，完全是尊重先生的意見。

受邀北上與協議體制

　　袁世凱就任臨時大總統後，裝模作樣的禮賢下士，凡有功於國家或有聲望於當時的，都設法拉攏，或邀請入京，或就地聯絡，企圖為他所用，如對柏文蔚的賄買、對蔡鍔等的邀請，都是例子。孫先生是革命運動的創始者和推行者，先生則為孫先生的左右手，袁世凱早已邀請他們入京，而且都已得到同意。先生卸任南京留守後不久，袁世凱即囑江蘇都督速駕，七月中又派蔣作賓專程迎接。但是，那個時候，湖北重要黨人張振武（本書另有專傳），被袁世凱利用黎元洪與張振武的私仇，加以殺害，消息傳播，全國

譁然。先生乃以患有腳氣病的理由，以緩期北上為辭。適孫先生到滬，袁世凱又派代表二人至滬迎迓。但是各方同志都以袁世凱居心叵測，孫先生與先生不宜輕入重地，吳敬恆與蔡元培反對尤力。但是孫先生始終主張以誠意感格袁世凱，不可失信。各方意見折衷的結果，「孫行黃止」，時先生正患喉病，事實上也不能成行。

孫先生於八月十八日赴京，與袁世凱談鐵路建設、外交政策與實業發展諸問題。據說袁世凱對孫先生的印象是迂遠而不切實際，故未予監視。實則孫先生此去，一方面是要看看袁世凱對民國的擁護，到底有沒有誠意？一方面要看看所謂同盟會與各小黨合作而改組為國民黨，到底對國事有沒有貢獻？而另一方面則乘機遊歷北方各省，散布革命種子，團結舊有黨人。孫先生豈是袁世凱所能了解的革命偉人！國民黨改組完成，孫先生與先生等九人當選為理事，胡漢民、柏文蔚等二十九人當選為參議，理事會並推孫先生為理事長。孫先生鑑於新組織分子複雜，魚龍混處，料其不能發揮革命的功能，故未就理事長職而交由宋教仁代理，宋教仁便是主張改組同盟會最力的人。

經張振武案的往復辯難後，袁世凱對先生態度益恭，曾公開推崇先生云：

> 克強先生奔走國事數十年，共和告成，亟謀統一，取消留守，功成身退，日夜望中央政府臻於鞏固，……其光明磊落，一片血誠，中外咸知，人天同感。（民國元年八月三十日《民主報》）

先生鑑於袁世凱態度如此，而孫先生亦來電請先生北上一行，有「自弟到此以來，大消北方之意見，兄當速到，則南方風潮亦止息，統一當有圓滿之結果，千萬來此一行，然後赴湘，幸甚幸甚」等語。先生得孫先生電，乃於九月五日北上，隨行者有李書城等十餘人。九日至天津，接受天津同盟會支部的歡迎，以「共

和之真義」為題，發表演說，中有「共和二字乃理想中的空名詞，欲達成真共和，尚須人民之實力。」誠一針見血之論。先生留京二十六日，與袁世凱洽談數次，袁世凱以陸軍上將授先生，先生力辭不受。在京期間，參加各種會議與歡迎，接見各方賓客及外交使節，日無暇晷。

孫先生與先生和袁世凱多次洽談的結果，成立八項協議，並得黎元洪之同意，由總統府祕書廳公布，當時稱之為孫黃袁黎八大政策，其內容如下：

一、立國採統一制度；

二、主持是非善惡之真公道，以正民俗；

三、暫時收束武備，先儲備海陸軍人才；

四、開放門戶，輸入外資，興辦鐵路礦山，建置鋼鐵工廠，以厚民生；

五、提倡資助國民實業，先著手於農、林、工、商；

六、軍事、外交、財政、司法、交通，皆取中央集權主義，其餘斟酌地方情形，採取地方分權主義；

七、迅速整理財政；

八、竭力調和黨見，維持秩序，為承認了根本。

從這八項內容來看，可知建國的原則多數是孫先生和先生的主張，但第一條、第六條及第八條等則顯然是袁世凱利用孫先生與先生的力量，企圖安定其政府。其後，袁世凱又與先生單獨成立四項協議，作為八大政策的實施。四項協議之內容如下：

一、實行統一，各省軍政府尚未取消者，電飭其限期取消，一面派員分赴各省調查情形；軍務、財政、外交、交通各司長，皆由中央委任，一切事宜，均直隸於中央各部，以期統一；

二、整頓海陸軍，擬籌集的款，速組織陸軍大學，並組織海軍學校，飭派海陸軍部選派人員，赴各國考察；

三、興辦鐵路，已歸孫中山先生辦理，請黃君擔任開礦事宜，

於北京、南京兩處，建設鋼鐵工廠，以能達到全國軍械皆出於自造之目的；

四、資助國民，組織實業銀行，農、林、工、商諸事，官督商辦，以救政府不及之患。

從四項協定來看，一、二兩項，仍是袁世凱利用先生以鞏固其政府的用意。其時唐內閣與袁世凱之間，以大借款問題，未照法定手續辦理，已無轉圜餘地，袁世凱意欲以其心腹趙秉鈞為總理，深恐同盟會籍的參議員不同意，先與孫先生商議，孫先生推介先生，袁不同意，孫先生再推宋教仁，袁亦不同意，乃與先生商議。先生乃向國民黨本部提出折衷建議：一、總理人選，可遵袁意；二、總理與閣員必須加入國民黨。於是袁世凱提趙秉鈞任總理，趙即加入國民黨，但對閣員加入國民黨頗有持異議者，如范源廉與周學熙。按趙秉鈞就是後來執行袁世凱的主張，為暗殺宋教仁之主唆犯。由此，可知先生以君子風度，誤信袁世凱對協議各條具有誠意，而不知袁世凱處處在利用先生，以達其擅權專政之目的，奠定其帝制自為的基礎，如先生者真可謂君子可欺以其方了。袁世凱始終未能利用孫先生以達到他內閣總理任用私人之目的，孫先生之識見，畢竟高出先生，此其明證。十月六日，先生離京，經取津浦鐵路與滬寧鐵路，十一日返抵上海。袁世凱即於十日以大勳位授先生，先生亦力辭不受。在滬逗留至二十五日，乘艦返湘，三十一日始達，湘督譚延闓親至江岸歡迎。先生自革命案發離湘後，始終奔走革命，至此始歸，湘中父老與青年子弟之熱烈歡迎，盛況可謂空前。

榮歸故鄉興辦實業

先生回湘休息數日，即赴湘潭及萍鄉、安源等地，調查礦業，蓋先生此次返鄉，抱有振興湘省實業的宏願。故工商部調查漢冶萍煤鐵公司之委員余煥泉晉謁先生，先生曾告之曰：

對於湖南根本上的計劃，為現時計，惟從實業入手，為第一之方法。而在湖南言實業，又以礦業為第一。以余所見，辦礦縱失利，亦歸政府擔任之，而人民仍然得其利益也。況必無全然失利者乎？就在湖南已出之礦而論，如水口之黑砂，平山之金及各處之銻，應於現時計劃清楚，應圖若何之資，努力進行，而江華之錫礦屬於大同公司者，猶（尤）子所注意。望湘人合力圖資者也。且余所主張之實業，不採取個人主義，且非僅為一地方謀利益，實為整個國家謀利益，所以計劃不可不審慎，而規模不可不宏遠。（民國元年十一月十五日《民立報》）

由此可知先生在擺脫政壇後，並非歸隱家園，而以興辦實業，致富國家，謀利鄉邦，其意義與致力革命同樣的積極。其不為私人謀利的思想，蓋出自民生主義。江華位於湖南南部，以產錫為主，儲量雖不甚豐，但已為當時著名的產錫區，致力開採者為大同公司。聞先生注意這個公司，因推先生為督辦，周震麟為總經理，作大規模之發展。但數日之後，北京政府任先生為粵漢川鐵路督辦，先生雖堅辭，而袁世凱不許，遂赴漢就職，大同公司之發展計劃，因告擱淺。粵漢川鐵路的原任督辦為譚人鳳。民國二年一月一日，即民國開國一週年紀念日，正式辦理交接，時先生年四十歲。

先生之接辦粵漢川鐵路，本擬為國家完成此一東西與南北交通的大動脈，展開一番抱負。但在就職以後的不久，即發覺袁世凱並無誠意。原來，當時任職交通總長的是朱啟鈐，先生留漢辦公，而令李書城至京，與朱啟鈐商量職權問題。朱啟鈐堅持遙為控制的原則，一切用人行政，均須向交通部請示，獲得批准，始可執行。朱啟鈐所提的原則，當然是秉承袁世凱的意志。此外，粵漢川鐵路的建築經費，來自銀行團的借款，這一問題，在譚人鳳任督辦時，本已解決，只待粵漢川鐵路需款，即可動支。但在

先生接辦粵漢川鐵路後，銀行團忽生枝節，不允支款，這當然是當時的財政總長梁士詒所玩的花樣，也是秉承袁世凱的意志而行的。至此，先生覺悟此為南京留守府事件的翻版，證明袁世凱對先生之新任命，毫無誠意，故就任的第八日，即電請辭職。

先生決定辭去粵漢川鐵路總辦後，譚人鳳頗思挽回之，中華民國鐵道協會亦請先生勿辭。譚人鳳是粵漢川鐵路借款原接洽人，乃電梁士詒陳述經過，要他設法挽回。他的電報是這樣說的：

> 弟返鄂後，路事於元旦交替。近聞克公以銀行團另提條件，延款不交，難於著手，有電請辭職之舉。竊路事非款不能進行。當弟第二次在京時，銀行團得先生介紹接洽，已允支款，並無別議。現忽枝節橫生，殊屬出人意表。仍伏吾公大力維持，轉圜異議，路事可以繼續進行，則民國前途，受福無量。（譚人鳳函牘，李雲漢《黃克強先生年譜》引）

從譚人鳳的這封信裡，可以知道粵漢川鐵路向銀行團的借款，是由梁財神促成的。梁財神既可促成之，當然也可以破壞之，其為出於袁世凱之授意，鉗制先生，使其一籌莫展而自動去職，這正是政客玩弄手段的伎倆，先生在南京留守府任內，已經吃過苦頭，故毅然辭職，使天下人皆知袁世凱之腑肝。譚人鳳責先生不該辭職，但是先生如果不辭職，當在留守府時堅持之。南京留守府是何等重要的職務，對革命來說，是何等重大的責任；但當時要錢，錢沒有，要人，人不派，袁世凱並乘軍餉久欠的機會，煽動軍隊叛亂，先生又何可不辭！留守府之重職，先生且不惜辭職，何況一個粵漢川鐵路督辦！至鐵道協會的電報，辭意更為懇切。按鐵道協會會長是孫先生，副會長就是先生。這通挽留的電報上是這樣說的：

> ……前聞先生督辦川粵漢鐵路事，舉國皆為路界得人稱慶。茲閱各報，載有與交通部衝突之駭聞，又有電請辭職之風說。夫川粵兩路，創辦有年，迄無成效。……民國肇興，

譚氏又以聲望不厚而虛靡歲月。先生再一再辭職，則不特川粵兩線無觀成之日，而全國路界亦將永無改良之期，務乞勉為其難，俾底於成，是為大幸。

這通挽留的電報，當時載於上海的報紙，就其內容來看，鐵道協會對先生之辭職，尚只知其一，未知其二。黃興是民國的風雲人物，天下仰慕的英雄，袁世凱要收服他，為他所用；但是黃興豈是被這個新式曹操所能收得服的！袁世凱餌誘之，控制之，收服之，這是他對先生的一貫政策，不能收服時，則打擊到底，使他自己求去，南京留守是如此，粵漢川督辦也是如此。先生是誠心誠意替國家做事，袁世凱是專心專意鞏固地位，進而做他的皇帝夢，這中間毫無折衷的餘地。惜哉，先生不早知其詐！

黨的團結與憲法研究及宋案發生

先生既知袁世凱之毫無誠意，故在辭去粵漢川督辦後，亦不返湖南，致力於實業發展，蓋知袁世凱必不容其發展也。於是乘輪東下，迤赴上海，仍與孫先生及滬上同志，致力於民國的保姆工作，故對憲法問題，最為注意。曾在國民黨上海交通部歡迎會上發表演說，其中有云：

　……惟現今最重大者乃為民國憲法問題，蓋此後吾民國於事實上將演出何種政體，將來政治上之影響如何，全視乎民國憲法如何，始能斷定。故民國憲法一問題，吾黨萬萬不能不出全力以研究之。務以良好憲法，樹立民國之根本。若夫憲法起草，擬由各政團先擬草案，將來由國會提出，於法理事實，均無不合。至於吾黨自身，則當養成政黨之知識道德，依政黨政治之常規，求達利國福民之目的，不可輕易主張急進，以違反政治進步之原則。本黨於各省選舉，既佔優勝，亟宜討論政見，主張一致，共謀和平穩健之進行。」（民國二年一月二十八日《民立報》）

這篇演說詞，可以看到先生對當時政治的具體主張。從演說中，不難看出先生認為憲法可以約束袁世凱的擅權專政，國民黨在各省選舉中既佔優勢，只要大家的政見一致，可以制定一部適合於中國的憲法，為國家與人民謀福利，對袁世凱之長於玩弄手段、藐視法紀，並未加以注意。實際上，袁世凱當時違法犯紀的種種罪狀，業已彰彰在人耳目，而先生猶深信憲法萬能，此一觀念，對後來的國事，影響至深。

先生此次到滬，寄寓於同孚路二十一號。二月十五日，宋教仁自湘抵滬，投身於先生寓中。宋氏在國民黨各省選舉優勢聲中，返回桃源省親，宣稱自此將息影侍親。宋氏為國民黨代理理事長，國民黨選舉勝利，宋氏將以代理黨魁的資格，出任國務總理，這是政治的常識。而宋氏反稱隱居奉母，意或宋先生是在測驗當時黨人及知識分子對他的出處進退之反應。果然，宋氏表示此項態度之後，各方函電交馳，敦促宋氏肩負民國政治之重責，宋氏之至上海，是應各方對他的要求。但是袁世凱對於宋教仁，素無好感，以其為國民黨中主張內閣制最力之人。唐紹儀辭職後，袁世凱曾請孫先生推介新總理，孫先生曾舉宋氏，袁世凱以緘默拒絕之，由此可知袁世凱對宋教仁之態度。及國會選舉結果，國民黨籍議員佔多數，一般輿論，復有新的內閣總理非宋莫屬之主張。袁世凱乃決心除去宋教仁，明為推崇，陰謀暗殺。宋氏至滬，表示了對政治之積極態度，袁之殺宋乃益急。

袁世凱在決定置宋教仁於死地之前，曾設法賄買之，授以銀行支票簿，囑其自由使用，宋氏拒之，袁世凱殺宋之計，乃作最後決定。時被選議員已陸續北上，袁乃電邀宋氏入京，面商國政，宋乃以行期告之，予暗殺宋氏以極大的便利。三月二十日，宋氏如期北上，袁之爪牙伺宋氏至車站剪票處，以槍擊之，中其要害，醫治無效而逝，是即轟動全國之宋案。時先生與陳其美、于右任諸先生等皆在車站送行，宋氏被擊時皆不及覺，兇手固一槍法熟

練之暴徒。宋氏臨終告先生曰：「如我死後，諸公總要往前做」，並要求先生致電袁世凱，告以被刺情形，可憐他臨死還不知刺殺他的主兇，就是袁世凱！宋氏臨終有無限依戀之意，先生見其痛苦萬狀，乃附耳告之曰：「鈍初，你放心去吧！」宋氏隨即氣絕，先生等在場故舊之內心痛苦，不忍卒述。

宋氏既卒，有兩大問題，必須解決，那就是緝兇與案情真相之查明。不三日，即已查明刺殺宋氏為武士英，教唆者為應夔丞，在北京主持其事者為洪述祖，而洪則受命於內閣總理趙秉鈞，而趙秉鈞則受命於袁世凱。於是國民黨人急謀對付袁世凱之道。時孫先生正在日本考察，聞宋氏被刺，即趕返上海，共謀討袁。當時主張，實分兩派：一派主張立即發兵，乘袁世凱未作軍事部署時，一舉而推翻之，孫先生主張最力，戴季陶等支持之；一派主張循法律途徑解決，先生主張之，陳其美等支持之。先生認為南方兵力不足恃，民國已經成立，法律應可制裁，萬一興兵，國家必遭糜爛。由此可知先生顧全國家之苦心，而仍迷信憲法與法律之效果，並未考慮到袁世凱與國民黨勢不兩立，國民黨不能打倒袁世凱，袁世凱必擊垮國民黨，所謂「大局糜爛」，不過時間問題。因此，先生之主張，適予袁世凱以調兵遣將、行賄收買的機會，並得從容免除國民黨四都督之職位的充分時間而已。二次革命失敗之速，先生主張實為重要關鍵。然先生顧全國家地位之苦心，亦有足多者。在宋案真相大白時，先生曾致電袁政府祕書長梁士詒云：

> 宋案連日經英廨審訊，聞發現證據頗多，外間疑團，實非無因。興以遯初已死，不可復救；而民國根基未固，美國又將承認，甚不願此事傳播擴大，使外交橫生障礙。日來正為遯初謀置身後事宜。亟思一面維持，而措詞匪易，其苦更甚於死者，公有何法以解之？請密示！（《梁燕孫年譜》）

先生此電，含有探詢袁政府對宋案之態度的用意，但案情牽

連到趙秉鈞、袁世凱，梁士詒又何詞以答先生？故此電便如石沉大海。此先生對局勢看法之又一誤也。宋案採取法律途徑解決，黨內人士頗有非之者，如章太炎曾有下列一段話：

> 此案真正之犯，人所共曉。中山、克強均主穩健，以法律解決，本屬正論，但恐不易辦到。……今宋案若亦如此延宕，正犯終不到案，則人心之不平愈甚，政府之猜忌亦愈甚，將置內政與外患於不問，終至魚爛而亡，必須於法律解決之外，兼取政治解決。今日人心憤激，本因政府失政已久，有宋案為導火線，一發不可復遏。如法律解決不得其平，則人心震怒，中山、克強，恐亦無法遏抑，勸其穩健。（民國二年四月二十四日《民立報》）

章氏對宋案以法律解決之不滿意，有其代表性；但其所謂兼採政治解決，並無具體方案，亦不足取。此案主張，出於先生，而章以孫先生牽連在內，這是章氏對孫先生之成見，自孫先生受日本政府資遣離日以代清政府要求驅逐出境而後，章氏即處處破壞孫先生之名譽與革命運動，此其一端而已。宋案循法律途徑，自始即註定其不了了之的命運。租界會審公廨屢傳趙秉鈞不到，試問案情將何法了結，此先生估計之誤之另一端也。但袁世凱自此益被國人唾棄，以總統之尊，而為暗殺案中之主唆犯，誠世界史上得未曾有之奇聞！亦中華民族之大辱，其應付之失策，亦足以見國民黨主要幹部書生之見太重。宋氏追悼大會上，先生親撰一聯以輓之曰：「前年殺吳祿貞，去年殺張振武，今年又殺宋教仁；你說是應桂馨，他說是洪述祖，我說確是袁世凱。」其憤懣之氣，溢於言表矣。自宋案發生後，先生與袁世凱之間嫌隙益深，袁世凱終至人前人後大罵先生，在其接見譚人鳳時，更作「切齒咬牙，得而甘心之意」，最後且取消上將令並誣先生以做不到總統而搗亂。然先生一本光明磊落態度，追求宋案，反對借款，只是講法講理，不作村婦罵街姿態，小人與君子之別，便即在此。

二次革命

　　暗殺宋教仁，排斥國民黨，免去國民黨四都督，撤銷國民黨籍議員資格，為袁世凱擅權專政、帝制自為的一貫政策，而國民黨反對大借款，乃袁世凱與國民黨決裂的導火線，其對國民黨之總攻擊，則發動於五月中，先由北方各省都督發電攻擊先生，嗣由袁世凱公開指責孫先生與先生，並聲言「討伐」國民黨。至五月二十四日，時報載有袁世凱之談話如下：

> 現在看透孫黃，除搗亂外無本領，右又是搗亂，左又是搗亂。我受四萬萬人付託之重，不能以四萬萬人之財產生命，聽人搗亂。自信政府政治軍事經驗，外交信用，不下於人。若彼等力能代我，我亦未嘗不願，然今日誠未敢多讓。彼等若敢另行組織政府，我即敢舉兵征伐之。國民黨誠非盡是莠人，然其莠者，吾人未嘗不能平之。語時有梁士詒、段芝貴、曾彝進三人在座。袁囑曾以個人資格往告國民黨人，袁說即說是袁慰亭說的，我當負責任。（白蕉《袁世凱與中華民國》）

　　這是袁世凱對國民黨的宣戰書，其中更充分地表示他分化國民黨的陰謀。時距宋案發生已兩個多月，袁世凱在軍事上已逐漸布置就緒，把北洋軍李純所部調駐九江，並即任命李純為鎮守使，隔斷南昌與長江之聯繫，使皖贛聲氣難通。故公然宣布以軍事行動對付國民黨籍的都督。至六月九日而下達免除李烈鈞江西都督之命令。袁世凱深知李烈鈞知兵善戰，江西又是湘皖的中堅，故對李氏首先下手。袁世凱與孫先生等協議把各省都督納入北京政府的統屬之陰謀，至此始暴露其陰謀之所在。李氏免職令下後，孫先生即派居正等赴南昌，要李氏不受亂命，宣布獨立。李氏對此，頗感躊躇，以為有授人以戀棧之譏，乃親謁孫先生請示，此亦李氏貽誤戎機之處。

　　但孫先生決心乘此機會推翻袁世凱，已令先生攜款五萬元至南京，策劃討袁軍事，並令寧調元等至鄂，組織討袁機關，譚人鳳至湘，策動湘軍討袁；更令華玉樑等約集保定軍校、江蘇陸軍中學及軍士養成隊全體學生，組織一軍，為進攻上海製造局的基本隊伍，李書城等亦至南京，發動第八師討袁。

　　袁世凱免李烈鈞江西都督職，是對付國民黨籍都督之第一步，至十四日廣東都督胡漢民被免，調任西藏宣撫使，三十日安徽都督柏文蔚被免職，改任陝甘籌邊使。湘督譚延闓本為世家子弟，深得湘省人望，雖向來同情革命，但袁世凱尚留餘地，不免其職，而派軍入湘以監視之，故尚能行使部分職權，相機響應討袁。

　　李烈鈞既至上海，與孫先生及先生相見，備悉討袁運動之準備情形，即離滬返贛，七月八日至湖口，召集舊部，計有九、十兩團及輜重、工程各一營，於十二日佔領湖口，宣告獨立，舉兵討袁，檄告中外，宣布宗旨，是為二次革命的發端。江西省議會隨即推李氏為江西討袁軍總司令。先生則在湖口起義之第三日進駐南京，就江蘇討袁軍總司令職。於是，張繼在十五日發表痛斥袁世凱的罪狀之宣言，十六日陳其美在上海誓師討袁，先生任駐滬討袁軍總司令，十七日安徽宣布討袁，迎柏文蔚回任皖軍總司令，十八日廣東省宣布討袁，十九日福建省宣布討袁，推許崇智為總司令。二十一日孫先生發表宣言，勸袁世凱辭職以謝國人，袁世凱則於二十三日下令撤銷孫先生籌辦全國鐵路之職。二十二日，各省議會推岑春煊為討袁軍大元帥。全國討袁之聲，風起雲湧，且在十日之內完成其組織，足證國民黨討袁軍事之布置，始終在積極進行，故能咄嗟立辦，一氣呵成。

　　先生之急急赴南京，一方面固然是由於孫先生之敦促，一方面更因袁世凱正在賄買南京第八師的下級軍官，要他們殺死師長、旅長，然後偽意宣布獨立，邀孫先生赴寧而害之。為袁世凱執行此項任務者為朱卓文。朱某自上海攜二萬元至南京，即著手此項

工作。有拒受賄通之營連長知其內幕，即向旅長黃孝鎮、黃愷元報告，兩位黃旅長立即赴滬向先生報告，先生急赴南京，在李相府召集一、八兩師長及各單位主管軍官，會商討袁起義問題。袁黨如要塞司令吳紹璘、講武堂副堂長蒲鑑等均表示反對，捕殺之，以江蘇都督程德全的名義宣布獨立討袁，這是李烈鈞湖口起義的第一個響應者。討袁人心，為之大振。

胡漢民被調職後，在廣東已形軍勢孤，無能為力，因赴上海，輔佐孫先生。以胡氏之精幹，袁世凱一聲令下，何致無所措手足？此因袁世凱用對付南京第八師之同樣手段，賄買了粵軍張我權、蘇慎的兩師長，胡氏已赤手空拳，只好一走了之。廣東為革命策源地，而如此輕易失去，這是最可惋惜的事。於是有章士釗推介岑春煊為討袁大元帥的建議。岑春煊廣西桂林人，為岑毓瑛之子，父子在清季都有能名，為慈禧太后所信任。但自袁世凱在戊戌政變密告有功，慈禧太后對袁世凱信賴日深，岑春煊之聲勢，漸為袁世凱所壓倒，故兩人之間，嫌隙頗深。及討袁運動勃興，廣東無兵可用，而有利用廣西龍濟光、陸榮廷兩軍之建議，使能共起討袁。章士釗之說，遂被孫先生所採納，岑春煊遂至南京，接受討袁軍大元帥之職。實際上龍濟光早已被袁世凱收買，已準備移師廣東。故岑春煊偕李根源赴粵途中，先以手書約龍濟光與龍覲光兩兄弟相見，並促反正。龍等拒不作覆，加緊向廣東進軍，故章士釗利用岑春煊以說動龍、陸之計劃，完全失敗。而先生擁戴程德全之計劃，亦未稱允當。程德全本是清政府的江蘇巡撫，其在蘇州響應起義，一則受蘇省紳士與地方團體之壓力，一則鑑於滬、杭、松等的革命勢力日增，無法應付，與其坐而與清政府偕亡，何如乘風轉舵，另謀出路，所以他是十足的投機官僚。袁世凱與程德全早有往還，京滬同志多聞之者，故頗有人勸先生逐去之者，先生以仁義為懷，不忍去之。詎知程德全首鼠兩端，於十七日潛行離京赴滬，向袁世凱投降，且力辯南京的獨立宣言，不

如他的本意，他已在上海設署辦公。先生抬舉程德全，欲以仁義感格的用意，有類宋襄公不重傷，不擒二毛之仁。此亦二次革命失敗的主因之一，推其原因，都出於宋案發生時不立舉兵討袁，使其得充分的時間，從從容容的調兵遣將、行賄收買。故袁世凱在征伐國民黨的談話中，有「彼等若敢另行組織政府，我即敢舉兵征伐之」的話，是他胸有成竹，布置已就的招供。故二次革命失敗後，陳其美等皆後悔當初不聽從孫先生主張。

南京的討袁軍受袁世凱收買者，頗有意志不堅的舊日革命黨人，如陳之驥等，故寧方軍事，不久即敗。先生為挽救危局，乃令孟慕超為海軍司令，洪承點為第一師長，朱熙為第二師長，周應時為第一旅長，另作部署。但其時，徐州已失，臨淮隨即不守，而湖口討袁軍亦告失敗。先生的衛隊營營長，又於二十七日接程德全「捉拿黃興」的密令，而滬寧鐵路已由交通部下令停車，南京對外交通，遂告斷絕。先生審察內外形勢，實無據守之可能。時適有日本輪船靜岡丸將離寧，先生乃以南京防守事宜交何海鳴，即搭靜岡丸下駛。南京固守至九月一日，卒為袁軍攻陷。同時皖贛湘各省討袁亦相繼挫敗，二次革命至此遂告瓦解。於是袁世凱兇燄益熾，勒令國民黨本部限黨人在三日內自首，開除先生、陳其美、柏文蔚、李烈鈞、陳炯明五人黨籍，懸賞緝拿先生、陳其美、李書城、黃郛，先生十萬元，陳其美五萬元，黃郛、李書城各兩萬元。其後又捕緝張繼、鈕永建、譚人鳳、何海鳴、岑春煊、陳炯明等。隨即解散國民黨，撤銷國民黨籍國會議員資格四百三十八人，國會從此以不足法定人數而無法開會，遂了袁世凱擅權專政的私願。他種種措施，都是非法的，都足以暴露他自己的罪狀於國人之前。

設立浩然廬、政法學校與離日赴美

先生既搭靜岡丸離京，直赴香港，轉往東京，下榻於犬養毅

家中，孫先生與胡漢民亦於八月二日離滬，初赴馬尾，轉航臺灣，
寓今中山北路之中國反共青年救國團臺北市支部北側之日式房屋
中，今其屋尚存，稱為國父史蹟紀念館，以供後人之追憶。逗留
不久，即經神戶而至東京。時討袁失敗之國民黨同志，相率至日。
孫先生洞燭討袁失敗，由於黨人意見紛歧，行動亦不一致，乃謀
組織新黨，重振旗鼓。先生認為初敗之後，人心渙散，宜培植新
力量，相機討袁。此與孫先生的主張，實在是一個宗旨的兩條途
徑，初非意見之紛歧。

李烈鈞至日本時，攜有經費十餘萬元，先生得李氏之同意，
運用此款，辦理兩所培養幹部之學校，一曰浩然廬，一曰政法學
校，前者研究軍事，在日黨人之有軍事學識者，都入浩然廬，先
生題額云：「大盜竊國，吾輩之恥。」時民國三年，先生年四十一
歲。政法學校延日人寺尾亨為校長，設四專修科：即政治專修科、
經濟專修科、法律專修科、日語專修科，用以培養軍事新人才與
政經法新人才，其設日語專修科者，所以使受課學生逐漸能直接
聽講，俾免傳譯之煩。開學半載，學生即達三百餘人，足證留日
學生嚮往討袁運動之熱烈。孫先生與胡漢民、陳其美、范鴻仙、
田桐等則發起組織中華革命黨，以嚴格主義引收黨員，作為推行
反袁運動中心。由此，可知孫、黃的關係，孫先生是著重於提綱
挈領的總的討袁運動之發展，而先生則從軍政幹部人才的培養以
便實施討袁運動。中華革命黨成立時，孫先生被選為總理，協理
一職，眾皆屬意於先生，先生謙遜不遑，故此職懸而未定。由此，
略可窺知先生對中華革命黨之組織，實有不滿之處，但亦未可視
為先生與孫先生有分道揚鑣之意。

國民黨雖經二次革命之失敗，詳加檢討，歸其因於同志之間
的意見紛歧之所致。但是中華革命黨成立後，同志間意見紛歧如
故，言論內容，更趨龐雜，以致誤會滋生，先生痛之，遂有離日
赴美之意。會袁世凱派徐柱赴美，接洽借款，孫先生也希望先生

赴美設法阻止之。先生遂偕祕書李書城、夫人徐宗漢、翻譯徐申伯、鄧家彥等離日，孫先生並電美洲各地黨支部歡迎先生。先生蓋仍孫先生之命是從。先生在橫渡太平洋時作詩云：「口吞三峽水，足蹈萬方雲；茫茫天地闊，何處著吾身？」於萬丈豪氣中，頗有英雄末路之慨，亦足以見其寄情之深了。

先生赴美，首站為檀香山，即有《太平商務報》記者來訪，先生發表談話，表示其為國家與人民爭取自由福祉，並宣布袁世凱之罪狀，有「現在中國的實際情形尚不及滿清皇帝統治時代；中國人民的金錢，被新的獨裁暴君用作壓迫報界、從事謀殺、賄賂軍人、劓除異己，我們將繼續為自由而奮鬥」之語，足見先生赴美之目的，仍然是積極的。檀埠僑胞，對先生之來，予以盛大而熱烈之歡迎，在自由戲院的歡迎會上，先生發表演說，強調討袁之意義與討袁非私人之爭，而係政治之爭。與會僑胞，均報以熱烈之掌聲。

離檀埠後，先生首至舊金山。袁世凱知先生至美，必將鼓勵討袁運動，乃電美政府予以阻難。美國向來尊重自由，對袁世凱之專制獨裁，朝野都表不滿，故置而不理，袁世凱徒然向美國社會暴露其醜惡面目而已。美國政府對先生至美，特電舊金山海關，予以優待，故登岸極為順利；僑胞素仰先生盛名，至埠相迎者匯成一個大行列，《舊金山紀事報》(*San Francisco Chronicle*) 對歡迎盛況，曾作詳細報導，其中有云：

> 黃將軍是中國革命黨的首領，是中華民國臨時政府的首任陸軍總長兼參謀總長。……黃將軍的到來，激起本埠華僑社會中一股歡迎的熱潮與強烈的反對袁世凱的情緒。一個由青年華僑組成的龐大代表團排列在碼頭上，來歡迎這位聲名赫赫的將軍及其同伴們。……第一個跑上去歡迎的，乃是黃將軍的女公子黃振華小姐，她是一位美麗大方的姑娘。……

黃將軍告訴記者說：「他此次來美的目的，乃在研究美國的政治現勢與政治制度，以備將來為中國的更大服務，並將計劃建立一個新的政府，他否認來美鼓勵華僑反袁和籌款的謠言，但他承認與袁世凱立於敵對的地位；袁世凱繼孫逸仙為臨時總統後，即有帝制自為的野心，利用虛偽的承諾，騙取了今日的地位……把自己形成絕對獨裁地位；……袁世凱不是一個能人，他僅是一個專制的、狂妄的、叛國的獨裁者。」

　　先生在舊金山意欲靜居，學習美國政治，但當地僑胞紛紛招待，並請演講，先生皆一一同意，美西之事未了，而美東又紛紛函電交至，促其前往。先生不得已，在旅居舊金山一個多月後，於九月十九日赴洛杉磯，訪荷馬李夫人；二十九日抵芝加哥，赴往美東紐約，其主要目的，是在阻止袁世凱對美國之借款，時袁之代表陳錦濤、蔡序東等在美活動甚力。美東僑胞對先生歡迎之盛，不減美西。

　　時歐戰已經發生，日本藉口英日同盟向德國宣戰，其實際目的，則在襲佔青島與膠濟鐵路和控制我國的山東。日本希望袁世凱予以便利，而袁世凱則希望日本支持其帝制。日本政客與袁世凱臭味相投，故合作之趨勢甚強，中國的討袁運動，又增加了一項大麻煩。先生在美，一方面指責日本首相大隈重信之失策與負義，令其公子一歐攜手書與宮崎寅藏接洽，囑其匡正日本政府之政策；另方面，還要應付袁氏在美政客唆使美人攻訐先生。紐約大學遠東研究部主任任克斯 (Pro. J. W. Jenks) 之讕造謠言，誣衊先生，即為一例。任克斯首次誣衊先生謂：袁世凱已邀請孫先生與先生返國，協助袁世凱革新政治；第二次則謾罵先生為叛國者。先生乃請哥侖比亞大學教授比亞特 (Pro. C. A. Beard) 列舉事實，為文發表於《紐約時報》駁斥之。由是可知先生在美，除了宣布袁世凱之罪狀，發動討袁運動與籌募經費之外，還須對付日美兩

方親袁政客與文人的誣衊與攻訐以及阻止袁世凱之借款。在先生發動在美同志與僑胞的激烈攻擊之下，卒能改變美國政府的政策，由美總統下令財政部與陳錦濤停止借款談判，先生終於達到赴美最主要的目的。

日本對侵入青島，與袁世凱有默契，隨即提出〈二十一條〉的無理要求，袁世凱還假惺惺的與日本多方交涉，先生與李烈鈞等發表聲明，在袁世凱對日進行交涉期間，不作干擾，亦即暫停討袁運動，革命黨人投鼠忌器專門為國家前途著想的用意，是十分曲折而富有諒恕傳統道德的。至民國四年五月九日，袁世凱終於接受日本的最後通牒，接受其要求，於是袁世凱又多了一項賣國的滔天大罪，先生乃與重要同志十七人聯名通電，指斥其罪狀，革命同志加緊團結、加強討袁，至此益為積極。

中華革命黨的團結運動與討袁運動

中日交涉，即所謂〈二十一條〉的交涉，民國四年二月間即已展開，中華革命黨的團結運動，亦於此時開始，時陳其美任中華革命黨的總務部長，即自東京發一長函致先生，檢討民國二年討袁之失敗，歸其原因於同志不聽從孫先生的主張，大家應以此為鑑，請先生速回東京，「共襄艱鉅」。那時候先生在美也有許多事情要料理，未能應陳氏之邀回日，但是先生以尚須休養，未即作答，其實先生與孫先生之間，並無芥蒂，只因中華革命黨之誓辭，先生曾表示須作若干修正，孫先生本已同意，但以另一部同志不同意，故未加修改，致使先生不滿，連協理之職，都不肯應選。此亦足以見先生之容量不大。至三月間，孫先生亦以討袁失敗為理由，致函先生，敦促回日。這是孫先生的親筆函，函中說：

> 二十年間，文與公奔走海外，流離播遷，同氣之應，匪伊朝夕。癸丑之不利，非戰之罪也。且世之所謂英雄者，不以挫抑而灰心，不以失敗而退怯，廣州、萍、醴，幾經危

難，以公未嘗一變厥志者，豈必至今日而反退縮不前乎？中國當此外患侵逼、內政紊亂之秋，正我輩奮戈飲彈、碎肉喋血之時。公革命之健者，正宜同心一致，乘機以起。若公以徘徊為知機，以觀望為識時，以緩進為穩健，以萬全為商榷，則文雖至愚，不知其可！臨紙神馳，祈公即日言旋，慎勿以文為孟浪而菲薄之，斯則革命前途之幸！（《國父年譜》）

由此，可知孫先生對先生屬望之殷。九月間，張繼自歐經美訪先生，旋即歸日，襄贊孫先生展開討袁運動，時先生適患嘔血病，故未能與張繼同行，張在美，知先生舊屬組有歐事研究會，雖亦以討袁為宗旨，而對中華革命黨則存有門戶之見。張繼至日後盡力調處之。時袁世凱帝制運動益急，以鄭汝成為上海鎮守使，擁有重兵，雄視東南，袁世凱以左右手視之。孫先生乃命陳其美返滬，策動討袁運動。陳氏伺機殺鄭汝成，江南北洋軍人人自危，陳氏乘此機會，由先總統蔣公為之擘劃，發動肇和兵艦起義。先生在美，聞此消息，深為感奮。事雖未成，但予全國以一大刺激。但袁世凱並未因此醒悟，反於八月十四日，嗾使籌安會勸進。籌安會由袁世凱所發動，以楊度、孫毓筠、嚴復、劉師培、李燮和、胡瑛等為會員，其中以變節之革命黨人為多數，而如嚴復者雖非革命黨人，但從未出席一次，知識分子出處進退之間，自有分寸，而孫毓筠、胡瑛等反不如嚴復之志節，可為浩嘆。袁世凱於組織籌安會為其御用的勸進機關外，復於九月十九日，嗾使成立變更國體請願聯合會，二十八日參政院議決召開國民代表大會，解決國體問題，袁並嗾使其屬下命令國民代表大會應明白擁戴袁世凱為皇帝。至十二月五日，參政院彙查國民代表決定國體問題的票數，竟是全體贊成帝制，擁袁為帝。十二月十二日，袁世凱正式稱帝，十三日接受百官朝賀，洪憲短命皇朝的醜劇，就此粉墨登場。先生在美，即於袁世凱接受朝賀之日，立電中國駐美公使，

勸其萬勿助袁為帝。十八日，致函國內友人，籲請同聲討袁。二十二日，函陸榮廷促其出師討袁。二十五日，雲南組織護國軍，舉義討袁，主其事者除唐繼堯外，尚有蔡鍔與李烈鈞，二氏均為先生之至友，李之入滇，實由先生之敦促。

　　袁世凱既稱帝，乃命其美籍顧問古德諾 (Good Now) 返美，宣傳帝制之利，並接洽借款事宜。先生時在費城，除運動美東議員反對借款外，並撰〈辨奸論〉一文，譯載於《費城新聞》，以事實反駁外人為袁辯護，揭發袁世凱利用籌安會實施稱帝之陰謀與經過，宣示國人一致討袁之決心，要求美國朝野人士贊助保障共和與討袁運動。此文在美東社會，發生甚大的影響。故先生身雖在美，而心馳神州，仍為討袁救國而努力，始終不懈。時民國四年，先生年四十二歲。

　　國內討袁運動，由滇省發動，各省紛紛響應，袁世凱勢窮力竭，只做了八十三天的皇帝，自動請求仍為總統，各省不允，及其心腹將領陳宦叛離，遂氣憤而死，一幕帝制的短醜劇，至此告終。當討袁運動開展時，孫先生及各方反袁將領，都期望先生回

圖 6　袁世凱稱帝時舉行的祭天登基儀式

國，先生以旅費支絀，延至民國五年四月上旬，始自費城遷居紐約，仍在國際宣傳與國內討袁運動的發展與布置，多所擘劃。在紐約暫居的十多天中，《紐約時報》的記者，常常是先生的座上客，為討袁運動，發布很多有利的消息。四月二十二日，由舊金山返國。在太平洋中，先生曾賦七絕、五絕各一首云：「太平洋上一孤舟，飽載民權與自由；愧我旅中無長物，好風吹送返神州」；「不盡蒼茫感，舟行東海東；干戈滿天地，何處託吾躬？」先生真對中華革命黨的誓詞仍有芥蒂乎？孫先生本命先生直接返國，但先生抵日後，即發表申斥袁世凱叛國稱帝之罪，而暫居日本。孫先生至滬後，日本的中華革命黨由謝持代理，至此，先生與謝氏共同負責，對中華革命黨與護國軍，頗盡籌款支持之責。先生在日，一如在美，日日與國內各方面通消息，籌討袁，或促起義，或示方略，或作布置，或詢軍情，簿書鞅掌，迄無休息機會。五月十八日，陳其美在滬遇刺，先生痛之。在東京開追悼大會時，親撰三輓聯，字字珠淚，感人至深。六月六日，袁世凱死，帝制結束，黎元洪繼任總統，先生電請恢復民元約法，召集國會，嚴懲禍首。此與孫先生之主張完全相合。至七月八日，先生始離日返滬，結束旅遊生活，直接參加國是商討，但始終不願意重入仕途，捲入政潮，而願意從事於實業的發展。

返國後的志願

黎元洪繼任總統，以段祺瑞為國務總理兼陸軍總長，其政府的實際權力，仍在袁家軍閥手中，因有重新召集各省代表重訂約法之舉，旨在破壞舊約法與由舊約法所產生之國會，但黎元洪本人之地位，實由舊約法所選舉而出的。黎之無骨氣、不知法，大率類此。此與孫先生及先生之主張，距離太遠。先生乃致電獨立各省勿派代表。揆先生之意，堅決主張恢復舊約法，並召集依照舊約法而產生之國會，在日時已派李書城代表入京，與黎段接洽。

黎段自知於法不合，乃召集已由選舉產生之兩院議員，定於八月一日復會。時兩院議員在滬者甚多，先生在他們行前，設宴歡送，並邀孫先生、唐紹儀、柏文蔚、于右任、鈕永建等作陪，先生即席致詞，孫先生也發表演說，情況至為熱烈。

袁世凱雖死，但護國軍因袁家軍閥仍在抵抗，故軍事照常進行，護國軍乃出黔省而迫湘西，湘省各界因推先生為都督，先生堅決不允。當段祺瑞組閣時，邀先生入閣，先生也堅拒之。先生既不入京，亦不回湘，國人對先生未來之出處，頗為關切，上海《民國日報》記者前往訪問，先生發表談話，有云：

　　……僕此次歸國，見各國國力之基礎，皆立根於實業與教育，故吾人所貢獻於國家者，正不必重紳挂笏，然後可以謀民福。譬如辦理一良好之學校，得十百優秀子弟以磋琢之，使成令器；或由一市一鄉間刻苦經營，俾蔚成一自治之模範，皆足以告無罪於國家。何必做大官、負大任，然後自愉哉……美國私立學校千萬倍於吾國，且其功課皆優於公立者。其故由於富家對教育經費之資助為天職，……吾國今後，教育為第一要著。……故提倡私立學校，為僕今後所自勉。其次則為實業，今姑舉一事言之：各國長距離之自動車為交通利器，其影響兼及於實業發展及地方之整理。吾國欲收其利，當先從事於路政之改良，而路政之改良，實為吾人能力所及；且可容納多數無業者以與之生計。一方面改良路政，一方面自造合於經濟的自動車，擇繁要地點如漢口等地，逐漸推廣之，積時已久，推行益廣，非特人可無行路難之歌，而間接及於社會生存、實業發展者，功用大矣。然此猶僅舉一端言之耳，其建築之品，土木之屬，陶冶之資，金鐵之屬，苟吾濟能出其堅忍與聰明以事之，固有不濟。此亦僕今後所自勉者也。（《民國日報》抄件，李雲漢《黃克強先生年譜》）

　　由上述各種情形來比較分析，先生當時的內心，似乎很矛盾，一方面關心政局及其問題，一方面又欲擺脫政治，從事於教育與實業，就當時我國的情形來看，政局不安定，則所有一切建設計劃，都將沒有實現的希望。孫先生把臨時大總統的職位讓給袁世凱後，願意籌辦全國的鐵路建設，但是孫先生的志願達到了沒有？先生辭卸南京留守以後，曾返鄉辦理實業，其結果如何？這是先生自己的經驗。張謇在南通辦教育與實業，能有成就，以張謇僅是一個江蘇省的大老而已；如果張氏在政治軍事上有號召力量而為軍閥所忌者，則安可成就他的建設？先生是讀書人，一定讀過《史記・彭越傳》，呂后所以要殺彭越的理由，是因為他的軍事指揮能力太強了，即使發配到邊遠地區，仍足為漢家政權之患的緣故。以先生之才、之能、之聲望，試問軍閥能夠容許他辦教育、辦實業嗎？先生這種自己努力報國的思想，當來自儒家「擴而充之」的遺訓，但是張謇辦得到，先生則絕無辦到的可能！孫先生畢生以和平奮鬥救中國為志願，但是後來他只要有根據地，有力量，不管大小，總要北伐，他曾經對譚延闓說過：「打仗比不打仗好，打敗仗也比不打仗好」，他是自相矛盾嗎？不，絕對的不，因為他已深切體念到不剷除亂政的軍閥，無從得到建設的機會，故非打仗不可！建設是在安定的政治環境中，始可大規模的進行，個人小規模的進行，雖然也可以有若干效果，如南通的張謇、長沙的胡元倓等，但其影響究竟有限，何況先生還未必可以得到這樣的機會呢？大家都知道丁文江是地質學家，後來他做起淞滬商埠督辦來了，許多學者都指責他，認為不應該，他認為在那個時候的中國，要做事，便要做官，做了官纔有權做事。因此，我們對於黃先生這種淡泊名位的德行和願意從事於教育與實業的抱負，深表欽佩，但是對這種抱負的實現之可能，是深表懷疑的。

一代英豪與世長辭

　　那個時候的先生，自相矛盾的想法和做法，也許和他的健康有關係。先生體格素健，但是奔走革命，艱苦備嘗，即在休養時期，也是日不暇給的與各方交往，以致影響了他的健康。在國內時曾吐過血，在美時又嘔過血，在九、十月間又復患病，「出聲嘶楚，語頓挫，不能為長言」，十月十日病況轉劇，吐血數盂，延請德國醫生克禮治之。經克禮醫生診斷，認為並無大礙，但先生仍覺胸間似有所噎、塞，至十月下旬，肝部腫大，病況劇變，三十日下午，又吐血不止，日醫斷稱無藥可救。公子一歐、女公子振華均極哀慟，先生猶阻之曰：「吾死，汝勿泣，須留一副眼淚，為他蒼生哭，則吾有子矣。」病篤時，呼宋教仁子宋振呂至榻前，執其手而告之曰：「你的父親是我的好朋友，是為國家死的，只有你一個兒子，我現在不能照應你了，你務必好好的為你父親爭氣，我死了放心了。」延至三十一日下午四時半，竟棄其一手締造的中華民國而長逝。年才四十三歲耳。

　　先生既卒，薄海同悲，滬人士聞此消息，紛至弔唁，孫先生為發訃聞致海內外各分部報喪。北京政府明令褒揚，國會特別通過國葬法，由政府明令國葬先生與蔡鍔於長沙嶽麓山，特撥治喪費兩萬元，命江蘇省長齊耀琳就近照料，命內政部依國葬法為先生辦理喪葬事宜，民國六年四月十五日，國葬於嶽麓山，黎元洪特派段廷桂、唐才質代表致祭。中國國民黨於二十三年第四屆執行委員全體會議中決議先生逝世日全國一律舉行紀念。到了民國二十七年三月一日的中央常會決定鄧鏗、胡漢民、陳其美、廖仲愷、朱執信等諸革命先賢與先生，合併以三月一日為紀念日，身後哀榮，隆重之至。

　　關於先生的一生行事，羅家倫曾以「豪傑之士」推許之。他說：

他（黃先生）有魄力，有感情，不斷的求學問，不斷的做
修養工夫，他是豪士，是英雄，是開國元勳，但是他更是
有中國文化根底的讀書人。他是士，這個士便是曾子所謂
「士不可以不弘毅，任重而道遠，仁以為己任，不亦重乎；
死而後已，不亦遠乎」的士。這個士，也就是孟子所謂豪
傑之士。（〈黃克強先生書翰墨跡序〉）

李雲漢先生在《黃克強先生年譜》的附錄中，也說：

黃克強先生生平起義恐後的精神，百折不回的志節，豪邁
恢宏的氣度，斐然成章的文采，所以能鼓舞一世，完成他
偉大的生命。

他們的結論，非常切實，非常正確，作者不能再贊一詞。但
是作者從先生一生奮鬥和勳業來看，如果我們最簡單的以中華民
國的「國士」來讚揚先生，也許更為簡當些。在作者的印象中，
總覺得陽夏保衛戰以後的先生，在革命精神上似乎有著突變。在
陽夏保衛戰前，先生的革命精神最為充沛，衝勁最為強烈，如欽
廉起義、辛亥三二九廣州起義諸役，勝利不一定有把握，但先生
皆躬冒艱險，以生命與敵相拚鬥，毫無因循瞻顧的考慮；但在陽
夏保衛戰以後，滿腦子都是「持重」的觀念。如南北和談在最後
決定的片刻，先生把敵我雙方的兵勢等條件開列出來，他的結論，
是戰爭勝利並無把握，這樣才決定了和議的成立。又如段祺瑞為
內閣總理，國會議員孫洪伊（字伯蘭，當時有小孫之稱）與段祺
瑞時時爭論，先生特致函勸其「持重」。凡此，都足說明先生的革
命精神，以陽夏保衛戰為中心，前後迥然不同。又如陳其美先生
也是反對宋案發生立即討袁的，及二次革命失敗後，陳氏即已覺
悟當時未照孫先生主張之非是，曾有長函致旅美的先生，詳述其
事；而先生對中華革命黨之誓詞，未能如先生之意而修改，對黨
事似乎始終不如過去的熱心。這些問題，雖未足為先生的「中華
民國國士」之玷，要亦是先生在陽夏保衛戰前所無者。作者提出

這些疑問，並非對先生的卓識遠見及其對國家的貢獻有所懷疑，
而是要提出大家應該注意的問題，那就是幕僚作業，除了忠於主
管長官以外，還須做好以大局為重的聯繫工作，不可以本位主義，
影響一致奮鬥到底的成功大團結。

貳 趙 聲

——忠義勇兼備的血性志士

貴冑之裔幼尚義俠

　　廣州三二九之役，與黃興先生共負軍事指揮之責者，為趙聲先生，是另外一位革命運動中的重要軍事家。作者既介紹了黃興先生，自亦不能不另行介紹趙聲先生。雖然本書介紹的是民初風雲人物，趙先生在三二九之後，不久去世，未及見民國之誕生，但黃花崗之役黃、趙並稱，趙先生如在武昌首義時尚在人世，其必為風雲人物無疑。關切中華革命運動的人士，對趙先生生平，應有認識的需要，而趙先生的革命風範，更是為青年志士之楷模甚多。故本書特述此篇，以彰趙先生對革命運動的貢獻。

　　趙聲先生字伯先，江蘇丹徒縣大港人。其先為宋代的王家之裔。北宋時燕王趙德昭的五世孫，奪爵南遷，為外居宗室。南宋高宗建炎三年（1129 年）以避金兵之亂而徙居大港，是為大港趙氏的始祖。伯先先生在革命流亡時稱宋王孫者本此。傳至二十四世的趙蓉，字曰鏡芙，為鎮江的名諸生，舉歲貢，講學於圖山之麓。從學者達數百人之多，成名成業者甚眾，鏡芙先生就是伯先先生的父親。鏡芙先生有子三人，伯先居長，次名念伯，季名光。先生自幼聰慧，八歲即能屬文，為鄉里所重，有神童之稱。九歲應童子試，文章雄偉，應列第一名，但以書法縱橫，不被方格所拘，常溢格外，因而失去首名，然其書法則因此馳名，為人所重。幼年亦賦詩，詩情豪放，信手拈來，不加修飾，即成佳篇，聲調慷慨悲憤，都是真情所寄，所以感人至深。但書與詩，卻不很多作，故傳世者少，而得之者都視為珍品。

圖 7　趙聲

先生少有大志，膂力極大，龍行虎步，高視遠瞻，有不可一世狀。又有嫉惡如仇的特性，任俠好義，出自天賦。十四歲時，大港劣吏，曾捕一市人，置於獄中。市人之母，往乞鏡芙先生，謀釋之。鏡芙先生尚在躊躇思忖間，先生聞之，即趨獄所，破械挾市人而出之。一市皆驚，惡吏對於這樣一個義俠的大孩子也毫無辦法。十七歲考中秀才，親友來賀者甚眾，先生一笑置之，謂：「丈夫當為國宣力，區區一秀才，何足言。」其後又舉拔萃科，才名噪一時，但先生志不在此，仍淡然置之。

投筆從戎由水師而陸師

先生既有志於報國大業，故拔萃以後不久，即赴南京，意欲捨文習武。時山陰（紹興）俞明震長江南陸師學堂，對於能文的青年，竭其所能以拔擢之。先生至南京後，借寓陸師學堂附近的佛教寺院，投考未取，百無聊賴而擬歸去，事被某觀察所聞，乃延至其家為西席。某觀察的思想完全出於舊日的經史，故頭腦冬烘，與先生痛心國事，立志從軍以求改革者，大相逕庭；而其子弟又有紈袴習性，不好學，故先生就館三個月，即行辭去，投考水師學堂，以第一名錄取。在校，才學出眾，又極用功，故深為

同學所欽佩，隱然成為學生的中心人物。其時校中的章程，頗被學生所誹議，群起要求改革，先生被推為代表，與學堂當局，爭議甚力，且有涉及監督之處，雙方都非常的憤慨，先生因自請退學，但其直言敢說的精神，不但為同學所欽敬，事聞於社會，亦得廣大的同情。

先生本有才氣縱橫的名聲，至此各方士子來相結交者日眾。他在退學後，暫居妙兒山僧寺，與陸軍學堂相近。有某生者不善為文，不知何故，得獲交於先生，央其代選一文，情文並茂，是一篇內容豐富的好文章，教官得此文時，薦之於監督俞明震，俞明震是一位求才若渴的好主管，他審察文字內容與某生平日所作，大相懸殊，乃窮詰其來源，知其槍手為趙聲。乃張貼此文於校內，並約見趙聲，特別准許他入學，趙先生的素志，由此得遂。

趙先生既入江南陸師學堂，覺得機會難得，更加勤奮苦學，成績冠於儕輩。課餘與諸同學縱論天下大勢與國家大事，意欲覓取志同道合的同學，將來共同僇力於救國大業。在陸師學堂中，他初時所得到的同志，似乎並不很多。他們對於時局的知識和國家的危難，所知似不太多，而趙先生不僅課業做得非常好，同時對自由平等的西方學說，隨時注意，醉心嚮慕。他對於國內外有識人士所作匡時救弊的文章，更有濃厚的興趣，除隨時注意閱讀外，更仰慕民族主義與民權主義的思想，因此對滿清政府的專制淫威與腐敗作風，異常厭惡，革命的決心，油然而生。

這正合於趙聲由天賦以俱來的任俠之性。他以革命救國自任，並以此意義，向同學們多所闡發，同學們受其薰陶而感動者，頗不乏人。他每讀到一篇旨趣正大而詞意犀利的文章，常擊節稱賞，謂先得其心。常對同學們說：「我輩今日刻苦求學，豈為高官厚祿？乃預備他日手拯神州於茫茫巨浸中，使之重睹青天白日！」陸師學堂的革命風氣，可以說是趙先生首先創導的。

東渡日本投入革命主流

在陸師學堂畢業以後，頗思糾合同志，從事於革命起義運動。但當時風氣尚未開通，一般青年，大多數都在四子書中求取功名富貴，對救國大業，聞所未聞；對革命大義，都以為是殺頭滅族的可怕的叛亂；甚而至於對國家是怎麼一回事，和自己有什麼關係等等的粗淺問題，也都瞠目不知所對。所以他物色同志的活動，久久未有收穫，憂心忡忡，悶悶不樂。後來，他知道我國青年留學在日本者，革命志士甚多，乃渴欲東渡，以便和他們結交。於是借考察軍事為名，東渡日本。在那裡，果然有很多的革命救國志士，趙先生樂於和他們訂交；而他們對於這位新來的志士，也是非常的歡迎。至此，由個人覺悟而立志革命的趙先生，納入革命運動的主流中，成為最優秀的革命鬥士之一。

先生在日本，雖得獲交於許多熱血沸騰的革命志士，而心胸為之大暢；但念國家危難日深，形勢日急，革命不可能在國外做些宣傳鼓吹工作，所可濟事，乃浩然有歸志，謀在國內開通民知，激起運動，以便作起義的準備。他回國後，首在故鄉的教育事業、健身運動、公益事業著手。這些運動，都是先生喚起民眾、吸收革命志士的掩護。他在故鄉所辦的事業，有小學堂、書報社、體育會等，都是啟迪民知、喚醒民眾的基本宣傳工作與組織工作，趙聲在其故鄉，本有很高的聲響，經此努力，他的社會地位益高，外縣慕名而來者亦日眾。他的宣傳革命與吸收同志的工作，收到相當大的效果。

時〈辛丑和約〉告成，八國侵華聯軍，紛紛依約撤退，獨俄軍逗留於東北，有久佔不歸的企圖，全國激起反抗俄國的巨潮，江南各地，尤其是上海，也紛起響應。先生是學軍事的，而且是才華素著，他在故鄉從事於社會建設事業，本來是心安理得的救國革命運動的基礎，他是具有極濃厚的興趣進行的。兩江師範學

堂慕先生之名，聘為教習，先生認為能在這個江南的最高學府任
教，喚起學生的覺悟，從而吸收同志，也許對革命的進行，有更
大的發展，於是欣然就道，西去南京。

北極閣演說震驚清吏

時俄政府強迫清政府訂立滿洲新約，清政府無法應付，勢將
屈辱，國內反俄空氣勃興，留日學生頗多請願回國，志願赴東北
抗俄者，江蘇留日學生鈕永建等，就是秉此一腔熱忱而返國，上
海革命黨亦發行《俄事警聞雜誌》，作為反俄運動的號召。先生本
是默默地在做救國的革命工作，至此，乃召集學生大會於北極閣，
即兩江師範學堂所在的北方小山，登臺演講，闡述革命救國的旨
趣，言至激昂慷慨處，聲淚俱下，與會學生，個個為之動容。兩
江總督端方聞趙聲之演說內容，大為震怒，竟欲置之死地。同志
們知道了這個消息，立刻敦促趙先生離開南京，先生初堅拒不允。
敦促他離去的同志們，聲淚俱下，始允走避，西赴湖南。

趙聲到達長沙後，長沙方面的革命志士，都已聽到北極閣演
說的壯舉，對趙聲欽遲甚深；所以趙聲到後，各方志士，都來訂
交。流亡中得此慰藉，趙聲自然有吾道不孤的愉快。湘中同志，
為了使趙聲不致有落寞無聊之感，於是介紹他到實業學堂任史地
兼體操教員。趙聲還是老辦法，一方面在功課上教導學生，一方
面傳播革命思想，吸收革命志士，湘省青年受其薰陶而成為革命
戰士者，為數甚多，但是在趙先生想來，這還是緩不濟急的事；
國家危難如此其急，當圖直接有效之革命途徑，他在長沙正在等
待這種時機。

機會終於給他等到了。當時淮軍已暮氣沉沉，在甲午一役以
後，其精銳盡失，國家已無可用的軍隊。李鴻章在〈辛丑和約〉
以後不久，即告謝世，淮軍也無形星散。於是有新軍訓練之議，
而由袁世凱擔任其事，設練兵中心於小站，是即北洋軍之前奏。

趙聲聞此消息，認為這是獻身救國的良好機會。他和湘中同志密議，他說：「學堂只能造就人才，不能挽救目前之急。我本軍人，應趁此良機，投效軍中，俾為日後革命實力的基礎。」湘中同志，都贊成他的企圖，於是他束裝北上，至保定，見袁世凱。

袁世凱是一個權變多詐，深藏不露的大奸巨惡，他接見趙聲之後，詳詢他的家世學業等等的實際狀況。趙聲雖文武兼資，但卻是一位直心腸的熱血青年，凡有所問，必據實以答。袁世凱因而具知趙聲是一位革命青年，表面上對趙聲的才華十分賞識，實際上卻懷叵測之險，陰欲在適當時機除去之，或收為己用，將視情形而定。乃委以書辦之職，月給俸銀五十，以署中的樓屋以居之，趙聲每在入屋以後，樓下常有武裝衛士監視其行動，與外界完全隔絕。但是趙聲卻也十分機警，不久他即發現被監視的情況，心知已入袁世凱的牢籠，處境甚為險惡，但亦不動聲色，日惟謀脫身之計。他終於脫出了袁世凱的羈絆，北走京華，覓取機會，以搏殺清政府的要員，震醒在迷夢中的國人。

時皖省革命黨人吳樾，也在北京，謀殺清政府要員。二人遂在北京訂交，傾蓋相談，頗恨相見之晚，嘗自謂北來得交吳樾，此行已為不虛，可知二人相得之深。北京政府官場的腐敗，趙聲因有深一層的了解；因此，他認為殺了一兩個行屍走肉似的清政府官員，於大局無補，乃間關至東北，另謀發展。但是東北的發展，希望也不很大，所以他不久又回京，旋即南下，趙聲自東北回京，吳樾走訪於逆旅。趙聲南歸後，吳樾曾經寫信給他，有「某為其易，君為其難」之語，趙聲得書感慨殊深，不很作詩的他，特別寫了幾首詩，以相勗勉。

吳樾得詩，循環誦讀，聲淚俱下。他這幾首詩的感人之深如此，可惜其詩不傳，我們現在只知道有這麼回事而已。光緒三十一年八月二十六日，慈禧太后為了緩和國內要求立憲的緊張空氣，特派五大臣出洋考察憲政，以愚國人。吳樾特往前門車站，以炸

彌擲之。一擊不中，竟以殞命，趙聲聞耗，痛哭失聲，不食者累日，謂喪吾良友，誓報此仇。他的天性過人，感情豐富，大率類此。

投身隊官志在革命

趙聲南歸後不久，保定將舉辦陸軍大秋操。他認為這是他磨練軍事學識的大好時機。乃急投某鎮為隊官，一方面借此機會，增加軍事的閱歷，一方面謀在軍中吸收同志，擴展革命勢力。他後一目的，因為當時的部隊中人，多半是老粗，毫無思想可言，所以得不到什麼結果！但是前一項目的，即參加秋操是達到了。他參加這一次秋操，先後達幾個月之久，增加了書本以外的知識和經驗極多。他自己說：「余自學陸軍以來，至此始確有心得，乃知學校中所學，不實地練習，未可盡恃。」足證他此次的苦，所得的益處之多，為日後他在反清革命運動中指揮軍事，奠定了重要的基礎。

其時，趙聲北極閣演說後欲置其於死地的兩江總督端方，已經調職離任，趙聲在南京活動的障礙已除，乃得任職於江寧督練公所，任參謀之職，以趙聲的縱橫才氣與豐富知識，他在職獻替謨猷，策劃工作，頗為上級長官所賞識，乃被派赴北洋，調查新軍編制和教練方法。歸提報告，益為當道所重，委派為江陰的新軍教練。有郭人漳者，以新學自負，常和革命黨人黃興、張繼、陳天華等相往還，以革命黨人自居。時以道員身分，亦在江陰工作。趙聲本已知郭人漳的為人，郭人漳也深知趙聲其人，兩人因在江陰訂交，並且進一步結為異姓兄弟。此後，郭人漳在新軍的地位，逐漸升高，趙聲也跟著升高。郭人漳在兩廣任軍事指揮官，趙聲亦隨至南方，在南方的軍事方面，厚植革命的力量，對南方革命的發展，有其重大的貢獻。

郭人漳在江陰任職不久，即調至廣西。郭人漳約趙聲同往，

任管帶之職。管帶相當於今日的營長。廣西為太平天國的發祥地，流風餘韻，迄有存者。趙聲又能善撫其眾，時常與部屬討論太平天國之得失。他評論洪秀全在軍事方面的行動，認為洪之在廣西起義後，下長沙，佔武漢，席捲南京，不因時乘勢，直搗幽燕，而以天都為安樂地，坐待四方的合圍，是為軍事上之大失策。部隊中人，聽了他的議論，都深深佩服這位主管長官的卓識遠見，欽敬非凡，趙聲也就很自然的得到了全部的軍心。這本是一個大有可為的局面，無奈其時江蘇試辦徵兵，各方同志，咸盼趙聲北歸故鄉，組織新軍。趙聲在此種情勢之下，認為開闢另一個可為的局面，對革命來說，是大有裨益的。因此，他只好忍痛捨去他可愛的部屬，再三加以撫慰，離開了廣西。他在廣西的時間，只有一年多。

徵編九鎮新兵擢任標統

趙聲北返故鄉，徵集新編第九鎮的新軍，也不是一件容易的事。因為在那個時候，一般人都存有「好鐵不打釘，好男不當兵」的陋習，故徵募運動，一時無法開展。幸而趙聲在鎮江，辦過學校，做過許多地方公益事業，在地方人士的心目中，對他都有很深的信心。趙聲北返後，九鎮新任統制徐紹楨，即付以徵募的全權，趙聲乃利用其故鄉已有的社會基礎，苦口婆心的勸說良家子弟從軍，因此鎮屬青年，應徵參軍的，逐漸蔚為風氣，附近各縣的青年子弟，嚮慕趙聲之名而投軍者，為數亦多，九鎮新軍，不久即告組成。故九鎮新軍的素質很高，與北洋軍大異。

其軍事幹部，亦經趙聲悉心挑選，都是有識志士，其中後日成為革命家而著有功勳者，頗有其人，諸如柏文蔚、顧忠琛、冷遹、林樹慶、林之夏、倪炳章等，都是由趙聲物色勸說而來。九鎮新軍，遂成江南的勁旅，對後來南京的光復，有著極大的貢獻。趙聲徵兵成功，徐紹楨委以三十三標第二營管帶之職，又開始了

他在部隊中的新生命與新運動。對趙聲來說，去廣西，返江蘇，率故鄉子弟，成立新軍，得失是足以相抵，而其未來的貢獻，實尤有過之。

　　趙聲對於軍隊的訓練，除了一般部隊中應有的技術訓練外，還從事知識的灌輸，更時常覓取機會，灌輸民族意識。他在軍中，設置書報閱覽室，鼓勵軍官士兵，閱覽書報，使他們具有新知識，養成他們關心國家大事的習慣。他們具有了知識的基礎，然後曉以民族大義，並不是刻板式的口號，而是製造機會，激發情感，藉以發人深省，很自然的導引到民族大義的道路。

　　例如，他有一天帶領他的部隊，出南京的朝陽門（就是後來的中山門），至明孝陵一帶遊覽。他指著明孝陵，問他的部屬：「知不知道這是什麼墳墓？」部屬有的答稱為明孝陵的，有的答稱不知道。他又問他們：「知不知道明孝陵裡面葬的是什麼人？」大家都稱不知道。他因向大家解釋：墓中葬的是明太祖高皇帝，「高皇帝逐去胡虜，重奠漢業，功業之高，無與倫比。至聖安皇帝，又亡於胡虜，於是閩浙被陷，滇黔遭劫，吾輩亡國民，應怎樣報高皇帝於地下？」部屬聽了他的話，都齊聲答道：「決服從主將命令。」他採取的是環境教育，收到最大的效果，不到半年，全體士兵，都有了革命思想，第九鎮的雄師之名，就著稱於全國了。趙聲治軍的才能，因被統制徐紹楨所認識，擢為第三十三標標統，相當於現在的團長。

　　趙聲被任為標統之後，更加覺得事有可為，心情更為振奮。乃在標本部組織一個俱樂部，作為全標部屬和其他各標的聯絡機關，在這個俱樂部中，時常舉行討論會，以溝通思想，灌輸革命知識。加入討論的，不限於軍隊中的幹部，而且還歡迎各學校的學生與教師，黨人也有時前往參加。一時成為革命的聯絡中心。當時受他影響而樂於接受他指揮的，達二萬人之多。

　　他並且進而與蘇、皖、贛等省的軍隊相聯絡，一俟時機成熟，

便將舉兵起義，推翻滿清政府。時端方重被任命為兩江總督，對趙聲來說，如果聽任他的蒞任，那他的計劃，便將遭受破壞，這是趙聲所不甘心的；因此，趙聲的朋友們要他利用端方就職的機會，加以劫殺，乘勢起義，以覆清廷。但是趙聲斟酌內外情勢，力勸大家持重。他的理由是：「如果這樣做去，豈不是破壞了第九鎮的基本，而演一套漢人和漢人濺血的慘劇？」由此可知先生頗以太平天國之役湘淮軍與太平軍作戰為非，革命運動應以此為鑑而竭力避免的見解，同志們對他的看法，都認為正確，因而端方得以安全的到任。

端方重任兩江總督，決心除去趙聲

端方至任，不久即知道趙先生在軍中任標統，又知道了先生在明孝陵對部隊所說的話，因此對先生疑忌更深。時九鎮新兵在玄武湖（即後湖）毀拆去湖神廟中所懸的曾國藩像，斥曾為殘害同種而諂媚滿清的罪人，端方知道了這一件事，認為這是先生所做的事，深具反對滿清政府的意義。很想以此事為根據，興起大獄，以懲治革命黨人。他曾經下令：「三十三標都是革命黨，可用砲轟毀它。」滿將舒清阿又竭力慫恿之。事聞於九鎮新軍，皆大懼。但統制徐紹楨力持鎮靜，並向端方力保三十三標無可疑人物，請端方不可造次。端方亦因徐紹楨手握重兵，舉足輕重，不能不對他敷衍，乃免趙聲之職，對三十三標，隱忍未發，趙聲在此種情勢下，也只好揮淚而去。

三十三標將士見趙聲將去，有如嬰兒之失慈母，依依不捨。趙聲慷慨地勗勉他們：「大丈夫勿作兒女態，共事之日正長，幸各自勉，勿忘我言！」這場風波，總算了結。至此，端方以援贛，商諸徐紹楨。徐紹楨力薦趙聲，稱其驍勇善戰，應令重長三十三標，任以赴贛平定革命軍之職。徐紹楨的建議，一方面是對趙聲的才華賞識殊深，意欲乘機恢復其在軍中的地位，他方面也知道趙聲

如率三十三標赴贛，對於贛湘之間的革命運動，必可多方翼護，使成氣候，以覘未來的發展，並且可以藉此窺探端方對其信任的程度。其用意，可以說具有多方的作用。但是，端方對先生疑慮極深，不是徐紹楨的力保可以袪除的。徐紹楨見端方不從其議，乃以先生為中軍官，偕倪炳章等先行入贛，他自己也拔隊而行，趙聲等奉命後，即派急足，赴贛報信，他們也兼程入贛，意欲有所策劃與幫助；但是萍瀏醴一帶的會黨，在趙聲等未達目的地之前，已為清軍所敗，首領不及走避者，都已殉難，先生一行，遂無用武之地；且肘掖之間，有清廷的鷹犬監視，行動也不能自由，發揮不了多少作用，也只有徒呼負負了。

當安源起義的消息，傳至東京，同盟會的同志，都爭先恐後的向總部報名，申請回國參加；有不得其請而痛哭流涕者，革命氣氛，發揮到了高峰。同盟會總部乃派孫毓筠、楊卓霖等，分赴蘇、皖、鄂、湘等省，分頭策動，以為響應。

他們回國的時候，萍瀏醴起義已告一段落，而他們的行藏又不能嚴守祕密，返國同志有的被捕，有的被殺，孫毓筠就是被捕者之一。孫為安徽壽州人，為宦門之後，仕途中頗多其戚友，端方與壽州孫氏，也有瓜葛。至此，對孫毓筠軟硬兼施，復動以私人的情感，孫毓筠就把一部分祕密洩漏。

端方乃急調徐紹楨返防，並對第九鎮嚴加防範；九鎮中的可疑分子被捕被殺者，時有所聞，徐紹楨也無法庇護。趙聲至此，知不能再回南京，乃急走廣東，仍在督練公所任職，得一提調官。這已是光緒三十三年的事了。

南避廣東任職新軍

以趙先生的才華與經驗，在提調任內，多所擘劃，悉中主管長官的心意；因此，又得擢升為新軍第一標的統帶。其時廣東南路欽州所屬的地區，如那黎、那思、三墟的人民，因為受不了苛

捐雜稅的負擔，推派代表，向欽州知府官署請求減少。欽州知府
不察實情，竟將三墟代表拘禁入獄。三墟人民聞耗，乃聯合起來，
集結萬餘人為一個團體，與欽州的清吏對抗。其首領為欽州的豪
族，叫做劉思裕，親率雄健之徒數人，逕入欽州監獄，將被拘代
表挾持而出。欽州官軍迫之，適遇大隊墟民來援，於是開槍射擊，
無辜鄉民，被殺者數十人。鄉民因此益憤，團結抵抗益堅。

　　而欽州清吏，竟指良民為匪黨，急向兩廣總督張人駿乞援，
先生見到這樣一個機會，認為是獻身革命不可失的時機，乃請命
於張人駿，願率步兵一營，附砲四門，赴欽州辦理此案。張人駿
從其請，乃率部循海道而至廉州。其時防軍統領郭人漳，也請命
赴欽州，他轄有新練軍一營、巡防隊三營。張人駿也派郭人漳同
行，佐以總兵何長清，會同進剿。

　　先生到了廉州以後，知道同盟會同志已有在抗稅民軍內任事
者，因知這一事件內容並不簡單；乃派胡毅生約黃興同至郭人漳
軍營，並與義民領袖劉思裕相結納，準備與越北的革命黨人聯成
一氣，共圖大事，但是這件事情，卻被郭人漳大大地破壞了。郭
人漳和趙聲在江陰共事時，有盟兄弟之誼，與黃興也有盟誼，可
以說得上是革命陣營中的一分子。但是這個人，實在是一個徹頭
徹尾的投機分子。

　　當他失意時是革命的；但當他小有辦法時，便忘去了革命大
義，而一心一意於升官發財了。當他知道趙聲與劉思裕互通消息
時，便向張人駿告密，出賣他的盟弟；後來黃興到他的軍營時，
他表面上非常誠懇的接待他，並且慨允以軍械和軍火援助革命軍，
但是後來革命軍渴思獲得郭人漳的軍火時，他竟置之不理。而何
長清則一心進兵，向義民急攻。

　　先生知事機已洩，已非可為的局面，乃勸劉思裕急避。不料
劉思裕卻是一條硬漢，拼幹到底。先生不得已亦進兵，欲為思裕
掩護，但何長清進兵，已獲成功，劉思裕竟被何長清所害，先生

對此，亦只有徒呼奈何之嘆。何長清進兵得手後，竟對三墟人民大施屠殺。如此激怒了廣東南路的大部分老百姓，推派代表，至越北面見國父與黃興，請求援助。梁少延與梁建葵，便是他們的代表，同行者復有胡毅生。國父接見他們後，立即派人至欽州一帶考察。他們所作的報告，是民氣可用。國父乃決心在欽州舉兵起義。國父派赴南路的主要同志，是黃興和王和順。黃興因為和郭人漳有盟誼，故入郭人漳軍中聯絡，旨在策動郭人漳軍反正。

王和順則入欽州腹地的陸屋、三那等地，聯絡民團，以為響應。王和順與胡毅生，先到趙聲軍中，趙聲對他們竭誠的招待，對革命起義，當表相機贊助，但嚴囑事機宜密。當王和順要到三那的時候，趙聲特別給他委員的名義，而且堅決要王和順改名為張德興，以免洩漏機宜，兩皆不便。趙聲在這個時候，對郭人漳的陰險狠毒，似乎已有所覺，故作事先的防範。

王和順以張德興委員的名義，到達三那，得到當地父老的盛大歡迎，郊接者甚眾。由於張德興是趙聲所派的委員，所以沿途防軍，皆不知其為革命黨人，一路暢通無阻。趙聲之細心規劃，大率如此。王和順既至三那，以趙、郭俱為革命黨人的事實，告知三那父老，三那父老以抗捐屠殺事，對王和順所說，半信半疑。王和順復力為解釋，以屠殺為何長清所為，與趙、郭無關，並以革命黨人胡毅生等分在趙、郭軍中為證，遂得三那父老的信任，於是召集民軍，立得千餘人，有槍數百桿。

時趙聲所部在合浦，王和順在三那組織部隊得手後，北取南寧，趙聲率所部以啣尾追擊為名，相機與革命軍會合，造成浩大的聲勢。但南寧清軍，對革命黨人之遊說，不為所動。王和順等不得已，乃改襲防城。防城駐軍，事先已有約定，故兵不血刃而佔領之，殺清吏，安百姓，是為防城起義。王和順等既得防城，便揮兵東進，以襲欽州，意欲與黃興及郭人漳部相會合。

郭人漳人面獸心

黃興到達欽州以後，便與郭人漳接洽，郭人漳與黃興本為盟兄弟，黃興之來，郭人漳已知其意，但那時的郭人漳，充滿了立功升官的意念；他在破壞了趙聲與劉思裕相聯的計劃後，自以為功績已立，升官指日可期，那裡還有盟誼和革命的意志！因對黃興，表面上仍極恭順，表示歡迎之意。黃興素性亢直，將所謀很坦白的告訴了郭人漳，故郭人漳備知革命的計劃，對興防範極嚴。黃興在郭人漳部隊中，熟人甚多，故郭深恐黃興將直接指揮其部隊，為己力所不能阻遏，乃密與欽廉道王瑚合謀，由王瑚率領部隊，阻興去路。及防城起義成功，黃興知道革命軍必將兼程取欽州，故與郭人漳相約，由黃興出城響應，郭則助以軍械，革命軍至欽州，見城頭燈火通明，知已有備，原以為在一日的冒大雨進軍之後，可以順利入城；至此，不敢冒險前進。

王和順則渴欲與黃興一晤，以明究竟，黃興也作如此想。詎郭人漳忽變計，意欲藉黃興之力，誘導王和順北攻廣西，他的理由，是城內有王瑚所部作梗，非必要時不能響應，勸革命軍北進廣西，他願助以軍械，俟殺卻王瑚，始可舉城以應。實際上這些都是郭人漳的鬼話。黃興至此，始疑郭人漳另有陰謀，乃約王和順夜襲欽城，由黃興開城相迎。

當王和順至城下時，黃興欲出城，實際上是迎王和順軍，郭人漳亦聽之。但黃興方欲出城，而王瑚巡防甚嚴，無隙可乘。黃興至此，確定郭人漳已變節，而且出賣了自己；乃設法以城中有備，通知王和順，勸他不可造次，仍以北進南寧為是。

王和順審察實力，所部能戰者不過數百人，而城中敵軍則達數千，強弱易形，主客易勢，攻城必失敗無疑；至北取南寧，南寧駐有重兵，且已聯絡無效，以微弱之師，向北進襲，亦未見可操之勝券，而且欽城駐軍，見和順揮軍北進，乘勢出城襲擊，則

有腹背受敵的危險，乃滅亡之道。

　　王和順審知附近的靈山，駐軍單薄，乃謀襲取之。黃興既知
郭人漳變節，乃設法逃出牢籠，以與王和順相會合。但當黃興出
險時，攻靈山的革命軍，亦已失敗。郭人漳對黃興的離去，沒有
加以阻礙，總算還有一些人性。

　　其時，趙聲正在合浦，準備對革命軍的響應，但忽聞進軍欽
州的革命軍，改向靈山，知有變故，不覺大驚，急謀出兵援助。
詎趙部尚未發動，而靈山革命軍之敗耗又至。原來，自欽州至靈
山，須渡過一條河，王和順軍無攻城工具，軍至環秀橋，命趕製
竹梯三十具，但到期僅成兩具，兵士上城者僅數十人，梯已折斷，
不能繼續增援，入城革命軍與城內清軍，苦戰一晝夜，傷亡甚重，
而清軍後援已到，少數革命軍仍分兵迎戰，無奈彈藥已盡，不能
不率領離去，北往十萬大山，以圖後日的捲土重來。

　　趙聲得到了這個消息，也只能暗暗的太息扼腕了。因此，防
城起義，本有可勝的機會，但以郭人漳的首鼠兩端，破壞了革命
大計，其罪可勝誅哉！欽事既敗，兩廣總督張人駿下令班師回省。
趙聲在合浦南門的海角亭，設宴款待將士，酒過三巡，聲半酣，
不很作詩的他，感慨橫生，即席賦詩，中有「八百健兒齊踴躍，
自慚不是岳家軍」之句，他胸中的積憤，盡在這些詩句中發洩出
來。郭人漳出賣趙聲和黃興，並且槍殺為革命軍傳遞消息的王德
潤的經過，終於被趙先生偵悉，對郭人漳恨入骨髓，因在知府柴
維桐座中相見時，面予痛斥，並宣布絕交。

　　郭人漳真是一個怙惡不悛的小人，在他受到趙聲的痛責以後，
便在張人駿面前，極力播弄是非，編造謠言，中傷趙聲。會兩江
總督端方，亦以密電通知張人駿，謂：「聲才堪大用，顧志不可測，
毋養虎胕掖，致自貽後患。」張人駿這才對趙聲日漸疏遠，因知郭
人漳對趙聲的進說，實際上沒有發生效果，最後發生效果的，還
是端方的這一通密電。

張人駿在得端方的電報後，先把趙聲調職，使他離開久經他訓練的部隊，改任第一標統帶。此在趙聲來說，未始非開創另一擴展革命勢力的機會，使他對革命的效力，多一個發展的場合，並非壞事。但張人駿在不久之後，又把趙聲調任督練公所提調，那便是降職了。如果張人駿對趙聲的調任新職，並非出自惡意，則在督練公所仍可吸收革命同志，散布到軍中去，也並不是不可為的局面。但是張人駿對趙由親近而疏遠，由疏遠而降職，自然是惡意，這一點，具有深邃觀察力的趙先生，自然會感覺到的，所以他在被調以後不久，便以省親為名，而北返鎮江原籍，這已是宣統二年的事。

北返原籍幾被圍捕

趙先生北返鎮江的消息，很快被端方所偵知。端方對趙聲疑忌素深，其回江蘇，必然仍為革命運動效力，這是端方所不能容忍的。於是密聚文武大僚，籌商對付之策，而圍宅逮捕之令就發出了。但是端方的祕密行動，逃不過革命黨人的耳目。革命黨人知此消息，立派急足，赴丹徒趙府報信，並促趙聲立即離家。趙聲乃間關亡走西湖，不久，巡防部隊果來圍趙府，入宅搜索，竟自撲了一個空。險哉！

趙先生在廣東任標統的初期，極得張人駿的信任，所有各標的新兵訓練事宜，都由趙先生擔任。因此，廣州的新軍，沃聞民族和民權的學說，傾向革命的十居八、九。廣東在光緒三十三年，曾設模範學兵營，黨人之屈身入營的，為數不少。又廣東陸軍速成學堂與虎門講武堂中革命志士投入者亦眾。他們在畢業後，都獻身於新軍中擔任中下級軍官。因此，趙先生推行革命運動的工作，進行十分順利。

宣統元年冬，趙聲雖已離開了部隊，但是他在軍中的聲望，並未降低，仍有很大的發言力量。其時，安慶方面，因黨人倪炳

章、方楚囚等，牽涉到協助熊成基的革命案內，不能立足，乃南投趙聲。粵省新軍中，正缺乏砲兵人才，趙聲乃令倪炳章改名映典，薦任砲兵營排長。砲兵營的士兵，多數為安徽人，故倪映典出任砲兵排長，可謂得人得所，也為廣東發展革命運動，增加了一位得力志士，足以繼續趙的工作。倪映典也就得藉趙聲在粵省新軍中的威望，極容易的推進工作。

其時，國父已密令胡漢民回香港，組織同盟會南方總支部，作為策劃南方革命的總機關部。總機關部分軍事、民軍、宣傳、籌餉等四個部門，由胡總其事。復有實行委員，有林時塽、胡毅生、洪承點、林直勉、莫紀彭、朱執信、李海雲等，都是委員，也都是黨中的精英。南方總支部在廣州設立分部於城內天官里，由方楚囚主持，專門策動新軍反正，這也是宣統元年的事。

籌備起義南赴香港

總支部又派胡毅生、朱執信赴廣東各屬，運動民軍，響應革命，又分別派人聯絡各地會黨。這是一個大規模的革命起義運動。倪映典認為在這樣一個起義運動中，應由趙聲主持其事，方可事半功倍，乃祕請先生南下。其時，清軍對鎮江趙家的監視，已漸形鬆懈，趙先生已潛回故鄉。及得倪映典密邀，義不容辭，欣然南下。新軍得趙聲回粵的祕訊，一片歡欣鼓舞的情緒，無形中表達出來，其深得軍心，有如此者。

南方總支部預定的起義日期，為宣統二年元旦，各方籌備，積極進行，雖已粗有頭緒，但問題尚多，尤其是民軍方面，械彈兩缺，餉械籌劃，也還存在著不少的困難。同志中有持重者，認為時機尚未成熟，宜少展緩。胡毅生是策動民軍的，所以該方面情形，甚為熟悉，主此尤力，胡漢民也有這個傾向。但黃興力持不可，他的理由是「期已定，不可輕易。」胡毅生則以輕鬆的口氣，和黃興玩笑似地說：「你想馬到成功嗎？時局還寧靜呢？急什麼！」

黃興對這個幽默，也只有報之以默不作聲，大家因有展至元宵節發動之議。

但是，廣州方面，則有急不及待之勢。那是因為新軍中的某頭目之同盟會的入會證，已有洩漏，被兩廣總督所知。趙聲至此，內心非常惶急，一改往日持重的態度，急向胡漢民建議：「令出難收，我們不能因區區數千金而壞大事！」

總支部正在滯疑難決時，倪映典也來香港了，他把新軍的激昂情緒，向總支部報告說：「軍心已蠢然動了，延期太久，勢將不可收拾，如何是好？」總支部仍以元旦舉義，無論如何來不及，乃決定提早於初六日舉兵。但是正在倪映典在港的時間，廣州方面的情形，已有劇烈的變化。這一變化，可以說是一個偶發的事件，新軍的不能忍小事而亂大謀，是一個最大的因素。原來，廣州的新軍，素與警察有成見，雙方裂痕至深，失和由來已久。在宣統元年的大除夕，有三標士兵二人，因購買圖章，與商人討價還價，而發生爭執，警察上前干預，因而發生衝突，一巡尉受輕傷，警察乃捕二士兵而羈押之。三標管帶袁慶有前往保釋，警察不許，要求與警官接洽，也不許。

新兵乃於元旦日入城，搗毀警局，一警察被毆致死。廣州清吏，對於這個亂子，深懷恐懼，在新軍離去後，下令關閉城門，取消軍隊的年假假期。其時兩廣總督為袁樹勛，水師提督為李準。新軍第一標駐於市郊的燕塘，本沒有參加毆警事件，故對取消新年假期，頗不甘心，表示不服，情緒非常激動。

其時忽有謠言，謂大隊警察將來攻軍營，全體士兵乃嚴裝攜械出營。標統劉雨沛制止無效，協統張哲在無可奈何中，逃入城內，竟以兵變向督署報告。水師提督李準聞訊，即率隊前往彈壓。巡防營與新軍斥堠隊相值，新軍便宣稱：「我們是革命黨，若不降，就請決戰。」李準聞訊大驚，急向總督袁樹勛報告，由將軍增祺調旗兵登城守禦，且攜有重砲，真正如臨大敵。

　　廣州新兵事變，顯然是因為原定的起義日期是元旦之日的關係。我們不知道南方總支部有沒有下達延期的命令？照這一事件的發動情形來看，這個命令，似乎沒有下達，否則第一標新軍如何會如此的魯莽！我們從這一點來觀察，黃興不延期的主張，是正確的。如果不延期，以新軍為基礎，佐以各方面或多或少的響應，事件的發展，當不致落到如此惡劣的結果。

　　倪映典在香港得到廣州新軍的事變，已是在初三日的清晨了。他非常激動地向總支部的負責人士說：「若守師期，君等必無噍類！」於是立即返省，馳赴軍中，殺一標管帶而起義，映典受推為起義軍總司令，親持大紅日光旗，指揮各部，與李準的巡防營戰於城外，他既騎於馬上，又手持紅旗，目標顯著，致被清軍的砲兵擊中，竟以身殉。

　　映典似乎以械彈不足，外援又無望，故意顯露目標，以一死以殉革命。我們得注意的，倪炳章是趙聲最早的革命同志之一，這顆革命種子安置在廣州的新軍中，是趙先生一手辦成的。倪映典可以說是趙聲的替身。倪映典舉兵時，趙先生也在城內，革命軍既敗，他也陷在危險的境地，卒賴同志之助，得以脫險，至南海上淇村，與胡毅生相值，抱頭大哭，決以身殉其好友，乃馳書告父：「大事去，良友死，無面見人矣，乞恕不奉養之罪。」於是馳往順德，運動會黨，繼續起義；但會黨的志趣，與聲不同，所謀無成。廣州清吏，偵知此次事件，趙聲為主謀人，懸重賞緝拿，縱騎搜捕甚急，同志力促其離粵返港，趙先生乃變易姓名，重返香港，隱居山鄉，耕耨以自食，夜則執筆以書，內心鬱悶，就大大地影響了他的健康，是他後來喪命的最大因素。

　　在倪映典舉義失敗以後的趙聲，潛居香港太平山下，百無聊賴。但是拯救國家的意志，並不消沉，他還是沉機觀變，得其所以報效革命，但置自己的健康於不顧。時間沖淡不了他對故友的繫念，留此身不過是為了與清室一拼而已。

遄赴東京與參加檳城會議

是年國父由美祕密至日，策劃另一次的廣州起義。趙聲得到這個消息，便偕同志胡毅生與林文，遄赴東京，面謁國父。蓋趙聲雖獻身革命已久，但尚未親與國父謀面，故專程晉見，以罄渴慕之忱。國父聞趙聲之名已久，及相見，對其頎碩的身材與不可一世的氣度，也是非常的器重。

趙聲對於欽仰已久的國父，及親聆其言論，加深了他的敬仰。是年秋，國父要同志們在檳榔嶼集議，籌商起義計劃，特別電召趙聲前往參加，聽取他的意見。會議中，對起義的時間問題，有兩派不同的意見：一派主張緩圖，一派主張速發。趙聲力主後者。他的理由，倪映典舉義雖敗，但是他的新軍，尚留於廣州一帶，加以撫慰，必仍可為革命效力；只要五千元的經費，他便可把他們集合起來，重加組訓，仍是革命的主力；如果延緩，那他們在流離失所中逐漸散走，再要把他們集合起義，便將是不可能的事了。

國父聽了他的意見，深以為然，乃於是年十二月十二日，在檳城四間街的國父寓所，集合怡保、芙蓉等地的代表，及黨中重要同志黃興、胡漢民等都參加這個會議，趙聲當然也是出席的一員，國父的長兄孫眉也參加了這個會議，這便是革命史上極關重要的檳城會議，這是第二次的重要會議。

趙聲原先提出的十萬元革命經費的原議，至此得到與會同志的完全承諾。但對革命起義的地點，頗有不同的意見。黃興因為在防城、鎮南關、河口諸役的經驗，深以經營雲南為上策。趙聲是向來主張中部起義的，他在中部，具有苦心的布置，而且有深厚的影響力。他在東京首次會晤國父時，曾作中部起義的建議，國父也認為極有理由。在檳城會議中，他還是這樣的主張。雙方意見，都有充分的理由，故一時不能作決定。但是安撫倪映典舊

部，發動其他新軍，組織選鋒隊八百人，是決定了。由於倪映典
的已散部隊在廣州附近，而廣州新軍傾向於革命者及革命同志在
新軍中又甚多，故無形中經營廣州之說，形成一種雄厚的空氣。
會議以後，遂一意作廣州起義的準備。

　　大家的意見，廣州革命完成任務以後，由趙聲統一軍向江西
進攻，因贛省同志及會黨對趙聲素有深感，由江西趨安徽、南京，
更是趙聲的革命策源地了，所以這一路由趙聲率領，是最適當的
人選。其另一路則由黃興擔任統帥，由廣東向湘省進攻，黃興在
湘鄂兩省，威望素重，同志與會黨都熱忱擁戴他，所以這一路的
統帥人選，也是非常的適當。大計已定，各人照著這個目標進行。

　　國父由於居留期間的限制，由檳城轉赴美國，專任籌餉之責，
留黃興、胡漢民於南洋，一方面籌募舉義經費，一面籌組選鋒隊
和加強對新軍的策動。趙聲對於粵省新軍的策動，自然負更多的
責任；撫慰倪映典部的已散新軍，更是趙聲義不容辭的職責。

　　在南洋的工作開展以後，黃興、胡漢民、趙聲等相偕北返香
港，改組同盟會南方支部，推黃興為會長，胡漢民為祕書兼主交
通，而由姚雨平、胡毅生、陳炯明、羅熾揚、洪承點、李海雲等
分任調度、儲備、編輯、調查、總務、出納諸事，暫定發難時間
為三月十五日。當時的工作重點，是分頭運動新軍及巡防營的反
正，海軍與警察亦在策動之列。

　　廣州附近的民軍與會黨，也都加以發動，作為起義時的響應。
趙聲因為在廣州的熟人太多，清廷對趙聲的拿捕，始終沒有放鬆，
所以在港指揮，分遣得力同志至省活動。三月十日，同盟會香港
支部召開會議，決定推趙聲為發難時的總司令，黃興為副總司令，
決定十路進攻的方略，第一路由黃興率領南洋和福建同志所組成
的選鋒決死隊百人，進攻兩廣總督公署；第二路由趙聲親率蘇皖
同志百人，進攻水師行臺；第三路由莫紀彭、徐維揚率領北江同
志百人，進攻督練公所；第四路由胡毅生、陳炯明率領東江同志

百人和會黨，防堵旗營，並佔領歸德門與大北門，以便附近的民軍與會黨入城援助；第五路由黃俠毅、梁起率領東莞同志百人進攻警察署與廣中協署，兼守南大門；第六路由姚雨平率領同志百人攻佔飛來廟與小北門，使燕塘新軍入城相助；第七路由李文甫率領同志五十人，進攻旗界、石馬槽的軍械局；第八路由張六村率領同志五十人，進攻龍王廟；第九路由洪承點率領同志五十人，進攻西槐二巷的砲兵營；第十路由羅仲霍率領同志五十人，向電信局進攻，那是水師提督李準的總部，李準是革命軍的死敵，他有驍勇善戰之名，且殺害革命同志最多，倪映典就是他殺死的。在工作分配中，趙聲獨任其難，兼有為友報仇的用意。這本是一個完善的布置，如果順利進行，可一舉而定廣州。

但是，上帝似乎有意要磨練革命志士，而使清廷苟延其殘喘似的。就在香港革命同志決定起義大計的那一天，忽然發生了一件單獨的革命暗殺事件，那就是南洋北返的革命志士溫生才刺殺滿人孚琦事件。孚琦是廣州將軍，是滿清政府駐粵的最高軍事首長，他的畢命，必然使廣州的清吏為之震驚，因而立刻施行戒嚴，加緊對廣州全城的搜索。一時，廣州的革命機關，有的只好臨時遷移到更隱密的地方，有的不幸而被破壞，這使三月十五日的起義，受到很大的影響。

溫生才這一舉動，完全是他個人對革命的決心，以生命來和廣州的清吏相拼，其志其行，自然值得我們欽佩。但是，他的途徑是完全錯誤的。革命運動，到了那個時候，已經不是個人的行動，打死一個清政府的高級地方官吏，用他的碧血和悲壯的故事，來喚醒國人對清政府腐敗無能的認識，掀起愛國熱忱的階段，已經過去；而是已經到了有計劃的舉兵起義的階段。溫生才烈士不了解革命發展的形勢，仍然像過去許多革命烈士所做的以個人犧牲的突擊行動，以致他自己是犧牲了，而對三月十五日的起義，作了一次很不利的行動。溫生才如果了解當時的革命形勢，他應

該和南洋的革命機關或香港的革命機關，密取聯繫，聽候總指揮部派遣工作，參加團體的行動，即使犧牲了，對革命的貢獻一定更大；但是，他只憑個人的一腔熱忱，得到打草驚蛇的結果，是很不值得的。所以我們對於溫生才的愛國宏願，仍然表示無限的欽敬；但是對他所加於三月十五日的革命舉義之影響，不能不表示無限的遺憾。溫生才原意是要刺殺李準的，不料李準命不該絕，由孚琦做了替死鬼，大敵未除，溫生才真是死有餘憾了。

由於溫生才的一擊，造成廣州清吏的嚴密搜索，對革命志士在廣州的行動，以及由廣州至香港的行動，受到了極大的阻礙。尤其是廣州清吏對新軍的加緊注意，把新軍的槍械，也予以收回，對原有的革命計劃，影響尤大。香港同盟支部不得不為此而舉行緊急會議，研討對付的方策。會中同志踴躍發言，其意見大體上分為兩派：一派主張把起義日期延後，把廣州的機關部暫時遣散，待清吏戒備稍弛時，再行發動。但是以黃興先生為首的另一派，則竭力反對，黃興認為「網羅已布，散無可散；戰也亡，不戰也亡，不如先發，事即不成，也可以謝天下，激後人！」他的意見，得到與會同志的多數同情，於是決定革命運動照常進行，但起義日期則稍為延後，決定在二十八日。黃興本人，在二十五日即率同志多人，向廣州出發；趙聲以在廣州的面目太熟，恐惹更大的麻煩，乃與胡漢民等暫留香港，擬在發難日期更近的一天進省。黃興到達廣州後，審察實際情形，仍覺二十八日太倉促，恐南洋同志尚不能到齊，建議再延一日，至二十九日發動。港中同志，當然無異議的接受。

儘管黃興所率的同志以及其後香港陸續進省的同志，扮作各種各樣的身分，參差行動，以免被人注意；但清吏對廣州忽然來了許多生人，行蹤詭祕，仍然密切注意，革命的消息，一部分被清吏所偵知。於是本在戒嚴已略形和緩的廣州市，又緊張起來了。清吏仍是從嚴查著手。

　　黃興警覺很高，看到清吏的加緊檢查，乃於二十六日電港云：「省城疫發，兒女勿回家。」胡漢民等接到這個電報，都大驚失色。趙聲更是非常憤慨，欲單身赴省，與李準相拼，但被同志所阻，仍待二十八日與其他同志共同行動。

　　但在二十七日的那一天，已在廣州的胡毅生等，發現有冒充黨人的敵探混雜在革命陣營中，深疑革命計劃，已為清吏所洞悉，向黃興提出報告。黃興因立即召集重要同志，舉行會議，胡毅生與若干同志主張改期舉義，與會諸人，對此頗多疑慮，人心頓呈渙散之狀。黃興大憤，一面令同志解散，一面決心向李準拼命。同志聞而散走者，達三百餘人之多。黃興之所以立發解散令，同時因聞粵省清吏，即將實行挨戶清查人口，深恐舉義不及，同志有多受犧牲可能之故，蓋亦出於兩全之舉。及三百多同志散走，而黃興又得姚雨平等報告，知清吏正在調集巡防營進入省城，而被調來之巡防營中不僅同志甚多，且素有聯絡，革命情緒，十分激昂。這是二十八日的事了。

　　由此兩事推之，革命陣營中伏有清吏偵探，因對革命起義，作嚴密的防備，都是有連鎖關係的，只是已解散的同志有三百餘人之多，革命的中心力量，實際上削弱甚多；但是黃興對此，深感興奮，認為事仍可為，二十九日乃急電香港云：「母病稍痊，須購通草來。」胡漢民等接獲此電，大家也都非常振奮，決定分遣同志，分批進省。

　　其時的革命同志，都已除去髮辮，分辨極易，此點急應慎重考慮，以免一上廣州碼頭，即被敵人發現。時香港與廣州的輪船往來，朝晨只有一班，同盟支部接到黃興電報時，已經開出，不及趕搭，只有利用較多的晚班輪船進省，或一部分乘廣九火車前往，總支部乃決定在港同志，分兩批出發，宋教仁與何天炯率領閩、粵、皖籍各省同志，搭二十九日的朝輪上省，趙聲仍以在廣州的面目太熟之故，搭二十九日的晚輪，與在港的其餘同志同行。

　　總支部審察情形，預知港中同志到省會合，至早應在三十日，因急派譚人鳳、林直勉火速進省，要黃興延期一日舉義，並說明其理由；又恐二人途中或有阻難，不能如期達成任務，故仍以密電，直接通知黃興。但二十八日的廣州，又發生了事故。

　　原來，黃興獲得清吏挨家清查戶口的情報，確是事實，就在那一天實行。謝恩里和二牌樓的兩處重要革命機關，已在檢查戶口中被破壞，廣州的情勢，已十分險惡；所以譚人鳳等雖已達成延期一日的通知任務，而廣州的革命舉義，已勢不可待了。故是役起義，卒在二十九日下午五時發動，由黃興照原計劃親自率領一隊，直撲督署，而兩廣總督張鳴岐業已逃避，督署只留下一座略有防備的空衙門，黃興攻入，無多大作用，只得退出，謀與其他各路同志取得聯繫。

　　但當舉義以後，革命軍的另一路與巡防營中的同志因發生誤會而自相殘殺。原來，革命軍起義時，約定各隊及清軍中的同志，都以臂纏白布為記號。巡防營中的同志，因其時尚屬清軍，故不能戴有此項記號；巡防營之調入，在清軍是為了屠殺革命同志，但巡防營的同志，卻抱有接應革命軍的隱懷，故聞革命軍前來，即由一弁將挺身而出，意欲與革命軍聯絡。

　　詎革命同志方聲洞看到這一弁將，並無白布記號，即開槍將其擊斃，這一誤會，使巡防營的行動，立即改變方針，真的與革命軍作戰，為李準效命了。這是三月二十九日廣州起義之失敗的最後主要因素，百密中的一疏，成此大錯，豈不惜哉！起義革命同志，雖以極少的兵力，與大隊清軍相搏戰，但仍相持一晝夜，始以彈盡援絕，傷亡太重而撤退，悲壯已達極點。

　　三十日晨，趙聲與胡漢民率領兩百多位革命戰士，始達省垣。但見城門嚴閉，並無戰鬥情形，知已發生事故，且其情況似對革命軍不利，及見同志莊六，始知始末，來省同志，已無可為力。為了保存實力，胡漢民乃率領同志，悄然回港，趙聲則極不甘心，

仍走順德，擬發動順德民軍陳江、譚義等所部，照原定計劃，撲攻省城。

及知黃興負傷暫避，由女同志徐宗漢照料的消息，乃冒險入廣州探視黃興。兩人見面後，互相抱頭痛哭，歷時甚久，俱各暈去，賴徐宗漢救醒。時黃興兩指已受傷斷去，仍欲渡河以個人生命力拼，趙聲勸止之。黃興知道趙聲有赴順德的計劃，也力加勸阻，以免他再加一層刺激。黃興是深深了解趙聲的性格的，他在此時已經刺激太深，再也不能增加他精神上的負擔了。趙聲為了使黃興不再失望，也順從了黃興的意見。是夜趙聲猝發大病。仍由莊六設法，護送他們安全返回香港。

精神負擔過重一病不起

三月二十九日的廣州起義，即一般熟知的黃花崗七十二烈士之役。就革命黨來說，全黨精英，損失慘重，自然是一次大失敗。但就趙聲來說，他是起義時的總司令，但他不在廣州，致不能與七十二烈士共同僇力，轟轟烈烈的與敵人決一死戰，這是他精神最大的負擔，倪映典起義之役的失敗，他已不勝其精神的痛苦，

圖8　黃花崗之役紀念碑

已經鬱居香港，憂悶成疾；而此次的精神負擔，較上次尤重，所以他在廣州已支持不住了。

這次的發病，對趙聲已有致命之虞；但在重病中，又聽到順德民軍，被李準擊敗的消息，刺激更深，成奄奄一息狀。時或飲酒狂歌，哭笑時發，已失正常，港中同志，無不為趙聲的健康憂慮。延至四月八日，忽然腹痛大作，急延醫診治，醫生的診斷，是急性盲腸炎，非從速開刀不可！黃興、胡漢民乃大急，急扶至日本醫生所開設的香島醫院，擬施行手術，趙聲不肯接受；四月十七日施行手術，乃知盲腸炎以拖延太久，轉成腸癰，腐爛的地方，已無知覺，成為不治之症了。翌日，吐黑血甚多，漸入昏迷狀態，時作囈語，時或狂呼黃帝、岳飛，同志聞之，為之心酸下淚。

十九日稍清醒，朗誦杜甫詩：「出師未捷身先死，常使英雄淚滿襟」，誦時，淚流滿枕，痛不可言！接著又對侍候他的同志說：「吾負死友，君等當為死者雪恨。」這是趙先生最後的遺言，他的心目中，只有國家，只有革命，只有為死難同志復仇，故臨終無一言涉及於家務和私事，對同志有何企求。趙聲是為國家而生，為革命而死，雖然沒有參加黃花崗諸烈士的起義，其捐軀實與黃花崗的義烈，完全相同。他逝世的日時，是四月二十日下午一時，這也是革命運動中元氣大傷之一，是一個值得紀念的日子。自四月十九日以後，雙目漸闔，已不能言語，而淚流不已，慘哉！

趙聲逝世時，年僅三十一歲，時為宣統三年，即西元 1911 年。由此上推，可知趙聲生於光緒七年（1881 年）二月十七日，其在北極閣演說時年才二十一歲，參加萍瀏醴之役而欲翼護革命時年二十六歲，參加三那之役而欲翼護革命時二十七歲，真是一位青年才俊而壯志凌雲的有為之士，天不假年，誠為可嘆；但是他為了對朋友的義，對國家的忠，對革命的俠，他對自己健康的不注意，實為他生命短促的主要因素。他在太平山下的自己損害健康；

他腹痛發生在四月八日，醫生已斷定為急性盲腸炎，必須從速割治，而且已入醫院，又不肯即施手術，延至十七日始開刀，而已回天乏術了。

趙先生對朋友的義，重於對國家的忠，以這樣一位才氣縱橫，深明大義的革命志士，拘於小義，而忽視大忠，我們為趙先生的生命太短惜，更為其忠義之辨失當，不能不表示重大的遺憾了。留此有用之身，為革命做更多的貢獻，並沒有負朋友的義，惜哉，趙先生對此認識，未作更深的思索，以致作踐太深，其臨終時之朗誦杜甫詩，其淚流之滿枕，或先生對大節大義已有覺悟之表示歟？

先生既卒，噩耗四傳，海內外同志，無不表示深切的悲悼，其夫人嚴氏聞訊，痛不欲生而自裁，雖以獲救而幸免，未亡人聊無生氣的哀慟，是令人無限同情的。其最表示哀痛的，莫如親炙趙先生革命大義而受趙先生親自訓練的江南陸軍，他們失聲痛哭，他們不約而同的登山遙祭，其得軍心如此之深。假使趙先生的生命，能夠延長到武昌起義之後，能夠延長到江浙聯軍圍攻南京之後，我們深信革命的進展，一定可以比較迅速得多，而先生也不會發生「出師未捷身先死」的遺恨了。

先生治軍，到處能得軍心，這多得力他任俠好義，坦誠相待的個性。不用權術，不施謀略，坦坦白白，誠誠懇懇，公正地為大家解決問題，而軍心與人心，自然歸附，這是值得我們特別一提的，趙先生治軍治事的精神，都堪為後世青年的模範！

先生既逝，港中同志，為葬於香港茄菲公園之側，題其墓曰：「天香閣主人之墓」。南京臨時政府成立，國父追念先生對革命的貢獻之大，追贈上將軍，由其弟念伯扶遺櫬歸葬鎮江原籍。民國元年四月一日，先生靈櫬已達鎮江，鎮人為開追悼會於琴園，翌日安靈，遠近前來參加葬禮者達十萬人，先生雖卒，其在人心之深有如此者。其墓園則在南郊名勝竹林寺，這是一個山不高而秀

的連崗，俯瞰鎮市，大江橫流於前，竹林圍繞於周，得此佳城，而滿清已被推翻，民國已告成立，先生英靈，其亦含笑於九泉乎？先生生前，奔走國事，席不暇暖，家居日少，故無子，由其弟磐（即念伯，亦作充，今從束世澂《趙聲傳記考異》改正之）之長子為嗣，禮祀得以不絕。

民國十五年，國民革命軍奠都南京，同志們追念先生不已，為其建園、立像、築祠，其園即鎮江著名的伯先公園，氣象壯闊，景色秀麗，今不知尚能保存完整否？

先生既卜葬，清季為江蘇巡撫反正而為江蘇都督，後來又擢升臨時政府內務總長的程德全，題先生的墓誌，有云：「以一匹夫持民族民權主義，日與專制政府相激戰，其敗也固宜；然君堅直之性，英颯之姿，屢仆屢振，不達目的不止。迨身死，中外之士，識與不識，聞之皆為流涕，尤足以振蕩天下之人心，繼此接蹤而興，以發揚神州之光榮者，何莫非君之英聲義氣，有以扇被之耶！」革命老人譚人鳳則謂：「君豪邁爽直，肝膽照人，不喜用權術，待下和平樂易，所在得士心，見忌官場亦以此。兩撤標統，一撤統領差，議者疑其為過於激烈所致，則未窺其真際也。」其鄉人史學家柳詒徵先生為之作傳，其最後則曰：「君之事敗身殞，食其惠者，實在後人，即謂君之功成，無不可也。」諸家對先生之評論，都足以說明先生之功在民國，其身後哀榮，乃是必然的酬報。胡漢民先生與黃興先生在先生逝世後，聯名告南洋同志云：「以伯先平日之氣概，不獲殺國仇而死，乃死於無常之劇病，彼蒼不仁，已殲我良士，又奪我大將，我同胞聞之，亦將悲慨不置，況於目擊傷心者乎！」這一段話，足以代表當日黨中同志對先生逝世之哀慟。

先生與黃興先生在廣州至香港，係取道於澳門者。先生至港，雖病甚，然仍欲與黃興先生走滇邊，謀再舉，被胡漢民所力阻而止。這是一段革命的軼史。又先生在太平山下躬耕時，兼事捕魚，曾以所得之魚，寄奉嚴親，這一軼史，足以說明先生孝親之深。

又先生在太平山下時，憂勞過甚，長歌當哭，焦急萬狀，有友人自北方來，見其顏色慘淡，語氣激昂頹喪（常以死自期），乃慰之曰：「事終有濟，急則傷生。」先生報之曰：「不急，生又何用！」這一軼事，足以說明先生在倪映典失敗以後的胸懷。

又先生〈己酉初度詩〉云：「百年已度四分一，事業茫茫未可知；差幸頭顱猶我戴，聊持肝膽與君期。欲存天職寧辭苦，夢想民權亦太癡！再以十年事天下，得歸當臥大江渚。」此詩當亦在太平山下所作，不知所贈何人？但由此足以說明先生志切革命，而淡於名利的胸襟。以上皆見束世澂《趙聲傳記考異》。柳先生的《趙伯先先生傳》中，載有軼事一則云：「常為友人書聯，出句『汲古得修綆』，友人謂偶句其為『盪氣生層雲』乎？君曰『吾不作頭巾氣』，乃大書『交情脫寶刀』五字。」此足以說明先生之豪邁。尚秉和的《辛壬春秋》，對先生之卒，有謂：「未幾聲卒，腸胃腐裂，類被人壽斃者，疑莫能明也。」按尚氏以滿清遺老自命，故《辛壬春秋》中，對革命黨人常作誣衊語。實則先生之病為急性盲腸炎，他自己不願開刀，以致失去醫治的機會，腸腐出黑血，事實至明，又有何疑，尚秉和殆欲以似是而非的疑問，使世人誤以為趙先生是被同志所忌而毒害者。特作說明，以正其謬，作為本文的結束。

參 胡漢民

—— 風骨嶙峋，疾惡如仇的革命志士

革命黨實際上的副領袖

作者介紹黃興先生的生平事蹟中，屢次提到胡漢民先生，如粵桂滇邊境之役，如廣州三二九之役的籌劃，如國父籌組中國同盟會南方總支部，如國父自歐返國時力主革命應以南方為基地，如南京臨時政府成立時之總統府祕書長等，都是胡漢民先生。陸匡文〈痛悼胡漢民先生〉一文中說：「先生一生，服膺總理之遺教，景仰總理之人格，以為總理一切道德勳業，皆原於博愛之一念。」故先生亦惟知有大我，而忘其小我；惟以服勞為天職，而忘權利之享有，惟以公義為重，而以私情為輕；惟以實效為貴，而以盜名為恥。先生嘗謂：「阿世者迎合社會，不能忘一己之富貴，應矯之以匡世的精神；清淡者隔離社會，不能忘一己之虛名，應矯之以實行的精神；頹放者反背社會，不能忘一己之逸樂，應矯之以前進的精神。」（《胡先生紀念專刊》七十五頁）胡先生對於這幾點社會通病，不但指得出來，而且更能身體力行。他是革命同志的模範，是無可置疑的。

國父在日，均以胡先生為最重要的助理，凡有重要職務，都指派胡先生負責，國父自己所負責的職務，凡因公而不能執行時，都派胡先生代理。其地位之重要，時或有過於黃興先生。他是革命黨事實上的副領袖。像這樣一位重要的革命先進，為文以作特別的介紹，想為讀者所樂聞。

先生在世時，為文作序，常自署為番禺胡漢民。實際上先生的原籍是江西的廬陵，與宋代大儒歐陽修與信國公文天祥為同鄉。

其落籍廣東而為番禺人，始於他的祖父。他本名衍鶚，後改衍鴻，故任臨時大總統的祕書長時，仍署衍鴻的原名。漢民是他主編《民報》時的筆名，其後遂成大家熟知的名字，衍鴻原名，反多生疏，或竟不知為何許人了。

根據姚漁湘先生的《胡漢民傳》：「胡漢民字展堂，……別號不匱室主，先世為江西廬陵縣人，祖燮三，父文照，咸為宦廣東，遂為番禺人。」胡先生手撰自傳，亦云：「余父文照，為江西廬陵縣延福鄉青山村人，累世業農，至祖父宦遊來粵。父治刑名，就幕州郡，……余以千八百七十九年，出生於廣州番禺縣。」

由此可知胡氏之落籍廣東，至先生為第三代，西元 1879 年，為光緒五年，他不書光緒年號，這是革命家不願書清代年號，表示誓不與清室兩立的意志。他生於是年十月二十六日，兄弟與姊妹共有七人，先生行四。刑名文幕，隨主管長官遷移，故先生自云：「幼即從母流寓博羅、茂名、德慶等縣」，蓋文照先生隨主管長官先行，而由母與諸子女隨後至任所耳。刑幕本來是一個可以有額外收入的職位，但文照先生性廉介，依法論事，不隨主官意志為轉移，有所不洽，則拂袖而去。因此，收入有限，而食齒浩繁，家累甚重，此或為文照先生早世及其三子一女皆不壽的主要原因，以現在的話來說，他們一家營養不良，以致影響其生命。甚矣，廉吏之可為而不可為也。先生之母文太夫人，出身於江西的望族，能詩，且解音樂、圍棋。先生得母教，兼以資質穎慧，領悟力極高，故深得母愛，自傳說：「余幼時最見愛於母，既就學，記憶力特強，由是父亦愛之。」由此可知先生以行四之故，在多子的家庭中，所得父愛，不免稍遜。其母氏則以接觸較多之故，知其非池中物而愛之，其得父愛，乃其讀書時表現優異的成績之後。由於食齒之眾，生活感到困難，由其母氏之勤儉，始得勉強維持。

但是，不幸的事，終於降到了胡家。先生十三歲時，即光緒十八年，文照先生逝世，全家頓失所依，生活便成問題。先生在

十一歲時，已能日誦數千言，而盡能
記憶，十三歲時經書與《史記》、古
文辭之類，都已涉獵，其所撰古文，
都是斐然可觀，文名漸噪。及父歿，
無力就傅，僅在家中自修，得益亦甚
多。越二年，母又病歿，家貧無以為
葬，歷兩月而始克舉殯。先生自云：
「家庭生計，蓋有不堪言狀者」，其
困難由此可知。

圖9　胡漢民

　　文照先生之病且歿，蓋由於誤信
庸醫。自傳云：「父教至嚴，而余則
極孝。父患病，以誤信庸醫者言，沉
綿數月。余聞兄長進諫，而為父所斥，則亦默然退，至父病革，
余哀且憤，驅人廚，欲砍殺某醫，叔父入，奪其刀，舉家以為將
自殺以殉，母哭尤哀，余亦伏地哭，而某醫聞聲逃。」

　　從這則故事看，可知先生孝性之深，是一個極顯明的事實，
而不是一句空話，更可知文照先生除了廉介之外，還有堅持其信
念的特性；雖庸醫仍深信不疑，致病數月而卒以喪生，不肯易醫，
這種廉介堅信的特性，也是先生所特有，可以說得之天賦。其嫉
惡如仇，十三歲時已經如此，也可以說是天賦之一。

反抗不平的故事

　　先生自云：「六歲時隨父母至高州（茂名），途中僱挑伕，給
以工資，輒為頭伕乾沒，伕役咸咒罵；頭伕方施施然自一煙館出，
各伕見之，復無如何，余甚怪各伕之懦。」又云：「七歲時，寓高
州縣衙，與老僕過衙中審訊處，適刑朴犯人，犯人號呼如豕啼，
余即走過，數月不敢出。」從這二則故事中，可知先生幼年即具有
對不平等待遇之反抗心與悲天憫人的慈悲心，正是革命家所特具

之性格。

先生在喪父以後，不久又遭母喪，真可以說禍不單行。那時候，他的家庭經濟，已陷絕境。在無可奈何中，他和長兄只好出外就館，做蒙童教師。長兄衍鶚，字清瑞，對經書的研習，十分用功；先生志不在此，而對經世致用之學，特感興趣，用力甚勤。對顧亭林先生與王船山先生的著作，得到的啟發特別多，認為滿清政府以少數的所謂夷族統治多數的漢族非常的不合理，油然發生革命排滿的思想。時適中日甲午之役，割地賠款以和，先生意尤不平，常與友人議論時事，輒攘臂而起，憤恨不已。但是儕輩都熱心有餘，知識不足，議論都為空談，先生對他們深感不滿。

時國父孫先生的革命主張，在國內已由教會印刷，作相當的流通，先生乃得閱讀的機會，深為佩服，以無由得見國父為憾。時先生年十五、六歲。當時的基督教會，以國父為基督徒，而他的國是主張，又為他們所同情，國父言論之被基督教會所重視而予以流傳者以此。胡先生因為不能直接與國父接觸，故常與基督教會往來，以便間接探問。由此，可知胡先生在青少年時代，對國父已經是欽慕達於極點。

胡先生在十六歲時設帳授徒，其時教育風氣未開，子弟讀書，常常超過年齡，故先生的學生中，年齡比先生大的不少。先生一方面教學生，一方面自修，另方面又要應書院的考試，藉以博取膏火費，以贍養弟妹。夜以繼日的伏案用功，對其健康，頗有影響。同時，因收入有限，營養不足，一兄一妹兩弟，均在這種情況下，相繼去世，先生在父母見背以後，又失去兄弟四人，其內心之痛苦，有不可以言語形容者，凡此都對先生後日的健康，有極大的影響。

對歷史的認識和薄視康有為的言行

中日甲午戰爭以後，維新之說，成為朝野的時尚。時光緒帝

已親政，慈禧太后尚在幕後操縱，清政府中的重要主管長官，也都是太后垂簾時的舊臣。光緒帝時方青年，頗有進取之心。其師傅翁同龢，為光緒帝的心腹重臣，亦傾向於維新。康有為頻頻上書，頗言新政，經由翁同龢而達於光緒帝，數度召見，遂決心加以重用，各省的保國會也紛紛成立，為維新運動的宣傳機關。

實際上康有為及其門徒所言的西方政治，率多皮毛之談，對新政的進行，既無具體方案，更無實施的具體辦法；對舊時慈禧所重用的舊臣，也不敢輕易加以調整；而其實施的途徑，只有任用幾個小京官，或派幾個中等副手，到各部門去，希望藉此轉移朝政的重心，但卻因此而引起人事的矛盾。

清制疆臣分筦兵刑錢穀之事，俱受成於中央，故終滿清之世，無有以封疆大吏能舉兵以反者。滿清政府自以少數宗族，統治大多數漢人，極易引起反抗，故大為宣傳，其始為君臣大義之說，破古來夷夏之辨，冀以移易漢人民族觀念；繼則偽造故實，謂滿族同源於諸夏；收天下藏書，著為《四庫》，其對滿清統治有反動者，列為違禁書目，嚴令摧毀之。康乾之間，文字之獄數見，戮屍夷族，以鉗其口。然漢人民族思想，終不消滅，託為神誕，以紀念明亡，如《太陽經》之屬，純為崇禎帝而作，文極俚俗而行銷甚為普遍。民間死，則著前代衣冠以殮，謂之生降死不降。明之遺民，以士大夫縻於爵祿，不可與謀，於是創所謂洪門，以反清復明為口號，成一種祕密結社，遍於南北各省，表面則取互相扶助之形式，下層社會爭趨之，紀律甚嚴，刑賞必信。

其作始之人，亦知此種會黨，僅能為革命之材料與其潛伏之勢力，其發動必賴於英雄豪傑之指揮，故洪門又有待真主之言。清康乾間所謂白蓮教造反，嘉慶時代林清之反清於北（按即所謂天理教之亂）、王三槐等之反清於南，皆以會黨起事，至太平天國則尤為彰明較著者。

這是先生對這一段歷史的認識，在那個時候，可以說發前人

所未發，其見解之超脫而不落前人的窠臼，把清人所說會黨造反，納入反清革命的系統，是先生讀書深銳觀察處。滿清之所以能統治中國較元代為久，其主要因素，實在能夠利用利祿薰心的漢人知識分子，即如洪承疇那樣為清政府忠實走狗的漢奸，但尚有心存漢族的意識，如「生降死不降、民降僧不降」的口號，就是他提出的；「殺我君者（指李自成）我仇也，殺我仇者（指滿軍）我君也」，據說也是他為滿清應主中夏的解釋。

由此，可知這個大漢奸心裡的矛盾，他為利祿所迷，因此為清政府效力；但內心總還有一點民族的意識，留下一些根，存在於民間。雍正時所頒行的所謂「聖諭廣訓」，其中舉出舜東夷之人，文王西夷之人，來替滿清入主夏作進一步的辯護。從另一角度來看，沒有清軍入關，便沒有東北順利地成為中國版圖的結果，同時也沒有滿人順利地漢化而成中華民族的一部分的結果。在整個中國領土的確定和中華民族的形成中華國族的進行中，邁進了一大步，是有其貢獻的。但是滿清政府要維持其政權至於永久的企圖，是完全失敗的。八旗子弟由滿籍將軍率領來駐防各省，其結果為旗籍士兵的漢化之加速進行；在革命過程中，係對革命軍作戰的主力是巡防營而不是旗籍士兵。反之，巡防營的漢人覺悟以後，反正而向清軍作戰，加速了清政府的瓦解。

由此，可知不合理的政權，違反民意的政權，任何防制辦法，最後必歸無效，是鐵的原則。

再拿文字獄及禁止民族思想之書籍的流通來說，其結果也失去作用。在編著《四庫全書》時，民間存有民族思想的書籍，藏諸名山，傳諸其人的，為數依然甚多；即被獻而不准流通的書籍，尚有禁書書目，使後人仍有知道的機會。後來的有心人之民族意識的滋生發展，依然從古籍中得來，足證此種方法之枉費心機了。胡先生的民族意識之獲得，首先來自這方面，便是著例之一。

胡先生生長在廣州，後來教書，做《嶺海日報》編輯，也都

在廣州，不可能不與康有為的思想相接觸。相反的，康有為在康州設帳授徒二十年，好為驚世駭俗之言，當時廣州知識分子，受他影響的，為數也著實不少。但是目光精銳的胡先生，獨鄙薄其人。

先生親撰的自傳說：「康有為生長於廣州（按康為南海人，南海為廣州附郭大縣），聚眾講學二十年，廣東學界頗受其影響，惟余素薄其為人與其學說。蓋康居鄉，為土豪劣紳之所為，熱中奔競，行不踐言；治學則剽竊武斷，祇以大言欺人，其徒相率效尤，高者當不逮唐之八司馬。」又云：「一八八八年所謂戊戌政變，……新取所謂西法者，以詔令施行之，其最重要者，為廢科舉，開學校，餘則紛然無條理，……而實則代表新官僚階級利益而已。」又云：「康有為始為保國會時，猶放言保中國不保大清；而其後乃專言保皇，結保皇黨於海內外」，「由保國而為保皇，其理論尤覺每況愈下，故當時對之，絕不生一種信仰。」由此可知先生辨別是非能力之強與觀察能力之深。

入民國後，康常至陝西，訪問西安而竊取古物，陝逐之，為一聯加以譏刺，聯曰：「國家將亡必有，老而不死是為」，真可謂大快人心。吳佩孚開府洛陽，睥睨中原，康有為趨附之，吳五十生日時，康攜聯為壽云：「牧野鷹揚，百歲春秋才半紀；洛陽虎視，八方風雨會中州。」聯甚工，對吳稱許過甚，吳好阿諛，得之甚喜，懸於正中，而康有為之品格，益為識者所不齒。胡先生評之為「熱中奔競」的新官僚，可謂擊中要害。

傾心革命東渡日本

先生十九歲時，雖仍度課徒的生活，但經濟漸寬裕，交遊亦漸擴大。在許多朋友中，他獨與史古愚、史堅如兩兄弟有深厚的感情；又與王毓初、左斗山諸方正之士遊，故對國父的思想與行誼，知道的漸多，而先生的民族革命思想，在這一段時間，發展

得最快，有「不可遏」之勢，但是當時的革命起義運動，是在極端祕密中進行的。

　　1900 年，即光緒二十六年，國父起義於惠州，而由史堅如在廣州策應，堅如在督署附近，覓屋居住，祕掘隧道，通至督署，置炸彈而爆炸之，期一舉而斃粵督，兼毀督署。史堅如遂在此役中殉國。以胡先生與史烈士的交誼，但是役起義，並未與先生相謀，故先生未能參加工作，引為憾事。此役的失敗，使在廣州一帶祕密活動的革命志士，無法繼續立足，只好遠走他國以避之，其中走日本者最多。先生因思欲廣結革命同志，深植革命學識，作為他日救國救民的應用，非至日本留學不可。於是始有赴日留學的決心。但以個人經濟力量有限，尚無法達成其願望，只好等待可能的機會。

　　庚子（1900 年）惠州起義，是一個可乘的良機，那便是拳匪之亂與八國聯軍之役。清政府的愚昧無知與處置乖方，至此役而暴露無餘。一般稱拳匪之亂為盲目的排外運動。先生對此，則另有精闢的見解。他認為盲目排外的，是清政府的幾個頑固與愚昧的大臣與慈禧太后，而義和團的本身，只是受西方傳教士對中國平民無理壓迫的反映。他們不畏槍砲火器的邪說，固然可笑，但是如果清政府的核心人物不與之相聯，或予以有效的領導，也斷不致發生盲目排外而殺害外國外交或商務代表與傳教士的可能。故八國聯軍的招致，仍是清政府愚昧無知之所致。他在自傳中說：

> 清末義和團事件，不獨影響於清政府本身，且影響於全中國，影響於世界各國，即一九一一年辛亥革命，亦受其影響，其總原因為排外，為受列強壓迫之反動；然其內容則頗為複雜，其分子有農民、會黨與清室親貴及守舊之官僚。……帝國主義之列強侵入中國，以通商、傳教為兩大工具。通商則打破中國從來之自然經濟，而內地失業落伍者日多；傳教又挾有勢力以壓一切平民，則於信仰之外，更生反動。

……北方各省，以交通不便，生計落伍者，自較有通商口岸之省為眾。

教士挾其公使主教之勢力，而欺人民之無知，則亦愈橫。瓜分海港，本為帝國主義列強預定之計劃，為繼日本割取臺灣後之一定步驟；然表面則由山東殺一教士，而德國乃以為報復及懲罰之條件而割據膠州。一時旅順、大連、威海衛、九龍、廣州灣等紛紛喪失。列強更進而設置其所謂勢力範圍，……俱就其已獲得之地域更延長之，為將來割據之張本。

中國人民於是時，既懼且憤，故排外為義和團事件之總動機，為帝國主義壓迫之反響。其在農民分子，此種民族思想之表現，於革命歷史進行中有莫大價值，決不因後來帝國主義者之污蔑漫罵而有所貶值。惟義和團之所以一敗塗地，為此一運動之最大缺點，則指揮領導者當全尸其責。會黨首領，既毫無政治常識，而以至粗劣之迷信為惟一武器，其知識能力，且遠在張獻忠、李自成之下，視洪、楊更望塵弗及；清室之端王、莊王、毓賢、剛毅，更蠢如鹿

圖 10　圖繪義和拳民捉捕外人審問正法的情形

豕，衹欲利用義和團之符咒有靈，砲火不入，以消滅外人之勢力，回復清室之威嚴，且於新舊紛爭之中，乘此澌除知識階級維新之思潮與其潛勢力。……其以漢大臣為大阿哥（大阿哥清朝皇太子之號）師傅之徐桐語人曰：「人說洋鬼子厲害，究竟不過東交民巷這幾個鬼子罷了，弄完他，還有什麼？」其昏瞶可以代表一般。

治我國近代史者，常以義和團之盲目排外而詆毀之，而忽視其民族運動的作用，胡先生排眾議，稱之為「於革命歷史進行中有莫大價值」，而以義和團運動之總動機為「帝國主義壓迫之反響」，認為「排外仇教，互為因果」，得其一言，而義和團的運動，方得持平之論。

由此，可見先生對於時事的觀察之深。義和團運動，帝國主義國家對中國民意之不可深侮，改變其軍事政治侵略為經濟侵略。又在義和團之役中，清室權貴之愚蠢與處置之乖方，一般知識分子原對國父的革命運動輒加歧視者，至此亦認為中國前途的希望，惟在革命之成功，對革命運動轉而為同情與支持。凡此，都足證明胡先生的評論，是一種深遠的卓見，亦足為盲從西人詆毀義和團而加以蔑視者之針砭。

辛丑年為光緒二十六年，是年先生為二十一歲，不但舊學已有深厚的基礎，對新學也有廣泛的知識，尤其是對時事格外留心，報章雜誌搜覽甚多，對於革命更有堅定的信心，常在新春，大書春聯貼於大門。聯曰：「文明新世界，獨立大精神」，蓋已存於心而發於外，即所謂「不可遏」之勢了。其時一般風氣，仍未開通，故見者都以為怪，而不自知其陋。先生有留學日本之志，而困於家庭經濟，故素志不遂。有某氏兄弟者，醉心於科名，而無其學力，乃丐先生為之捉刀。先生俱允之，榜發，皆獲售，於是得酬金六千餘，可以稍濟其困，留學時遂無後顧之憂，是亦所謂「仕不為貧，而有時為貧」之意，所謂「取之有道」，並不有損其廉介

之人格。是歲為光緒二十九年，先生年二十四歲。由此，足見先生學力之高。按先生年二十時，曾任《嶺南日報》編輯，二十三歲時應鄉試，即所謂秋闈，獲中舉人，其文名因此益盛，故有人請其為刀手。先生對於應考為舉人之事，曾有一段解釋。自傳云：

> 義和團之變後，清廷諸頑固親貴多以此得罪見廢，帝派之言維新者，稍稍復前進之；復以八股取士者，又改為策論。余已絕意於滿洲之祿位，欲為人捉刀，得報酬，為遊學資，時方為廣州《嶺海報》記者，人以其議論縱橫，必不諧於科舉，不願延為替手。余不得已，乃仍自試，遂以一九〇二年舉於鄉。（是年仍以八股試士，余素不樂八股，交遊皆知之。又有頗知余已持排滿宗旨者，見余應試獲售，都不解其故。余曰：無他，為貧而已；余自有其降志辱身之故，余不效康梁以應舉之事，委責於其親也。）一時，始有能文之名，次年秋，余遂得為某氏兄弟捉刀，使俱獲售，得金六千餘，而數年謀留學之志願以遂。

從這一段自傳，可以知道先生鄉試中試在前，為某氏兄弟捉刀在後。他的舉於鄉是在光緒二十八年，其所以應鄉試，是為了要人相信他有捉刀獲售的能力，並非有意於滿清的富貴利祿。先生坦白的說，這是「降志辱身」之事，主要目的是救貧，是為了留學籌經費。但看他中舉以後的不久，即赴日留學，不再進一步的應試，便足證明他所說的完全是事實，不如康梁繼續應會試，熱衷在清室中獲取功名富貴之可比。由此可知康梁完全是偽君子！

光緒二十八年，即壬寅年，西元 1902 年，兩廣總督陶模，對於新知識的吸收，深感有其必要，乃派吳稚暉先生為領隊，率領學生數十人，赴日留學，其學習科目，以法政為主要，也有教育的學科。這數十人中，便有胡先生，此外還有詹憲慈、馮鴻若、周啟鳳等，以一年為期，稱之為速成班。

先生自傳有云：「一九〇三年，余以學師範至日本，入弘文學

院。」此當為廣東派遣留日學生，決定於 1902 年，而實施於 1903
年，先生是學教育科目的。其積年留日的志願，至此始達目的。
這批留日學生，至橫濱登陸，馮自由先生歡迎他們，並且導引他
們住在高野屋旅社。自由先生為活躍於東京一帶的革命黨人，先
生至此，始識自由先生，相與縱談，甚為歡洽，自此成為志同道
合的密友。

　　時梁任公已在日本，辦理《新民叢報》，在國內擁有廣大的讀
者，頗有影響力。先生雖素鄙康梁之為人，但也是《新民叢報》
的讀者之一。至此，先生向馮自由先生提出《新民叢報》的宗旨
問題。

《新民叢報》自相矛盾

　　先生說：「余讀《新民叢報》多冊，久久莫知梁任公的宗旨所
在；及讀新小說，載梁著〈新中國未來記〉，載有假託李去病問答
辭一則，可知任公宗旨，仍在民族主義，與其師康有為根本不同。」
馮自由回答說：「任公雖假託小說中人物，宣洩其政見，然既稱為
激烈派議論，而聲聲歌頌光緒聖明（亦假託李去病語），可謂自相
矛盾，吾人不可為其瞞過。」由此，可知一個具有卓越見解的革命
志士，對反對派的意見，隨時注意，而不肯鄙棄其可取之處。故
先生聞馮自由語，為之驚愕不已。

　　在這一階段的梁任公，對保皇與革命，的確甚為矛盾。革命
黨人亦深知其弱點所在，而試拉攏之，任公也頗為所動，很有投
依革命陣營的可能，其交換條件是任革命黨的副領袖。雙方接洽，
頗有進展，事為康有為所聞，立即責以「大義」，而迫使梁任公離
日赴美。梁任公始終站在康有為的戰線，可以說是師生間的道德
觀念使然。後來袁世凱帝制自為，進行國體的改變甚力，梁任公
看到了這一趨勢，立即設法離開北京，途中有〈上袁大總統書〉，
並發表〈異哉所謂國體問題〉的文章，而變為擁護民主制度的出

力人物。梁任公抹不了保皇派的醜惡痕跡，那是受到康有為的牽連，而不能自主。我們也可以說梁任公是投錯了老師。但是同樣的廣東學人，胡先生獨不受康的影響，而傾向革命，其卓然自立而知所抉擇的深思明辨，高出於梁任公不知幾許了。任公自云：「今日之我，不惜與昨日之我而戰」，說者往往詆其自相矛盾，而不知此即求進步的動機，與陶淵明所說的「覺今是而昨非」，正相符合。由此，我們可以理解，一個有識之士，決不可以堅持不妥善的成見，而擇善固執，乃是做人做事所必不可少的原則。惜哉，任公此時，既有今是昨非的覺悟，而不能擇善固執。任公此時如能擇善固執，毅然擺脫康有為的羈絆，雖蒙叛師之名，對其此後聲響及其對國家的貢獻，當不致僅限於此。梁任公為康有為的得意弟子、康黨的有力人物，既知救中國必須革命，而不能說服康有為棄暗投明，厚積革命力量，是亦革命進展中的一個大損失了。

　　先生在日，肄業於弘文學院師範速成科，其志當不在僅僅學習師範而已。但是，好景不常，是年五月，清政府忽然下令，停止派遣留日學生，已在日本的也迫令棄學返國。這一個突然的轉變，是由於粵人梁鼎芬的影響。梁鼎芬是當時著名的守舊分子，對新知識雖略有認識，但偏於保守，對張之洞「中學為體，西學為用」之說，深表贊同，張之洞時任湖廣總督，羅致各方學人甚力，梁亦在其幕中。一般傳說，梁不能人道，故其妻作出牆之紅杏，與江西文廷式有染，文亦為著名學人，而與康黨有關。相傳梁鼎芬居武昌，其妻則與文廷式別居於他處，資斧告竭，則向梁鼎芬索取。其妻見梁，則似客人之求見，梁亦以客禮待之。妻告以來意，梁授款後，端茶相送，常以「太太請」為辭，妻亦以「老爺請」為答，一場喜劇，即告段落，傳聞士林，相率以為笑談。

　　陶模派遣留日學生，特邀請新知識分子吳敬恆、鈕永建策劃，所招學生多為富朝氣之好學青年，其中至少有同情革命分子。這位「太太請」先生，乃慫恿張之洞劾陶模，以招納革命黨誣陶。

清政府一見革命黨三字，大為震怒，乃下此令，累及留日學生了。

其時的駐日公使為頑固的蔡鈞，並不為留日學生留地步，而惟嚴格執行清政府命令。吳稚暉向蔡鈞力爭，無結果。這批廣東留日學生，只好束裝歸國。此據姚漁湘先生的《胡漢民傳》，但與先生自傳，則略有出入，自傳有下列這樣一段：

一九〇三年，余以學師範至日本，入弘文學院。是時清政府稍復使各省興學校。粵總督陶模，招吳稚暉、鈕惕生、董懋堂、陸士偉等至粵，使為計劃一切，從其布置。粵人梁鼎芬乃嗾張之洞劾陶模，謂陶招納革命黨。其實祇吳、鈕有志革新耳。

余時獨與吳、鈕訂交，尤喜吳之議論。吳、鈕自日本至粵，方慫恿東京高等師範校長嘉納氏為中國人組速成師範班。余苦求不得革命方略，則以為從教育著手，使學界丕變，為達到目的之唯一法門，更因吳之贊同，送往東京，入同文學校。其年，余已娶婦（按即陳淑子女士），婦小產，未旬日，余即東渡入校。

三月餘，以校中所授課，殊不足副所期望。間與日本所謂在野民黨領袖數人談，亦無所得。由粵偕行之同學，思想平庸，亦無可與言者。時黃興、楊度，俱在校中，楊以勤學稱，黃未嘗有所表見。留學生全體多不滿於清廷之政治，儼然以未來之主人翁自居；然思想無系統，行動無組織，保皇黨之餘波，立憲派之濫觴，亦參雜其間。吳稚暉於留學生總會演說，亦僅能痛詆西太后之言論而已。

留日會館則懸有留學士官之謀武漢革命，為張之洞所殺者四人照片，然未有敢公然評論其事實之經過者，余時意志鬱鬱。未幾，吳稚暉等以保送私費陸軍學生事，鬧於公使館，公使為蔡鈞，人極糊塗，呼日本警察自衛。日本使警察速送吳出境，吳自投於河，為擁救，不得死。

余遂率同學反對清公使，反對日政府，提出條件於日本教育當局，以退學為要求，日本稍緩和其事，而教育當局更誘脅諸言罷學者。余本為廣東同學之領袖，退學之議，又經開會決定。顧同學多畏禍，則中變而私為悔覺書上於學校。余益憤，遂單獨提出退學書，逕歸國，從之者數人而已。

從這一段記載中，我們應注意下列諸事：其一，先生在留學日本之前已經結婚，從其妻小產後十日東渡一點來看，先生成婚，當在其考中舉人之後。

其二，張之洞劾陶模，尚未構成廣東留日學生遣返回國之惡果，而吳稚暉與駐日公使蔡鈞之衝突，並非為遣返廣東留學生回國，而是為了保送私費留學習軍事之學生一事，受阻於蔡鈞之故，此點與姚漁湘先生的《胡漢民先生傳》不合，當以先生的自傳為可靠。

其三，廣東留日學生之集體退學，是為了援助吳稚暉的被逐，而並非出自清駐日公使的壓迫，此亦與姚所寫不合。

其四，清公使請日本警察保護，乃有日警驅吳之事，此本為中國人自己的事情，蔡鈞此舉，有損國格，以胡先生為首的廣東學生反對日本，反對清公使，是為了爭國格，援吳之目的，尚在其次。

其五，先生在日，雖短短數月，但苦讀之外，兼廣交遊，其對日本民主人士的不滿，對留日學生空言救國，而無方案、無組織，皆表不滿。

其六，先生在日，對這一時期的黃興無褒詞，此或為黃在國內，飽受摧殘，至日後暫時深藏不露，以觀其後，故先生獨與吳稚暉、鈕惕生諸先生交厚。

其七，先生對廣東同學之中途變節，甚為憤慨，但是他是注重言行一貫的，所以他單獨退學，這是胡先生耿介的性格，雖無

一人相從，但還是要退學返國的。他的退學返國，是出於自己的志願，而不是受清公使的壓迫。

返國任教不忘革命

先生返國後，有人以革命嫌疑，向粵督陶模告密，陶置之不理。陶時正患病，但處理此一案的精神，必可有餘，其置而不問，足證陶督對胡先生頗有愛才之意，不肯輕信謠言，入胡於罪。時廣西梧州中學的監督沈雁譚，聘請先生為總教習，兼主師範講習所。先生對留日求學，雖告失敗，但對革命應從教育著手的宗旨，反可藉此實施，亦一快事。先生在校，主講修身與國文，以其深邃的學識、辯給的口才、新穎的知識，向學生講學，不久，即得全校師生的愛戴，翕然風從，初步目的，順利達到。於是利用暇時，與學生們談論時事，使熱心青年，了解了清政不綱與國家危機，無不義憤填膺，言詞激烈。

先生反溫慰之，謂：「現時官吏耳目眾多，文網周密，吾等議論時事，祇能宣之於口，萬不可形諸筆墨，致授人以柄。」由此，可知先生愛惜青年，不願他們蹈入險境，反而有害於革命宣傳的發展。其慎言謹行，在革命形勢未達成熟時期，不逞一時的意氣，是何等沉著的胸襟！時廣西梧州傳經書院改為師範傳習所，聘先生兼任所長。

至此，先生教育青年，益為振奮，每日授課達八、九小時之多，其責任心表現到了最高點，先生更樂而忘倦。仍於課餘講演民族革命之要義，梧州學風，為之丕變。梧州志士，相率與先生交，為廣西的革命運動，奠立了新的基礎。其中黃用甫、陸榮廷等，為先生在這一段時期的密友。

先生在梧州任教時，有兩件足以表現先生革命風格的故事。一件是有關對梧州知府程道源官僚作風之反對，一件是對英人侮辱華人的抗爭。程道源是一個官僚架子十足的腐敗頑固官吏。其

時的知府，兼有管學的責任，故不時到梧州中學來巡視。但他每次到學校時，一定要求學校大開中門，開道呼喝，而且還要學校負責人迎接。他這種肉麻當有趣的做作，不但為滿腦子新思想的胡先生所深惡；即學校當局，也因為他不時的到學校，學校不時的遭受騷擾，而深感不滿。

沈雁譚監督（相當於後日的校長）為了抵制他，特將清帝所頒的「興學上諭」貼在中門，程始不敢要求開啟中門，但心中對沈雁譚監督十分不滿。時梧州的頑固紳士，有向程道源建議解散梧州中學與師範傳習所者，程認為此為最好的報復機會，乃誣梧中與梧師以「提倡革命詆毀孔孟不敬之論」之罪，向兩廣學務處指控先生。兩校學生聞之，憤慨萬端，舉代表數十人赴廣州，控程「玩視新政、蹂躪教育」。

程道源聞之，益為羞憤，乃一面向學務處誣指學生為革命黨，請殺數人，以平風潮；另一方面，聯絡舊日傳經書院的教習多人及官紳合辦之警察，於學務處聯名控告胡先生。傳經書院的舊教習以書院改為師範傳習所而失憑藉，故唧恨胡先生。警察訓練所則以被學生指為失職，故亦易被煽動。其誣告胡先生的公文中，有云：「胡衍鴻隨時演說，無非革命之莠言，以聖經賢傳為陳言，以自由平等為時務」；「傳經書院向懸聖祖仁皇帝之御墨，該員則率爾毀棄之，其大逆不道如此」；「歲時令節；容許學生被洋衣（按當為學生的制服）以揖孔孟」；「又使其妻若妹，與某總理之十餘齡少女，偕學生隨班聽講」；「廢跪拜之禮，漸男女之防，敗俗傷風，莫此為甚」。

後幾項罪名，都足以見程道源等之冬烘與頑固，但前數項，在清政府看來，真是犯了大逆不道之罪，有殺頭的危險。由此，可知程等對先生懷恨之深，必欲置之死地而後快。實際上，先生雖時作民族革命的演說，但皆以言辭為之，抓不到證據，胡先生至此，乃憤而辭職返粵；而學生代表則向學務處爭持甚力，理直

而氣壯，學務處殊無理由足以難之。學生代表更提出必去程道源，始允復課。

　　時岑春煊任兩廣總督，岑方以新學號召，故不滿程道源之所為；但學務處亦無免除程道源職務之權，在此兩艱難間，只好央求學生代表，請胡先生復職，以了風潮。但胡先生以官立學校掣肘殊多，不願再返梧州；學生亦不願重返學校，相率退學。故程道源對付胡先生的陰謀詭計，對胡先生毫無損害，而他自己反而弄得灰頭土臉，無顏見人。當學生堅決請願時，兩廣學務處張鳴岐派員至梧州察看，並調閱課卷，知程道源所控不實，報於岑春煊，岑乃下令記程道源大過一次，學校照常辦理，人心為之大快。

　　有英人名侯得岸者，以探礦至梧，不知道為什麼事故，侮辱了梧州中協的衛兵。自庚子之役以後，中朝人士大夫已不敢再對外人抗爭，地方官吏更視為鬼祟蛇蝎，雖受屈辱，連大氣都不敢哼一聲，梧州中協當不例外。

　　事聞於梧州中學的學生，群情憤激，以書面向英國駐梧州領事交涉，必使侯得岸道歉謝罪，始肯罷休。知府程道源聞之，大驚失色，深恐學生滋事，影響他的前程。但是學生抗爭如故，絕對不退讓。英領事察知侯得岸確有不是之處，乃令道歉謝罪。

　　學生們誓為國家爭榮譽，當然是胡先生平日教誨的功效了。自傳云：「其後辛亥之役，廣西從事革命者，皆余之學徒也」，由此，可知先生在梧州工作，為時雖暫，而收穫良多，革命應從教育著手，實為不易之南針。歷觀革命志士之行動，始皆從教育開始，然未有如先生對理論先作認識者，其見解之卓越，大率類此。

　　先生不肯再回梧州之另一原因，乃為沈雁潭之調任桂林高等學堂監督，新任監督，未必如沈之推誠相與，兼欲在廣東方面私立學校一試，當時認為私立學校未必如官立學校之事事遭冬烘官吏干涉。但小試以後，醒悟此項理想，未必盡然；因私立學校常受地方紳耆之干涉，其困擾正與官立學校等。先生返粵後，曾受

聘為香山隆都私立中學校長，其工作精神，一如梧州。

在職未一月，學生們毀校內的文昌帝君偶像，引起地方紳士之不滿，群至學校，譁然責難。先生至此，知私立學校，亦非理想的工作地區，因而重返廣州。其時報紙之發行漸多，深為大眾所注意，此為知識分子關心時事之趨勢，藉此向廣大群眾，作喚醒之宣傳，當與開通風氣，鼓勵革命，有重大之裨益。

時其兄衍鶚，已任《嶺海報》編輯，先生乃協助之。先生素重女權，使女子受教育、事革命，早已有所表現。廣州有張竹君女士者，從事於醫護工作，力主提倡女權，有革命意志，故先生善之。時廣州另有一家《羊城日報》，主反對女權，其記者莫任衡，且以駁女權論為題，提出反女權之主張，先生惡之。於是特別往訪《亞洲日報》主筆謝英伯，相約擁護女權，向《羊城日報》開筆戰。兩報文章，詞鋒銳利，理直氣壯，博得讀者之認同，為嶺南風氣開一新紀元。

時隆都中學，復聘先生返任校長，先生乃重理舊業。時在光緒三十年前，先生年二十四、五歲，先生經數度工作的經歷，深知學識不足，鼓勵風氣有餘，為國家作更大之服務則不足，故再度深造之意志，日漸堅決，故重任隆都中學校長不久，得到再度赴日的機會，於是重赴東瀛，再度留學生涯，對先生後來的革命工作，影響更大。

重赴日本專攻法政，主編《民報》

先生之重赴日本求學，時受兩廣總督岑春煊的影響。岑在此時，派遣學生留學日本，就彼邦攻習法政。先生應派前往，入日本法政大學法政速成班，這是一個二年為期的班次。時為光緒三十年，先生年二十六歲。同時赴日者，有汪精衛、朱大符、全章、陳融、葉夏聲等數十人，都是後來的革命健將。在此以前，先生與汪精衛似未相識。

　　翌年為乙未年，即光緒三十一年，國父由歐洲經美至日，與留日革命志士研商發起中國革命同盟會，立即獲得留日革命志士的同情和支持，同盟會即告成立。先生立即加入，先生與國父之相識，蓋在此時，並且立即獲得國父的賞識，故先生在同盟會中，擔任極其重要的書記長職務，各會員加盟的誓書，都由先生掌管。

　　同盟會即創辦《民報》，作為宣揚革命理論、號召革命運動的機關刊物，由先生擔任編輯主任，是年十月二十一日首期問世，其中署有漢民筆名的作品，即係先生的手筆，自此漢民一名，逐漸成為知識分子大家欽慕的人物，其原名衍鴻，反逐漸生疏而不為人所知了。時保皇黨在東京，編有《新民叢報》，在知識分子中擁有相當廣大的讀者。

　　《新民叢報》是由梁任公主編的，梁在《新民叢報》中，常以新民氏為筆名，發表作品甚多，其所謂新民主義，實際上是推銷他的改革主義，而以恢復光緒帝的自由和地位，為其中心的主張。革命同志對此，深惡痛絕。先生遂以犀利的文筆，高超的見解，與《新民叢報》展開劇烈的筆戰，東京的改革主義與保皇運動，突然為之黯色，故先生對當時革命風氣之創導，厥功至偉，革命黨人之聲勢，亦因此而大振。《民報》亦成為東京及國內知識分子先睹為快的主要刊物，迄今仍有其極大的價值，而為研究革命主義與當時革命運動的最重要的參考文獻。

　　先生在東京留學界的聲名之盛，始於康等所發起的戊戌庚子諸烈士追悼會上的演說。這個會的發起，康梁本藉彼等的死難烈士來吸收保皇會員與立憲會員。胡先生受革命黨之推，前往演說，慷慨陳詞，歷三小時之久，列舉康梁保皇黨之歷史為謬誤之處，侃侃而談，語驚四座，與會千人，自始至終，肅然靜聽，全堂鼓掌稱善者多次，先生不得不俟掌聲靜止後，始行繼續。先生在演說中，曾舉出康在廣東時所作的不道德事數則，皆為外間所不知者，故與會人士對先生的演說，格外感到興趣。康之私人失德事

件，都是梁啟超在與革命黨接洽投誠時所語於先生者，故皆為信而有徵之事。先生最後的結論，指出「不革命者，不宜利用死人而欺騙生人，此種追悼之意義，為吾等絕對反對。」聽眾更報以熱烈掌聲。

所以此次追悼會，康梁輩弄得灰頭土臉，不但沒有結果，反使東京留學界，更不齒康梁的為人，得到惡劣的影響，《民報》對《新民叢報》的辯駁文章，先生曾列舉十二綱領，其內容如下：

一、《民報》主共和，《新民叢報》主專制。

二、《民報》望國民以民權立憲，《新民叢報》望政府以開明專制。

三、《民報》以政府惡劣，故望國民之革命；《新民叢報》以國民惡劣，故望政府以專制。

四、《民報》望國民以民權立憲，故鼓吹教育與革命，以達其目的；《新民叢報》望政府以開明專制，不知如何方符其願望？

五、《民報》主張政治革命，同時主張種族革命；《新民叢報》主張政府開明專制，同時主張政府革命。

六、《民報》以為國民革命，自顛覆專制而觀，則為政治革命，自驅除異族而觀，則為種族革命；《新民叢報》以為種族革命與政治革命，不能相容。

七、《民報》以為政治革命，必須實力；《新民叢報》以為政治革命，只須要求。

八、《民報》以為革命事業，專主實力，不取要求；《新民叢報》以為要求不遂，繼以懲警。

九、《新民叢報》以為懲警之法，在不納租與暗殺；《民報》以為不納租與暗殺，不過革命實力之一端，革命須有全副事業。

十、《新民叢報》詆毀革命，而鼓吹虛無黨；《民報》以為

凡虛無黨以革命為宗旨，非僅以刺客為事。

十一、《民報》以為革命所以求共和，《新民叢報》以為革命反以得專制。

十二、《民報》鑑於世界前途，知社會問題，必須解決，故提倡社會主義；《新民叢報》以為社會主義，不過煽動乞丐流民之具。」（見《民報》第三期號外）

革命黨與保皇黨的筆戰，經胡先生把雙方辯論的主題，列成比較的對照，讀者對兩黨主張的異同與是非，得到簡單扼要的了解，在革命主義的宣揚方面，自有其極重要的貢獻。

籌劃邊區革命與主編《中興日報》撻伐保皇黨《總匯報》

國父留日年餘，至丁未年即光緒三十三年，日本政府受清廷的慫恿，不許國父在東京居留，南走南洋，先生亦捨東京的學業與編務，隨國父南行。國父先至新加坡，次至西貢與河內，旨在南洋一帶推行革命運動，號召革命同志和呼籲捐獻經費，從事於實際的革命起義，先生則為國父最得力的助手。是年四月的黃岡起義和九月的汕尾起義，都是先生受國父之命，在香港設置革命軍事機關所策劃鼓動而發生的。不幸兩次起義，都告失敗，於是先生復與國父會合，同在河內，策劃邊境的起義。

諸如欽廉起義、鎮南關起義、河口起義等，都是國父親自指揮，而由先生襄贊進行的。先生是一個文弱書生，健康本不甚佳；但上馬殺賊，躬冒槍砲之險，則與軍事家同其勇敢，毫無遜色。

如鎮南關之役，先生隨侍國父，同上前線，時已病甚，但堅守已克的據點，與敵軍作殊死的戰鬥，直至最後一分鐘，其革命精神，誠有足多者。南邊三役的起義，都是以河內為準備與指揮的中心，法人對中國邊疆的革命起義與國父的關係，逐漸警覺，乃驅逐國父出境，國父不能不離河內而去南洋，先生受命留守河內，從容部署同志的撤退與分散，有條有理，革命的損失得減至

最低限度，足以說明先生處理善後事宜的長才，國父之器重先生，始終如一，殆即為此。

先生在河內料理諸事完竣，則潛至香港，復回新加坡，與國父會合，時已戊申年，即光緒三十四年。先生重至星洲，則主編《中興日報》，繼續宣揚革命大業與號召同志，為此奔走於南洋各埠，如麻六甲、麻坡、大霹靂、壩羅、芙蓉、太平、比勝、庇能（即檳榔嶼）、日里、緬甸，都有他們的足跡，並隨國父至暹京曼谷。

在曼谷時，國父他們住在中華會館。這所會館，後來因為革命經費的需要，經由僑界鉅子、革命先進蕭佛成先生等變賣現款，以濟急需。這個地方後來經由僑務委員會委員長毛松年先生在泰工作時購回，重行整理修建，仍然使用原來的名稱。國父在泰時間，並不太久，仍由胡先生等侍返星洲。

胡先生主持《中興日報》期間，保皇黨在星洲及南洋各埠，也很活躍，辦有《總匯報》，作為其宣傳保皇主義的喉舌，其主幹為保皇黨健將徐勤等，康有為在那個時候，似乎居住檳榔嶼，遙為指揮。《中興日報》在胡先生主持之下，曾以全體主人名義〈致《總匯報》大主筆天山書〉，向保皇黨挑戰，這是一封具有擊潰保皇黨言論的效果之傑作，值得我們特別介紹，書云：

天山足下：近閱大著，……僕等不才，……惟與足下討論憲政之科學則不敢，與足下論立憲之能否實行於清廷，則無不敢也。……

或謂足下所希望者，是中國立憲，非滿清立憲。然足下初五日（按係戊申年正月初五日）之賀年所云，則謂「上下聯絡，成為一完全之立憲國」；新年快語所云，則為「祖國忽傳來的確消息，立憲之大局已定」，凡此皆是希望滿清立憲，並非希望中國革命後之民主立憲也。

若希望中國立憲，則謂成一完全立憲國可矣，何必言上下

聯繫？今革命尚未成功，何故云「祖國傳來的確消息，立憲之大局已定」？此足下之所希望者，是滿清君主立憲，而非革命後之民主立憲，雖有祝鱓，無以辯矣！

又初十日足下所著〈葡王被害慨言〉，謂「佈行刺之舉，實由葡君設立獨裁官有以致之。」蓋足下之意，若曰：「君主立憲，原無害也。葡王此舉，緣不遵憲法所規定，故有此弊云爾。」若然，則足下心醉君主立憲，蓄之已久。……或又謂足下宗旨未嘗變，緣所處地位特殊，不得不降心相從，變其生平之宗旨以就之。然此游移無定之性質，朝秦暮楚，乃趨利小人所為，高明如足下，豈肯出此？……

足下所賀者，謂吾人所當為他日可賀者何在？曰：「在速去政治之腐敗，速去害民之酷吏，速成有責任之政府，速養就有責任之國民。」以上諸條，在僕等謂必種族政治革命並行，顛覆滿政府，再建新政府，然後政治之腐敗可去，害民之酷吏可除，有責任之政府可速成，有責任之國民可養就。斷非補苴罅漏，依賴此今日言預備，明日言實行，以立憲二字為口頭禪之清政府所能致也。乃足下謂庶幾政治修明，上下相聯，成為一完全之立憲國，僕等不知足下之果何所見，而謂遽能收此莫大之效果也？豈以為滿人果真立憲，則吾漢人能享立憲幸福，故謂此為確實可賀之紀念日乎？……

足下所快者，曰：「忽聞祖國傳來的確消息，立憲之大局已定，上下議院已經成立，各地自治會有成效，外而督撫，內而司員，皆由民選任，國家氣象一新」云云，以此云快，希望滿廷立憲者，不誠大快哉！獨惜滿君主偏不體貼人事，下兩道諭旨，而使希望者快極而哀也！……

至近日葡王被戕事，揣足下之意，似謂立憲君主，不應當此禍者；非緣君主立憲之咎，乃葡王設立獨裁官有以激之

之咎。……惟在僕等觀之，則謂葡王之死，是原因死於無政府黨之革命急激風潮，而非死於獨裁官也。即緣設立獨裁官有以激之，然此原因亦附屬原因，而非主要原因也。蓋十九世紀為政治革命時代，而二十世紀為社會革命時代。處政治革命時代，故實行君主立憲，亦可堵其潮流；處社會革命時代，政府猶將不容其存在，而何有於其君主？此二十世紀之末，君主將必絕迹於天壤，可預定也。乃葡王不幸，適先遇其鋒耳！……（戊申年一月十六日至十七日新加坡《中興日報》）

這是一篇《中興日報》抓住《總匯報》兩篇雜感文中的漏洞，予以迎頭痛擊，詞嚴義正，《總匯報》無言可答。但是《總匯報》仍然對其君主立憲不甘心放棄，仍以「立憲為今日救國之惟一手段」為題，發表其主張，復遭《中興日報》的痛予抨擊，致文未刊畢而停止。對這個問題的筆戰，《中興日報》全部奏凱，《總匯報》與保皇黨在南洋，因此一蹶不振。在這一場連續的筆戰中，國父有時候也發表著作，其南洋小學生筆名的文章，便是國父的作品。

出師北伐光復廣州

國父將離南洋時，指示革命同志在檳榔嶼集會，籌劃廣州起義，並指示在香港組織同盟會南方支部，負責起義的執行。關於檳城會議，作者在黃興、趙聲兩先生的傳略中，已介紹其經過，此不贅述。同盟會南方支部的成立，是在己酉年，即宣統元年，胡先生奉命任部長。檳城會議後，南方支部設統籌部，與黃、趙兩先生共負策劃與部署之責。先生首在南洋，與趙先生等分赴各埠，募集經費，集有成數時，即首途至港，實行起義計劃。其經過亦見於黃、趙兩先生傳略。

這是一個整體的革命行動，事成，將由趙先生取道江西北伐，

規復江右；黃先生經由湖南北伐，規復武漢。但以廣州清吏，關防嚴密，致起義日期，屢有變更。及三月三十日，先生偕黎仲實等至廣州，而革命軍已先一日起義失敗，先生等只好退回香港，一面謀善後，一面謀再舉，趙先生以盲腸炎發，自誤醫治時間，以致嘔血而亡，黃先生亦痛心自責，意志消沉。先生內心亦最為痛苦，惟救傷撫亡，鼎力進行，革命意志，堅強如故。但在與黃先生會銜向海外同志報告三二九革命經過與經費支付情況的長函中，我們可以窺知先生精神負擔之重。

辛亥八月十九日（陰曆）武昌首義，不三日而武漢底定，各省響應，清廷為之震動，不得不起用已被罷斥的北洋軍首領袁世凱於洹上，以其所部北洋軍精銳，分組兩軍，由馮國璋、段祺瑞統率南下，直撲陽夏。

黃興先生匆匆北上，潛赴武昌，指揮革命軍，抵抗北洋軍的入侵。先生留居香港，策劃廣東方面之響應事宜。廣東革命同志朱執信、胡毅生，舉義於肇慶，率領民軍，向廣州的西方進迫；鄧鏗與陳炯明亦起義於東江，圍惠州城，與西江民軍，採鉗形攻勢，向廣州的東西兩方迫近。

時廣州將軍鳳山已授首，惟粵督張鳴岐與水師提督李準，仍負隅頑抗，不肯歸降，戰事有一觸即發之勢。廣東諮議局長丘逢甲，素同情於革命軍，廣州革命軍在起義失敗後，受其翼護濟助而得免於難者甚多。

至此，丘氏以免除廣州兵禍，調處於革命軍與張鳴岐之間，卒以張安全離粵為條件解除兵權，而離去，丘氏利用張鳴岐與李準之間的矛盾，說動歸誠革命軍，慫恿李準派代表至港與先生接洽，先生在接見李準代表後，隻身入李準軍營，接受其投降，故廣州未經戰亂而即告光復，丘氏之暗中策動與先生之精明勇敢，實有足多。但革命黨人頗有以李準為三二九起義之劊子手，應斬之以報先烈，因有黃先生對丘先生言詞衝突。丘先生在赴京就參

議員時，黃先生曾對丘先生面加申斥，致使丘先生唧恨南歸，疾發而卒。不知李準不降，廣州必有血戰，光復之期必將延後，廣州必將受極大之戰禍，而北伐粵軍之行程，亦必後延，且亦無法估其延誤之時日，南京之光復對革命大局影響實大。故胡、丘兩氏合作降李準，是一件大功績，我們不可以意氣之爭而小視之。廣州光復後，各界領袖舉行會議，商推都督人選，先生遂被舉為首任廣東都督。接任廣東都督以後的胡先生，一面籌劃安定地方事宜，一面組織部隊，迅速北上，參加北伐。南京光復之役，粵軍姚雨平所部，衝鋒陷陣，出力殊多；繼又循運河路線，北進至窰灣一帶，以攻取徐州為目標，使揚州、鎮江及南京得到安全，都是先生策劃補給之所致。在攻寧之役與北伐之役，粵軍最稱精銳，戰績最著，這是因為這一支部隊是先生從各部隊中選拔出來的精英，火器也最為精良之故，先生對革命誠有心人也。

　　國父返國先生迎之海上，力陳南部計劃，國父非之，故命先生隨輪赴滬，而由陳炯明代理都督的職務。這一經過，足以說明胡先生對國是有他自己意見，但一經國父說明，他即放棄原有主張，隨國父北上了。這是革命黨服從領袖的一種標準的典型，國父對先生的器重之深，當與此有關。

　　廣東光復的經過，先生自傳中，有下列一段記載：

　　　八月十九日，蔡濟民、熊秉坤起義於武昌，……湖南、江西，次第響應。張鳴岐乃通電宣布獨立，以緩和人心，既數日，又取消之。

　　　余急使同志密散傳單，斥張罪狀，一面運動軍隊逐張，而使執信、毅生，潛入內地，起各路民軍，以逼省城。初，三月二十九日之役，張鳴岐隻身走匿李準處。李頗挾功凌之，張不能堪，而懼奪其位，則奏調龍濟光全部到粵。龍為張巡撫廣西時之部將。龍至，則兼為廣東新軍鎮統，位勢在李上，李漸不平，余悉其情，則使人離間之。李自

被刺傷，雖醫愈，然知革命勢力已大，不敢更與結怨，故為陳敬岳求免死，護送但懋辛等回里，中路清鄉之任務，李亦讓之他人。

張更疑其與革命黨人通，遂奪其中路所統三十營，且收虎門要塞大砲撞針，李益不安，然慮革命黨不能容赦之也，乃託其幕友謝義謙至港，微探革命黨意旨。義謙，良牧之叔也。

十五日，良牧偕與來見，余謂：革命黨不報私仇，特為漢族請命耳；清廷大勢已去，李當知之，李果能反正，而盡忠於革命，所謂以功贖罪也。李固識精衛，猶不能信革命黨之行動耶？謝歸報。

十六日，李又使電報員黎鳳墀至港，因韋寶珊求見。……余見黎，即曰：今為李策，祇有兩途：若欲為滿清盡節死，則當與民黨再戰，如其不然，則當從民黨，首鼠兩端，禍且在目前，今但問其決心如何耳，黎謂：李已有決心，若不見棄，請示以條件，將唯公之命是聽！余乃要以：

一、李須親書降表來，同時去滿清旗幟，用青天白日旗幟，通電反正；

二、即逐張鳴岐，且迫龍濟光投降；

三、歡迎民軍；

四、李勢力範圍內之要塞、兵艦、軍隊，皆須交出，由革命政府處分之。

黎如教上省，翌日復來，則李果為書上同盟會南方支部，表示降服，願一一依所開條件執行。

十八日，李以明電來，言：張鳴岐已逐，諮議局開會，已舉公為都督，盼即來省。已而諮議局公電及省中同志陳景華鄧慕韓等電皆到，且言蔣尊簋（伯器）為副都督，於余未到省時，暫由蔣代。……其時在港同志尚有勸余不即上

省者，以為李固新降，龍濟光尤叵測，新軍在省只有兩營，
且執信毅生尚未到省，手無一兵，不如且待。

余曰：不然！此時革命空氣，已籠罩全國，廣東屢起義師，
且在鳳山被殺之後，官僚尤為喪膽；吾人所恃，不僅在兵，
若稍涉猶豫，適以示弱；況此時事機，頃刻變化，我輩為
革命黨人，萬無持重求全之理，我意必速行……余等抵省，
果見省河兵，悉已懸青天白日旗，同行者皆歡呼：中國人
真見天日矣！登陸，李以所部迎余，即步行至省諮議局，
受各界之歡迎，伯器即日交代。

這是胡先生親歷之事，當為廣東光復之信史。由此可知李準
之投降革命軍，係向胡先生直接接洽。但胡先生有「使人離間之」
的話，此人呼之欲出，蓋即倉海先生（丘逢甲）也，證以倉海先
生年譜，則謂廣州光復，丘氏調處之力為多。由此可知丘氏先促
成為張鳴岐之獨立。據胡先生自傳，諮議局宣布獨立後，曾舉張
為廣東都督，輿論大譁，主張必舉革命黨人為都督。由此，可以
理解，張初有戀棧之意，經此反對，再開會，則舉胡氏為都督了。
在再開會之期間，必有為之折衝者，丘氏之努力，或就在這一段
期間。

先生既至穗城，官吏俱皆遁去，廣州已成無政府狀態。先生
之首要任務，乃在組織政府，行使治權。於是首先任命陳景華為
民政部長，囑其指揮警察，安定省城的秩序。次任李郁堂為財政
部長，令其接收藩庫，使新政府之財源，得以穩定。

至陸軍部與參謀部長，則在新軍反正時所公推者，先生悉仍
其舊，以求安定。部署初定，乃發安民布告，並以新政府之成立，
通告國內及有關的外國領事官員。其時最感困難者，乃在於財政，
藩庫存銀僅萬餘兩。廣東為財富充裕地區，而存款竟如此之少，
則以張鳴岐在臨行之前，發龍濟光部雙餉，以收買軍心；餘則席
捲而遁走，戔戔之數，僅為其捲走之殘餘。

張遁走時，並揚言革命政府在廣州，最多只能維持三天，因新軍及旗營立需軍餉二十餘萬兩，新政府必不能在短期間內籌此鉅款，以濟燃眉之急。但先生對此，則胸有成竹，從容應付，卒渡難關。

其實廣州藩庫，尚存有未發行之官錢局銀票一千二百萬，先生乃加蓋軍政府關防，使商會流通於市面，以濟暫時之急。別使人向香港商人籌借四十萬兩，以三個月為償還期間，因此，軍政府不但有鈔券，還有現款。張鳴岐的毒計及捲土重來的夢想，完全被先生所擊破，這一經過，足以說明先生治事的才能。

其時的廣州軍事，確是值得顧慮的大問題。綜合先生的自述，可知革命中堅的新軍一協，由黃士龍統率，勢甚分散，只有一團在省，其中一營且分駐在香山；巡防營軍數甚多，共六十餘營，其中三十營屬中路，向由李準指揮，張鳴岐為奪其權而以其中的二十四營分屬分統二人，但分統皆為李準舊部，李尚有影響力量，其人情急而逐張鳴岐以降革命軍，但其意志並不堅定，仍有隨時反側的可能；龍濟光所部，稱為濟軍，共九營，佐以桂軍三營，實力亦較在省新軍為強；義軍在省人數亦殊不少，但皆烏合之眾，且自以為有光復省城之功，其氣甚驕，無組織，無紀律，為廣州秩序之大患。先生在港時，同志們勸阻其暫不入省，可以說是有相當理由的。先生雖憑革命的勇氣與人心的歸向，輕車入穗，指揮若定，但對當前的情勢，卻也是十分注意和憂慮。他對此的處理，以鞏固新軍和聯絡友軍為著手的中心，並急調西江的胡毅生等部迅速入省城。及胡毅生等到省，形勢始為穩定。所謂聯絡友軍，則以增加對李準之信任為基礎。先生熟知李準自投入革命陣營後，一度被擊受傷，其對軍府所授之職務，辭而不就，而戒備森嚴，此為自卑心理之作祟，但其部隊則曾散走一部分，故其內心時時在防備革命軍的突擊。先生乃輕車簡從，往訪其軍幕。李見胡氏入，始釋去手中所持之雙槍，坦誠對胡表示：「黨人始終不

恕我，連夜謀以水雷攻我舟矣；公來，誰復敢犯此者，我實受之庇；然公豈能終日庇我而不問一切事耶？公請還府，非極危殆，我仍留此聽命耳。」當時，革命黨人確因李準為殘殺三二九起義的革命同志之罪魁，故向其報復之空氣甚為濃厚，李亦因此不安，先生既入李準水師，即在舟次暢眠一宵，以固其心。先生誠有光武帝在蕭王時代對銅馬賊推心置腹的風度。

先生對義軍，有一番整頓訓練的計劃，以劉永福為督辦，而以黨人何克夫佐之。劉在越北曾戰勝法軍，在臺灣曾抵抗日軍，故素有威名，而為民軍所懾服。胡氏實欲藉劉之聲望，而由革命黨人左右之，以達成其整訓的任務。但其時的劉永福，實已老邁，而其自信力則甚強，其所引進人員，且都為落伍分子，何克夫徒有輔佐之名，而無影響之力。胡氏此項計劃，由此而完全失效。胡氏對此，事後頗自責其用人之不當。

胡氏就職粵督後，另外做了兩件事，對當時的革命局勢，都頗有影響。這兩件事：一件是組織北伐軍，一件是光復惠州城。前者有關整個的革命大局，後者則攸關廣東的安定。時北洋軍正攻陽夏而佔領之，武昌危殆；而江浙兩省相繼光復，正組織聯軍，向南京進攻。廣東局勢初定，實際上仍須忠實的革命部隊為之鎮攝；但胡氏認為大局比廣東更為重要，乃組織北伐軍，初欲自將北行，但為同志們力阻而止。於是改由姚雨平率領，而由陸海軍中抽調精銳武器以補充之。

故北伐粵軍的戰鬥力甚強，在攻克南京之役及清江浦前線阻敵南下，都有赫赫的戰功。惠州為東江的重鎮，廣州東方的門戶，惠州一日不克，即廣州一日難安。但惠州是一個堅城，而鎮守惠州的清軍，則為一支頑強而不能適應時勢的清軍，故陳炯明、鄧仲元等久攻不下。廣州底定，李準降而張鳴岐遁，胡氏乃使用心理戰，密商李準，以廣東大局及革命軍之發展情形，以密函通知惠州清將秦炳直，以枯守無益，勸其投降，時鄧仲元已運動洪兆

麟部投降，秦見大勢已去，乃開城迎接革命軍，惠州問題至此解決，使廣東的革命大局，更趨安定。胡氏則撥款十萬，以鼓勵東江的革命軍，並邀陳炯明進省，共商大計。

黃仕龍本為新軍統領，其本部駐於高州，在羊城光復前，黨中派林雲陔至高說降，由部隊應之，黃乃宣告反正，其人頗有膽略，而胸懷不正，其慾望蓋在廣東都督的職位，胡氏對此人的印象，早有比較深刻的認識。在廣州推舉副都督的紳商會議中，胡氏舉陳炯明為副都督，而黨中的穩健派則在副都督下加推黃仕龍為參督，事先並未徵得胡氏同意，故胡氏臨時始知此事，而已不及阻止。

黃仕龍自軍次至廣州，早於陳炯明；乃造作謠言，謂陳炯明將率部進迫廣州。陳炯明入穗時，此項謠言，正在不脛而走。胡氏對此，另有一套推心置腹的辦法，以破除此項謠言。他在陳炯明進省時，立即延見，暢談軍政大計，及陳炯明保薦師旅長一批，胡氏立即同意，並留陳宿於督署，抵足而眠，謠言因而遂止。但在北伐問題的研討時，黃與胡之意見相左；在民軍問題的研討時，黃與陳竟當面衝突。

黃仕龍對出師北伐，加以反對，他的理由是：粵人不能於嚴冬在大江南北作戰，遑論黃河流域？且粵局未大定，多出精銳，一旦根本有變，何以鎮壓？不如先固粵！胡氏不從其議，謂革命在進取，不在保守；斯時漢滿之鬥爭，乃漸變為南北之決戰，若我方形勢頓挫，即粵亦無能割據苟安，況粵正患兵多，內部亦無何等顧慮，至言氣候差別，自當注意防寒，豈能坐待來年解凍，方議出兵！

黃仕龍提出氣候問題，不為無見；但對革命大局，未有深刻的認識，故胡氏不予採納，在以後北伐粵軍作戰成績來看，黃仕龍所見，並無是處。足見他的反對北伐，是在故弄玄虛，表示其自有主張，對書生型的粵督，作內心不服氣的反對而已。陳炯明

對北伐問題，則有與黃仕龍相反的看法。他主張多出軍隊，與姚雨平部相合，別置整個一軍的統帥，陳自願統率北征，意欲為北伐粵軍的最高統帥。

胡氏對此，作表面的贊成，對其置北伐軍統帥一事，則不予贊同，此不僅因姚雨平不願受其節制，且因各省均出軍參戰，都應受最高統帥之調遣，即粵省亦不能遙制。蓋胡氏及其他革命同志如朱執信等，也深恐陳擁重兵於外，在整個的軍事作戰中自作主張，反足債事，故從其請而遣姚雨平先行，陳炯明也只好在不失面子的條件下，不了了之。

由此，可知胡氏在同志間周旋的苦心。陳炯明與黃仕龍就在討論民軍問題上各持己見，互不相下，黃竟以粗鄙語咒陳炯明，遂致拍桌怒罵，既而揮拳動武，時丘逢甲先生亦在座，胡氏乃陰促丘先生為之排解，一場糾紛，雖告平定，但二人從此互避，不相見面。是亦廣東獨立初期的一段祕辛。

黃仕龍這個人雖主新軍，但與革命運動，向無淵源。趙聲先生因故去職時，即由黃繼其任，是否由於黃某之排擠，不得而知，但黃之野心實大，由其此後的行動中，足以證明之。在廣東各界第三次大會中，黃某作統一軍權之建議，鼓其如簧之舌，聳動與會人士之聽聞，妄圖奪取廣東全省的軍事指揮權。

與會人士也有一部分贊成黃某的建議，另一部分人則以三督分權治事為建議，意在作此案的折衷。此一把廣東軍政作三頭馬車式的分割，既有促進糾紛的可能，而對黃某的野心，更有如火上之加油。胡先生對於黃某之陰謀，早已察覺，故竭力反對。其時黃正與龍濟光相勾結，而投宿於廣州總商會，商會中人，亦頗有受其利用者。胡氏對黃仕龍所施之詭計，已作萬全的軍事準備。朱執信已指揮革命軍陸蘭清等所部，在廣州西關一帶戒備，並已約鄧仲元等，如各界會議堅持三督分治之議案，將解散之。因為他在事先有周密的部署，故黃之陰謀，無法得逞。黃仕龍一計不

成，又施二計，則欲聯民軍，以為亂於廣州，胡氏對此，亦有預防。在第三次各界大會之後，竟即召集民軍領袖，舉行會議，黃要求參加，則嚴加拒絕之。

民軍領袖有疑為此乃陳黃間爭權鬥爭，胡率直相言，指黃為反革命叛徒，但以其逆跡尚未昭彰，故尚不能明正典刑；民軍為革命而來，助政府即所以完成革命，無迴旋之餘地。胡氏義正詞嚴的一席話，說服了民軍領袖，嗣後黃對民軍之拉攏，均遭拒絕。廣東在易幟以後，得免一場混亂與犧牲，胡氏籌謀之功實大。自此，胡氏深覺各界會議分子複雜，龍蛇雜處，勢將為廣東安定的隱憂。時各省都在改選省議會機構，胡氏乃利用此一時機，改組各界會議，訂定選舉辦法，為恐不良分子操縱，特訂當選人員之成分，同盟會員佔二十人，婦女代表佔十人，其餘自由競選。選舉結果，同盟會員佔極大多數，廣東內部，因得進一步的安全。

胡氏見解卓越，治事謹嚴，假公濟私的活動及不法之徒的陰謀，皆不能逃過他深銳的觀察力。因此，反動派中傷胡氏，稱之為「暴徒」，胡亦殊不為意，但有一小故事，足以說明胡氏處事之謹慎周密，並不如一般所稱之嚴酷。時陽夏淪陷，武昌告警，鄂督黎元洪因派遣代表三人，至粵求援。胡氏接見之，深覺此三人行動詭異，舉止失常，如隨便翻閱胡之公文等，都不像是代表都督身分的人所應為，試其文字，亦粗劣可厭。乃嚴加監視，密電黎元洪詢問有無派遣代表之事。黎覆電稱無，胡乃以黎電示三代表，將繩之以法。三人稱冤，請再電查詢，並詳具三人之姓名面貌；黎覆電仍稱並無此事。胡氏再以黎電示三人，三人仍矢口稱冤，並詳述黎派遣三人之時地及在旁之人，請胡氏再電查詢。胡氏允之，黎乃猛然記起此事，覆電稱有，謂以檔案因遷移而遺失，故一時無從查考而誤作前覆耳。胡以黎最後之電示三人，並慶其更生，三人稱謝而去。事後，黎專電謝過，並有：人言誣君為暴，以此事之經過言之，君不但不暴，且富有忠厚長者之風。這一事

實，足以說明公私與忠奸不兩立，奸人誣忠為惡，營私者誣公正者為不良，各就其所據的角度，所處的地位，所持的原則，作批評的標準，此不僅為見仁見智的問題而已，自古忠奸不兩立，正邪不並存，胡氏之受謗，僅為一例而已。

奉命北行襄贊艱鉅

武昌首義時，國父正在美國，由西岸而東岸，所至激勵僑胞，捐募經費，以充國內革命起義之需。及聞武漢起義成功，乃轉道歐洲，與英法等國折衝，在外交上取得西歐國家的同情，乃轉棹東歸，道出香港，獨招胡先生登輪，商議國家的大政方針，時南北兩方，正在上海英租界舉行和議談判，胡先生主張革命黨應專致力於南方的安定與厚植革命勢力，組訓軍隊，以與北洋軍作一決戰。

他的立論中心，認為袁世凱是新式的曹操，北洋軍必為民國之大患，北洋軍不除，袁世凱不去，民國必受其殃；不如乘南方底定的機會，把南方的軍隊組訓起來，對民國的安定，始有把握。國父對胡先生的主張，雖然認為有充分的理由，但對當前的國是，則未見裨益。

國父認為他遠道返國，但不北上，而據兩廣以自成局面，必然使中部的革命同志失望，必然遭受同志的嚴厲批評；其時的中國，已經不能再經戰亂，對付袁世凱的叵測居心，尚有許多可採用的政治方法，此時以先求國家的統一為第一要務。胡先生是國父的忠實信徒，一切主張，向來惟國父之命是從；至此，完全接受國父的意見。

胡氏既受命隨國父至南京而任總統府祕書長，其間緩衝折衷之處，效力殊多，為國父解決了不少的重要問題。據胡氏自述，當國父一行到達上海時，章太炎、宋教仁已先在滬。章且倡言：若舉總統，以功則黃興，以才則宋教仁，以德則汪精衛。黨中同

志對其言論，都詆以為妄，但亦有少數人受其蠱惑。以後來的事實來說，黃興為一衝鋒陷陣的軍事家，對政治、法律、經濟的知識，雖不能說一竅不通，但實所知有限。但其謬論，對黎元洪等新軍閥及江浙的立憲黨人如趙鳳昌、張謇、湯化龍等，則不無影響。宋教仁初欲擁章為總統而自為總理，章太炎「鈍初宰相之才」的言論，可以說是互相表裡的一種政治陰謀。及章之言論，愈後而愈荒謬，宋始與分道揚鑣，服從黨的決議。此亦革命軍興以後的政治祕辛，賴胡氏的自述，始得為世人所知。

國父等既至上海，舉行重要幹部會議，參加者除胡氏外，尚有汪精衛、黃興、陳其美、宋教仁、張靜江、馬君武、居正等，商討內閣制與總統制問題。國父不贊成內閣制，據胡氏自傳，國父的理由如下：「內閣制乃平時不使元首當政治之衝，故以總理對國會負責，斷非此非常時代所宜。吾人不能對於惟一置信推舉之人，而復設防制之法度，余不肯徇諸人之意見，自居於神聖贅疣，以誤革命之大計。」張靜江首先發言：「善，先生而外，無第二人，能為此言者，吾等惟有遵先生之意而行耳。」宋教仁鬧得一天星斗的內閣制，至此而得正確的結論。

會議既得結論，宋教仁、馬君武等即入京布置臨時大總統的選舉，胡氏在滬，知道臨時政府成立以後，急需一筆相當數字的開支，乃邀集廣東旅滬的廣、肇、潮、嘉同鄉，籌募軍資七十餘萬，對臨時政府的應急支出，得以應付，厥功實偉。

臨時政府之人事布置，除總統府祕書長與外交、財政諸總長出於國父的主張外，據胡氏所述，黃興之意見為多。同盟會員擔任部長者僅四人，其餘均為同情革命與支持革命的鉅紳顯宦，如張謇之任實業總長、湯壽潛之任交通總長、程德全之任內政總長等是。

教育部總長原擬任章太炎，內務總長原擬任宋教仁，二人均為各省代表拒絕接受，乃代以蔡元培與程德全，外交原擬任伍廷

芳，惟國父欲對外交多負責任，對年高德劭之伍廷芳，指揮上感覺不便，乃改任王寵惠，而以伍為司法總長。黃氏原推張謇或熊希齡任財政總長，國父謂財政不可落入黨外人中，乃任陳錦濤，以其曾為清政府訂定幣制改革辦法，對理財有經驗之故。惟各部次長，則為清一色的同盟會員，這也是黨的決策。

宋氏醉心於西方的內閣制，對中國政治環境的適應，實有扞格難行之病。而汪精衛在抗戰中期，變節投向敵人，訂立〈日汪密約〉，徹底出賣國家陸海空的國防權益與經濟利益，十足的是一個無恥的漢奸。章太炎以書生之見，盱衡當時的人才，無異於癡人說夢；而其革命軍興，革命黨消的謬論，尤足見其毫無政治常識；在東京時且曾破壞革命黨密運軍火至國內的計劃，其舉措更令人莫名其妙。

胡先生與黃興先生在革命運動中，是出生入死，同患共難的生死之交，但對黃氏在臨時政府組織所提的計劃頗不以為然。在他的自傳中，有下列一段話：

> 時戰事未已，中央行政不及於各省，各部亦備員而已；獨克強兼參謀總長，軍事全權，集於一身，雖無內閣之名，實各部之領袖也。克強以三月廿九之役及漢陽督師，聲名洋溢於黨內外。顧性素謹厚，而乏遠大之識；又未嘗治經濟政治之學，驟與立憲派人遇，即歉然自以為不如。還視同黨，尤覺暴烈者之祇堪破壞，難與建設，其為進步歟？抑退步歟？克強不自知也。既引張、湯為收縉紳之望，楊度、湯化龍、林長民等，尤有反革命嫌疑，亦受克強庇護，而克強之政見，亦日以右傾。

在胡氏自傳中，關於黃興先生者，復有二事，其一曰：

> 參議院議員以同盟會佔大多數，顧狃於三權分立之說，好持異議，余常以政府委員出席，輒為言：今為革命非常時期，戡亂未遑，議院不能充分信任政府，而反掣其肘，華

盛頓抗英初期之故事，可以為鑑；即不覆亡，亦無由發展，
非所以代表民意也！定都南京之議，參議院不同意。……
先生召克強至總統府讓之，克強亦以為黨中不應有異議。
先生遂召集院中同志黃復生、李伯申、鄧家彥等，為評定
其得失，則皆唯唯。依參議院法，須政府再交院議，始能
推翻原案，黃等以為請，克強遽曰：政府決不為此委曲之
手續，院議自動的翻案，盡於今日；否則，吾將以憲兵入
院，縛所有同盟會員去。

這兩則記載，有關黃興先生部分，後一則表示黃興先生不了
解《臨時參議院組織法》之尊嚴，一派老粗氣味，前一則表示黃
興先生雖然身居各部總長的領導地位，但其舉薦之人，都受他人
影響，被人利用而不自知；其對南北和議，幾於無條件贊成，而
以「不能動員」和「切腹以謝國人」來對和議作要挾性的壓迫。
革命黨人無地盤、無兵力時，尚對滿清作再接再厲之奮鬥，及首
義成功，擁有重兵，而反不能動員，胡先生對其只能破壞，不能
建設之批評，可謂十分深刻。由胡氏的記載，可知當時革命軍方
面，已有非和不可之勢，這真是局外人所不能了解的真相了。汪
季新（即精衛）之參與和議，並與袁世凱之長子袁克定有所勾結，
世多知者，惟胡氏斡旋於國父之前，非胡氏自述，局外人無法知
道的祕辛了。

關於定都南京之議被推翻而須複議，當時陸軍總長與參議院
之間，已成僵局，但胡氏精研政治法律，知道非經複議，無法推
翻。於是乘國父向明孝陵祭奠的機會，告假勿去，立即以臨時大
總統名義，向參議院提複議案，於是定都南京之議始定。

按當時袁世凱及其黨羽，以北方為北洋軍的根據地所在，而
北京正在其勢力圈內，故對定都南京，始終竭力反對。國父主張
遷都，必欲袁世凱至南京就職，不僅因為當時的北京，已時刻在
東交民巷外國使館界內的砲火威力之下，且欲使袁世凱離開他的

力源地區而至革命氣氛甚為濃厚的南京來執行職務，那是一種非常重要的政略，但是章太炎等不知其意，同盟會員之為參議員者，亦惑於章氏之說，作反對之舉，誠可謂之不識大體。至黃興先生欲率憲兵盡縛同盟會籍之參議員於參議院內，那更是對民主政治之大諷刺。若非胡氏之斡旋，則此一鬧劇，正不知如何了結。胡氏自云：

> 余治總統府文書，大小悉必過目。四方有求見先生，必先見之，忙碌彷彿在粵時。余與先生同寢室，每夜，必以日間所施行重要事件以告。其未遽執行者，必陳其所以，常計事至於達旦。

至章太炎之好發狂謬之論，最大因素，是由於同盟會討論機密要事及重大決策，皆未邀其參加，內心頗為不快，及臨時政府中未得總長地位，意更怏怏，國父特延聘為樞密顧問，但仍不足饜章氏之慾望。又章對建都南京，反對甚力，而仍主建都於北京，亦未能實現，因更覺不滿。在南京舉行追悼陣亡將士會上，章特撰一聯曰：「群盜鼠竊狗偷，死者應難瞑目；此地龍蟠虎踞，古人畢竟虛言。」其內心的憤懣不平，而公然反革命之言論，由此可知了。

胡氏自傳關於定都南京之複議，又云：

> 是日（按即黃興先生與參議員為定都南京問題成僵局之日），適祭明孝陵，遂請先生俱上馬出府，余稱病，不從行，而就府中草文書，交院再議，一面飛騎白先生。迨先生祭陵歸，此事已解決，先生亦不余罪也。

由此，可知胡氏治事，有擔當，有魄力。此事之如此辦理，胡氏採先斬後奏手法，實有擅專之嫌，非得國父極端信任者，不能為此，且亦不敢為此。而國父之不責胡氏擅權，且置而不問，對胡氏斡旋之苦心與負責的精神，實已甚為欣賞了。

胡氏在臨時大總統祕書長任內，做了不少有意義的事，並為

國父解決不少問題，茲舉數則如下：

一、阻止國父親自率軍北伐：粵軍姚雨平部既渡江，國父於半夜謂胡曰：「子留守，余明日渡江擊賊矣。」胡氏力言不可。理由是：「雨平軍精銳，必能破張勳，無須先生自將，而他軍則難以為繼，先生以偏師進，不止乘危，且無異暴吾弱點以示敵。」國父因而中止率師北伐，對大局實有極大的貢獻。

二、拒用非革命分子：張謇是名望很高的江蘇鉅紳，且對革命表示同情，當時代表蘇省議會對臨時大總統表示歡迎，即為張氏。但張氏實非革命黨人，且充滿舊時的政治習氣。臨時政府成立後，張具函推薦其門徒十餘人，意欲任臨時大總統府祕書，胡氏皆拒而不任。張甚恚，在滬詆胡氏為第二總統，汪精衛以此項消息告胡氏，且云：「汝負責，始有此謗；毀之，適以譽之耳」。汪為此言，實以慰胡氏，但胡氏向以至公處事，毀譽在所不計。如在粵時，有以暴徒相稱者，胡亦置之不理，區區第二總統之雅謔，胡氏固毫不在乎！

三、公文處理的受謗：胡氏治文書，對文字，採通俗易曉的原則，力避艱澀古典，蓋已具有公文改革之深意。會國父就職後，將發表〈告北方將士書〉，胡氏以此責任交祕書雷錚，雷所撰稿，艱深而不通俗，乃交任鴻雋重撰，雷聞之，捲舖蓋離去，撰一聯以自嘲，兼刺胡氏，聯曰：「十年革命黨，三日祕書官」，胡氏聞之，一笑而已，由此可知在舊環境中，提倡改革的困難了。

四、安徽都督軍費案：安徽光復後，由孫毓筠任都督，安徽當倪嗣沖所部北洋軍南下之衝，時倪部重兵，已集於皖北合肥一帶，故安徽軍事，異常吃緊，而軍餉奇絀，無以應急，乃派代表至南京，向臨時大總統求援，國父批定的數目是二十萬元，胡氏即向財政部採治。時財政總長陳錦濤在滬籌款，不在南京；而庫中存款，只有銀元十枚，次長無以應，焦急萬分。胡氏乃移用粵軍經費六萬餘元，並在其他款項湊足十萬元。此在胡氏已盡其最

大的努力，而在安徽代表看來，祕書長已剋扣了臨時大總統批定
的數目之半了。

五、粵督問題：胡氏隨國父北上時，粵督由陳炯明代理。廣
東民軍甚眾，對胡氏的聲望及其峻嚴的作風，尚知畏懼，而不敢
為不法之事。及陳炯明繼為廣東都督，民軍領袖之一的石錦泉，
跋扈益甚，陳執而殺之。其他民軍領袖如王和順等，群起謀去陳
炯明，擬議中推國父長兄孫眉為粵督。黃仕龍且偕孫眉至南京，
而粵方舉孫眉為都督的電報，更紛至沓來。黃仕龍之人品，胡氏
知之甚深，然孫眉既為所動，處人骨肉之間，胡氏殊難措詞。幸
國父素知孫眉不堪繼任粵督，親覆各方推舉之電，孫眉怏怏而返。

由此，可知胡氏處事，深有分寸，在國父並無同意兄長督粵
的跡象時，他暫不進言，這並不是他不肯進言，而深知國父大公
無私，必不以兄長之故而輕易更動粵督。

另一則云：

> 當時最大問題，無過議和。議和之目的，在清帝退位。而
> 清室以取得優待為條件，袁世凱則以取得政權為條件。袁
> 一方挾滿族以難民黨，一方則張民黨以迫清廷，時人謂之
> 新式曹操，……優待條件，非民國所宜有，……然此猶於
> 革命之得失，無關宏旨，至舉政權讓之專制之餘孽，軍閥
> 之首領袁世凱其人，則於革命主義為根本矛盾，真所謂鑄
> 六州之鐵，成此大錯矣！
> 先生始終不願妥協，而內外負重要責任之同志，則悉傾向
> 於和議，大抵可分三派之說：其持中國固有之宗法理論思
> 想者，則曰：名不必自我成，功不必自我立，其次亦功成
> 而不居；其持歐西無政府主義者，則曰：權力為天下之罪
> 惡，為政權而延長戰爭，更無可以自恕；其僅識日本倒幕
> 維新而不覺中改良社會主義之毒者，則曰：武裝革命之時
> 期已過，當注全力以爭國會與憲法，即為鞏固共和，實現

民治之正軌。余集諸人意見，以陳於先生，先生於時，亦不能不委曲以從眾議。更就客觀環境而言，則鄂省實已與袁講和，北方得集其兵力以向南京。

南京軍隊，隸編於陸軍部者，號稱十七師，然僅粵、浙兩軍有戰鬥力。粵軍不滿萬人，恃以擊退張勳及北洋第五鎮於徐州。浙軍將領，則素反對克強，不受命令，陸軍部長不能加以裁制。其他各部，乃俱不啻烏合，不能應敵。……軍餉更成嚴重問題。……先生主張屬行徵發，而克強難之；以南京之軍隊，紛無紀律，不能舉軍政時代一切之任務也。軍隊既不堪戰鬥，而欠餉且慮譁變。於是克強益窘，則為書致精衛與余，謂：「和議若不成，自度不能下動員令，惟有剖腹以謝天下。」故精衛極意幹旋於伍廷芳、唐紹儀之間，而余則力挽先生之意於內。余與精衛二人，可云功之首，而又罪之魁！然其內容事實，有迫使不得不然者，則非局外人所能喻矣！

六、與宋教仁關於中央與地方政制的辯論：宋教仁向來主張中央集權，而胡氏則主張地方分權。中央集權，無疑的是由專制政治沿襲而來，此在袁世凱取得政權以後的中國政治，顯然極不適當。宋氏鑑於革命軍武昌首義以後的各省獨立之形勢，而為此說，也不可謂無理由；但其主旨仍迷信約法和內閣制，可以拘束袁世凱的專政，可以說對袁世凱的為人，毫無認識；因此他的中央集權論，有助長袁氏的專政氣勢。胡氏主張地方分權，其主要理由，是「中國地大，而交通不便，滿清末造，惟思以中央集權，挽其頹勢。……而清亦暴亡，則內重外輕，未必皆得……美以十三州聯邦，共和既定，亦無反復；法為集權，而黠者乘之，再三篡奪。我宜何去何從？況中國革命之破壞，未及於首都，持權者腦中惟有千百年專制之歷史，苟其野心無所防制，則共和立被推翻，何望富強？」

　　胡氏認為：「內閣制純恃國會，中國國會本身基礎，猶甚薄弱，一旦受壓迫，將無由抵抗，……國會且然，何有內閣？」當時內外環境，宋氏實已養成一個中心人物，故約法與內閣制，悉如宋氏之意，惟以定都南京及袁世凱在南京宣誓就職，仍本國父之意，但亦被袁世凱破壞無遺，宋氏卒受袁世凱之紿而被刺於上海火車站；其後局勢發展，悉如胡氏所料。政治家對局勢之觀察深刻，所籌辦法之妥善，宋氏與胡氏相較，自有其相距之處。

　　七、法律尊嚴的維護：胡氏在京，對作奸犯科的鼠輩之懲治，悉以嚴法繩之。其時臨時大總統府有庶務長，沈某其人者，在外招搖撞騙，自稱為內務總長，強用民間車馬，而不付代價。胡氏知之，立即拘捕，交江蘇都督莊蘊寬，依法誅戮。其繼任者為另一壞蛋應夔丞，且兼總統府衛隊長，有跋扈事實；胡氏欲誅之，國父以其罪證尚輕，僅允罷斥。其後應且與洪述祖等勾結，為謀殺宋教仁之主兇。倘其時即誅，雖未必可免宋氏之被刺，但必有更多的周折，宋氏或可有更多的避免機會，亦未可知。要之，胡氏持身清廉，處世謹嚴而公正，此等事例，更可見其崇法務實的精神。

　　宋教仁等熱心於同盟會之改組，吸收同情分子，以擴大黨的基礎，以與袁世凱御用的共和黨相對抗，雖有其不得已的因素，然此後的國民黨分子複雜，對原來的革命建國宗旨，逐漸脫離，宋氏似有脫離國父的領導之傾向，胡氏對此，頗不謂然。對於當時袁世凱獲參議院的同意，有些阿附革命的騎牆人士甚或即同盟會人士，竟有頌之為中國的華盛頓者，胡氏更深惡之。

　　改組後之國民黨，完全採取公開，而悉罷舊時祕密活動的傳統，胡氏亦深以為不然。在國民黨改組時，一派對國父不利的空氣，如認為國父已為國家的領袖，不宜兼任黨的領袖之議論，竟在會中出現，胡氏更力斥其非，譏為無知，但是這種空氣的消除，胡氏竟有孤掌難鳴之嘆，不得不默然而退。其時的黨中人士，頗

有擬推汪精衛為總理者，汪堅決不受。此後的國民黨，雖然仍推選國父為總理，國父始終不允就職，而宋則自任為祕書長一類的職務，隱握國民黨的大權，胡氏亦深不以為然。黨內的局勢發展如此，胡氏乃興留學外國之意。胡氏自傳有云：

> 第一次內閣，以唐紹儀為總理，兼得南北之同意。民黨側身閣員者，教育蔡元培，司法王寵惠，農林宋教仁，工商陳其美，陳以上海軍事，未能就職，使次長王正廷代，蓋亦一混合內閣也。唐紹儀至南京，接收臨時政府，先生欣然受代。諸將以無所隸屬，皆不安，乃更置留守府於南京，以克強為留守，先生謂唐：余不能為同志干祿，然有志留學於外國者，新政府當資遣之。

> 余以告祕書處同僚，則志願留學歐美者過半，余亦側名其中，先生一見，即塗抹余名字，謂國事未定，當留國內相從，而以餘人授唐。余為之爽然若失也。

胡氏自云：「余當時欲出外留學，亦以失望於黨人也。」然胡氏的行動，向惟國父之命是從，國父欲其留國內相從，自然只有犧牲其意志之一途了。

國父與胡氏，在南京生活，都很清苦。國父以民國總統之尊，沒有一間單獨的臥室，而與胡氏共一室而眠，也沒有自用的浴室與廁所，唐紹儀留京兩日，知其情形，亦以為生活設備，過於簡陋；同志如黃興先生等亦以為言，國父不顧，胡氏亦未為國父另謀較為舒適的住所。胡氏以總統府祕書長之尊，月支薪水僅銀元三十枚，視書記官而低。

按其時以各部總長，月支薪水概為銀元二百枚，而胡氏自訂薪給的標準，乃低至連書記官而不如，他是看到國庫的艱窘，不忍為個人生活所需以外的利益打算，其刻苦自己以激濁揚清的精神，自有其可佩之處與深遠之意。但此種風氣的提倡，在當時所發生的作用，似不很大。我們試看胡氏下列的兩段記載：

山東以孫寶琦之僞獨立，各屬仍多樹義旗者。南京使海軍
護送閩滬北伐之師，從煙臺登陸，聲勢頗壯。顧克強推荐
胡瑛為山東都督，節制陸海軍。胡本不能任大事，自湖北
出獄後，娶兩妻，復吸食鴉片，日學舊官僚之聲音笑貌，
以自異於人。唐少川至南京，言胡有嗜好，使山東士民失
望。於是袁世凱以其私人周自齊督山東，謂周故山東籍也。
余以中山先生平時的精神，訂定南京總統府薪俸至薄，自
祕書長以至錄事，每人月領三十元，宿食則由政府給辦，
亦一律平等。滿清官僚氣習，掃蕩無遺。

財政部亦在總統府內，陳錦濤不能堪，至謂余曰：余為部
長，不如前清司員之華貴多矣。……時各省軍人往來蘇滬
者，頗縱情聲色，以為英雄本色。當時剪髮易服，而社會
漸趨奢侈，政客之獵官熱亦騄盛。故精衛與吳、蔡、李諸
人，思力矯之。進德會、六不會，悉由此起。

　由上述記載，可知在革命時期努力於革命運動者，其對革命
建國的宗旨，能有十分了解而躬行實踐者，固不乏人；而一般熱
心於政治運動者，妄以革命為獵取高官之捷徑，也大有人在。如
上述的胡瑛，本是湖北革命領袖之一，同志們對他的期望甚切；
武昌首義以前，胡雖身在獄中，但革命同志如欲有所行動，常至
獄中聽取其意見，其受同志的尊重如此。但在出獄以後，所作所
為，一派腐敗官僚習氣，可知此人以前的革命，並非對革命主義
有所認識，而是一個假革命者。胡瑛所娶，在法律上本無地位，
胡且應受重婚的制裁。其時的司法，尚有其尊嚴地位，故胡因重
婚而受刑事處分，袁世凱以臨時大總統的名義，頒行特赦，免除
其刑。胡瑛自此德袁世凱甚深，在袁世凱的帝制運動中，且列名
於籌安會的「六君子」之中，其自甘墮落而為革命的罪人，可為
革命同志持節不堅者的炯戒。而黃興先生以個人的關係，推薦他
做山東都督，致授袁世凱以「山東士民失望」的藉口，而另派都

督，使黃興先生對知人之明方面，受著極大的玷污。

作者在民國十六年的夏天，曾於某一場合，聽到胡漢民的演講。其人身材瘦長，操標準國語甚流利，詞鋒之銳，在黨國要人中甚少其例，胡氏對民初軍事北伐、政治南征的那種對革命大業的影響之深，慨乎言之，而猶有餘痛；對袁世凱以「維持現狀」四字來迎合國人望和心切的情緒，以破壞革命建國的理想，尤為切齒。試與上面所舉胡氏自傳中的各段原文參看，可知胡氏不僅忠於國父，而且更忠於國父的思想，而其學識的深邃，尤令人足多，故其對並世諸革命同志的行動，是是非非，常有恰當而一針見血的評論。

追隨國父周遊全國

國父既辭臨時大總統職，乃作周遊全國的壯舉，胡氏亦隨國父同行。他們的行程，是以武漢為第一站，首先與黎元洪晤談。黎元洪過去的種種，如「床下都督」的雅號以及私與陽夏北洋軍言和，使北洋軍得以抽調武裝部隊，集中力量對付南京，以及與狂妄書生章太炎等相結納，意別有圖等等，胡先生已經知道得很多；但此次赴鄂，與黎相晤，則並無成見。

胡氏看到黎元洪穿著粗質的軍服，接見來自南京的貴客，許為「軍人本色」；但與談政治問題，則黎元洪實無見解，對許多當前的大事情，且有茫無所知者。最可怪的，黎元洪曾支持黎宗嶽攻擊安徽都督孫毓筠的一件事，胡氏詢以原因何在？黎竟張目不知所答。這也難怪，黎本出身於舊日科舉時代的秀才，心血來潮，投身海軍，而為陸軍的協統，本是一個胸無成竹而擅於投機取巧的庸碌之人，他被推為都督，並進而為中央大都督、大元帥等職，都靠武昌首義諸革命黨的勳勞，可以說是意外的富貴，對政治、對政局，完全是門外漢；及其地位既高，遂有許多攀龍附鳳的投機政客，依附於其門下，為他出歪主意，共圖獵取非分的富貴，

那裡有什麼見解？有什麼信仰？以視胡氏深邃的學術素養與深刻的問題觀察，何啻霄壤之別！黎對攻擊孫毓筠一事，可能為其幕客的擅作主張，並未徵得其同意者。黎在國父任臨時大總統時已為副總統，及國父讓位於袁世凱，參議院仍選黎為副總統。國父等一行之首遊武漢，與黎相晤，或有勸說黎元洪，以民國為重，不可一味趨附袁世凱。黎之附袁，這是從黎元洪催促參議院早日決定內閣閣員為袁世凱幫腔一事中，可得消息。

先是，國父既辭職讓袁，參議院舉袁世凱以為繼，唐紹儀銜袁命至南京謀組閣，閣員名單，凡陸軍、海軍、內務、交通等，提出的都是袁的私人，足以顯示袁之掌握內閣重心與野心，參議院頗不以為然，擱置十餘日，不予通過。黎元洪則一再電參議院催促，中有：「元洪為組織內閣，淚竭聲嘶，乃言者諄諄，而聽者藐藐」之語，其甘心為袁世凱衝鋒陷陣而與民國為敵之用心，已昭然若揭了。

據說當北洋軍已陷陽夏，袁世凱即派人向黎元洪示以合作之意，黎在新軍的系統中，是協統的地位，故視袁世凱為其最高統帥，袁既假以詞色，黎遂受寵若驚，表示「一切惟宮保之命是聽」，至此黎對袁之忠心，已作實際上的表現。

又據說，袁世凱並設法收買其左右，故黎之一舉一動，實已掌握於袁世凱手中。黎之左右，實無人才，冬烘達於極點的饒漢祥，實典黎之機要，黎之函電，均出其手，其人毫無政治知識，但喜舞文弄墨，講究四六對句，並無實際內容，但有一中心思想，在字裡行間，表示黎是一個被壓迫者，以博得社會對弱者的同情心而已。

國父等一行，在武漢所發現的黨同志的傾向，也頗感失望，舊日的革命同志，不知國家的危機，但爭競於名利場中，以趨附於黎之左右為得計，章太炎固無論矣，即孫武等，也以擁黎為可取富貴之捷徑。袁黎之勾結，與黨同志之變節，使國父等此行，

除增加對武漢形勢之認識外，在政治運動中，可謂毫無收穫，但在群眾中則卻發生良好的反應。

在武漢，國父曾作兩次公開演講，其主旨為闡述三民主義的意義，胡氏記述其大意云：

> 同盟會提倡革命，以三民主義為旗幟。滿洲傾覆，民國成立，民族主義、民權主義，俱有相當之成功，然於民生主義，則初未努力。中國大患，在貧與不均，革命以後，民眾實有莫大之希望，若舍是不圖，惟務少數人之權利，則非革命本旨，而民眾不堪其痛苦，將第二次之革命為其要求，今當變革之際，推行平均地權各種政策，自較平常為易，必由此而後為真正之國利民福。

國父的演說，聽眾甚為感動，報以熱烈的掌聲者多次。但孫武與黎元洪則大不以為然。黎元洪尚不敢直接向國父責難，但私下對胡先生說：「武漢之局，方憂搖動不安，先生奈何言此？」但是原為革命黨武漢「三武」之一的孫武，則竟發傳單，反對國父主張，竟謂：「先生於此時主張民生主義的第二次革命，不啻為武漢間流氓暴動之導火線」，孫武假革命的醜陋面目，至此暴露無遺了。

國父自武漢返回上海，胡氏仍隨行。時上海的《民立報》與《民權報》、《中華民報》，正在開筆戰，這又是一段革命報人之間的互相矛盾的祕辛。《民立報》的主持人為革命報人于右任先生，而《民權報》與《中華民報》的主持人則為

圖 11　孫中山先生赴武漢訪視時，與黎元洪合影。

另兩位革命報人戴季陶先生與鄧家彥先生，《民立報》在辛亥武昌首義的前後，為上海革命黨人的喉舌，革命機關的指揮部所在；武昌首義以後，則為報導革命軍行動的急先鋒、革命軍與各方聯絡的總機關，是標準的革命黨機關報。但在此時，忽然由章士釗擔任編輯。章士釗的文筆，有其可取之處，但對政治則無一定的主張，善於投機與觀望，十足的是一個利祿薰心的政客。故在東京留學時，章太炎要介紹他參加同盟會，他躊躇而有顧慮，但在他留英回國時，則武昌首義成功，滿清已被推翻，民國政府已告成立。章士釗頗悔當初沒有加入同盟會，而當時如再加入，則已落於眾人之後，內心有所不甘，於是為了掩飾其精神上的懊喪，以無黨無派為標榜，以自鳴其清高。現在于右任先生業已逝世，我們已經沒有方法請教他讓章士釗加入《民立報》工作的真正原因，只知道可能和于先生任職交通部次長，無由兼顧《民主報》的原因有關。

　　按照報人的道德和信條，他既在報社工作，報社的立場就是他的立場，報社的主張就是他的主張，個人的主張，絕不能和報社的主張相反。《民立報》是同盟會同志主辦的報紙，一向旗幟鮮明的站在同盟會的立場，為同盟會的主張宣言立論，對滿清政府與北洋軍閥，執行口誅筆伐的原則，為天下所共知共聞。但自章士釗混入《民立報》後，竟然不顧報人應有的立場，以「個人不黨」的中立態度，時發異論，有時候並且對同盟會的政策作公然的批評與指責。國父返滬時，曾作與漢口時的同樣演說，章士釗也撰文表示異見。故戴季陶先生主編的《民權報》、鄧家彥先生主編的《中華民報》，特別撰論申斥，形成筆戰。

　　章士釗這個無恥政客後來投靠北洋軍閥，段祺瑞為臨時執政時，曾擔任其內閣的教育部長；大陸淪陷後，且投依毛澤東。這種人有官就做，有機即投，本來不值得一顧，同盟會同志辭而闢之，是應該的。但是黨中報紙竟然互相攻擊，無論如何是一件痛

心之事。因此，國父在滬，留居不久，即偕廖仲愷等南返廣州，胡先生當然也隨著同去。

返回廣州重任都督

國父之離廣州已久，至此重返，相隔已經十七年了。因此，廣州人民對國父之榮歸，爭欲一睹風采，其歡迎的熱烈，萬人空巷尚不足以形容其盛況。這是民國元年六月間的事，是晚，廣東都督陳炯明，歡宴國父等於督署。陳炯明詢問胡先生此後的工作計劃。胡先生答稱：「共和國之主權在民，而人民之不識字者，實居大多數，更不知民主政治為何物。余欲專心從事社會教育，並為本黨宣傳主義。」

陳炯明則含笑對胡先生說：「君從何處得此優閒歲月？」陳炯明另有一套打算，原來他之得任廣東都督，是因為胡先生接受國父命令，北上任其他要職之故；今胡先生已卸重職，陳遂有重請胡先生任廣東都督之意。陳即在是晚留書於其督署的臥室，以養親為名，避居香港，而堅請胡先生重任舊職。先生自記其經過云：

> 次日，余起床稍晏，鄧仲元已候於門，謂競存（陳炯明字）有要事商榷，促余即往，余與偕入都督府，至客室書房，俱不見競存，仲元謂當在寢室，遂偕余徑入內，則執信在室，而仲元遽反局其戶，始出競存所留書於檟，則競存託詞養母，已宵行避於香港，余為之錯愕。

由此可知陳炯明「君從何處得此優閒歲月」一語，具有下文，他是決心以廣東都督職位還給胡氏，朱執信與鄧仲元與其謀而同其意，故設定這個圈套，由鄧仲元來引導胡氏入殼的。胡氏對此，竭力推辭，而朱執信、鄧仲元則力言不可，他們甚至於說：

> 此時粵省一日無負軍民責任之人，可頃刻發生劇變；今此責全屬於兄，兄之從違，即為粵局安危所繫，余等計之已熟。

但胡氏對此，仍不同意，他的理由有三：

其一，國父不欲胡氏出國，隨時有徵召之可能，渠之所以選擇發展社會教育的事業，就是適應國父對他的期待。

其二，陳炯明已重創不守紀律的民軍，省政基礎，已趨穩固，此際斷斷不可易帥。

其三，渠本人對粵事實已耗盡精力，殊不願重傷腦筋。

因此，他提出反要求，要朱執信和鄧仲元暫時嚴守祕密，並代陳處理都督應即處理的要公；一面派人速赴香港，力挽陳炯明返省，責其不可在此時局危急之際，放棄責任，自鳴高蹈。惟朱、鄧二人，以早知陳炯明的決心，知其必不回省，必待都督負責有人，始肯歸來；他們除力挽胡氏不可推卸責任，並知胡氏行止，必取決於國父，乃言此事當由先生（按係指國父）決定，已專人向國父提出報告，且看國父如何取決。朱等並謂：「今日為黨，為廣東，兄皆不能存個人自由。」胡氏對此，雖不願，但亦無可如何。是日，都督府文武官員會議於都督府，一致擁護胡氏繼任都督，胡尚不為所動。及國父在省議會演說後，專程至督署，表示對此問題的意見，謂廣東關係重大，責胡不得遁避。胡不得已，只好同意重任都督，但有一附帶條件，即陳炯明必須返省，負責軍事方面的調度。朱執信乃赴香港。陳亦隨朱同歸。

觀此戲劇性的經過，陳炯明對國父及其左右親信同志，固水乳交融，親密如同手足，而胡、陳、朱間的關係尤密。此後，惑於南北兩秀才（北秀才係指吳佩孚）攜手合作，以武力統一全國之謬說，聽從其部下葉舉、洪兆麟的詭計，自白雲山砲轟非常大總統府，圍攻國父座艦，槍殺朱執信於汕頭，逆亂犯上，為革命之罪人，其自毀革命歷史，始終為野心二字所誤，與汪精衛如出一轍，革命黨人應有堅強不拔的人格，我們對此，應有特別的認識。但陳之不可靠，黃興先生在辛亥三二九起義後已言陳某不除，將來必為害於黨國的認識，黃興先生對陳之認識，甚為正確，足

證知人之明，實非易事。

胡氏既重任廣東都督，以軍務交陳炯明負責，而自兼民政長，對地方自治，最為注意。先生知道過渡時期的地方政治，縣長（當時稱為縣知事或知縣）最為重要。縣長不僅直接管理民眾及其公共事務，與百姓之接觸最多；而且訓練民眾，使他們知道民主政治的真諦，選擇賢能，慎投其神聖的一票，更有重大的責任。

因此，先生對於縣長的選擇，最為慎重，最為嚴格，其考績也最為認真。當時的省政，綜合於省長一人，並無所謂省政會議。先生特別創設省政會議，每星期集會一次，省府的各廳司長等都出席會議，商討省政應興應革事宜，力求上下意見溝通，鼓勵大家認真工作的精神，收效十分良好。

在省政會議中，最注意的事情，便是縣長的選擇。廣東全省轄九十縣，遇有縣缺，便在會中討論，要大家推舉品行端正，能力卓越的人去擔任。有時候，大家搜索枯腸，還得不到適當的人選，於是就省府中供職較久，人品端正的人去接事；但是結果並不甚佳，他們到任以後，依然常出亂子。

先生自己說：「廣東九十縣，一年之中，平均每縣更換縣長三次」，凡是發覺有舞弊情形的縣長，無不依照情節輕重，予以撤職或交法院依法懲處，在胡氏任內，縣長之被捕治罪的，不勝枚舉。由此，可知先生對縣長的要求之嚴格與求治的心切。他真可以稱得上最負責任的省政當局了。

胡氏認為地方自治中最重要而舉辦並不困難的是人口的調查。為了慎重，他特別在廣州先行試辦，所用的方法也很簡單。為了要知道廣州的人口究竟有多少，他要警察挨房調查，並且要求民眾，把出生、死亡、遷徙等異動情形，隨時向警察公署報告，並作登記，而且還定有罰則，如匿而不報，將有處罰。詎知警察調查，尚非難事，而異動報告，則大違理想。廣州市民對所報之人口，常有不實情事，對異動則常作謊報，甚或不報。先生乃設

法從醫生的治病與死亡證明方面，求取實況。西醫比較開通，出具死亡證明，尚易辦到，但中醫則不然，中醫深恐出具死亡證明後，將影響其聲譽，故絕不肯遵照政府的規定辦理。此法既然不能順利進行，於是轉其注意力於棺材店出售棺材的情形，從棺材出售的數字上，知道死亡的人數。但是此項規定，反使棺材的買賣，成為祕密交易，而正式的棺材交易，反而日形清淡，棺材的價格，因而提高。這個辦法還是行不通。

從這些事實中，我們可以了解胡氏為政的精神：第一，胡氏恪遵國父政治理想的精神，國父最重視地方自治，胡氏慎選縣長是推行地方自治的第一聲；其進行戶口調查，是推行地方自治的第二聲，都是遵照國父政治理想來實行的。

第二，是他負責的精神，他竭其智能，想盡辦法，要做好地方政治，建立民主政治的基礎。可是胡氏努力推行新政，仍是用力多而成功少。

這是因為這些政治措施，在官場中有的是積重難返，在群眾中，則聞所未聞，一件極尋常而富有意義的工作，反而引起種種疑慮，得不到真實情況。這些，都和群眾知識貧乏有關，胡氏願意致力於社會教育，可以說早知中國民主政治的癥結所在，而有其先見之明了。

此外，胡氏更致力於議會政治的建立。廣東是最早成立省議會，而且有女議員的一個省。當時規定廣東省議員應有一百二十人，由選舉產生。但是由選民投票產生省議員，當時有其非常困難而不易舉辦的諸種因素，例如：選民的人口不清楚，選民對投票選舉都不知是怎麼一回事，競選人懂得競選方法的太少等等。如果貿然舉辦普選，則省議員極可能成為官僚、政客、土豪、劣紳混入省議會的階梯，省政進行，必然要遭遇到非常重大的障礙。胡氏斟酌此種實際的環境，乃定出一個比較可行而合於民主精神的辦法。他的辦法：規定由同盟會推舉二十人，一半男性，一半

女性；由廣州，即群眾知識水準最高的地區選出五十人；另五十人，則由各縣共同舉出公正紳士出任。於是廣東省議會中有同盟會的代表，有女性的代表，有地方的代表，各方面利益都可顧到，而亦易於和省政府合作。胡氏此種辦法，設想至為周到，而且也具有訓政示範的功效。具有後日國父手訂訓政時期的意義。

胡氏重任廣東都督年餘，埋頭苦幹，意欲為民主政治在廣東奠定基礎；但國內政局，有不能容許他作局部之努力者。在宋教仁擴大同盟會的基礎，容納許多小黨的加入而改組為國民黨。國民黨所揭示的政治主張，有悖於同盟會主張及國父政治理想者甚多，胡氏既力闢其非，而不獲同情，國父亦始終不接受當時的國民黨理事長之職務，胡氏也不願擔任任何名義，及胡氏重任廣東都督，宋教仁等力請擔任廣東支部長，胡屢辭，宋等請益力，胡乃勉為其難，這是他顧全大局的精神。及宋教仁被刺於上海北火車站，國民黨與袁世凱之間，業已爆發尖銳而表面化的衝突，中部重要同志不贊成國父立即討袁的主張，俟袁世凱兵力調動與賄買手段已完成其部署，大借款亦告成立，決心推行武力統一的政策，國民黨同志始起而力爭。胡氏乃與江西都督李烈鈞、安徽都督柏文蔚，聯銜通電，反對三萬萬元的大借款。袁世凱深忌胡氏之才能，當其初被選舉為總統時，曾託唐紹儀為介，力請胡氏入京，謂將畀以重任。同時被邀者尚有汪精衛、胡瑛與孫毓筠，皆同盟會重要分子。

胡氏接函後，欲痛斥袁世凱之陰謀詭計，唐紹儀（時已加入同盟會）力勸不可，謂不接受、置之不理可矣。汪與胡、孫等進京，袁世凱特別為汪治清廢王園邸作為行館，汪拂袖而去以拒絕之。惟胡瑛與孫毓筠則受其籠絡，後且為籌安會「六君子」中的一分子，以自毀其革命的歷史。二次革命乃不得不發。

至此，胡氏在廣東之政治成績及其鮮明的反袁態度，袁知胡氏必難籠絡，久居廣東必為大患，乃頒布命令，調胡氏為西藏宣

慰使，而以廣東都督一職餌陳炯明。此種調虎離山，明升暗降與挑撥離間的鬼計，安能瞞得胡先生，故胡氏拒受亂命，進行討袁的準備如故。

民國二年七月十二日，李烈鈞獨立於江西的湖口，舉義討袁；是月十五日黃興獨立於南京以響應之。國父乃立即電召胡先生赴上海，輔佐討袁大計。按宋案發生於是年三月二十日，其時袁世凱在軍事方面尚無布置，民軍乘勢討袁，勝算極大。四個月以後舉兵，則袁之部署已成，勝算難操了。

黃興曾任南京留守，照理尚控有相當實力的武裝部隊，以黃之英勇善戰，當可堅守一個時期，以待各方之響應。但南京竟在七月二十九日陷於敵手。國父知道這一役已無可為力，乃偕胡先生離滬赴日，另組中華革命黨以保障民國，繼續革命。國父自為誓約，當眾宣誓，而命胡氏為之監督，並以政治部長重職，命胡氏擔任。胡氏就職後，首從宣傳上著手，《民國雜誌》即在此時發行，其主編即為胡氏。

東京重行成立之中華革命黨，其目標當在打倒袁世凱，故在東京成立一年以後，國父即派重要同志，分赴國內及南洋，發動倒袁革命。當時第一要務，仍是經費問題，故命胡氏赴菲律賓，繼赴其他南洋各地，籌募經費；並命朱執信赴廣東，鄒魯赴山東，陳其美赴上海，都是策動倒袁運動的。民國三年十一月十日，陳先生在上海襲擊袁系走狗上海鎮守使鄭汝成而殺之，上海及東南方面的革命士氣，為之大振，十二月五日，又襲擊肇和軍艦，事雖未成，然亦足喪袁爪牙之膽。上海方面革命運動之開展，已有顯著的進步；國父乃命胡先生返回上海，擔任各方面之策動與聯絡。天奪袁世凱之魄，由雲南護國軍的討伐與各省區的響應，洪憲帝夢，為之幻滅，袁之取消帝號而靦顏仍為總統，實即向全國人民的公開認罪，但國民如何可以原諒袁之罪惡？蔡松坡先生斥責得好：「譬如再醮之婦而欲歸祀宗祧，天下寧有是理！」因此，

袁終在全國的痛責之下，氣憤而死，時為民國五年六月五日。

袁世凱既死，黎元洪又高升一級，晉為總統，革命形勢，已有變動，國父乃命胡氏偕廖仲愷首途赴北京，作實際情況之了解。實際上袁世凱雖死，但北方仍然是在他部下軍閥盤據之下，國事仍難可為。

護法運動與廣州之動亂

黎元洪本人是十足的貪戀祿位之政客，一切都聽命於擁兵自重的袁世凱最得力部下之一——段祺瑞。段祺瑞之剛愎，實在是具體而微的袁世凱，內閣總理一職，很自然的落入段祺瑞手中，對黎元洪頤指氣使，視同傀儡，黎固安然接受，怡然自得。

但段祺瑞終嫌內閣制受制於國會，不能為所欲為，乃於翌年夏，製造督軍團之亂，並藉此而解散國會，於是法統問題，又成為新中國的中心問題，革命運動更因此而欲罷不能了。段祺瑞解散國會，其手段之惡劣，與袁世凱製造兵變，藉以抵抗南下就職的參議院決議案，尤有過之。

這是一種違反國家根本大法的蠢動，凡有血氣之倫，無不深惡痛絕；而滿清餘孽，則又認為此乃復辟的大好機會，辮子軍統帥張勳乃於是年八月一日，擁立廢帝溥儀，為清室作死灰的復燃。張勳的復辟運動，雖如曇花之一現，但是民國命運之遭受危害，又是一項顯著的事實。

國父之派胡氏等北上，仍然是和平奮鬥救國家的本意，及見段祺瑞擁兵專政，視國會為無物，益覺北洋軍閥始終不是為民國謀福利的談判對象，而革命行動，仍然有積極進行的必要；乃命胡氏南返廣州，策動兩廣的獨立，對段之禍國，聲罪致討，時被解散的國會議員，紛紛南下，國父要他們在廣州集合，共同為國會的法統，作維護的奮鬥，是為護法運動。國父本人也隨即率領忠於民國的海軍南下，廣州遂成為護法運動的中心，也是國民對

保障民國的期望中心。

時兩廣為莫榮新、陸榮廷等所據，有依桂軍為後盾的政客岑春煊等活躍，名雖贊成護法，實則自謀專政，此外還有一個官僚集團所謂政學會者，復縱橫捭闔於其間。此等以革命為幌子的政客官僚與軍閥互相利用結合，非常國會遂被若輩所劫持。他們更進一步的圖謀不軌，暗殺海軍總長程璧光，囚禁陸軍總長張開儒，並透過被操縱的非常國會，擅改大元帥制為總裁制。國父知廣州局勢，一時尚無可為，乃北返上海，胡氏隨行。時段祺瑞政府看到南方革命運動遭受挫折，乃利用機會，倡議開和平會議於上海。

先生受命國父，代表出席，堅決主張恢復國會，貫徹護法的主張，國會不恢復，法統中斷，故此點為國父對和平會議堅持最力，而國會是被段祺瑞解散的，段方對此，自然是堅決的反對。因此，那次的和平會議，毫無結果。國父在滬，與各方同志聯絡，日不暇給；而先生則除協助國父與各方同志接洽外，並編印《建設雜誌》，為革命的主義與建設，作有力的鼓吹，仍然是致力於革命的宣傳運動。

陳炯明的援閩粵軍，知道了廣州桂軍的作亂，乃回師靖難，這是民國八年二月間的事。廣州軍隊中，有仍忠於革命軍者，如李福林、魏邦平、陳德春等都是。陳炯明軍迫於外，李福林等軍應於內，廣州桂軍不戰而潰，局勢重行底定。國父乃偕胡氏等返粵，重組軍政府。民國十年四月七日，國會非常會議選舉國父為非常大總統，五月五日就職，胡氏被任為總參議，仍是國父最得力的助手。

陳炯明這個人，雖然很早參加革命行列，且為革命黨的重要高級幹部，過去對革命的貢獻，也尚有足述之處。但此人頗有自立局面的野心，此可在胡氏初任廣東都督，出師北伐中主張擴大規模，組織北伐粵軍總司令部的一項建議中，窺知其用意。其蓋以北伐粵軍總司令自居。此項建議，未為胡氏接受，其內心不無

怏怏，但其人頗深湛，喜怒不形於外，故與胡氏等交誼，並無若何破綻。及其自閩返粵，他已經掌握了廣東的軍政大權，其野心漸暴露。時段祺瑞已被直奉聯軍所打倒，北方大局，控制在新直系的掌握下。所謂新直系，是指以曹錕為領袖而以吳佩孚為靈魂的一個新軍閥派系，以別於以馮國璋為領袖的直系。吳佩孚原籍山東蓬萊，當時有蓬萊秀才之稱。

陳炯明也出身於秀才，故吳佩孚倡南北兩秀才合作之謬說，與陳炯明信使往還，交結漸深，在行動上與江西督軍、北洋軍閥爪牙陳光遠漸有勾結。國父之出任非常大總統，志在北伐，以掃蕩軍閥、統一全國為目的。因於是年十一月，出師北伐，親往桂林督師，而以大本營祕書長兼文官長之職，委任胡氏。但陳炯明對國父的北伐，則力為阻止之，阻止之不足，且慫恿湖南省長趙恆惕以軍事防止之；而對國父的北伐軍，則絲毫不予補給，以坐觀其成敗。

時粵軍中熱心支持國父北伐而力謀接濟者，惟鄧鏗（即鄧仲元）而已，時任粵軍參謀長，兼粵軍第一師師長。於國父北伐，特選其最精銳的一團，作為國父的衛隊，更力任軍餉的籌措，以支持國父的北伐軍。陳炯明對鄧仲元的行動，深致不滿，特乘其自港回抵廣州時，派人暗殺。這是陳炯明阻撓北伐最卑劣的手段。他的叛跡，至此已昭然可辨。

鄧仲元被暗殺的消息，傳至桂林，大本營立即舉行會議，群情憤激，胡氏主張對陳炯明叛逆應即處理。國父採納胡氏的主張，回師廣州，對陳炯明加以討伐，大軍南向時，陳炯明已經深知事態嚴重，乃請廖仲愷至梧州，表示迎迓。國父對其虛情假意，更為憤慨，欲立即免除陳的本兼各職，時陳任粵軍總司令，兼陸軍總長、內政總長與廣東省長，地位都極重要。胡氏建議：如果操之過急，恐怕立即引起叛亂，主張保留其陸軍總長等若干名義，而免其粵軍總司令與廣東省長職。國父雖從其建議，但僅保留其

圖12　陳炯明叛變一年後，孫中山先生重登永豐艦。

陸軍總長的名義，使其不致過分難堪而已。

　　陳炯明的問題，至此暫告段落。北伐軍乃改道由粵漢鐵路北進，設大本營於韶關（今曲江）。是年五月，國父率領胡氏等至曲江，向贛南進軍，其第一目標為贛縣。北伐軍之改道，是便於監視陳炯明的關係。

　　陳炯明經國父免除其許多重要職務，僅保留陸軍總長的名義後，謀變之心益急。國父乃命胡氏留守大本營，親回廣州鎮壓，這是六月初的事情。六月十三日，北伐軍攻克贛縣，而陳炯明竟於六月十三日在廣州正式叛變，以解除江西的緊急局勢，甘心為吳佩孚之走狗，事實益為顯著。其叛變後，其部將葉舉竟指揮砲兵，由白雲山向總統府發砲，意欲置國父於死地。幸而國父事先得報，登永豐艦，指揮海軍，討伐叛逆，永豐艦即後來改名的中山艦。

　　先總統蔣公聞訊，特趕往登艦，協助國父，指揮討賊軍事，時曲江亦受叛軍攻擊，空虛不能守。胡氏乃急調許崇智、朱培德、李福林等軍，回師向曲江叛軍進討。惟叛軍以逸待勞，北伐軍屢擊無功，許崇智等軍乃東走福建，北走江西，俟機反攻。民國十

二年一月，討賊軍終復廣州，國父乃任胡氏為廣東省長。

其時桂軍另一部隊司令沈鴻英，尚在廣州，沈實一首鼠兩端之輩，受老官僚岑春煊的授意，表面上服從國父的指揮，暗中則受吳佩孚廣東軍務督理之命，盤據省垣，抽稅納捐，盡入私囊，儼然是第二個陳炯明。討賊軍的軍政首長，都知道這個人正在圖謀不軌。其時，廣州的討賊軍中，分子極為複雜，除粵軍與沈鴻英外，尚有滇軍楊希閔所部，另一部桂軍劉震寰所部及湘軍譚延闓所部等。

陳炯明煽動粵軍的口號是「客軍入境，廣東省亡」，沈鴻英復利用此口號，並製造謠言，謂粵軍魏邦平正在聯絡粵軍，驅逐客軍，非誘執魏邦平不可。這些擁兵自重而富有軍閥思想的無知軍人，但知擁地盤，徵稅收，既昧革命大義，更不知廣東之所以容納各省客軍，是為了將來北伐統一時為各省軍政幹部作準備的深遠意義。

楊希閔就是那樣頭腦簡單的人，故對沈鴻英所造的謠言，竟為所動，認為粵軍將有對客軍不利的行動，民國十二年一月二十三日，廣東軍政首長開治安會議於參謀長李烈鈞辦公室，而沈鴻英則不但不出席，且乘機作亂，襲擊觀音山駐軍譚啟秀等部，於是廣東省城，又將發生另一起的叛變事件。

沈鴻英既避而不出席治安會議，反利用楊希閔與劉震寰聯名，邀請胡氏及鄒魯、魏邦平、陳策等集會於江防司令部的楊如軒旅部，商討善後及追擊敵軍等問題。所謂敵軍，即陳炯明部，自在省城失敗後，即向東江及潮汕一帶退卻，實力仍相當雄厚。集會時，楊希閔稱病不到，沈鴻英則率領其重要部將同來，他們都身負駁殼槍，所帶衛隊亦較平時為多，江防司令部的周圍更是步哨密布，如臨大敵。

這分明是沈鴻英利用楊希閔、劉震寰的名義所設下的「鴻門會」。沈鴻英既到會，即與魏邦平發生爭論，隨其來開會的部將即

自魏之身後，驟起執其兩手，以駁殼槍向其射擊；而沈鴻英及其衛隊，則分別射擊胡鄒劉等，陳策見狀，跳至樓下，因而受傷，後來鋸去一腿，成為著名的獨腳將軍；劉震寰避於後座，鄒魯避於楊如軒旅長室，楊正在伏地避彈；胡氏則偕衛隊衝至樓下，衛隊皆死於亂彈下，而胡獨得免，真是僥倖之至了。

初，沈鴻英之惑楊希閔，只云誘執魏邦平一人；至此，始悉沈另有陰謀，欲將粵方軍政要人，一網打盡，乃大怒，立即命令楊如軒、夏聲出而制止，他們對肇事謀殺犯，下嚴厲的警告：「如有殺害胡省長及鄒特派員者，不得出此門」，楊等親率衛隊，護送胡氏等離去現場，魏邦平亦由楊希閔留於滇軍營內而得免於難。

沈鴻英之欲殺胡先生，可以說是處心積慮，必得之而甘心。他預料胡氏脫險之後，必自省政府回大沙頭公館，而官紙局（即紙幣印製廠）乃為其必經之路，乃密令所部布置機關槍以掃射之。胡氏既回省政府，楊希閔特派其部屬劉玉山至省府慰問。劉之座車，掛有桂軍（劉震寰）旗幟。沈鴻英以為胡氏此後，必將乘坐掛有桂軍旗幟之座車，故密令中指明見有掛著桂軍旗幟而有武裝衛隊的座車，是他們射擊的對象。

他們果然看到有這樣一輛車子經過官紙局，即以機關槍掃之，衛隊與車中人皆立斃，視其乘車者，乃沈鴻英的軍長劉達慶與參謀長黃鴻猷，而並非胡先生。這大概是因為當時沈鴻英桂軍的旗幟，在廣州已難通行無阻，故冒用劉震寰桂軍的旗幟，即劉玉山的座車也用桂軍旗幟，其原因大約相同。此種陰錯陽差，使沈鴻英誤殺其得力部將，說句迷信話，惡人自有惡報，作惡多端的沈鴻英，自此少了兩隻臂膀，是他此後失敗的重要原因之一。

這裡，我們要提出一個問題，那就是沈鴻英為什麼要蠱惑楊希閔而必殺胡先生？楊的滇軍，本是唐繼堯的精銳，裝備精良，有相當雄厚的作戰力，為沈所畏懼；沈以誘執魏邦平為託詞，而借其手以殺害胡漢民與鄒魯兩先生，使楊希閔對國父無可交代，

不能不跟著他共同向吳佩孚投降。沈是一個妄圖富貴的粗人，他不可能有此精細曲折的陰謀，為其設計此項陰謀者，乃政學會之無聊政客耳。

自經官紙局的射殺事件，胡氏知道他在廣州所能做的事情已不多，身處危地而無益於黨國，不如暫避凶鋒，以俟可能的機會。於是胡氏請假至香港暫住，而以省長職務，交胡毅生代理。

國民黨改組與廣東統一

沈鴻英之亂，不久底定。民國十二年二月，國父返抵省垣，胡氏亦回，受命任大本營總參議。時國父已決心改組國民黨為中國國民黨，命胡氏北赴上海，與各方同志聯繫，籌備改組事宜，進行頗為順利。

民國十三年一月，召開第一次全國代表大會於廣州，胡氏被選為第一屆中央執行委員，仍赴上海，擔任滬上中國國民黨的組織部長。時國父健康不佳，時時患病，乃召胡氏返粵，任中央執行委員會常務委員，兼任政治會議委員。

其時的廣州，駐防軍隊仍甚複雜，大體上以滇軍楊希閔、桂軍劉震寰以及粵軍魏邦平、李福林等部為主要。由於駐軍的複雜，秩序常常發生問題，故廣州商會組有商團，具有相當數量的新銳軍械。大凡一個團體，在局勢不穩定的時候，擁有實力，必有為其團體謀利益的主張，對政令有時且有抗拒的不法行為。廣州商團，便有此種傾向。國父審察情況，非有一位善於處理問題的幹員出任廣東省長不可，於是這個責任，又落到胡先生的雙肩，而仍令兼大本營的祕書長。是年九月，國父督師北伐，以留守重職，交付胡氏，並代行大元帥職權。胡氏既任省長，商團問題，為其必需處理的要政。商團對於這位精明幹練、果敢英勇的新省長，未能改變其原有的態度，且漸露政治的陰謀，故在是年十月，胡省長下令繳商團械，此一問題乃得徹底解決。

　　十三年國民黨第一次代表大會後，國民黨創辦了一所軍官學校，作為組訓國民黨自己的軍隊之整備，是即後來完成北伐統一與抗戰勝利的國民革命軍的搖籃黃埔軍官學校，而由先總統蔣公任校長，胡氏毅然下令繳商團械，即由黃埔軍校的學生軍執行。其時國內政局，發生了重大變化。

　　直系軍閥吳佩孚，以張作霖盤據關外，始終為直系南下施行武力統一的後方大患，故決心擊敗之，先使後方安定。乃分兩路向東北出師，自統一軍出山海關，而由倒戈將軍馮玉祥另率一軍自熱河前進，這是直系軍閥的顛峰時期。不料馮玉祥師次熱河，發起和平主張，回師北京，一面截斷吳佩孚軍的歸路，一面壓迫由豬仔議員所選出的總統曹錕退位。曹錕之當選總統，是向當時的非法國會議員授賄五千元一票購買而來，故時人稱此等議員為豬仔議員。

　　吳佩孚東征不成，全軍瓦解，曹錕也被囚禁，北洋政府主持無人，乃推段祺瑞為臨時執政。段祺瑞本為皖系軍閥的首領，民國九年被直奉聯軍擊敗後，已無實力，故在奉軍與國民軍的雙重壓力下作應聲蟲。馮玉祥與胡景翼、孫岳等部號稱國民一、二、三軍，既以和平為號召而向吳佩孚倒戈，段祺瑞也只有在這條路

圖13　黃埔軍校

線上發展，求取苟全。和平奮鬥救中國，是國父解決國是最重要的主張。南北兩方既都有和平的主張，於是段祺瑞邀請國父北上，商討和平解決國是的途徑。國父乃離粵經滬至北京。國父至滬時，發表宣言，主張這個會議，應稱國民會議，其出席分子，應該包括各界領袖，此與段的官僚主張不合。故國父至北京後，會議迄無進展，但對北方革命同志的聯絡與鼓勵，則發生極大的效果。國父離粵北上時，以東征及北伐方略，面授胡氏，並命代理政治會議主席及軍事委員會主席，其在革命黨軍政方面的地位之重要，由此可知。

　　革命政府在廣州方面的勵精圖治，在叛逆陳炯明看來，有如眼中之釘，有非拔去不可之勢，潮、汕陳逆部隊，因在十四年一月，向西進兵。胡氏秉承國父面授的方略，於二月一日下令討伐，動員東征。這次所動員的部隊，是以黃埔軍校畢業生為骨幹的黨軍，是由先總統蔣公親自訓練，並親自指揮，圍惠州，出梅縣，一路勝利，勢如破竹，至三月七日，潮、汕全定，逆部非潰即降，東征任務，遂告完成。

　　三月十二日，國父逝世於北京，全國震悼，西人報紙，稱之為中國失去光明的指引，也表示了十分的同情與哀悼。幸而國父北上時，已有方略，面授胡氏，胡氏乃約集國民黨同志，發表宣言，通電全國，以國民會議未產生合法政府之前，決盡全力，繼續革命，完成未竣工作，向國民宣告。胡氏另以代行大元帥職權的身分，另發宣言：誓遵故大元帥遺志，與惡勢力奮鬥，實現地方自治，以固國基；反抗帝國主義，完成中國自由平等的地位。國民黨繼續革命救國的運動，並未因國父逝世而有所影響。

　　其時廣州方面的駐軍，尚有滇軍楊希閔部與桂軍劉震寰部，這兩個充滿權力地位觀念的假革命分子，則乘國父逝世的機會，與陳逆殘餘分子及北京的段祺瑞政府相勾結，妄圖擴大其地盤。駐粵滇軍，本為舊時的雲南都督唐繼堯所部，唐繼堯被顧品珍所

逐，由張開儒、范石生等率領，經桂至粵，受命於國父。

其時唐繼堯已在滇復職，故楊希閔復與唐繼堯聯絡，希望得到援助，其設想不可謂不周。楊劉二部在是年五月，已自由行動，不接受政府命令，滇軍自動集中於廣州，桂軍則擅自東江撤回，移防北江，予陳逆殘部以活動的餘地。到了六月四日，並擅自佔廣東省長公署與財政部等機關，實行叛亂。

胡氏對滇桂軍之異動，事先已予密切注意，並已有所部署。至此，大本營移至河（珠江）南，令粵軍李福林部堅守河岸，以為防堵；並下令免楊希閔與劉震寰的滇桂軍總司令職務，一面飛調黨軍、粵軍及湘軍譚延闓部，另一部滇軍朱培德部回師靖亂。

楊、劉二軍閥不知其所以在粵有地位者，實因為革命軍之一部分的關係。至此叛跡昭彰，憑藉全失，而成為獨夫；再加上黨軍的勇敢善戰，不到十日，就全部瓦解了，不過，楊、劉的叛亂，卻予陳逆殘部死灰復燃的機會。

東江上游及潮、汕等地，復為陳逆殘部所佔，但經黨軍第二次東征，瞬即平定，廣東全省的革命基礎，反因此而益形鞏固，是年七月一日，國民政府成立，胡氏任常務委員，仍代理政治會議主席如故。

共黨忌胡與胡氏遊俄

國父最親信的幹部，胡、汪並稱，汪即汪精衛，國父北上時，隨行而去。國父之攜同汪精衛而去，而以胡氏代行其職務，對胡依畀更深，由此可以概見。實際上，胡氏耿介自持，對國父、對主義、對組織，一心一意，全力遵行，國父付以留守的重任，自有其深銳的見地。惟其因為他專志一心的重黨，凡對國父、對黨、對主義有貢獻者，獎掖惟恐不力，反之，訓誡亦惟恐不力。

時國共已在合作，蘇俄以鮑羅廷為顧問代表，以嘉倫為軍事代表，而隱隱中指揮著滲在國民黨組織中的共黨分子的一切活動。

當時俄共與中共最注意而必欲排除的，厥惟兩人，那就是胡氏與軍校蔣校長。汪精衛向來領袖慾甚高，再加上其妻陳璧君的虛榮心，兩相結合，企圖承繼國民黨領導權的興趣，格外濃厚。

俄共與中共看透了這一點，因乘汪某在北京的機會，由鮑羅廷與加拉罕（時為蘇俄駐北京代表）的拉攏，以汪季新的名義加入了共黨，陳璧君也同時加入。國際共黨為了籠絡汪某，並舉為第三國際祕書長，以示榮寵而固其心意，所謂「中國共產黨」也特別聘他為顧問，表示關係的密切。

至此，汪某在「共產黨」中已與陳獨秀並稱，其重要性且在徐謙、鄧演達、陳公博之上，徐時為共黨北方部長，鄧為軍事部長，陳則為經濟部長。不過汪某等的共黨身分是祕密的，故表面上仍然是國民黨，此即所謂跨黨分子。

汪某既加盟為共黨分子，乃與鮑羅廷、加拉罕定計，要把國民黨的中堅分子，盡數排除，易以共黨或跨黨分子。所謂永豐艦事件，就是共黨排除蔣校長的陰謀，被蔣校長識破，未上永豐艦，故其陰謀未逞。但對胡氏，則於成立國民政府的機會中排擠之。

前面雖經提到過胡氏在這個政府中是常務委員，仍代理政治會議主席，此外更兼外交部長，其國民政府的主席與軍事委員會的主席，則以選舉方式，由汪某繼任。當時，共黨分子認為胡氏必不肯就任，則排胡的目的，可以完全達到。

但胡氏的人生觀，是為革命服務，他決不放棄一個忠實的國民黨同志之服務機會，所以坦然接受，共黨的目的，並未完全達到。

但胡氏不去，共黨決不甘心，於是製造一個廖仲愷案，妄圖置胡氏於死地。廖仲愷是國父的另外一個忠實高級幹部。汪某與其他共黨分子設計，唆使朱卓文的衛隊陳順，乘廖仲愷不備而予以刺殺。

案發後，即興大獄；通緝胡毅生，逮捕林直勉與胡青瑞，汪

某本擬在紛亂中殺死胡漢民，幸胡氏被衛隊翼護而出，奔至黃埔軍校，受到蔣校長的保護，得免於難。

胡氏被排擠，當時在國民黨中引起了很大的風波，在莫斯科也有一番爭論。國民黨中的忠黨愛黨的同志，認為胡氏等被排除，是共黨分子篡奪國民黨領導權的陰謀，因此竭力反對；尤其是在北京方面的許多中央委員老同志如張繼、林森、戴季陶、鄒魯等，舉行第四次中央委員會於北京的西山碧雲寺，那是國父靈櫬暫厝的地方，大家都對汪某的態度與手段，頗致不滿，連所謂容共政策，都加以根本的反對。

這便是國民黨中極重要的西山會議，一般對參加西山會議的國民黨老同志，稱之西山會議派，汪某對此，惱羞成怒，另開四中全會，藉機劃除其他同志，以固其篡奪國民黨的領導地位。因此在國民黨第二次代表大會中，獨選戴氏為中央委員，其餘同志一律加以處罰，戴氏往復聲明，決不就職，而對其他同志之開除黨籍或其他處分，亦嚴加指責，認為不妥。故西山會議的性質，實際上便是國民黨中愛黨同志之護黨運動；同時也是汪某與共黨合作以篡黨的嚴重反映。

圖14　民國十四年舉行的西山會議

　　莫斯科方面，對國共合作，分為兩派：一派是激烈派，史達林等主之；一派是溫和派，特洛斯基等主之。溫和派主張應該由國民黨領導革命運動，統一全國；共黨則隨國民黨之發展而發展，而壯大，而篡奪領導權，彼等認為國民黨的號召力，強於共黨遠甚，共黨只能在國民黨掩護下發展。激烈派則主張使國民黨分裂，在分裂中篡取領導權，絕不使國民黨能夠統一中國，產生土耳其凱末爾式的民族英雄，反使共黨發展，受到阻礙。鮑羅廷為史達林派，故對蔣校長所提的北伐案，陽示贊成，暗中則操縱汪精衛等，用各種方法竭力破壞之。故蔣校長第一次的北伐案雖經提出通過，而始終難於實行，便以此故。西山會議中，國民黨老同志參加者甚多，表示了國民黨的忠貞分子，尚有強大的力量，對國共合作的前途，頗具重大的影響。故莫斯科的兩派共黨，對此頗有爭論，溫和派認為鮑羅廷與汪精衛的所作所為，對國共合作，已產生反效果，宜有以彌縫之。胡先生之被派訪俄，以及加拉罕函請胡氏勸阻西山會議同志勿再破壞國共合作，可以說是莫斯科溫和派與激烈派爭論的折衷。

　　實際上，國民黨的愛黨同志，對國共合作與共黨對國民黨的滲透與分化，早有覺悟，汪精衛的舉動，促使他們提早發動護黨運動。

　　汪精衛及其操控的國民黨中央，鑑於一舉不能置胡氏於死地，反而引起護黨運動之發展，也開始感到不安，亟思有以撫慰與拉攏，乃於是年九月，派胡氏赴俄考察政治與黨務，此舉實有雙重意義：在汪某想，胡氏在粵，他以共黨分子為後盾的國民黨領導地位，始終不能穩固，故作此調虎離山之計；而在俄共與中共看來，胡氏與蔣校長的合作，不能任由繼續發展。使其訪俄，一方面可以拆散他們的合作，他方面可以藉此拉攏胡氏，若能得其合作，則對國共合作，當可作有利的發展，較諸只得一個但知作領袖而不顧一切的汪某之合作，當更為有利。他們是輕估胡先生了，

胡先生是國民黨的最忠實同志，三民主義最忠實的信徒，他是不受任何拉攏，更不會中途變節。

　　但胡氏對於此項考察任務，也並不拒絕，他認為對所謂蘇俄的認識，能夠深一分了解，便對反共救國與實行三民主義，能作更多的貢獻。因於十四年九月二十二日，自黃埔逕登俄輪蒙古號啟程，其女木蘭、國民政府祕書長李文範、副官杜成志、祕書朱和中等隨行。由海參威登岸，轉搭西伯利亞鐵路的火車，轉往莫斯科。上述加拉罕請胡先生勸阻戴季陶等勿對國共合作為進一步之反對，即在胡氏旅俄途中為之，經由李大釗而轉致的。十五年三月二十八日，胡氏等一行，到達莫斯科，凡歷八個月，仍取原道返國。十五年三月二十五日抵海參威時。蘇俄的海參威外交代表范斯亭，對胡氏殷勤招待，排定日程，引導先生參觀兵營、學校、報館、法庭及劇場等，其意實在阻止胡氏南返。胡氏本定於四月十三日搭輪返國。四月四日，范斯亭傳達國民軍已經失敗的消息，且謂北方已無可為，加拉罕即將來海參威，勸胡氏勿坐十三日之船。四月十一日，范斯亭以俄文電報一通，謂係廣州中央執行委員會政治會議的命令，由加拉罕轉來，其內容：「中央執行委員會將於五月一日開會，胡漢民應重回莫斯科，另有重要宣傳。」范斯亭強調：「此為命令，予以為不可不遵。」胡氏看到電報既為俄文，亦非密碼，知為俄人詭計，對范斯亭之語含威脅，尤感不滿，乃勃然告范某：「遵與不遵，自在我，何關汝事！」范知阻止胡氏返國無效，乃由蘇俄東方監察委員柯必亞克自帶翻譯，逕見胡氏，此翻譯者自稱為華東大學華文教授。

　　柯某裝著偽善的態度，以所經華中與華北情形告胡氏：「予曾經上海與天津，該處對國民黨員逮捕甚嚴，國民黨員甚危險，對胡尤為危險。」胡氏坦率告柯某說：「懼危險者非革命黨也，吾輩出死入生二十餘年，何懼！」胡氏一行終於是月十九日搭輪返國，二十九日返抵廣州。汪某與鮑羅廷既力阻胡氏返國，未達目的，

仍謀加害胡氏，嗾使中共以陷害之。胡氏知廣州已無駐足可能，其時的廣州中央已無效力餘地，乃赴上海，從事於著述與翻譯，仍以個人的力量，為黨國盡宣傳的職責。

西山會議的參加人員，都是國民黨第一屆中央執行委員，他們在國父靈前所舉行的會議，稱為第四次中央執行委員會，議決的案件，其重要者有如下述：開除國民黨中的共黨分子之國民黨籍，解除鮑羅廷的顧問之職。這是對汪某與鮑羅廷直接宣戰，故汪恨之入骨，當然非反對不可。他的反對理由，是西山會議不足法定人數，因決定另開第四次中央執行委員會，決定在十五年元旦召開第二次全國代表大會。在此次大會中，把參加西山會議的同志，分別加以懲戒，並另選中央執行委員。汪某雖對胡氏竭其所能以反對之，但無論如何，不能抹殺胡氏革命奮鬥的歷史及其在黨中的地位，故仍選為第二屆中央執行委員，胡氏對此，淡然置之而已。

北伐清黨與旅遊歐洲

國民革命軍北伐案，先總統蔣公在廣東基地鞏固以後，即行提出，雖經通過，但被鮑羅廷與汪某等暗中破壞，未能實行。至民國十五年，蔣公復提此案，軍方人士全力支持，忠貞的革命人士也全力支持。而且那個時候，還有一個很好的北伐時機。其時，廣西的局面，已在李宗仁等控制下，歸命於中央，李並受命為第七軍軍長；而湖南方面，湖南省長趙恆惕部下的第四師長唐生智與趙不睦，度其勢不能立足，乃派代表向國民革命軍輸誠，願為北伐前驅。

局勢發展至此，鮑羅廷與汪某雖欲阻撓，已不可能，於是先總統蔣公受命為國民革命軍總司令，七月間誓師北伐，出衡陽，下長沙，北進武漢，汀泗橋一役，殲北洋軍吳佩孚部主力，長驅直進，圍武昌，取陽夏，前鋒直達武勝關。

是年十月，國民政府北遷武昌，蔣總司令則自湘逕取江西，與孫傳芳主力決戰於萬壽宮而殲之。東路軍亦自潮汕北取福建，並取道仙霞關，直趨杭州，與贛方革命軍，向京滬會師，並於十六年三月間肅清孫傳芳部北洋軍，追至徐州，始告段落。方蔣總司令在贛與孫傳芳軍作殊死決戰時，受鮑羅廷操縱而以汪某為傀儡的國民政府，不但不予蔣總司令以接濟，反多掣肘，使其不能成功。

在上海之役中，上海的所謂「赤衛軍」，更有乘機奪取上海的陰謀。中共禍國害民的各種陰謀詭計，至此罪證確實，國民黨深知非實施清黨，無以鞏固基礎而除禍害，乃由中央監察委員吳敬恆等提出糾彈共黨分子案，愛國愛黨的中央委員一致贊成。胡氏時在上海，參與清黨的決策，挽救了國家與國民黨的一次重大危機。

四月間，清黨運動展開，不費吹灰之力而達成任務。四月十八日，定都南京，胡氏被推為國民政府主席、中央政治會議主席、軍事委員會常務委員，並兼中央宣傳部部長。但武漢方面，對南京的國民政府，採取敵視態度，這便是所謂寧漢分裂。

及武漢方面的國民革命軍也發覺共黨的陰謀而分共，向南京國民政府輸誠，鮑羅廷被迫離華，汪精衛亦被迫下臺。胡氏則於寧漢由分裂而合作之際，亦翩然離京赴滬，表示其反對武漢政府只是為了清黨反共，目的已達，不復作何善後的主張，表示其政治家的風度。這是民國十六年八月間的事。

寧漢合作，國民黨由分裂而統一，共黨分子與親共分子全被清除，恢復了國民黨本來的革命面目，這是黨的幸福，也是國家的幸福。西山會議派對清共有先見之明，至此受到全黨的重視。主持了黨政的決策。胡氏是被共黨排擠的主要目標，幾乎性命不保，自然也受到重視。

十七年一月二十五日，國民政府命令胡氏與孫科、伍朝樞訪

問歐美各國，宣揚主義，敦睦邦交，盡力設法交涉取消不平等條約。胡氏曾向德國記者發表談話，強調中國革命的基礎已經鞏固，中央政府決設於南京，中國的政治，也由中國惟一的政黨國民黨代行政權，首先謀國家之統一，以求軍事時期的結束；然後實行地方自治，組訓國民，使其對民主政治有相當的了解，這個過渡時期，便是訓政時期。各縣地方自治完成至相當階段，制訂憲法，實行憲政之治；中國在統一之後，一定實施裁兵，實行徵兵制，以節國帑，而進行各種建設；新中國只有一個政府，目前外國政府之承認問題，無關重要，將來全國統一，各國勢將與新政府發生外交關係，但國民政府對各國使館暫駐北京，亦不反對，將來為交涉便利計，遷至南京，當亦不成問題云云。德國方面由於胡氏的一篇談話，對中國政局，增加了不少的了解。

胡氏對德國記者的談話，並未提到不平等條約的問題，因德國在第一次世界大戰後，對我國已無不平等條約的存在之故。但在英國則不然。英國為對中國訂立第一個不平等條約的國家，西方國家在中國享有特權最多與投資最多者亦為英國。故胡氏在英國發表演說，則以廢除不平等條約為全體國民及中國新政府的最大願望。胡氏並且強調不平等條約修改以後，新中國與各國以平等地位，互相合作，雙方必能共享其利。

胡氏這番話，當時的英國政治家張伯倫氏，表示非常的欣賞與同情。然英國的張伯倫有二：一為奧斯汀・張伯倫，為我國五卅慘案（發生於民國十四年）時的英國外相；一為尼維爾・張伯倫，以理財能手著稱於時，曾任英國財相，後來接任保守黨黨魁，而為英國首相時簽訂〈慕尼黑條約〉（1938 年納粹德國併吞捷克的蘇臺德區，張伯倫特至慕尼黑，與希特勒簽訂此約，承認此項事實，世譏為和平使者，或洋傘使者，因張伯倫出外旅行好攜洋傘之故）。胡氏訪英——是在 1927 年，其所遇之張伯倫或為奧斯汀，二人乃係兄弟。胡氏在英，曾訪問英國著名工業城市里資，

也曾發表演說，則以新中國建設計劃為主題，而以歡迎外國資本
與技術以合作為呼籲。他強調中國革命時期即將結束，西人再不
能以革命中的中國相看待，新中國將依照孫逸仙博士的建設計劃，
積極進行各項輕重工業與交通事業的建設；中國急需與友邦資金
與技術的合作，以便從事於大規模的建設，並藉此發展與各友邦
的商業關係，使雙方都有利益；外人切不可以從前的中國視中國，
否則必然遭致不利的反響。這裡，我們應該注意他因環境不同而
作之適當的演說詞。倫敦是一個政治都市，所以他的演說以政治
問題為中心；里資是一個工業城市，所以他的演說以建設為中心。
我們尤其應該注意胡氏對革命一詞的解釋，因為西人對革命運動
往往與暴亂相聯繫，不如中國對革命一詞有多種意義，如破壞的
革命、建設的革命和革命的工作精神等許多消極的和積極的涵義。
他所說的中國革命運動即將結束，是迎合西方人對革命一詞的聯
想而說的。英國下議院也請胡氏前往發表演說，胡氏也以廢除不
平等條約為中心，他說：「今國府已能統轄全國，急待與鄰邦合作，
增進商務，開發國土；彼欲損鄰以肥己，終必致害人自害。惟能
求各民族彼此有利，方可咸蒙其益。中國與土耳其號稱兩病夫國，
然當歐戰時，中國加入協約國，反未能修改不平等條約；土耳其
處於敵人地位，而戰後竟已取消束縛。中國地大人眾，商務之機
會極鉅，此時歡迎友邦人士合作。」這篇演說詞，在英國下院，發
生良好的反應。

　　胡氏離英時，曾與孫科發表〈告別英國書〉，強調：「國民黨
今日，非復為中國一小黨，已能代表中國。前此四十年為國民奮
鬥，反對國人之欲損害公眾，僅圖私利者；反對鄰邦人士之誤用
長劍利砲所贏得之特權，而永陷吾人於政治經濟奴隸地位者。……
故吾人所抱定之宗旨，乃求吾國人民與世界諸大國處於同等地位。
此行……敢謂他日英國、中國撤銷不平等條約後……能使兩國邦
交上已往歷史所生之不良影響，迅速消滅，而啟共同興盛，互相

尊敬之新時代。」英國對中國之影響，實居西方國家之領導地位，故胡氏在英國所下之工夫特多，所得諒解亦甚佳。

民國十七年的春季，蔣總司令復職，北伐繼續進行，主力取道津浦鐵路與蘇魯沿海，兩路並進。雖然中間由於日本軍閥的出兵干涉，在是年五月三日發生濟南慘案，妄圖引起國民革命軍的反擊，消滅革命勢力，以保障它在山東與東北的利益；但是國民革命軍志在掃蕩軍閥，完成統一，故繞道北進，使日軍無法得逞其陰謀；因而很迅速的克復平津，張作霖所部的所謂安國軍，徹底瓦解，狼狽東逃，在瀋陽西方的皇姑屯車站，被日人預置的炸彈炸死。

任職立法院長時的抱負

民國十七年十二月，東北軍宣告接受國民政府命令，東北全部懸青天白日滿地紅的黨國旗，自民國元年以後，在軍閥割據之下的中華民國，至此統一。胡氏一行，時在法都巴黎，知道了全國即將統一，欣喜之餘，電請國民政府，依照總理手定的革命程序，開始訓政時期的工作，設立五院，實行地方自治。

胡氏等並提訓政方案的說明書，其中主要部分，包括下列兩大項目：其一，是國民政府的組織綱領；其二為政治會議的綱領。政治會議為國民黨中央與國民政府之間的橋梁。國民黨的最高權力機關為全國代表大會，大會閉幕期間，由中央執行委員會代表之；中央執行委員人數還是相當得多，集會也不是一件容易的事，故選出中央常務委員，組織常務會議，執行黨的任務。中央常務會議有關政治方面的事務，決定原則，由中央政治會議決定辦法，交國民政府執行。因此政治會議在訓政時期，其地位非常的重要。胡氏對於這些提案，另有說明書，都是他畢生對政黨政治、三民主義、國父遺教以及訓政時期施政方針的獨具的見解，深為各方所注意。

　　十七年九月，胡氏一行，自歐洲返國。十月八日，中央常務委員會議，選任胡氏為國民政府委員，兼立法院院長。當時的行政院院長是譚延闓氏，考試院院長是戴季陶氏，監察院院長為于右任氏，都是忠黨愛國的革命先進，其得人之盛，可謂前所未有。

　　胡氏既任立法院長，訂定六年工作計劃，依照他的理想，在這個六年之內，要把新中國的整套民刑等法律全部完成，他的宗旨，是要以新法律完成，替代舊的法律，作為收回外人在華的治外法權的準備。原來，中國法律，以秦漢律令為基礎，中經唐宋以至明清，一脈相承，與西方的法律思想，常多鑿枘。民國肇造，法律方面，革命黨尚無準備，故除若干關於皇家特權及過於不人道部分，予以廢置外，其餘仍適用所有的大清律例。外人對中國法律不合時代潮流，而頗多疵議，為其堅持領事裁判權的主要理由之一。

　　故胡氏在立法院院長任內，竭其全力，把新中國的整套法律，不合時宜者修訂之，舊時所無者增訂之，而其主要歸趨，則是把三民主義的精義，貫徹於新法律中，以確保三民主義新中國的安定與繁榮，藉以達到不平等條約中領事裁判權的先行收回。但是，茲事體大，要在六年之中完成，這不是一件容易的事情；所以他在立法院中提出嚴與速的口號，要求全體立法委員要以革命建設的精神，從事立法工作，他自己更是以身作則，孜孜矻矻，日以繼夜的致力於立法大業，為同志創導。

　　胡氏生活，本極嚴肅清簡，及其任立法院長而致力於立法大業，用力益勤，以致影響他的健康。當時的黨國要人，常在週末或星期假日，赴上海渡假者甚多。惟胡氏在三年多的立法院院長任內，足不出都門一步，立法院與中央會議外，只是研究各國立法經過與法律條文，務期採擷其精華，擇其可行者融合於中華民國新法律中，務使這套新法律，既含有三民主義的精義，復適於國家與國民的需要，而又不悖於世界法律思想的潮流。這種兼收

並蓄、融會貫通的事情，說起來很簡單，做起來卻是十分的困難。而胡氏以羸弱之身，任此艱鉅，其志其業，誠有足多者。

　　當時立法院完成一種法律的立法程序，例由上海民智書局出版，稱為《民國法規彙刊》，不僅法律界人手一編，即國民之關心法律者，亦以先睹為快。民國初期國家新法律的基礎，即由胡氏所奠定，其對國家貢獻之大，由此可知。

　　其時國家雖告統一，但內部仍不安定，其中最大的困擾，厥有二端：其一，出身於舊時的軍閥，搖身一變而為革命軍人，但其割據稱雄的中心思想，則仍未改變，此與國民政府真正統一國家、統一政令的基本要求，有著無可調和的矛盾，野心政客如汪精衛之流復挑撥離間而聯合之，於是北平出現了所謂國民黨擴大會議的偽組織，北方舊軍閥遂孳從而附和之，於是形成南北對抗的形勢，雖然這一紛擾，不久即告平定，但是中國的元氣，畢竟因此而大傷。其二，中共在十六年叛變於南昌，作流寇式的竄亂，由閩、贛而廣東而湖南，所至燒殺劫掠，東南各省的人民，受害至深，最後則侷促於贛南寧都一帶，佔井崗山而落草。贛南山圍水繞，進剿一時無功。

　　憂心國事的胡氏，因而在精神上大受刺激，使其健康大受影響。不僅如此，其時，日本軍閥在東北更為猖獗，東北風雲日緊，大禍之來臨，已至山雨欲來風滿樓的階段，故胡氏內心，更為焦慮，對其健康，益為不利。

　　胡氏在中央既負決策的大責，在立法院更負完成新法律的重任，而國家的處境，更如此的變故多端，使其身體日益羸弱；但胡氏的工作精神，始終沒有受到影響。他深深感到國父的言論與著作尚散見於各處，而未成完帙，他是追隨國父而為國父信任最深最久的革命心傳的高足，他有責任把國父所有著作言論編合起來，成為全集的必要。

　　民國十九年春，胡氏廣搜資料，編輯國父全集完成，定名為

《總理全集》，他自己是了卻了一個心願，而國父之有全集，則自此始，民國二十年二月二十八日，胡氏卒因健康不佳及其他種種因素，辭去立法院院長職務，他的立法六年計劃，只有留待後任者的努力了。

赴歐休養與病逝廣州

　　胡氏辭職以後，南返廣州，從事休養，及其健康稍復，則創辦《三民主義月刊》，一方面宣傳三民主義的內容與精神，力求普及於民間；一方面則以抗日剿共與澄清政治知識，向民間傳播，這也是代表了先生對當前的政治主張。

　　他在廣州，為了紀念他的至友、老同志鄧鏗，特別創辦一所命名為仲元的中學，自任董事長，期以鄧鏗的革命精神，作育青年子弟。他是時刻關心國事、關心主義的實施，關心有志青年的培養，只要他精神許可，無不悉力以赴。

　　時中央黨史史料編纂委員會撰《總理年譜長編初稿》完成，以油印本徵求各方意見，先生當然是求詢的對象。先生對於此稿的悉心閱讀，是他無可旁貸的責任，但在仔細閱讀之後，發現許多問題，改不勝改，乃有自撰總理年譜的動機，仍從資料徵集著手。惟以健康關係和時局的影響，始終未能完成，這應該是先生最大的遺憾了。

　　先生在廣州休養，各方接觸仍甚頻繁，休養的效果抵銷了不少，乃決心赴歐療養，二十四年六月成行。先生雖辭立法院院長，但是中央委員的名義，仍然存在。

　　當先生在歐療養，已漸收效果，而國家所遭受日本侵略的壓力，則較前大增。其時日本軍閥，正在染指華北五省，假借特殊化的名義，促成五省的自治，這是分裂我國而逐一控制的老辦法。中央軫念胡氏的革命功勳與卓越見解，亟促其返國，共赴國難。

　　第五次全國代表大會，仍舉胡氏為中央執行委員，十二月舉

行第五屆中委第一次全體大會，並舉胡氏為中常會主席，紛電促
其即日返國，主持大計。胡氏也認為參加抗日救國，是他義不容
辭的職責，乃於二十五年一月，首途東歸。

其時的胡氏，健康雖有進步，但神經仍感衰弱，久坐則有腰
酸背痛的病態，他實在仍有繼續醫療的必要，可是胡氏救國心切，
不顧一切而歸國。

胡氏返國，先在廣州休息，而國事日急，內心憂憤已極，而
體力不佳，徒喚奈何。五月九日，胡氏應其內兄陳融之邀，前往
赴宴，晚間進食，談笑自若，食量亦與平時無異。飯罷，與陳氏
西席潘景夷下象棋，作餘興，亦無異狀。及至八時，突然暈倒，
急延醫診治，醫生認為右側腦溢血，情況相當嚴重。

十時許，胡氏神志略為清醒，自知恐將不起，乃急請蕭委員
佛成、鄒委員魯、陳總司令濟棠、粵主席林雲陔，與夫人陳淑子
女士、女木蘭及胡毅生、劉紀文、黃季陸等十餘至親好友至，口
授遺囑，由蕭佛成記錄。遺囑云：

> 余以久病之軀，養疴海外，迭承五全大會敦促，力疾言還，
> 方期努力奮鬥，共紓國難。詎料歸國以來，外力日見伸張，
> 抵抗仍無實際，事與願違，憂憤之餘，病益增劇，勢將不
> 起。自維追隨總理，從事革命三十餘年，確信三民主義為
> 唯一救國主義。而熟察目前情勢，非抗日，不能實現民族
> 主義；非澄清吏治，不能實現民權主義；非肅清共匪，不
> 能實現民生主義。尤盼吾黨忠實同志，切實奉行總理遺教，
> 以完成本黨救國之使命，切囑！

胡氏立遺囑時，完全以革命救國，實現國父遺教為中心，切
囑同志繼續努力，完成使命，這是他畢生革命的簡述，而語不及
私，對身後家族的問題，隻字不及，其公而忘私的精神，殊令人
嘆服不已。其遺囑中所言完成三民主義革命的三大途徑，亦為不
易之至理。但玩味其「抵抗仍無實際」一語，可能他對中央安內

攘外，建國抗戰的決策，有誤會之處。

　　按胡氏不在中央供職，是始於二十年二月，故對此後中央對日決策，似有未盡了解之處。當時中央的決策，是安內攘外和建國抗戰。那就是先剿滅中共，以求內部的安定，然後對日抗戰；當時國內初步安定，建設方在發軔，與日軍之久經訓練和裝備相當現代化的情況，相去懸殊，故中央旨在爭取建設的時間，加強國軍的實力，為當務之急。胡氏對此，似不諒解，故作此語。此亦以胡氏健康不佳，不能早日入京，參加決策大計之遺憾了。

　　胡氏立遺囑時，是在九日下午十一時，延至翌日下午七時而溘然長逝，年僅五十八歲耳。噩耗傳至全國，人心大為震動，國喪賢良，同志失去革命導師，不僅為胡氏未能更展長才惜，且為黨國失此高風亮節、才氣橫溢的領導人物惜。

　　中央對胡氏之突然逝世，深表哀悼，立即下令全國下半旗三日，並停止一切娛樂宴會，全體同志一律在左臂纏黑紗三日，以表哀思。中央除特電胡氏家族慰問外，並命令在下週一的總理紀念週中，特為胡氏靜默三分鐘，列入紀念儀式中；海內外各地黨部立即召集各機關團體，籌備舉行哀悼胡先生大會，其肅穆隆重，可謂空前。胡氏遺體，即在是日入殮，七月十三日安葬於廣州城東龍眼洞獅嶺的斗文塱，其送葬執紼之盛，亦為空前。

　　胡氏逝世後，國民政府於六月十三日下令褒揚，其遺體並由國葬，褒揚令云：

　　　　國民政府前常務委員立法院院長胡漢民，翊贊總理，倡導革命，豐功偉烈，中外同欽。乃因罷疾逝世，國喪元勳，民失師保，追懷往績，允宜特予國葬，以昭尊崇。茲派居正、蕭佛成、孫科、許崇智、孔祥熙、葉楚傖、林雲陔……為國葬典禮籌備委員，著即依照國葬法組織辦事處，在廣州擇定葬地，敬謹舉行。所有一切飾終典禮，務極優隆，其國葬費用及紀念建築物，即由該委員會擬議，呈核施行，

用示國家崇功報德之至意，此令。

由此，可知政府對胡先生飾終典禮之隆重，上述斗文塱的墓地，即為國葬籌備委員會所選定者。胡氏在壬寅年即光緒二十八年（1902年），與其至友陳融之妹淑子女士結婚，曾妊而小產，其後奔走革命，敘短離長，遂無子，僅一女，即木蘭，由其姪弘達為嗣子，奉其禋祀。生平不二色，亦無私蓄，疾惡如仇，風骨嶙峋，詞鋒銳利，不作絲毫的假借；但在政治場合，則運用靈活，要不失於道義與政治的立場。

我們綜合他的一生，國父以外無領袖，三民主義以外無信仰，革命以外無事業，讀書以外無嗜好，其對黨國之艱苦奮鬥，雖生死亦所不惜，危難更所不顧，但其大節凜然，故常在無意中得到私淑之人的照顧而化險為夷。好人是不會寂寞的，其胡氏之謂乎！我們尤其佩服的是他求真理的認真，當時康有為師徒維新之說，轟動於國內知識界，而以廣州為尤甚。而胡氏從康之個人行動中獨知其詐，從其言論中獨知其空洞無物而不與接觸，及聞革命大義，則欣然接受，從私淑國父而為入室同志，執弟子禮，終身恭敬服從，生死以之，其卓識遠見與敬謹純篤，實為當時知識分子所不能望其項背，而他在革命運動中，常感學術之不足，不堪膺任國家的重寄，因此力求學術的進步，他真是革命不忘求知，求知不忘革命的青年模範了。其夫人淑子女士亦體弱多病，但從事革命，冒生死危險以運輸軍火，其勇敢與負責與先生無異。抗戰期中，力疾自粵至渝，三十一年卒於重慶，享年六十歲，如胡氏伉儷者，誠可稱之為革命之家了。

肆　張振武

——武昌首義後的中流砥柱

不為奴隸國民

　　辛亥武昌首義時重要革命志士，向有所謂三武之稱。三武者，蔣翊武、孫武、張振武便是。在首義前夕，蔣翊武的地位最稱重要，但翊武在黃土坡之難，幸能走脫，以致影響其在首義歷史的地位；而孫武則繫於獄，無能為力，故最後之定計與發動，完全由張振武一人任之。誠可稱為武昌首義之中流砥柱，但其大誤，則擁黎元洪登臺而主持戎幕，主持陽夏保衛戰的決策，其地位之重要與貢獻之重大，實過於蔣翊武。張振武與黎元洪自此搭上關係，妄許交情，終於在不明不白中喪失其生命。至孫武則變節投敵，等而下之了。

　　張振武原名堯鑫，湖北羅田人，本字春山，以曾寄籍於鄂西北的竹山縣，遂以竹山為字。他非常聰明，讀書過目不忘，鄉里以神童視之。年稍長，對八股文字，非常嫌惡，故不治帖括之學，但好讀孫、吳兵法，胸中所具的學問，都是關於戰略戰術的知識。但是他並沒有投入軍事學校，作進一步的深造，以完成其軍事方面的造詣，而是考入省立師範學校，預備從事於教育工作。這當然不是張振武的志願，但是他在省立師範肄業的期間，對革命思想卻發生了極大的興趣，從此便成為革命陣營中的鬥士。使張振武變為革命鬥士的，是他的老師時象晉先生。時先生自己便是一個有名的革命分子，他在教書時，並不是直接宣傳革命主義，只是把滿清專制政權對漢人的壓迫，以及滿清政府對外交涉的低能無知和備受帝國主義國家侵略的歷史事實，一項一項的作有系統

的講解。血性青年，聽到了時先生的講課，便非常自然的產生對滿清政府憎惡的觀念，從而革滿清政府之命的思想，油然而生。張振武便是在這樣的環境下，成為革命鬥士的。他在聽到了時先生的講述以後，曾經憤慨地說：「大丈夫忍為奴隸國民耶！」

　　他的革命救國之熱情，蘊育於中，揚溢於外，這是當時革命青年的普遍氣氛。

　　甲午之戰，我堂堂中華大國，敗於蕞爾三島的日本，反而割地賠款以求和，對張振武的刺激甚大。及庚子拳匪之亂，慈禧太后竟與亂民相結合，推動著排外的運動，終於導致八國聯軍之役，和辛丑最不平等條約的結局，對張振武的刺激更深。他認為如此下去，中國必將亡國，中國人必將為西方帝國主義國家與東方帝國主義國家的奴隸；欲救中國，而免於危亡，非從速推翻滿清政府不可。於是張振武重行發展他軍事思想的天才，東遊日本，志在進入軍校，求取現代的軍事知識，以便在行陣中致力於推翻滿清的革命工作。但是，進入日本的軍事學校，是要具備必需的條件，而振武並無此等條件，如清政府的保送、預備軍校的證件等。由於沒有這些證件，所以振武無法正式進入軍事學校，退而求其次，則進入早稻田大學，研究政治與法律；同時加入體育會，那便是黃興先生為了滿足不能進入日本軍校的中國留學生而設的一種軍訓機構，會中的主要課程，便是現代的軍事思想之講學與軍事訓練的實習。振武行軍布陣、戰陣攻守的知識和技術，就是從體育會得到的。張振武留日的期間和在體育會受軍事訓練的期間，正與焦達峰相同。振武自此即成為革命黨的同志。

認識祕密團體與鼓動革命思潮

　　庚子、辛丑以後，國事益急，全國已陷於瓜分的危機中。但清政府仍然在粉飾太平，尤其是辛丑以後的不久，即發生日俄戰爭，而以我東北為戰場，在這樣的情況下，慈禧太后及其所任用

的許多爪牙，還有興趣大做其七十歲的生日，真是恬不知恥，心肝毫無。國內外的情勢，使東京的革命同志，要求進一步的革命起義，以救國家，更為迫切，中國同盟會便在這樣的要求下成立了。時國父正在日本，這個革命同志大團結機關於是組成，張振武即在此時入盟，自此即為同盟會會員，湘人劉彥，介紹振武在同盟會的聯絡總部擔任工作，專門策劃湖北方面的革命工作，以組織祕密團體為著手之點。

　　同盟會成立以後，革命起義事件，即相繼發生，丁未年，即光緒三十三年，國父與黃興等在鎮南關起義，便是一例。是年徐錫麟謀在安徽起義，張振武實亦為之助，及錫麟事敗，振武亦幾遭牽連，因走長崎以避之。未幾返鄂，首先致力於革命思潮之鼓動，以演講會為灌輸革命思想的途徑。振武有口才，每次集會，必登臺演說，以銳利的目光，陳述國家的危機，警惕同胞的覺悟，言詞懇切，內容豐富，聽者動容，於是武漢方面之革命空氣，立時呈活躍的現象，振武遂被視為危險分子，遭到清廷爪牙的注意與監視，振武至此，乃改變方式，以避其鋒，會贛人朱錫麟捐鉅款，供革命同志使用。振武知徒以口舌爭同情，尚難達發展革命組織的目的，而本身則反暴露於顯著的地位，易遭不測，不如利用此款，以辦學為掩護，反易吸收同志，發展組織；乃以朱氏所捐之款，撥交學務公所，辦理學校，藉在教育之發展中，同時可得革命組織發展之結果。由此，埋首於辦學者先後達三年之久，而湖北青年之接受革命思想的薰陶和加入革命組織者乃益多。時陳夔龍任鄂督，偵知振武的學校，實為一革命機關，密謀捕治之，但振武警覺性很高，消息亦甚靈通，因得事先走避。陳夔龍的爪牙，雖然偵騎四出，大索振武而不可得。振武至此，也只好匿居於鄉僻之區，暫斂鋒芒，以待機會。及禁令稍弛，振武始再出頭，仍為革命效力。

　　振武之再度出現，不再辦學，而組織體育會，以促進國民健

康為號召，並在公立學校任課，名義上是為了生計，實際上仍然是宣揚革命宗旨，擴大革命組織。其時清帝已為溥儀，慈禧太后亦已去世，朝政雖易人，但腐敗無能益甚，孫武、高尚志等發起組織革命機關部，振武力助之，其同時參加機關部工作的同志，則有劉公、蔣翊武、蔡濟民、鄧玉麟、楊玉如等，都是武昌首義前的革命健將，而湘人譚人鳳素有革命老人之稱，則往來聯繫之、策動之，武漢的革命活動，至此加強，已達革命起義的前夕了。振武在這一組織中所擔任的職務，為理財部，是革命發展最重要的部門之一，也是最困難的部門。時同志甚多，躍躍欲一試，但經費困難，大有無米為炊之嘆。幸有劉公的五千元留學費，移作革命活動的支出，始得稍紓困難；而振武亦親返竹山寄居所，變賣家產，以宏革命開展之效果，其毀家紓難的精神，實有足多者。

託子於人，起義任中心任務

振武之僕僕往來，勤於籌款，頗啟武漢清吏的疑竇而益注意監視之。竹山縣紳民頗信任振武而壯其所為，乃舉為孝廉方正，以解清吏之疑。但振武則深知參加革命工作，生命的危險，隨時可能發生，乃以一子寄養於鄂南崇陽縣的魯家而囑之曰：「果事敗垂成，幸善教此子，令繼我志。」其時革命起義之期日近，故振武預為身後事的安排，足證其為國捐軀的志節之堅定。首義以前之張振武，每遇危難，常躲躲藏藏，以求安全，則以革命的前途為重，留此身以有待；及首義期近，奮身一擊的機會已至，故挺身而出，與諸同志共同殺敵，不再躲避而以身後教子之事，囑之於至友，但其所言教之道，不以振家聲為託，而以繼志為詞，其公而忘私的精神，足以警惕後人，而發人深省了。

振武在武漢的革命機關部中，雖然是擔任理財的工作，但其範圍決不止此。他得到了錢以後，主要的用途是交給同志收購軍器軍火，他自己也利用各種關係，在武漢以外的地區，搜尋軍器

軍火，不遺餘力。他得到的成績，裝成十幾口箱子，裏以黃絲，作為賣絲商人的模樣，運入武昌城中，以供起義之需，辛亥中秋前後的武昌，時有革命黨人起義的傳說，清吏頗有風聲鶴唳的驚恐，故武昌對內對外的交通，控制極嚴，城門的盤查，更為周密。張振武攜帶了藏有炸彈等軍械的箱子，企圖混進武昌城，為巡防部隊所見，欲加檢查。振武竭力解釋，不應留難正當商人，邏者不許。振武知不能免，乃偽作憤怒狀，奮力以拳擊破一箱，坦白的要求查看，邏者察其誠，遂揮手令去。這一危險的鏡頭，幸賴振武的鎮定與機智而得免於難，其人之勇敢而富於隨機應變的急智，不能不令人心服。今天，我們談到這一個危險萬分的故事，仍不免要為振武捏一把冷汗，然振武則處之泰然而安然脫險，雖云僥倖，實亦不能不爾，坦誠而勇敢，尚有通過的希望，若畏首畏尾，則敗事必矣。

　　辛亥八月十八日（陽曆十月九日）之夜，因為漢口俄租界長清里的爆炸案所引起的革命機關洩密案，武昌發生了大搜捕，黃土坡的文學社總機關被破壞，重要革命負責人劉復基、彭楚藩等被難，蔣翊武遁赴岳陽，孫武則以受傷而入醫院，且遭監視，其他如胡瑛與劉公等，都在監獄中。是夜，張振武亦被搜捕，僅以身免。振武知革命黨人與清政府爪牙之間，已成不能兩立之勢，非立即舉兵起義，無以解黨人之危，那就更談不上推翻滿清政權了。於是振武在滿腔悲憤之中，與朱次璋、李華模等商定，分頭通知軍政商學各界的同志，約定即晚起義，時間定於午夜，以南湖砲隊同志的砲聲為信號，各在所處地區發難。是夜消息傳遞發生阻礙，砲隊同志未能及時發砲，大家過了十九日緊張的一日，至晚間始由工程營的熊秉坤等發難，佔領楚望台的軍械庫，取得大批械彈，革命軍的聲勢頓壯，並由蔡濟民等率隊至起義門迎接砲隊入城，將砲兵的大砲運至蛇山，向督署發砲，革命軍形勢，至此大為好轉。故武昌首義的最後部署之完成，振武實為領導的

中心人物。

攻下督署，功成不居

　　先是，鄂督瑞澂得知武漢革命黨人的名冊與機關分布，明白
事態嚴重，故密調憲兵、警察與巡防軍等，分守於督署的四周，
實力異常雄厚。故革命軍自佔領楚望台後，即發動對督署的總攻，
先後五次，未能得手，革命志士余守中等陣亡多人，軍中大砲，
亦頗有損失。但革命軍的鬥志益盛，誓取督署，仍進攻不已，及
蛇山方面的革命軍砲隊，群以督署為目標而發砲攻擊，督署遂不
能守，旋為革命軍所佔，瑞澂、張彪等狼狽遁走，武昌清軍遂成
群龍無首之狀，革命軍以破竹之勢，相繼佔領鳳凰山砲臺、武勝
門、大東門、小東門、保安門、平湖門、望山門、文昌門等要地，
武昌全部，都在革命軍的掌握中了。這是十九日最緊張的一夜，
完成了底定武昌全城的大功績。所以武昌起義，是十九日一夜成
功的。及二十日黎明，城內已經安定，革命軍已出安民布告了。
革命同志朱次璋等，以振武膽識過人，大家都推他為總代表。振
武謙遜不遑，謂新軍中最得人望者為黎元洪，宜推元洪為領袖，
以收軍心而安秩序，且可以收招降武昌附近新軍之效。於是革命
同志轉其推舉目標於黎元洪身上。故黎元洪之被革命軍所重視，
實由於張振武之推舉。振武功成不居，而以大局為重的居心，是
值得我們佩服的。但是振武後來終於死在黎元洪的陰謀詭計中，
這固然是振武識人不明之過，而黎之為人實在是毫無足取的奸雄，
後來他也被曹、吳所迫而下臺，其親嘗苦果，是報應昭彰的罪過
之所致乎？

　　黎元洪本已避於鄉間，但尚有細軟在家，令僕回取。革命軍
發現了黎宅有人負箱而出，查詢之，發現了黎元洪的下落，張振
武乃與蔡濟民等共同擁立黎元洪為革命軍的總司令，振武則為副
總司令，以武昌的諮議局為辦公室，匆匆成立總部。其時武昌城

內尚有清兵的散卒，由管帶郜翊宸糾集二百餘人，驟向諮議局進攻。黎元洪聞警遁走，其不負責任的態度，由此可知。時諮議局中餘留下來的革命同志，只有數人，振武鎮定異常，分同志數人為數組，誓死不退，與殘餘清兵對抗。清兵知諮議局裡的革命同志不多，但亦恐另有埋伏，而不敢深入；旋陸軍中學學生耿丹等率領學生軍七百餘來援，清軍殘部聞風而潰。故諮議局的革命軍總部之得以保全，實振武一人之力，那個時候的黎元洪，充分表示了投機分子的色彩。振武既得學生軍之助，實力增厚，乃毀各監獄，而使胡瑛等革命同志恢復自由。並分派他們駐守藩署、官錢局、銅元局等重要機關，其部署可謂井井有條，輕重分明，是誠革命同志中不可多得之長才。

　　武昌秩序稍定，各營的革命同志代表，咸來諮議局集會，商討組織革命機關問題。劉公、胡瑛、蔡濟民、鄧玉麟、吳兆麟等均與會。振武在會中，慷慨陳詞，聲淚俱下，說明擁戴黎元洪為軍事領袖的利益。按革命同盟會對一個地區光復以後的組織，本有一定的規定。軍事領袖稱為都督，經由選舉產生。振武在首義之役中，既建奇勳，其對都督的屬望於黎元洪，又如此的殷切，這樣便把黎某造成湖北革命軍的領袖地位，張振武則願在黎都督之下就總參議之職。在這樣的情況，張振武雖然沒有都督的名義，但其力足以對黎元洪發生影響，此或為後日黎元洪對張振武陰懷憤恨而必欲殺之而後快的主要原因吧！都督之職位既定，振武乃籌組革命軍隊，把革命軍改編為四個協：由吳兆麟統第一協，何錫蕃統第二協，楊開甲統第三協，杜錫鈞統第四協。並另招新軍，以補各協的不足名額，增強新的革命軍的實力。這些重要的措施，都在八月二十一日，即首義後的第二日辦好的。這裡，我們更可以看到振武處理武昌善後事宜的才能。

武昌的善後與漢口的危機

　　首義以後，經過兩天的整頓和部署，革命形勢大定，不但是武昌居民已逐漸的安居樂業，即原屬清政府的官吏以及散兵游勇等，都向革命政府紛紛投誠。振武對他們一一加以安撫，並量才予以器使，要他們共同努力，建設新的國家。其時的張振武，更做了兩件極有意義而深得人望的大事：一件就是對外人生命財產的力予保障，一件是對旗人生計與安全的力予維護，表示了革命軍的革命目標，僅對滿清政府，而不對所有的滿人。這不僅是代表了革命軍的風格，同時更有其政治的意義，使滿清政府的死硬派，失去深明大義的滿人的支持。振武誠可謂有心人了。

　　八月二十四日，是黎元洪就任都督的日期。張振武為了使黎元洪在革命軍中樹立威望起見，特別設立講壇，令各部隊推派代表部隊，整隊於壇前，參加黎元洪的就職典禮，並請元洪登壇受敬禮，儀式簡單隆重，全軍至此，始知今後他們的軍事統帥是黎元洪。由此，可知振武此舉，是有其深遠的用心。典禮既畢，振

圖 15　武昌起義後成立的湖北軍政府

武乃主持湖北軍政府的組織，內部分四個部門：一為參謀部，由
楊開甲任之；二為軍令部，由杜錫鈞任之；三為民政部，由原任
諮議局長湯化龍任之；四為軍務部，由振武自任之。軍務部則分
七科：總務科，科長李作棟；軍事科，科長馮昌定；外交科，科
長胡瑛；軍需科，科長李華模；經理科，科長邢伯謙；軍法科，
科長陳漢卿；軍械科，科長紀光漢；民事科，科長蔡鵬來。湖北
軍政府至此始具規模，分部辦事，各有專職。我們應注意，首義
以後，所有一切軍務與政務，都由張振武一人來發號令的，但是
他並不以權在一人手中為得意，反而覺得一個人的智慧與精力有
限，把他的職務作合理的分配，他自己只擔任軍政府中一個部門
的職務，以專責成，而發揮組織的功能。他的責任心如此之專，
權力慾如此的淡，足以代表當時革命軍人公而無私的精神，值得
我們特別加以表揚。

　　首義既成，漢口與漢陽幾亦同時光復，三鎮相聯，革命軍形
勢，始告穩固。清政府得武漢革命的成功消息以後，為之震動，
立即以兵部尚書蔭昌為欽差大臣，起用本已冷凍而閒散於洹上的
袁世凱為湖廣總督，命其率領北洋軍的精銳馮國璋與段祺瑞，分
組一、二兩軍，以平漢鐵路為運輸路線，長驅南下，以規復武漢
三鎮為目標。三鎮中的漢口，是平漢鐵路的終點，漢陽在漢水之
西，武昌則在長江南岸。故清軍之南下，漢口首當其衝。清政府
為了隔斷長江江面交通，並對武昌發生威脅作用，對漢口後方發
生夾擊作用，特命薩鎮冰率領大小戰艦，駐泊江面，發動水陸的
總攻擊。馮國璋以四師之眾，以花園為司令部，向漢口攻擊前進，
所以這一路軍事，特別吃緊，策應漢口守軍，使其擊敗南下清軍
的攻擊，這是武昌軍政府的當前最主要責任。這一任務，張振武
當然是一位中心人物。但是他在工作的過程中，不能像首義時那
樣可以負起總的責任，僅能按照自己的計劃，便宜從事了。這是
因為在他的上面有一個都督黎元洪之故，此在張振武，初期倒還

並沒有發生什麼困難。

振武對當前的強敵之來襲，應付方策是這樣的：他以第二協協統何錫蕃率領全部渡江作戰，並負責指揮全部的軍事；令林翼為協統，率部赴前方助戰，令朱鎮漢、方維等軍，也渡江加入了戰線；更令黃禎祥為敢死隊隊長，參加前方作戰。革命軍奮勇作戰，斬獲頗豐，清軍竟難得逞，會總指揮何錫蕃受傷，照例仍應由張振武負責派人接替，但黎元洪在這樣嚴重的關頭，他有他的意見了。他不待張振武提出人選，而竟主派張景良代替何錫蕃。張景良不但是一個懦夫，而且也是一個說謊的奸佞小人。原來，在清軍南攻之際，黎元洪曾派張景良到前線視察，張景良視察歸來，對前線的軍心士氣及風紀等，提出了若干不良的報告。因此，黎元洪反而認為他是一個人才，其信任程度在其他革命軍將領之上，至此遂有此項新的任命。

實際上，張景良既不是什麼人才，而他對革命軍的忠實，實在更有問題，在他負責擔任前線作戰任務的時候，他竟掩護其部下的奸賊羅家炎、劉錫旗、宋錫全等，祕運革命軍的子彈，供應清軍，以削弱革命軍的作戰力量，使清軍攻勢更為銳利。張景良則節節後退，使漢口成為軍事的前線，對革命軍來說，實在是一個非常重大的挫折。這個挫折的原始造成者，便是黎元洪，這真是振武始料所不及了。張景良雖然指揮無方，且暗中助長了清軍的攻勢，但是革命軍的前方部隊，作戰仍然非常勇猛，軍事發展雖對革命軍不利，但是革命軍並未因而潰敗，孰謂新編成的部隊不能抵禦強寇！由此，可知張景良向黎元洪所提的報告，完全是不正確的，在強敵壓境聲中，革命軍中竟出現如此敗類，我們雖然並不能據此而推論黎元洪之居心叵測，但是他措置乖方，在革命軍的重要負責人之間，隱有爭權奪利之心，是顯然可見。故振武之擁立黎元洪，實在是一個重大的錯誤；這個錯誤，在陽夏保衛戰中，已經顯示了不良的後果了。當漢口形勢出現重大危機的

時候，黃興先生適時趕到，眾推其擔任陽夏保衛戰的軍事總責。雖經黃興先生之竭力經營，復得湖南方面的生力軍增援，但是漢口的危機，終於無法解除，浸浸而漢陽方面也出現重大的危機，這中間，武昌的革命黨人雖竭力增援，而黎元洪反淡然處之，而且還製造了一些湘、鄂軍間的地域觀念，前線鄂軍竟有不奉命的情事發生，致漢陽保衛戰亦告失敗，而鄂軍方面反有黃興為常敗將軍的流言，我們推究其原因，黎元洪應該負最大的責任。

在陽夏保衛戰的過程中，張振武復有兩件重要措施，值得我們特別一提。其中的一件事，是和孫武有關的。孫武在長清里爆炸事件中受了傷，至此傷勢復原，出而任事。張振武舉孫武為軍務部長，自願為副部長以佐之。這一事件，更足以說明振武的謙讓為懷，使這位首義以前在革命運動佔有極重要地位的同志，得到適當的工作機會，繼續為革命效力。實際上，武昌首義的策劃人與執行人是張振武，首義成功，應歸其功於張振武，與孫武無關。但是，振武不居功，反願為孫武之副手，這是何等光明磊落的胸懷！另外一件事，是王殿菴投降革命軍的問題。王殿菴是王汝甲的叔父，王汝甲為攻漢口清軍的重要將領之一。大家對於王殿菴之來降，認為有偽降與做奸細的可能，都主張殺了他。張振武獨不以為然，力保其決非間諜，並親解其縛，與之長談。王殿菴為之感動，乃親筆書長函，力勸其姪只可與革命軍虛與委蛇，不再力戰。漢口方面的危機，因而稍弛，革命軍遂得喘息與補充的機會，乘間反攻，連獲勝利，便是張振武義釋王殿菴的效果。

陽夏保衛戰

黃興先生之被舉為陽夏保衛戰的總指揮，也是振武的竭力主張。黃興先生本有能戰之名，而九月八、九兩日的勝利，又在黃興先生任責之初。袁系清軍聞黃興先生總縮陽夏軍符，則大驚，增調援軍，猛撲漢口，漢陽守軍聞漢口益急，則棄守而遁。張振

武聽到了這個消息，立即派遣將校敢死隊長金鴻鈞率隊員二百餘人馳往守之，故漢陽危而復安。黃興先生既負陽夏保衛戰的軍事總指揮職，銳意作規復漢口的反攻。振武知武昌方面應對此一反攻軍事的行動，予以策應，非依仗青山砲臺的火力不可，振武乃至青山要塞，一面派遣有關同志如胡捷三、蔡鵬來等，向青山砲臺的巡防營說降，一舉成功，同時並向北軍進行策反。自此，北軍派代表接洽投誠者日多，凡有北軍代表來，振武必躬親招待，禮貌甚為周到，飲食起居，常與相共；北軍代表歸去，轉述革命軍的情形，都很感動，願意率部來歸者大有人在。惜漢陽軍事逆轉甚速，振武的策反工作，也同時受到影響。若能相持時日，北軍之歸誠必多。

　　黃興反攻漢口軍事，卒告無效，而馮國璋部且乘革命軍攻勢不遂之時，跟蹤前進，向漢陽襲擊，並自襄河上游偷渡，自側背進攻漢陽，一時蔡家甸失守，要塞如美女、仙娘諸山均淪陷，而鍋底、扁擔、磨子等山，亦不能固守，漢陽情勢益急。振武至此，決定親率援軍，渡江與敵軍一拚，他所率領的是他的軍務部的一位同事和衛隊，此外還有學生軍，總計約一千五百人。他和他的部隊到達漢陽十里舖，那便是黃興的總部所在了。他立刻歸到黃興指揮之下，受命率同夏道南、胡捷三、李華模等為中路，以謝流芳、甘緝熙等為右翼，以鄧玉麟、孫洪炳等為左翼，他們都是革命同志中肝膽有識而拚死作戰的勇士，這一股生力軍的奮勇作戰，即將磨子山、扁擔山兩個戰略要地克服，軍心因而大振。所可惜的，後路援軍不濟，而且缺乏大砲的支援，所以勝利的效果，未能繼續發揮，北軍偵知革命軍缺乏砲隊，乃於翌日集中砲火，攻擊革命軍。湘軍統領在北軍的瘋狂砲火中捐軀，孫洪炳、甘緝熙亦在此次砲火攻擊下受傷，振武的右膀也受創甚劇，不慎而墜於水中，幾致溺斃，幸被衛兵救起，得免於死。但經此一戰，振武所率的部隊，死傷過半，不得已重返十里舖，以北軍情況，面

告黃興，要他設法預防，振武本人則兼返武昌，療治傷勢。這是漢陽革命軍的最後反攻。守漢陽的革命軍在參謀長梁喜章中彈陣亡後，軍無鬥志，敵遂長驅而至，遂告不守，振武聞漢陽失守，則不顧創傷，攘臂而起，騎馬沿街狂呼，謂「漢陽失守，乃革命軍的疑兵之計」，武昌軍民之心，因以大定。振武的膽識之壯，由此可知了。

死守武昌的壯舉

漢陽既失，黃興亦返武昌，在都督府舉行軍事會議，頗有人主張棄武昌而東下者，黎元洪則有走葛店之議，黃興則有經滬入粵，以取得機關槍來再與敵戰之意。譚人鳳與張振武獨以為不可，振武抗聲而爭，他說：「漢口與漢陽，僅隔襄河（即漢水），尚能支持月餘；武昌為兵事重地，據此一隅，足制全國，倘不死守，則東南動搖，望風而靡，此武昌不可棄者一；長江天塹，北軍僅四千人，豈能飛渡！武昌餉械充足，能戰之士數萬，背城借一，未必即敗，此不可棄武昌者二；各省援兵，陸續來集，若退守南京，援兵將不戰自潰，武昌既失，敵據荊襄上游，以制湘桂死命，且分攻九江、安慶，南京雖為我有，亦不過如洪秀全之苟延時日而已，此不可棄武昌者三。有此三不可棄，敢言棄武昌者斬！」振武之論武昌形勢，可謂得地利之要。我們知道長江形勢，南京是靠上游的九江、武昌與荊襄以及淮河地區的合肥為屏障；我國南北分裂時期，無不扼揚州、合肥以固門戶，守潯陽、武昌以固上游。孫權時代，以南京為首都，屢爭合肥不得，幸能保全武昌與荊襄，故尚能立足，武昌在劉備手中，合肥在曹操手中，則南京無安枕之日了，振武之力主鞏固武昌，其意尚較譚人鳳為積極；他以策動武昌首義的革命黨人之資格，聲色俱厲的說：「敢言棄武昌者斬」，是何等堅強的意志，更有譚人鳳之助，使主張逃避的失敗主義者為之喪膽。無奈黎元洪走葛店以觀望的意志已堅，黃興

離鄂之意亦決，故首日會議，未有結果，次日再開會議，走者自走，守者自守。張振武與譚人鳳等遂定武昌的防守計劃。他決定派鄧玉麟、何錫蕃擔任防衛武昌的責任，敢死隊長陳龍守磁基山，羅洪升守大軍山，劉作龍守小軍山，王錫麟守京口，張廷輔、謝流芳等守白沙洲，李忠義、劉廷璧等守青山。振武並以死守武昌的決策，向諸軍勗勉。

　　諸軍聞振武言，無不感奮，歡聲如雷，誓與武昌共存亡。在武昌的保衛爭論中，張振武的地位，實較譚人鳳為重要，這是因為振武擔任的官職是軍務部的副主管，而且武昌的革命軍中的志士和革命黨人都是振武的老同志，彼此心心相印，故大政方針決定後，振武即能發號施令，部署武昌的保衛戰。振武復恐民心受漢陽失守與黃、黎出走的影響，分別派人至熱鬧街市演說，使民眾了解革命軍死守武昌的決心與把握，武昌人心賴以安定。軍心民心都告穩定，這是振武死守武昌第一步的成功，因此，漢陽失守以後，武昌之得以保全，和張振武的決心與布置，是有其密切關係的。

　　振武審察當前的形勢，知道軍事方面的布置，尚有加強的必要，因而加派吳兆麟、方維守洪山，令熊秉坤、楊載榮等守武勝門與外新河一帶。軍政府方面，振武亦認為有加強之必要，乃作局部之改組，以李作棟任理財部長，時功璧任銅元局長，徐金生任編制部長，俾使在軍事嚴重時期之部隊組織的軍餉來源，妥為安排。北軍既得漢陽，部署稍定，即利用龜山砲臺，向武昌城門發砲，彈落街頭，居民震恐，黎元洪本無守武昌之意，後以振武豪氣如雲，不敢輕離。至此，振武令居民逃避武昌城外，並且很禮貌的請黎元洪遷居洪山。黎至此，恨不得插翅而飛，可是還對張振武假惺惺來一套惜別與慰勉，酸溜溜的說：「天下大事盡付君手，好自為之」，這才灑淚而去。可是張振武還真的以黎元洪為長官，報之以熱淚，以死守武昌為誓而送別之。

　　北軍對武昌轟擊的砲彈，愈來愈多，而且專以軍務部為目標。有一次，一顆砲彈不偏不倚的擊中了軍務部，死傷衛隊三十餘人；另一顆砲彈則落在振武辦公室的茶几旁，室中人無不驚駭，面如土灰。振武則神色如若，含著笑對他的同事說：「可遷至樓下，照常辦公」，並且竭力安慰他們，要他們不要害怕。張振武膽子大而心思細，其從容安定的態度，深得處變不驚的三昧。而且每在公餘，尤其是在旭日西下的時候，他常常帶著衛隊，巡視各街道，以慰部隊和居民。在北軍彈落如雨的情況下，振武更把這一工作，視為常課，凡三數日而軍民均安，這都是他勇敢的精誠感召之所致。

獨支大局張振武

　　武昌雖經北軍砲轟，但因張振武措置得當，民心大定，士氣益振，秩序因而逐漸恢復。時江西都督馬毓寶遣統領馬嗣洪率軍援鄂，振武命令馬部與鄂方的革命軍聯合起來，向北軍後方的孝感發動攻擊，北軍遂有側背受敵之虞。而青山砲臺的守軍，復與楚同、楚謙兩軍艦聯合起來，把江面控制得相當嚴密，北軍渡江以攻武昌的威脅，也逐漸解除。時袁世凱已被任為清政府的內閣總理，袁世凱一心謀和，以便挾革命軍的聲勢，作為他向清廷勒索的資本，因派唐紹儀為代表，與革命軍代表伍廷芳在上海英租界磋商和議辦法，於是有停止攻擊的約定。武昌至此，遂告安定。振武乃請黎元洪返回武昌，重行執行湖北都督的任務。方黎元洪離武昌時，以為張振武防禦武昌成功，湖北軍政大權，必入振武之手。他臨去所作別詞，大有不會再來的意味，初不料張振武是一個光明磊落的大丈夫，臨危受命，不是為了權力和地位，完全為了革命的前途；他決不會乘機取黎元洪的地位而代之。所以當武昌秩序大定之後，振武復請元洪回任，這一著完全出於黎元洪的意料之外。黎元洪如果尚有良心，他對張振武應該如何的感激，

此後應該如何的對振武器重！可是得失心極重的黎元洪，他不但不感激譚人鳳與張振武的守土之功，反而對他們非常的嫉妒，既以湖北代表的銜名，戴在譚人鳳的頭上，計遣譚人鳳離開武昌，到南京去參加各省代表的會議。對張振武，他本是毫無辦法可想，時張振武認為南北和議，決不能有何成就，戰端重啟的可能性極大，革命軍宜乘此空隙，改進裝備，增強實力，來迎接未來的戰爭；他建議應該派人到上海去採購武器彈藥，以便應用。黎元洪已與袁世凱暗中講和，振武這個建議，真是天賜良機，黎元洪靈機一動，就派張振武到上海去擔任這一任務。於是這位首義立功保衛武昌又建奇勳的湖北革命軍的靈魂人物，便離開了他的崗位，到上海去了。張振武之離鄂，使黎元洪心花怒放，便得在湖北逞其為所欲為的心願了。他的心願為何？那便是倒向袁世凱的懷抱。

袁黎合作謀害振武

振武至上海不久，和議逐漸進展，袁世凱卒藉革命軍的聲勢，壓迫清帝退位，使議和告成。振武知未來的中國政治，有賴於民主政治的社團者實多，乃發起民社，約孫武、劉成禺、時功玖等在上海設立總社，復在武漢設立支部，準備應付未來的政局。武漢支部的設立，是在振武回鄂後組成的。這位深得軍心民心的湖北革命黨人之返鄂，使黎元洪與袁世凱大為不安。於是黎元洪偽裝善意，向袁世凱稱許振武的才能，舉振武為總統府顧問。網羅革命豪傑而羈絆於北京以監視之，本是袁世凱的一貫政策；張振武在武昌首義以及保衛武昌之役的敢作敢為，有條有理，本已遭袁世凱之忌，而欲羈縻之，難得黎元洪也要張振武離開武漢，二人對此，一拍即合，袁世凱乃敦聘張振武為顧問，邀其進入北京，振武辭而不就。又派他做蒙古調查員，以處理蒙古的獨立問題，用愛國的責任心來激勵振武，振武亦不之顧，仍留武漢，做他團結同志的工作。袁世凱與黎元洪因對振武更不放心，尤其是黎元

洪，他以湖北革命而起家，隱以鄂軍首領自居，振武深得鄂軍之心，他害怕鄂軍之歸於振武的掌握，使他成為徒擁虛名而無實力為後盾的副總統，故謀去振武之心益急。

湖北革命同志中，向來三武並稱，但三武之間，似多矛盾。這中間的因素，不出於妒功嫉能四字。三武中論才能當以振武居首，論貢獻，蔣翊武與孫武也不能望張振武之項背。蔣翊武與孫武對張振武之嫌隙，殆起因於此。然振武為人，亦自有其缺點，才氣外露，有咄咄迫人的氣概，使人難於忍受，黎元洪、蔣翊武，似都有同感，但是張振武的心懷坦蕩，殊無賣弄其才能的用意，他不過是見解高人一等，為革命、為國家的前途，說他應該說的話，做他應該做的事而已，原沒有盛氣凌人的意思。孫武初出獄，振武自動把軍務部長讓給孫武，而自為其副，足證他胸無城府之一斑。但是無論黎元洪或孫武，對事理的剖析與軍務的處理，其才其能，都在他之下，他多做了一些對革命有利的事情，在他看來，是革命黨人應有的負責任的態度，而在黎元洪與孫武看來，他們一個是高高在上的都督，一個是張振武的頂頭上司，張振武的敢作敢為，他們便有越俎代庖之感了。我們但看武昌保衛戰的會議席上，張振武不過是一個軍務部的副部長；但是他慷慨陳詞，旁若無人，最後而且還斬釘截鐵的說「敢言棄武昌者斬」，此在黎元洪、孫武看來，簡直是目無長上了。小人專門享他人努力的成果以為己功，張振武只知道做事，而不知道對人的應付，這大概是他的大缺點吧？我們再看陽夏保衛戰的應付方策，都只看到張振武的種種措施，而不見黎元洪、孫武有什麼辦法，黎一出主張，重用張景良，便出了大漏子，足以證明張振武的才能，的確高出他們一大段。他們不知內愧，而只是感到張振武的跋扈，那真太沒有良心，太不知好歹了，也太不認識張振武了。張振武原被推為都督而舉黎元洪自代，原任軍務部長而讓給孫武，他有什麼擅權？我們但見其謙遜不遑而已，但在這些小人的嫉忌勾結之下，

便喪失了他的生命。

　　黎元洪見張振武堅決不肯留京而返回武漢，他便利用孫武與張振武的不睦而又施其奸計了。他假裝和事佬的姿態，要若干湖北的名流，調處孫武與張振武的不能相容，受他利用的有參議員劉成禺和鄭萬瞻。黎元洪要他們南返武昌，為孫武與張振武釋去前嫌。劉成禺等返回武昌，為孫武與張振武設宴解怨，杯酒言笑，握手互道款誠，直心腸的張振武，根本沒有想到這是黎元洪的圈套，還對黎元洪有相當的感激。他全沒有料到黎之為此，正欲張振武對他發生好感，以便在張的感激之外，進一步的把他誑到北京，置之於死地。劉成禺與鄭萬瞻完成其任務，即行返京覆命，而黎元洪敦勸張振武就總統府顧問的代表又向武漢出發了。張振武既已誤認黎元洪對己愛護甚深，對其再派專人敦勸入京就總統府顧問之職，也認為是一番好意，情難再卻，於是摒擋北上，而在張振武北上以後的不久，孫武也接著北去；與張振武同時受邀者，尚有張振武的得力助手鄂軍驍將方維，時方以積功而受鄂軍將領之推任鄂軍將校團團長。振武北上時，似未悉方維亦受「寵邀」，方維入京，住金臺旅館，亦未與振武同住一處。民國二年八月十五日（陰曆），振武燕客於六國飯店，歸途，道出正陽門，即被北京步軍統領的爪牙所捕，即解送軍法處，未幾而方維亦被捕至軍法處。振武至此，始知中人圈套，詢其故，軍法處示以黎元洪的電報，是誣張振武謀反。振武斥其誣妄，軍法處則示以袁世凱著即槍決的電報。

　　振武乃悟黎元洪有計劃的謀害他，慨然而嘆曰：「豎子無良，乃一至此耶！」既而曰：「死耳，夫復何言！」索紙筆，作一書致黎元洪，復擬作家書，氣憤不能下筆，重作長嘆曰：「死耳，夫復何言！」促速行刑，遂於是夜一時許，與方維同時畢命，聞者莫不冤之，全國為之震動，黃興並提出責問。

　　黎元洪既遂謀殺振武之願，囑步軍統領衙門，宣布張振武的

罪狀，但是振武那裡有什麼罪呢？即使有什麼罪，也應該經過審訊和舉證的經過，黎元洪完全以「莫須有」的嫌怨，以快一己的私願，故統領衙門的罪狀一經宣布，輿論更為譁然，不僅同情振武，而且對黎元洪很不諒解。黎元洪為恐連累自己的聲名，乃於四日後，即八月十九日，亦即武昌首義的一週年紀念日，宣布張振武十大罪狀，以通電的方式，向各省公布。他的十大罪狀，當然更是洞空臆測之詞，因而引起更多的不滿與詬病。黎元洪看到空氣不佳，又隔了三日，通告張振武的十四項大罪，他愈加掩飾，愈加暴露他的陰謀與殺害革命舊勳的罪惡，真所謂欲蓋彌彰了。張振武不死於首義之夜而成為革命烈士，不死於反攻漢陽之役而成為烈士，而死於南北和議告成，輕輕易易的死在黎元洪毒計誣害之下。千載而後，無人相信張振武有謀反的事實，而黎元洪之心胸狹小，受人之惠而以誣害為惡報，此後黎元洪在政壇始終是一個被人播弄的傀儡，招之而利慾薰心，不能不來；揮之，則又戀棧心切而猶不能不去。以視革命初期受張振武之擁護而貴為鄂督，武昌穩定又受張振武之迎而為鄂督，其間相去向可以道里計哉！是殆設計誣陷張振武之惡報乎！黎素有菩薩之名，作者在這裡要用鐵之事實，來剝去他菩薩的假面具，暴露他獐頭鼠目的小人真面貌，而為革命志士訟冤！

　　袁世凱那個時候本已邀請黃興先生北上，「用資贊助」；其因張振武被害而緩其行期，並電袁世凱，查究責任。他的電文是這樣說的：

　　　　南中聞張振武槍斃，頗深駭怪。今得電傳步兵統領衙門宣布之罪狀，為揭裁黎副總統原電所稱怙惡結黨，桀驁日恣，飛揚跋扈等，似皆為言行不謹之罪，與破壞共和，圖謀不規之說，詞意不能針對，全電歸結之語，注重於愛既不能、忍又不可八字，但張振武不能受愛與受忍之處，出於黎副總統一二人之意乎？抑由於共和國法律有不能愛之、不能

忍之判斷乎？未見司法裁判，頗難釋此疑問，乞更明白宣
布，以釋群疑。

這是黃興先生迷信法律效果的公開表示，其所質問之點，如
為法治國家，則可謂擊中要害，但是袁世凱心目中，那裡有法律
觀念？所以他的覆電，只是說：「黎副總統為鄂軍督帥，對其所部
宣布罪狀，請正典刑，自應即予照辦」，這真袁、黎勾結以害張振
武與方維之明證。黃興先生自然不能滿意，乃再電質詢：

……黎副總統原電述張方罪狀，語極含混，凡有法律之國，
無論何級長官，均不能於法外擅為生殺。今不經裁判，竟
將創造共和有功之人，立予槍決，人權國法，破壞殆盡，
……汪精衛謀炸攝政一案，訊供確鑿，尚能出以詳審，僅
予監禁，假使張方對於都督個人有不軌之嫌疑，亦豈能不
據法律上手續，率爾請予正法，以快私心？

這個電報，無論袁世凱與黎元洪，都被問得無詞可答，於是
袁世凱唆使和他有交情的報紙，誣稱黃興與張振武案有關因此不
敢北上，黃興知道了以後，立即致電袁世凱說：「如果興與張案有
涉，甘受法庭裁判；如或由小人從中誣陷入罪，亦請持反坐律究
辦」；他的結論，總期把此案「勿徇勿隱，徹底查辦。」雙方僵持，
愈演愈烈。

對於張振武案之不平，不僅黃興先生一人為然，同盟會老同
志如于右任、姚雨平、陳陶怡等，也都憤激異常，致電袁世凱，
要求「特派公正專員，徹查嚴究」，詞意憤慨，情勢逐漸擴大，袁
世凱理窮，乃捨張案不談，但對黃興先生與張案有關一點作解釋，
委過於「一般幸災樂禍之徒」的「憑空捏造」，並令陳交涉使「查
明來原，呈請核辦」，作為敷衍。張振武案遂不了了之，而張之被
誣與袁、黎之違法害人，則已大白於世，振武亦可瞑目於九泉了。

伍　吳祿貞

——才氣縱橫以身許國的青年志士

雄視華北舉足輕重

武昌首義時，忠貞革命志士吳祿貞，任第六鎮統制，駐防於石家莊。還有革命志士張紹曾，時為二十鎮統制，駐防冀東的灤縣。時閻錫山起義於山西，張鳳翽起義於陝西，北方的革命軍，佔有最好的形勢。中部地區，湖南、江西相繼舉義，江浙皖閩等也積極發動革命，革命軍大有席捲華中、華北之大勢，唾手而可推翻滿清政府，其間吳祿貞所處的地位，最為重要，因石家莊縮轂平漢、正太兩鐵路之樞紐，足以屏障山西，隔斷清軍南北之呼應，如與張紹曾的二十鎮，以犄角之勢，向北京進攻，則清軍首尾不能相顧，清軍不敗何待？乃吳祿貞既疏於自己安全的防衛，更疏於部下的聯繫與控制，致被袁世凱收買其部屬，刺殺於防地，北方局勢為之大變，這是革命發展中最為可惜的事。吳祿貞被刺殞命，制勝的關鍵頓失，張紹曾勢孤而不敢有所作為，閻錫山失卻屏障而暴露在清軍攻擊之下，而北方的袁系北洋軍亦得取道平漢鐵路而逕撲陽夏，危害底定不久的革命基地。其影響之大，有如此者。我們但看武昌起義以後，蔭昌以清政府兵部尚書的資格為欽差大臣，直接負對付武漢義軍的責任，但當其到達河南北境，即屯兵不前，即可知吳祿貞駐守石家莊對清軍不利的實況了，故吳祿貞的失敗，對革命全局，影響實在太大。此後，太原失守，晉軍北退；陽夏淪陷，武昌告警，都是吳祿貞被刺的直接影響。若非湖南與江西相繼光復，蘇浙滬繼之易幟，南京隨即克服，則革命大局，幾有不堪設想之勢了。因此，一身寄革命安危的吳祿

圖 16　吳祿貞

貞先烈，我們對他應有更多認識之必要。

最年輕的性格廩生與舉人

吳祿貞是湖北雲夢人，字綬卿，生於光緒六年，即西元 1880 年，中法之役國父立志革命時，他是六歲的小孩子，故吳祿貞對國父來說，他是一個晚輩，尤其是在革命事業方面，那更是晚輩了。他是出身於書香門第的世家，他的祖父吳道言，是雲夢著名的慈善家，父親吳利彬，是一位秀才，有遠大的胸懷，有卓越的才識，他被爭聘為幕僚，遊宦於四方，所至受到主管官和地方人士的重視與歡迎。到了晚年，不願意再奔走了，於是回到武昌講學，是當時相當著名的老師。利彬先生有兩個兒子，長子就是祿貞，次子則為祐貞。祿貞幼受家訓，埋首案牘，聰穎異於常兒，日讀書可達千言，八、九歲時已能下筆為文，可圈可點，是名副其實的少年才雋。

光緒二十一年，祿貞年十五歲，時中日甲午之戰失敗，訂立〈馬關條約〉以和。祿貞即在〈馬關條約〉成立之年，考中秀才，未幾即補為廩生，真是一位非常年輕的廩膳生員，其時他的詩詞書法都已卓然可觀，被稱為文學秀才了。

可是祿貞的天性，對於尋章摘句的文字，雖有異常的成績，但他志不在此。他有奔放豪俠的性格，見之於詩歌者為慷慨倜儻的篇什，見之於社會活動者為結交豪放之士，崇俠尚義，急人之急，忠人之託，尤喜國術，從師學拳，而尤好舞劍，都有相當的造詣。他對兵法的研究，愛好尤深，故能入其堂奧而深具心得。

凡此，都足以說明祿貞是性情中人，而不是科舉的名繮利鎖所能
繩墨的。十六歲時，父病，誤食黃瓜而死。因此，祿貞終生不食
黃瓜，其剛烈之性，大率類此。父死以後，侍母尤孝，故鄉里對
這位年輕的廩生，都非常的敬重，翌年，赴鄉試得售，遂成舉人。
故祿貞在科場中，可謂少年得志，一帆風順。循此途徑，以獵取
功名富貴，這大概是他父親對他的期望。但祿貞卻在考中舉人以
後，對他父親生前的要求，認為已告一段落，此後便另闢蹊徑，
發展他自己的抱負，時各省開辦武備學堂，以便訓練新軍幹部，
湖北省也照例的開辦武備學堂，祿貞便投筆從戎，考入武校，在
軍事的知識與技能方面，更求深造，以發展更大的抱負。

留學日本志切革命

　　吳祿貞本是聰明過人的人，讀軍事，是他興趣最高的學科，
再加上他的力學，所以成績斐然，為同學所不及，其同學中有蘇
人鈕永建者也是以舉人而習武，所有學科，每試常互為第一名，
有一時瑜亮之稱，因此同為老師們所賞識，認為是可造之材，因
同被湖北官方選派至日本留學，考入士官學校，專攻騎兵。祿貞
在留學日本以前，受傳統的教育，故對清政府的現狀，尚無不滿，
也沒有革清政府之命的要求。及至日本，正值明治維新，力求進
步的時代，一切都顯示著蓬勃的朝氣；因而回想在國內的所見所
聞，就顯示著清政府的腐敗無能、政治的落後與窳劣，而滿人執
政的昏瞶糊塗，尤為政治不上軌道的基本因素。經此比較，吳祿
貞認為要救中國，非改革政治不可；要改革政治而期其有效，非
剷除滿清政權不可。其時的留日學生，對革命救國的道理，已多
省悟，正在異常熱烈的推行此項運動。吳祿貞的士官同學中的鈕
永建、傅慈祥等，是早已傾心革命的青年。吳祿貞便在課餘的空
閒時間，和他們傾心交遊，或交換革命的知識，或商討革命的步
驟。所以在士官學校求學一年多的吳祿貞，已沉浸在革命的氣氛

中，成為革命陣營中的堅強後備軍了。

光緒二十四年，即西元 1898 年，亦即列強對我國要求租借地和劃定勢力圈之年，我國陷於被瓜分的危機最深的一年，時祿貞年僅十八歲。國父為了挽救中國最深的危機，特別自歐洲赴日本，謀促進留日學生的革命組織，迅速發展救國運動。國父既在日本，士官學生的吳祿貞，偕同鈕永建、傅慈祥等，謁見國父，親聆國父革命救國的理論和實際行動。祿貞他們的革命意志，因此益為堅定，決心加入興中會，為救國革命作殊死的奮鬥。祿貞至此，正式的納入革命陣營，成為革命的生力軍。留日革命同志中，專攻軍事而深有心得者本不多，而反清革命需要的軍事人才則特別多，吳祿貞等之加入興中會，實在是一件具有重大意義的事情，值得我們特別注意。

光緒二十四年，在滿清政府方面也發生了一件特別重要而具有意義的大事情，那就是所謂戊戌政變。原來，在中日甲午一役中，日本以維新而戰敗中國，這對中國的維新分子是一項重大的鼓勵。於是，康有為及其徒眾的維新分子，透過光緒帝的老師翁同龢，和光緒帝拉上了關係。光緒帝幾度召見康有為後，決定採取他維新的意見，把他的弟子和黨徒安置在清政府的各部中，或任幕僚，或任中級公務員，希望由此而實行所謂新政。康有為這種想法，真是天真而簡單得令人發笑。其時政府中談所謂洋務的，以李鴻章為中心，且深得慈禧太后的信任；但李鴻章所能推行的，除了和軍事有關的若干建設外，空無所有，光緒帝初攬大權，慈禧所屬的一派人員，都在清政府中佔著重要職位，慈禧且時有捲土重來的企圖，光緒帝那裡有力量可行新政？憑康有為及其門徒們對西方一知半解的知識，又怎樣可以建立一個有系統的新政綱要？中外古今的維新，又豈能從一個有名無實的領導人和幾個顧問幕僚之類的人所可成事的？國父自上書李鴻章後，即絕口不言改革而只提倡革命，國父的先知先覺，比較康有為來，那真有天

壤之別了，但是戊戌年的百日新政，卻使康有為對光緒帝感激涕
零，此後政變發生，康有為及其首徒梁啟超皆脫險至日，大倡其
保皇政策與維新政策，他的君主立憲之說與梁啟超主編的《新民
叢報》，在東京的留學生中，確也發生了漣漪似的蠱惑作用。其時
的吳祿貞，卻堅信國父的革命主義，堅持非打倒滿清政府不足以
言救國。邀集同志，辭而闢之，義正詞嚴，深獲同志的贊同，革
命陣營由此鞏固，即騎牆分子在革命的真理闡發中，也歸於革命
陣營，這是吳祿貞對東京革命運動的重大貢獻之一。

長江中游的革命負責人

義和團之役，慈禧太后竟藉無知莠民的邪說，違反國際慣例，
以戕害外國使節來實現所謂扶清滅洋的荒謬政策。騰笑中外，遺
害國家，莫此為甚，終於遭致八國聯軍會攻北京之役，慈禧挾同
光緒及少數臣屬，匆忙自鑾哈爾逃至西安。這一個大秕政和大混
亂，就革命運動來說，是推翻滿清政權的良好機會。國父時在東
京，即召集同志，會商革命起義。當時決定分兩路進行：一路在
華南舉兵，由國父親自指揮；一路以長江流域為策應，由吳祿貞
負責進行。吳祿貞接到這樣的命令後，真是一則以喜，一則以憂，
他加入興中會的時間還不久，但已受國父和同志們的重視，付以
長江流域革命的大責重任，得到最佳的報國機會，這一喜自然非
同小可！可是舉行如此重要的革命起義，需要龐大的經費，這一
筆錢用什麼方法來籌措呢？這豈不是一個無法解決的大問題，他
怎的不憂！可是十步之內，必有芳草，十室之內，必有忠信；祿
貞的機運，真還不差。有一位經商於新加坡的閩籍華僑鉅子叫做
邱菽園的，受了保皇黨的煽惑，以三十萬元，助保皇黨；保皇黨
則以三萬元交唐才常，要他在長江一帶，運動會黨舉事，妄圖恢
復光緒帝的權位。唐才常得到這一筆款項的消息，被他的好友畢
永年知道了，畢永年向來傾向國父的革命救國主義，於是向唐才

常下以說詞，要唐才常了解保皇黨之不合理與無前途，應該轉到革命陣營，才是拯救國家的正確途徑。唐才常本是梁啟超在長沙時務學堂教書時的學生，可是他卻深明大義，經畢永年一番遊說後，立即改變宗旨，宣告脫離保皇黨，後來他所組織的自立軍，便不受保皇黨的支配，而是一支革命部隊。

唐才常受保皇黨款項時，正在日本，吳祿貞知道了這一經過，便立即與唐才常、傅慈祥等一同祕密回國，分別策動安徽、江西、湖北、湖南各地的新軍與會黨，收編一支部隊號稱自立軍，從事於革命起義，唐才常經常駐於漢口，綜合其事；而吳祿貞則駐於安徽長江南岸之水路交通要衝的大通，互為犄角。這本是一個大好的形勢，可是布置尚未就緒，即為奸人告密，唐才常與傅慈祥在措手不及的情況下，犧牲了生命，而吳祿貞也只好撒手東歸，仍在士官學校修完其未竟的學業，以待後此的機會。是役國父在南部的起義，也未獲成功，當受長江革命失敗的影響不小。不過自義和團之亂，國內外的一般人士，對清政府都已失去希望，轉而同情於革命，這是值得注意的國內革命形勢之大轉變。

畢業回國見重於張之洞

光緒二十七年，時祿貞年二十一歲，畢業於日本士官學校，返回武昌。時張之洞仍任湖廣總督，他是清政府地方長官中的開明分子，他創中學為體西學為用之說，在當時的政治與文化方面，都有相當的影響；他對人才之提拔引用，更是不遺餘力。他知道吳祿貞是一位軍事方面的突出人才，故依畀甚殷，派他擔任訓練新軍幹部的責任，但總督府中人，以自立軍事件中牽連著吳祿貞，故阻撓甚力。但吳祿貞之在武昌任職，本是別有企圖，他的目的是在散播革命種子，吸收革命志士，準備大規模的起義，他擔任新軍幹部的訓練，可謂「正合孤意」，所以他一方面黽勉從事，務要把這個工作做好，以便吸收同志，散布到新軍之中；但另一面

他又利用辦公時間，與武昌的革命同志祕密聯繫，發展革命運動。

武昌的日知會表面上是當時灌輸新知識的一個社團，實際上是一個革命組織，其負責人即劉靜安，亦作劉敬安，吳祿貞與劉敬安遂成密友，於是吳祿貞便成為日知會的常客，時作公開講演，以其犀利的口才，講述新學識與政治大勢，吸收到極多的聽眾，使日知會的會務，得到迅速的擴展。吳祿貞便在這種情形下，發展其革命的祕密組織，諸如：武昌花園山的天主堂中之祕密機關，是聯絡各地同志的通信處；翻印東京出版之《猛回頭》、《警世鐘》、《黃帝魂》等書，以「富言」、「群學肄言」等為封面，散發到軍學各界，作為宣傳品；而尤其重要的是派遣同志，投效新軍，在新軍中吸收同志，發展組織。後此武昌首義時的舉義及響應的新軍，就是吳祿貞奠定的基礎。經過一段時間的籌備，花園山的天主堂，便成為革命同志的會聚之所；外地至鄂的同志，亦以天主堂為接觸招待之處。天主堂的革命機關，與長江下游各地的革命機關部以及華南、日本等地，都聲息互通，隱為中部革命的總樞紐了。

花園山的革命機關部如此活躍，武昌革命空氣如此濃厚，為日稍久，清政府的地方當局，自然不會不知道的。經清政府的狗腿子一番調查以後，知道在此聚會的人士，大多數屬於軍學兩界。清政府的地方當局，對此頗感棘手。如果要加以搜索逮捕，則事關教堂的涉外事件，萬不可貿然進行，何況他們只是聚會而已，並無其他佐證，他們又怎可下手呢？清吏打算再三，只好採用分化手段，把常到花園山聚會的有力志士，用派遣留學的方法，作調虎離山之計。他們將激烈分子如朱和中等派往西洋留學，溫和分子如李書城等派往日本留學。

花園山的革命志士於是分散，吳祿貞知道事態已相當嚴重，因把花園山的革命機關撤銷，暫斂鋒芒，專門致力於軍營教育的基本工作，同時力戒同志不可浮躁，以免僨事，他深知武昌一地

之革命成功，必藉他省的響應，此際只有埋頭苦幹，多與省外聯繫，革命必有成功之一日，他的謀定後動而持重穩健，由此可知了。

調虎離山改任騎兵總監

當吳祿貞韜光養晦埋頭苦幹於武昌之時，黃興在湖南策動革命，頗著成效，乃密往長沙，助其策劃，進展益速，並擬在湘成立武備學堂，時為光緒二十九年。就在那個時候，北京成立練兵處，物色優良的軍事人才。由於吳祿貞在湖北的工作成績，特別指名祿貞，徵調赴京任新職，祿貞因在華中發展革命運動，已著成效；而且華中革命志士蓬勃的朝氣，對掌握新軍發動革命，已有成算；北方革命空氣尚不濃厚，是訓練新軍反為滿清政府增加剿制革命軍的力量，所以他不願前往，但是有些同志的見解，卻與吳祿貞相反。他們根據「不入虎穴，焉得虎子」的原理，認為祿貞應該接任新職，徐圖吸收同志，混入新軍，為革命運動開創一新局面，對革命的發展，必大有裨益。吳祿貞對於這樣的見解，認為滿意，因決心北上，暫與武漢告別。

光緒三十年，祿貞年二十四歲，束裝入京，他被發表任騎兵監督。時滿人鐵良任兵部尚書兼軍機大臣，那就是祿貞的頂頭上司，鐵良是滿人中的死硬派之一，素知祿貞才長志大，防範甚嚴，他規定騎兵總監的職務，是檢閱部隊的訓練成績，並編纂教材，以供教育之用，因而成為徒有名義而無實權的空頭銜，由此可知滿清政府之調任吳祿貞，具有調虎離山就近監視的作用。可是吳祿貞並不灰心，他依然盡力於他認為職務上應有的建議，向鐵良提出，例如分發訓練結業的騎兵人員至各部隊任下級幹部，就是他在騎兵總監任內的建議之一，鐵良當然不接受。鐵良同時派鳳山做祿貞的助手，鳳山愚而妒，對祿貞更不懷好意。所以祿貞在練兵處毫無成就，與其北上的宗旨，完全相違，因在兩年以後，

決心脫離練兵處，另謀發展。

巡視西北邊防幾釀大禍

　　光緒三十二年，吳祿貞向鐵良建議，願意隻身赴西北各省，自陝西而甘肅，而新疆而外蒙，調查防務，所需經費，請軍機處電飭各省供應。他的《西征草》名作，就在此時完成，慷慨悲歌，令人振奮，可是鐵良這廝，卻利用吳祿貞在邊疆的雄心，藉此機會而欲除去之。他同意吳祿貞的建議，但卻不分電各省支應經費，一任吳祿貞自生自滅。吳祿貞到了陝西，總算還能相安無事。及至甘肅，與巡撫樊增祥作長談，語多涉及革新。樊增祥湖北恩施人，與祿貞有同鄉之誼，但疑心他是康有為黨，樊是守舊派，一向極力反對康有為的主張。其時陝甘總督升充為另一滿人死硬派，樊增祥密告吳祿貞冒充軍官，擬請就地正法。還算升充粗中有細，認為吳祿貞既申言為軍機處鐵良所派，應該向軍機處請示以後，再作決定。時鐵良已離軍機處，並解兵部尚書之職，而軍機處對派遣吳祿貞調查西北邊防一事，並無檔案可查，也不敢有所決定，只好上聞於慈禧太后。慈禧太后對於此案，認為有召詢鐵良的必要。

　　鐵良至此，總算尚有天良，承認是他任兵部與軍機大臣時所派，即以此電覆升充。但是樊增祥並不因此灰心，仍誣他沿途招搖滋事，竟把他押解回京。吳祿貞雖未喪生命，但是所志未遂，不免對清政府爪牙憎恨益深，更加堅定他推翻滿政府的決心。祿貞西征的目的，到底是什麼呢？此可在他以革新遊說樊增祥一事中，見其端倪。樊是民國以後的名詩人，實際上是清政府的狗腿子，其陷害吳祿貞，無所不用其極，心狠手毒，我們不能不指出他是道道地地的漢奸。

出任延邊防務威懾日軍

吳祿貞自蘭州被押回京，浮沉年餘，至光緒三十三年而復有新任務。當時，日人圖佔我延邊沃地。日人的藉口，是所謂「間島」問題。間島本是朝鮮語，意即墾土。朝鮮東北部的咸鏡道，是一個萬山重疊的高原，貧瘠異常，居民無以為生，則越界私在延邊墾土。日人乃在「間島」二字上做文章，妄指中韓國界為圖們江，妄稱圖們江為豆滿江，指另一支流為圖們江，而以兩江之間的地區為間島，應屬朝鮮；而不知圖們與豆滿為一名之異譯，交涉結果，我方自然獲勝；但是日人仍不死心，時時滋生事端，東北邊防，頓形嚴重。光緒三十三年，清政府派徐世昌為東三省總督，徐有能名，意欲藉此以整頓邊防。徐世昌就任之前，必須徵調幹員，審知吳祿貞深通軍事，富有謀略，乃調其隨行，予以軍事參議的官銜。

祿貞對此任命，欣然接受，並且在到達瀋陽後，即擬赴延邊調查。他在瀋陽的短短期間，和當時著名紅鬍子張作霖、馮麟閣、湯玉麟等傾心結交，深具友誼，張作霖等知吳祿貞將有延邊之行，特函延邊地區的馬賊韓登舉等，為祿貞介紹。及祿貞至延邊，以張等函件，與韓登舉等相見，並且親往韓登舉的根據地夾皮溝。這些草莽英雄，對此榮寵，大為興奮，宴飲數日不輟，備致殷勤之意。但當吳祿貞詢問他們所具的實力時，他們都諱莫如深，不道隻詞。祿貞乃詭言他本是南方的盜首，有部屬三、四萬人，團結在一地，故實力強大，官方不敢覬覦，但像他們分散各地，各自為政，而且沒有紀律，勢如散沙，何能成大事？這是祿貞對他們的激將之詞，但他們卻忍不住這種譏刺，乃各自陳述所有實力，還怕祿貞不信，各自召集所部，人槍在三千以上，且都精壯。祿貞大喜，因出銀犒賞，大殺牛羊，設宴慰勞他們。他們無不傾心悅服，願受節制。這是祿貞在延邊工作第一次的成功，是出乎他

意料之外的。

其時的日本朝鮮總督是維新名臣伊藤博文，十足的帝國主義侵略行為的代表。他對延邊的覬覦，真是蓄意已久；至此，藉口朝鮮人十餘萬，在「間島」墾殖，備受中國馬賊的虐待，派兵進佔我們的局子街，發布告示，宣布保護韓人。這種布告，當然立即被吳祿貞看到了。吳祿貞不聲不響召集了延邊的馬賊，激將他們說：日本人既然誣賴我們為匪，我們必須出之以愛國的行動，以湔雪此辱；現在日軍佔領我們的領土，我們怎可不同心協力，保衛我們的疆域？諸馬賊首領，對吳祿貞之說，頗為感動，但對中國官吏則頗多顧慮，因問計於吳祿貞。他們都異常激動地說：吳大哥既然不怕日本兵，我們還怕什麼？但是一旦惹出禍來，徐世昌總督如果怪罪，如果他反向日本屈膝，那我們應該怎樣呢？

吳祿貞知道他們的勇氣可用，因而他大膽地向他們保證，他說：你們現在雖然被官方認為是土匪，但是你們大家同心合力，保衛我們這一片疆土，他敢保證徐世昌總督不以為罪。他並且說，他和徐總督交誼很深，一切可以由他作主，他保大家安然無事；他還怕諸馬賊首領不肯相信，因把他帶去的龍旗即清政府的國旗，和軍服佩刀等，一股腦兒拿了出來，表示了他是奉命而來的政府軍官，威儀甚盛。馬賊首領們至此才知道吳祿貞的身分，大家跪在地上，誓願接受他的命令，赴湯蹈火，在所不惜。吳祿貞乃正式收編他們為軍隊，大加整頓，使他們成為節制之師的勁旅。整飭既畢，乃通知日本派遣軍司令齋藤，要他率部退出中國領土。

齋藤素知延邊向無中國軍隊，頗疑吳祿貞以中國司令官的身分所發的通知，是一種虛聲的恫嚇。齋藤正在疑信參半中，而吳祿貞限期出境的哀的美敦式的通知（Ultimatum，最後通牒）又到了。齋藤至此，不能不相信這一回事了，但仍不放心，隨使者同至吳祿貞的軍營與祿貞相見。祿貞的總部設在一座寺廟中，四面龍旗高懸，列軍數千，雖然服裝不很整齊，但是軍容甚盛，祿貞

則立於廟門之中，以迎候齋藤，握手言歡以後，祿貞即面責齋藤：為何侵犯中國領土？他所使用的是日本話，這一下更使齋藤大吃一驚，知道中國已有能人在此扼守。

但是齋藤還加強辯，聲言這個地區，本來是朝鮮的管領範圍，日本是朝鮮的保護者，日軍有權保護朝鮮人民，並且反責祿貞何故在此滋生事端？祿貞理直氣壯的駁他：這是中國領土，我是中國的官，我有責任保衛這個地方；齋藤如果率部退出，便可相安無事，否則只有兵戎相見了。吳祿貞的儀表，素來威重，並且非常剛正，他說話非常簡單，但是有斬釘截鐵的威力，足使對方懾服。齋藤業已深入重地，又遇到果敢剛直的吳祿貞，心裡已經寒了半截。因而自己轉圜找臺階下來，聲言他是朝鮮總督的屬下，中國要他退出延邊，應該向朝鮮總督請求。祿貞則以更堅強的語氣答覆他：我奉命守土，不與貴國談外交，我只知道保衛國土，若談外交，則應由貴國外務省與中國外交部為之。齋藤在這種形勢下，知道吳祿貞決非糊塗的清政府地方官，若不退出，必然要吃很大的眼前虧；乃同意撤出局子街，但仍立朝鮮國界的牌子，祿貞則命立即拔去。這一場風波，幸而吳祿貞處置有方，總算保持了我國在這一方面的領土。

調查邊務在外交上戰勝日本

齋藤既率部離去，吳祿貞也立即星夜趕回奉天（瀋陽），向徐世昌當面提出報告。徐世昌對吳祿貞這樣的勇敢、果斷、機智，著實嘉許了一番。吳祿貞因力陳延邊的形勢，建議設立邊務公署，擇要設立派駐所，建設交通路線，並設置學校，教育韓民，使他們不致受日本帝國主義的利用。徐世昌對吳祿貞的建議，一一採納，並立即轉奏清政府，奏摺中盛讚吳祿貞在這次交涉中所建的功勞。奏摺既上，清政府完全照准，延邊之有邊務公署，即自此始。清政府對吳祿貞的才能與功績，也是十分的賞識，立即升他

為正參領，幫辦吉林軍務，而其專職則是主持邊務公署。

祿貞回任以後，照原定計劃，悉心布置，對韓民則尤恩威並用，愛撫有加，韓民也非常的感戴，延邊自此安謐。在邊一年，成績卓著，韓民對日本帝國主義侵略朝鮮，並利用韓民以侵略中國的陰謀，都能了解，這是延邊安謐的主要因素。後來，日本政府知道這一方面已經無隙可乘，乃改採外交途徑，仍以「間島」究屬何國為主要議題，居然還和中國大開邊務會議。清政府對於延邊形勢，向無了解，既沒有地圖可資參考，也沒有圖書作為根據，以與日本周旋。吳祿貞知道清政府的低能與無知，乃搜集各種資料，作了一篇十餘萬言的延吉的邊務報告。他的朋友，另一革命志士宋教仁也親赴延邊調查，著《間島問題》一書。憑著這一份報告和一部專著，我們便贏得了這一次的交涉。當中日交涉延邊問題進行到緊張的階段，清政府無法對付日本，乃特別徵調吳祿貞入京，以備諮詢。交涉勝利後，吳祿貞因功升任督辦吉林邊務大臣，延邊至此，失地盡復。而吳祿貞的聲名也因而大著，但一般妒忌他和防制他的人，又群起而攻。到了宣統二年，時祿貞年二十九歲，清廷終於裁撤邊務公署，調祿貞回京，授以鑲紅旗蒙古副統的虛銜，並派往歐洲的德、法二國，任閱操委員，此就官場來說，是明升暗降；但就吳祿貞來說，久居邊地，究非本志，借此機會，得到一些新的軍事學識，為革命大業另闢一個新的途徑，實亦佳事。那就合乎一句諺語：塞翁失馬，焉知非福了，在清政府的官場混，祿貞本另有目的，所以這種得失，自然無足輕重了。

擢任六鎮統制

吳祿貞在宣統二年即辛亥前一年的春天，解除延邊邊務公署的職務，返回北京，在京任閒職沒多久，即被任命為閱操委員，前往德、法兩國參觀兵操。從這一任務中，可以看到西歐國家的

軍事裝備和軍事訓練，這本是求之不得的事情，所以他欣然就道，悉心觀摩，所得殊多。他在這一方面停留的時間，在半年以上，到了冬季，纔回到北京。祿貞在清政府中已著能名，清政府中的滿員一面妒忌他的才能，而在另一方面卻又不能不借重他的才能，希望把新軍變成勁旅。大家認為由他來出長第六鎮新軍，成績一定可觀，所以在他回國以後的不久，任命他擔任第六鎮統制，也就是第六師師長，那是全國十七鎮新軍中的一個鎮。十七鎮新軍的高級軍事主管，多數屬於袁系。宣統繼光緒而立以後，清政府的宗室，鑑於袁世凱的告密而使光緒幾乎失位，慈禧復出聽政，唧恨之者極多，因罷免袁世凱，使其閒居洹上。

　　第六鎮統制的易人，當與排袁政策有關。可是當吳祿貞繼任六鎮統制以後，竭力改革，剔除一切陋習，軍容煥然一新。但亦由此而遭兵部尚書滿人蔭昌的大忌，認為吳祿貞這樣做下去，那是去了一個袁世凱，卻又建立了一個更可怕的敵人，於是事事加以掣肘，祿貞許多其他的改革計劃，都無法實行。到了第二年，即辛亥年，八月十九日革命軍武昌首義，三鎮隨即底定；吳祿貞看到機會難得，即向清政府自告奮勇，率軍南下，平定革命軍。他這一要求的主要作用是在和革命軍會師，謀革命局勢的發展，自然是極重要的一步棋。蔭昌既已防備吳祿貞，對他的建議，自然不准；他自己親自率兵南下，抽調第六鎮的一協，隨同作戰，而令吳祿貞隻身伴同南下，其意蓋欲乘機除去祿貞。雙方鉤心鬥角，隨時都有危機。祿貞偵知蔭昌的陰謀，稱病不行，總算逃避了一次死難。他的機警，大率如此。但南下清軍的軍火，則被祿貞藉詞扣留，故攻鄂清軍火力大弱，這是祿貞對革命軍的間接貢獻。

　　武昌首義以前，清政府本有會操的命令，稱之為秋操。灤東的二十鎮與石家莊一帶的第六鎮都是會操的部隊。祿貞等本有乘此機會發難舉義的計劃，及武昌首義，秋操停辦，此計劃不能實

現。但二十鎮的同志，仍力謀舉義不懈。到了九月初，即武昌首義後的半個月，灤州軍忽發通電，要求清廷實行立憲政治。這一要求雖然在表面上是對清政府遲遲立憲的抗議，但是實際上則是對武漢革命軍的響應。灤州密邇京師，舉措之間即足使京師瓦解。

　　清政府對此，大為震動，籌思至再，認為吳祿貞在新軍中人望素孚，只有利用他的影響力，方有遏止事態嚴重化的希望，於是又借重祿貞前往鎮撫。素以發展革命勢力為職志的吳祿貞，自然當仁不讓的接受此項任務。但他一到灤州以後，即集合士兵，發表演說，闡述革命的真理和革命的歷史，並且強調革命成功以後，各族一律平等，革命政府並不是專謀漢族的利益，祿貞所以作此表示，主要的因素，是由於二十鎮中有旗籍士兵，故以化除畛域為說，使他們不為清廷效力。旗籍士兵聽了他的演說，果然與漢兵採同一步調，他的演說是收到相當效果的。士兵態度的一致，使吳祿貞有一藉口，以軍心已定，向清政府提出報告。

灤州會議三路進兵

　　吳祿貞在灤，繼與各高級將領開軍事會議，決定此後的行動方針。當時決定的要點如下：第一、即日舉義，響應武漢革命軍；第二、把與北方革命軍有關的軍隊，分作三軍：以灤州的張紹曾所部為第一軍，奉天藍天蔚所部為第二軍，新民屯的盧永祥所部為第三軍，分別要他們集中，向北京壓迫，同時威脅南下清軍的後路。這一計劃，如果實現，清政府自必瓦解，南下清軍自必遭受夾攻而潰散，革命一舉成功，自然是最有效的途徑了。

　　吳祿貞的計劃雖然非常的完善，但其中卻有顧慮不周之處。第一、他的革命要求，實在過於熱心，而忽視了北方環境。雖然他能以口才說服旗籍士兵，但未必能保旗籍軍官都能接受革命軍的指揮而不將祕密洩漏。第二、二十鎮中革命同志雖眾，但仍不免龍蛇雜處，無法保證全軍的意志完全統一。第三、吳祿貞認為

盧永祥是可靠的同志，故委以第三軍長的重要職務。但證以盧永祥此後的行動，他是北洋軍閥的中堅部隊之一，是袁系部隊中段派的死黨，因此，吳祿貞對盧永祥的估計，並不正確。由此，可知吳祿貞對於革命運動的發展，熱誠是非常的高，期望是非常的切；但他對革命的環境，卻是疏於考察，他的嚴重錯誤，是忽略了那個時候在北方還是祕密時期，反動勢力依然相當的普遍，即在號稱革命旗幟下的部隊，內部仍有許多問題，所以非祕密進行不可，從這一點觀察，吳祿貞才氣雖高，但不免有點兒大而化之，以後他的失敗，也便是在這一點，這是十分可惜的事了。

清政府誓除吳祿貞

吳祿貞到了灤州以後，對清廷報告一切平靜無事，雖然讓清政府中的要人吃了一顆定心丸；但是他在灤州的行動，被騎牆分子或清政府的狗腿子向清政府遞了祕密報告，清政府因而大起恐慌，立刻電調駐防灤州而尚能聽從清政府命令的其他部隊，向北京集中，隔離他的影響力量，對付他的可能叛變，並且命令他立即返防，率部向山西的革命軍進攻。清政府並且直接命令第六鎮的吳鴻昌協統，不必待吳祿貞回防，先向娘子關進攻；但仍密令旗籍部隊留駐石家莊，佯作待命助戰，實際上則任監視吳祿貞之責，相機除去之。擔任進攻山西的第六鎮，探知晉軍力弱，關防不嚴，意欲急攻。參謀何燧、朱泉勳，是吳祿貞的心腹，頗知此戰的結果，關係重大，乃請命赴前方，觀察實情，他們到了乏驢嶺，虛報晉軍的防務實情，把攻晉軍遲留不進，以待祿貞之回。

吳祿貞在灤州接到清政府的命令，對這個意料中的意外變化，十分激動。他向灤州的革命同志告別，有「我先阻各軍不得前進攻鄂，今反率軍攻山西，將以何面目復與諸公相見」的憤激之語。他知道局勢發展已經十分的嚴重，所以立即成行，不能經過北京，因自豐台取道長辛店，逕回石家莊。他一到了防地，便立即派周

維楨做代表，逕赴山西，與山西革命軍領袖閻錫山等商組燕晉聯軍，以與清軍對抗。清政府也發表吳祿貞為山西巡撫，使山西革命軍對吳祿貞起猜疑之心。

燕晉聯軍的建議、太原會議與正陽門會師

清政府這一著棋，對吳祿貞與閻錫山之間，的確發生了一些離間作用，山西方面對吳祿貞的代表之來，究竟是什麼作用，不免起了一些疑懼心理。閻錫山在與周維楨相見之時，便提出一個對案，建議山西革命軍與第六鎮部隊，先行合力消滅固關方面的旗籍清軍，晉軍攻其前，吳軍攻其後，旗軍必可解決，然後再談燕晉聯軍的問題。顯然的，這是閻錫山對吳祿楨的試探。周維楨回石家莊覆命，吳祿貞知道了晉軍的用意，乃親自率領吳鴻昌、何燧等逕赴晉軍防地，約見了城防軍司令仇亮，以革命大義與北方形勢，說服了仇亮，他們一行纔得繼續前進，直接到達太原，親與閻錫山會商燕晉聯軍問題。

閻錫山也是日本士官學校畢業，也是革命同志，很早就加入同盟會。他在山西推動革命，為時也很久，太原光復，就是以他為中心而策動完成的，那個時候，他是清政府屬下的新軍協統；山西光復後，他被推為都督。閻錫山接獲吳祿貞燕晉聯軍的建議時，吳祿貞已被清政府發表為山西巡撫。閻氏為人，顧慮周詳，深恐吳祿貞的建議，含有一種篡奪山西的陰謀，故以夾攻清晉的旗籍部隊為合作基礎，作為試探。及吳祿貞勇敢地親自趕赴太原，表示合作的誠意，閻氏對此，表面上雖很感動，而內心則狐疑更深，他認為吳氏此來，還不能證明其革命的誠意，更無法認定其必無陰謀，因仍以夾攻旗籍攻晉清兵為對案。但是吳祿貞卻以輕鬆的語調告訴閻錫山：「我是老革命黨，你知道嗎？山西軍事，我什麼都知道。」因歷數山西新軍的成立經過，某年某月某日成軍若干，某年某月某日購買槍械子彈若干，已消耗者若干，現時存量

若干，歷歷如數家珍，與實際情況，完全相符，閻氏對此情形，知道晉軍虛實，全被吳祿貞知道，如果不合作，對革命前途，實非幸事。轉念吳氏隻身前來，不顧安危，其膽識亦殊堪欽佩，為革命前途計，為晉軍保全計，也非合作不可。因沉思有頃，立即贊成吳祿貞的燕晉聯軍計劃，並推舉祿貞為聯軍大將軍，而自願為副。祿貞為了表示誠意，也請閻錫山派部分晉軍進駐石家莊，合力進行響應武漢革命軍，以便促成清政府的垮臺。

吳祿貞在太原說服了閻錫山，把冀西與山西的革命勢力，打成一片，乃遄返石家莊，並上書清廷，要求停止對武漢革命軍的戰爭。他的建議是這樣的：

自湖北兵變，各省響應，如黃河決口，莫之能禦。為今之計，不如大赦革命軍，停止戰爭，夫革命軍之所以甘冒不韙，赴湯蹈火而不辭者，固求國家之幸福，而非存心同朝廷為難也。現祿貞已招撫晉軍混成一協，巡防二十餘營，可借調遣。如蒙採一得之愚，請飭馮國璋軍隊退出漢口，祿貞願隻身赴鄂，說以大義，命其投誠，以扶危局。如不從，祿貞當率所部二萬人，以兵火相見。……朝廷若不速定政見，恐將士激變，阻絕南北交通，妨礙第一軍之後路，則非祿貞之所能強制也。抑更有言者，官軍佔領漢口，焚燒掠殺，慘無人道，祿貞桑梓所關，尤為痛心。此皆陸軍大臣蔭昌督師無狀，師長丁士原易迺謙逢迎助虐，應請聖裁，嚴予治罪。

我們細讀吳祿貞這一奏疏，以晉軍與吳軍的聯合作為招撫的成功，以掩護其革命計劃，藉以加強自己的影響力，而以阻斷南北交通作為對清政府的脅迫，自然是清政府最頭痛的事，但其所提建議：停止戰爭，馮國璋軍退出漢口，把蔭昌等治罪，那是清政府所絕難接受的。實際上，吳祿貞這一套說法，不過是掩護他向清政府進攻的一種藉口，他真正進行的工作，是邀請張紹曾率

領灤東的二十鎮向西開拔，他自己則率領第六鎮向北開拔，會師於正陽門，以清君側為名，實行擊潰滿清政府。其時活躍於北京一帶的民軍首領姚荐楠，也得到密約，在兩軍會合之時舉義。北京在第六、第二十兩鎮的犄角攻勢下，加上民軍的內應，取之便有如拾芥之易了，所以吳祿貞燕晉聯軍的計劃是偉大的，如果按計而行，其成功可以說絕無問題。

袁世凱的陰謀

　　清廷對於吳祿貞及其所部，本已嚴密的防範，及其奏疏一上，更知吳祿貞部的發動革命，已如箭在弦上，發動即在目前。但是老奸巨猾的袁世凱，知道對付吳祿貞，只可用陰謀，不可用武力。偵知吳祿貞在改編第六鎮時，其部下的兩個標統馬蕙田與周符麟，頗表不快，因祕密把他們二人召到北京，賞銀二萬兩，並以升官為餌，誘使他們在內部反吳祿貞。這兩個喪心病狂的奸徒，利與祿迷失了他們的心竅，竟然同意充作刺殺吳祿貞的劊子手。這兩個匪徒在九月十五日回到石家莊防次，即召集其部下，會商如何刺殺吳祿貞的辦法。但是司務楊鎮海卻是深明大義，他在密議中，陳述吳祿貞的生命，對國家前途關係至深；他認為中國革命必然成功，只是遲早的問題；遲則生靈塗炭必多，國家元氣必有更多的損害；早成則可避免許多無謂的犧牲；而革命成功的遲早，其關鍵就在吳祿貞身上。但是會議中都是馬蕙田他們的死黨，故其空氣只是一面倒的要刺吳。楊鎮海不敢多說，更不敢反對。會議完畢以後，馬蕙田更下嚴格的命令，以殺害為威脅，禁止洩漏消息，並派心腹，嚴密監視其軍中的下級軍官。楊鎮海在無可奈何的情況，密遣他的心腹頭目趙振武，把這一整套的陰謀，通知與吳關係甚深的二十三標第一營前隊隊官馬玉峰，馬玉峰則轉告吳祿貞的親信軍需官李真。所以這一陰謀，很快的傳達給吳祿貞。

　　吳祿貞既知袁世凱之密謀圖己，對自己的安全，應該加以注

意防範，出禁入蹕，也並不為過，可是吳氏英雄本色，常好匹馬單槍，身入重地；自太原歸來，雖已知袁世凱之毒計，常常易地辦公以避之，如不在營房辦公而在車站站房辦公，即為避禍的一例，但仍不設置衛兵，查禁可疑人物之出入。正月十六日夜，吳氏與參謀長張世膺、副官周維楨在正太鐵路站房批閱要公，馬蕙田率領隊官梁雲空等突然闖門而入，大聲呼喊：奉旨只殺吳祿貞一人，他人概置不問。祿貞聞聲，本能地自案躍起，執馬刀手殺數賊，但冷不防飛來一彈，正中要害，遂倒地不起。當祿貞躍起殺賊時，張世膺與周維楨也起而與賊格鬥，亦相繼中彈而亡。賊見已得逞，乃割取祿貞之首級而遁。參謀何燨，本在祿貞批閱公文的站房之側，聞槍聲而往，但見血流滿地，三人屍體橫臥於月明之下，慘不忍睹；檢視祿貞之辦公桌，見有二十鎮統制張紹曾的覆電一通，文曰：「電悉，願率所部健兒，以供驅策」。此即對吳祿貞去電邀張會師於北京正陽門之覆電。祿貞死而燕晉聯軍散，正陽門會師計劃廢，北方大局，急劇惡化，對革命形勢，影響之大，實非筆墨所能形容。所可怪者，以祿貞之聰明才智，既知易地辦公以避危險，而又不知設防，或採取積極手段以除奸賊，六鎮部隊即使因而小有騷亂，當不致貽誤大局，而祿貞不此之圖，本人及其從者且均不帶槍械，而以白刃禦賊，有可安之策而不為，卒致以身殉革命，可嘆之至，更是可惜之至。

　　當吳祿貞被刺案未發生前，旗籍士兵已有風聲鶴唳，人人自危之感；及祿貞被刺，旗籍部隊更恐軍心不穩，成為眾矢之的，遂相散亂，子彈數百萬發，器械二百多箱，馬數百匹，餉銀數萬兩，盡數棄去，分段逃竄。晉軍在此紛亂時機中，把這些棄物，悉數收取，退回晉省。何燨見事態發展至此，最重要者為緝兇與殮屍；緝兇自然不是一件簡單之事，故收殮屍體為當時第一要事，並立即懸賞搜尋祿貞首級，但歷久無效。殮後，暫厝不久，即運返南方。他的太太景氏夫人，生一子三女，女乃遺腹。祿貞在未

生子以前，過繼弟祐貞之子為子。至此，扶柩回南，竭盡孝道。景夫人悲不欲生，本欲追隨祿貞於地下，以扶養遺孤，責任重大，勉抑悲思，但船在吳淞口時，仍投海自盡，舟中人竭力撈救，始免於難，誠可謂一門忠烈了。

祿貞既遇難，燕晉聯軍無形解散，二十鎮與第六鎮會師正陽門的計劃，也無形停頓；即第六鎮本身，反動分子也紛紛露面，破壞革命軍，轉向清政府效忠，餘下來的也以孤掌難鳴，群龍無首，只好暫避風浪，伺機再起。華北革命，遂遭最嚴重的破壞，而山西也屏障盡失，暴露在清軍攻擊目標之下；武昌革命軍亦以清軍的後路暢通，攻擊力強，危機更深。祿貞遇難的關係之大，有如此者。惜哉，吳祿貞恃強無備之過於大意，既自失其生命，復貽革命大業以嚴重打擊。

祿貞既遇難，革命黨人，無不大為震驚；而清政府則大為愜意，這真所謂親痛而仇快了。延邊軍民，聞悉噩耗，無論是舊日的袍澤，當地的百姓，歸化的韓民，無不哀痛如喪考妣，紛紛舉行追悼會，祭奠從豐，亦有在祭堂痛哭失聲者，其深得民心，由此可知。臨時政府成立，追贈陸軍大將，民國二年十一月七日，公葬於石家莊，建立專祠，其後復建銅像，以資紀念。閻錫山追念燕晉聯軍的一幕，哀悼更深，並為文詳記其始末，俾便後人的崇敬。

義同生死的周維楨

為了翼護吳祿貞而殉難的參謀長張世膺、周維楨，不顧生死，都是偉丈夫。張世膺之家世事蹟無傳，周維楨乃吳祿貞的同鄉，幼年讀書，即嶄然露頭角，好學不倦，言行不苟，交友審慎，但每遇志同道合之人，則暢談國事，既恨清政府之無能，復痛國家之多難，慷慨悲憤，矢志救國，對顧炎武「天下興亡，匹夫有責」的名言，服膺尤深，其力學的目的，即在拯救國家，當他十六歲

的時候，被名學者王勝之先生所賞識，引入鄂中的經心書院，專
治史學與經學，得名師之指點，進步尤速，心得更深。未幾，被
送至日本留學，與黃興、李書城諸革命先進交遊，相得甚深。當
時在東京頗享盛名的《湖北學生界》，便是周維楨和幾個湖北同志
所籌辦的。在《湖北學生界》中，他經常撰寫文章，備受讚揚，
而有關駁斥康梁之徒所作的忠君謬說，尤受留學界的注意，清政
府在東京的爪牙，啣恨尤深，密報回國，將予周維楨以不利。湖
北清吏，竟藉此而停止官費的發給。但維楨求學的壯志和反清的
決心，並不因此而稍有動搖，反而加強了革命的意志。

　　周維楨在日本留學，接到了伯父逝世的消息，在悲痛欲絕的
氣氛中，匆匆返國奔喪。從這點看，我們可以知道他孝心之重。
他回家，必須經過漢口，清吏的狗腿子偵知消息，亟謀加害。幸
獲紀香聰之助，得免於難。

　　他在伯父的喪葬辦完以後，潛回武昌，與革命同志胡瑛、劉
家運等，組織革命的機關部，發展推翻滿清政府的運動，不遺餘
力。他所擔任的工作，是對外聯絡。於是他偕同志數人，從湖南
到四川。貴州施南人張朗村，經常和他共同工作，他們喜歡徒步
在鄉村行走，因為他們認為鄉村之間，往往潛伏著反清的志士，
這些埋伏著的無名英雄，吸收最容易，工作最努力。一路上，他
們發現了許多無名英雄，吸收他們參加了革命組織。這是周維楨
他們的得意之作。自湘入蜀，艱險的路程，不下千里，他們真是
跑腫了腳，說破了嘴，但是他們不以為苦，反以得到無名英雄加
入革命組織為樂。

　　他們在途中，常以談論太平天國洪楊起義的遺聞軼事，及太
平名將翼王石達開、忠王李秀成等等奮鬥故事，以解長途跋涉的
辛勞。太平天國的未能成功，使這兩位苦行僧似的革命同志，發
生了無限的慨嘆與同情，而對漢人間的互相殘殺，使滿清政府坐
收漁利，尤其非常的憤懣。他們到達成都以後，經人介紹，出佐

戎幕，作為託足之地，專門向權要人士進言救國大計，於條陳時事之中，輒乘間說以獨立之利。可惜的是這些人士熱衷於功名利祿，對於國家的安危、國事的艱難以及如何拯救國家的途徑，都當作耳邊風，認為無關重要，未能發生若何效果。按川中同志發展革命運動，都注重下層的聯絡，很少注意到上層人士的說服。周維楨此項嘗試，可以說是開風氣之先，但是所冒的危險甚大，而所得的結果甚微。此或於後日鐵路風潮中川籍紳士之出而領導反對運動，有其關係，可是在周維楨進行說服工作時，似未有若何反應。故維楨在成都，歷時半載，鬱鬱不能得志，只好重返武昌，另謀發展。

　　周維楨既回武昌，深感革命運動之發展，單靠奔走呼號，不易發生效果；欲求有效的進行，應從興辦教育、開通風氣著手，他覺得越王句踐的十年教訓，卒成沼吳之功，是值得取法的歷史教訓；他認為十年教訓，必可覆亡滿清政府。於是他創辦了一所本邑學堂，作為發展革命運動的據點。這一途徑，未嘗不是根本之圖；但是就當時的環境來說，未免有迂遠之感，顯與周維楨急進的革命主張，有所乖違；但是，不如此，他又將如何進行呢？由此，可知維楨成都倦遊歸來，一時不知措手足，乃有此不得已之舉耳。

　　吳祿貞是周維楨的舊友，在東京留學時，他們已是志同道合的革命志士。吳祿貞武昌北上，在京做了一段有名無實的練兵處的騎兵監督以後，經鐵良同意，赴西北考察陝、甘、新疆、蒙古等地的國防軍事。他想起他熱忱而能幹的老朋友周維楨，邀他同行、興辦教育，從根本上推行救國運動，本是周維楨的不得已之舉；及吳祿貞見招，他欣然接受，經山西而陝西，復至蘭州。他們向甘肅巡撫樊增祥陳說革新之利，被樊疑為康有為黨，險遭不測。其經過作者前面已經作過比較詳細的說明了。吳祿貞是被樊增祥以沿途滋擾的罪名，押解回京的；故其行程至蘭州而止。但

據鄒海濱先生的《周維楨傳》，則維楨曾至肅州（即酒泉）玉門與嘉峪關，並達新疆的奇台。豈祿貞被押回，而維楨獨能向西行進乎？揆諸事理，似無可能。姑仍其說，以俟後日的考證。

　　周維楨自應邀與吳祿貞同往西北調查後，即與吳祿貞共同工作，一直到生命的終點。吳祿貞至東北經營延吉邊務，周維楨也跟著同去。吳氏隻身入鬍匪地區，與日本駐屯軍齋藤的折衝，以及後來對延邊的種種建設，無不得到周維楨的鼎力相助，一切策劃和機要事宜，周維楨無不參與，實為吳祿貞最得力的助手；尤其是關於延邊的對日交涉，吳祿貞所上的有關延邊開發經過和屬於中國的種種證據，都凡數十萬言，就是出於周維楨的綜合，是他對國家的最大貢獻之一。周維楨在東北，還為國家做了周密的邊疆調查。他周行遼東各部，翻山越嶺，周諮博訪，雖窮鄉僻壤，亦有其足跡，真可以說備嘗艱險了。以周維楨之志之文，其調查必有記錄，可惜其書不傳，我們無從拜讀，實為重大的遺憾。

　　吳祿貞既遭忌而被調回京，周維楨自然也跟著入關，及吳歐洲觀操回國，被任為第六鎮統制，周維楨自然也在六鎮工作，仍為吳祿貞最親信的助手，雖其官階僅為副官，但是實際上他便是吳的影子，一切機要，他無不參與。武昌首義以後，維楨密察形勢，認為此役必能成功，與吳密商灤州與石家莊同向北京進迫，和組織燕晉聯軍的計劃，此項計劃，周氏獻替至多。吳奉命赴灤州「緩和」灤軍的反清空氣，周維楨是跟著同去的。吳回石家莊，謀與晉軍相聯，其在娘子關說服晉軍守將而將導引吳祿貞至太原，其說服的進行者，亦即周維楨。吳祿貞至太原，周維楨也跟著同去。他們兩人之行蹤，真有如俗語所說「焦不離孟，孟不離焦」了。惟其如此，清政府中人恨周維楨，與恨吳祿貞相同。九月十六日之夜，石家莊車站站房的刺吳案發生，時吳祿貞正在批閱機要公文，形影相隨的周維楨，當然亦在吳側，刺殺案發生時，周維楨不顧危險，以血肉之軀，護衛既是長官又是老友的吳祿貞，

因此同時遇難，厥狀至慘。所不同者，賊人割吳祿貞之首級以遁，而維楨尚能全其屍體耳。維楨善屬文，又能賦詩，曾有句云「拚將鐵血換英雄」，其救國之熱誠，早置生死於度外，其翼護祿貞而遇難，忠義兼備，可以稱為求仁而得仁，值得我們特別予以讚揚。

但是一件最可怪的事情，使我們百思而不得其解者，那就是吳祿貞雄才大略，勇氣有餘，精細不足，不避嫌怨，不作防備，在革命運動尚屬不能公開的時期，尤其是在賊人勢力滿布四周的地區，此類作風，危險滋甚；周維楨膽大心細，文武兼資，並且是最能影響吳氏的心腹密友，既知馬賊等奸謀，而暗中不為之備，不可不謂為最大之疏忽。

又當馬賊等闖至站房之時，賊人的目標是吳祿貞，周維楨等護衛祿貞，那是出於良知上之自動反應，自然無話可說，不過周等既知賊人之圖吳，志在必得，則站房之有無退路，應事先注意。如果站房沒有退路，而吳氏以一身寄大局安危的千金之軀，逞一時英雄之意氣，以指揮刀與賊人之槍彈相抗拒，其勇可佩，而其舉則不免幼稚。如果站房有退路，而周維楨不正面阻賊，使賊不能橫衝直撞而入，則祿貞猶有脫禍的機會，六鎮的抗清運動，尚不致瓦解，即或不然，知祿貞之全盤計劃與密布各單位的革命同志者，周維楨殆為惟一之人。這也就是說倘祿貞死而周維楨不死，則六鎮之抗清運動，也未必瓦解，對北方局勢，尚有發揮其影響力的可能。惜哉，周維楨有可以救吳之長策而不為之備，有可以脫吳之難而未作此想，輕卸其後死之責而惟「拚將鐵血換英雄」，以成就其烈士之名，而使六鎮之抗清運動與吳祿貞北方革命部隊之大聯合隨成泡影。此後張紹曾之被解職，灤州起義的失敗，以及盧永祥部的攻入山西，使晉省革命軍分向南北撤退，清政府的北方大局因而安定，袁世凱得到向革命軍討價還價的雄厚資本，悉以吳祿貞與周維楨的同時遇難為關鍵。大丈夫身死而留芳百世，亦復何憾；獨惜吳祿貞與周維楨未見民國的成立為憾耳。

陸　焦達峰

——光復湖南，支持武漢的首義人

　　焦達峰是共進會的發起人，其發起地點在東京，回國後其活動中心在漢口，其活動目標，則為長江一帶會黨之聯絡。共進會與文學社為武漢兩大革命團體，為辛亥武昌首義的主體，而武昌首義後十餘日，湖南即告光復，則焦達峰為之也。故焦達峰對鞏固武漢的地位，貢獻甚大。

　　焦達峰，湖南瀏陽人。瀏陽位於湖南省的東北部，以產夏布著名，但是文化卻相當的落後。可是當焦達峰出生以後的不久，瀏陽卻出了兩位有名的改革運動者和反清的革命志士。這兩位知名人物：一位是譚嗣同，一位是唐才常。譚嗣同是康有為派的維新人物，慷慨有大志，而結納多豪士，遊說袁世凱舉兵劫持慈禧太后的便是他，事敗，被拘於獄中，有北省俠士大刀王五者，欲劫之出獄，令其逃生，譚賦詩以拒之。他的那首七言絕句：「望門投止思張儉，忍死須臾待杜根；吾自橫刀向天笑，去留肝膽兩昆崙」，意氣豪邁，視死如歸，這首詩成為當時普遍傳誦的作品，而其人則為受人欽敬的英雄。唐才常則更舉義兵以抗清，對長江沿岸的會黨多所結納，雖不幸而失敗，但對中部的革命運動之發展，卻有其極大的影響力。這兩位瀏陽的先賢，對焦達峰則有更大的影響力。

　　焦達峰的名字，據邵元沖先生所作的《焦大鵬傳》，大鵬是他的名，達峰是他的字，鞠蓀是他的號。但據他的弟弟焦達悌所作的〈先兄焦公達峰事略〉，達峰是他的名，鞠蓀是他的字，大鵬則為他的號。這種出入，可能是由於邵先生所根據的是黨方的資料，而焦達悌所根據的是他們兄弟之間從小相知的事實。按照常理，

圖 17　焦達峰

焦達悌所記，應該更具權威性，不過這個問題不大，我們不必在此浪費筆墨。我們從焦達悌的〈先兄焦公達峰事略〉中，知道他死的時候，只有二十六歲，時在辛亥年的九月初旬，為西元 1911 年，由此推算，他應該生於西元 1887 年，即光緒十三年，亦即中法戰爭後，中國陸軍在戰勝法軍之後，反訂喪權辱國的條約以和，開世界戰勝求和之惟一先例，為國父立志推翻滿清政府的時候。所以焦達峰出生時的中國，正是多事之秋，滿清政府的外交事務，正急向失敗之途發展；而其腐敗無能，也漸次暴露出來；同時，中國的革命運動也開始向發展之途邁進。

豪邁不群的小英雄

達峰幼年，即具豪邁不群的英雄氣概，聰穎過於常兒，而好作排陣搏鬥之戲。他常常把年齡彷彿的兒童，組成兩隊，他自己率領一隊，彼此互搏。但他有一個特性，非鬥爭到底而獲得勝利不止。我們從他幼年的性格來看，他是具有軍事的天賦，而且富有領導的才能。他在五歲那年就開始讀書，領悟力特強，老師所說，一次即能記憶，但卻不甚措意。師或詢問之，則對答如流，都是微言大義的性質，而不屬於章句之間的瑣事。他的心目中，對此也不感興趣。惟在落日回家時，對組兒童為排隊搏鬥之事，則感到莫大的興奮。

當他十五歲的時候，開始受新式教育，就讀於瀏陽縣立的高等小學。其時，距譚嗣同之死僅五年，距唐才常之死則僅兩年。家長及學校中的師長，都以譚嗣同與唐才常的遇難為炯戒，竭力

約束，要他們不步譚、唐的後塵。焦達峰聽到了他們的言論，非常的氣憤，有時候且怒目而起，推案抗聲而言曰：這是滿清政府殺戮吾同胞，妄圖苟延其政權，此中華民族不共戴天之大仇；滿清入主中國二百餘年，沒有什麼德澤，施諸於我民，而惟以淫威為手段，殺戮吾志士仁人；近且喪權辱國，版圖日促，而仍不自省；譚、唐雖已失敗，但後起之譚、唐正多，滿人豈可一一而盡殺我堂堂奇男子哉！其時的焦達峰，業已軀幹高大如奇男子，言至痛切者，雙目炯炯發奇光，英氣迫人。他在那個時候，已經以未來的譚、唐自許。同學中有戲呼為譚、唐者，亦有稱他為俾斯麥或納爾遜者，雖意存譏刺，而焦達峰卻漫應之，其豪邁而以天下為己任的壯志，其時略已形成了。達峰在高等小學的時候，諸種學科，無不名列前茅，但他所特別愛好的是體育和運動，因為可以強身，更可以應用到軍事方面，其不凡的志氣，由此可知。

肄業長沙準備留學

高等小學畢業後，達峰肄業於長沙高等普通學堂遊學預備科，時年十八歲，他在高等學堂的主修課是日文，他的目的是在留學日本。以達峰的聰明才智，致力於和中文同根同源的日文，再加上他自己的努力，不到三個月，他便能閱讀日文書籍了。但是他在學校中影響他最深遠的，卻是和湖南著名的革命黨人禹之謨相識。禹之謨，湖南湘鄉人，幼喜讀船山遺書，對同鄉中興名臣湘人曾、左、胡、彭，多所批評，認為他們不善讀書，且被功名利祿所誤，故一時有狂生之稱。弱冠，遊江浙諸省，飽覽長江下游山川形勢，遂生故國山河淪於異族之感。甲午中日之役，投筆從戎，湘軍某統帥以其為文弱書生，使任運輸之責，因功得保知縣，辭不就，而至上海潛心研究實業，旋赴日本，在大阪千代田工廠習藝。以父病返國。會戊戌政變，譚嗣同等被害，禹之謨乃發現清政府之自私及其對漢族志士之殘害，革命意志，油然而生。庚

子七月的唐才常舉義，之譔實與其謀。唐才常事洩被害，之譔尚不知而至唐寓，見緹騎密布，知有變，乃偽作送信人，態度從容，未被注意，因而得脫。禹之譔乃在湘潭、長沙等地設工廠，教民紡織，民得其惠，皆樂就之。並在長沙設工校，親自教習，工人與學生都對他非常的信仰。又設惟一學堂，生徒日眾。是為湖南另一異軍突起的革命勢力。及中國同盟會總會成立於日本，國父及黃興、陳天華等，密函之譔設分會於長沙，推銷《民報》。這是禹之譔和同盟會發生關係之始，也是他所領導的湘中革命勢力，納入中國革命系統之始。時陳天華為了抗議清政府在日設留學生監督，竟獲日本政府同意，憤而投海自殺，作為抗議。陳天華，湖南新化人，作《猛回頭》等宣傳文學，為留日學生中之革命健將。既死，其靈運回湘省，眾議沉之，之譔獨主張公葬於省城附近之嶽麓山，及期，各界送葬者萬餘人，清吏遂嫉之譔，而之譔的義聲，則騰於湘省矣。焦達峰得識之譔，受其薰陶，遂正式歸入於革命陣營，而成革命的偉大潮流之有力鬥士，對達峰的革命行動，影響最大。

　　丙午年，即光緒三十二年，西元 1906 年，達峰年十八，東渡日本深造，正式加入東京同盟會，與黃興先生相互聯絡，活躍於日本革命同志之間。達峰至日，本擬肄習陸軍，以酬夙願。但是當時的規定，普通文士是不許可逕受日本軍事教育的。所以他只好在鐵道學校求學。當時的留學生，像焦達峰那樣被摒於日本軍校大門以外者，為數甚多。達峰在鐵道學校中的時間，似不甚久，即改入東斌學校。其時，東京的同盟總會正設法擴大組織，分設十部，努力發展革命運動。達峰在十部中，得主聯絡部，專以聯絡會黨為任務。達峰乃在聯絡部中設共進會來發展工作。初時的共進會，甚為簡略，為了工作的開展，乃釐定章程，選舉職員，而達峰被舉為調查部長。

　　戊申年，即光緒三十四年，國父策動河口起義。留日的革命

同志乃發起雲南獨立大會，集會於錦輝館，到會者數千人，會中集資數千金，創辦大森體育學校，校中有軍事講習會，黃興先生以幹事名義主其事，達峰毅然加入受訓，達峰的軍事學識，就在那裡得到的。他在這個訓練班中，也學會了製造炸彈的方法，並且精習了射擊術。

在丙午之秋，達峰似乎曾潛回祖國，策動革命。此可於焦達悌的〈先兄焦公達峰事略〉中見之。〈先兄焦公達峰事略〉中有這樣幾句話：

> 丙午秋，姜守旦等萍瀏之役，即先兄所策動。又擬集同志襲擊清巡撫端方，未成。仍渡日，改入大森體育學校。

據此，可知焦達峰在擔任共進會的調查部長後，曾回國策動革命起義，事敗而又至日本，乃入大森體育學校而受軍事訓練耳。其再度回國，當在三二九廣州起義之前的二年或之前。達峰進入大森體育學校，大約是在戊申年的五月。至是年九月，共進會的實行部推舉各省都督，焦達峰則被推為湖南都督。各省所用的旗幟印章之式樣，都由實行部決定。

受共進會派回國至漢

據邵元沖先生的〈焦大鵬傳〉：「被舉諸人，先後歸國，分途進行，君於十二月抵漢口。」則焦達峰第二次返國，在戊申之冬。核諸辛亥三二九之役前的各種資料，達峰之返國赴漢，似不在戊申年。邵傳並說：「於返湘，己酉（即戊申的翌年）三月復來鄂，組織機關部於漢口，分機關於武昌」。按己酉三月，在辛亥之前，相隔一年有餘。以當時各地同志推行革命運動之急切，則邵傳所說，或與事實相近；即或稍誤，相差並不很久，我們無須多加研究。

宣統三年辛亥三月二十九日的廣州起義，即黃花崗烈士的起義，是國父與黃興先生和許多黨中重要同志的決議，總其事者為

同盟會的南部支部，總機關部設在香港。焦達峰等對於起義地點，持不同的意見，認為起義於中部，其成功的勝數，較大於南部。但是黨中的決議既然如此，達峰只有服從，在這一役中，焦達峰的職務，是在鄂、湘一帶謀策應。他為了這樣的任務，所以遄返祖國，與湘、鄂兩省的同志共同推進共進會的會務，設總機關部於漢口，分機關部於武昌，其進行的重點，則仍在會黨分子的聯絡。故湖北的共進會是由東京遷來的。焦達峰本人則往來於湘、鄂之間，促進會務。湖北方面的有力同志，如孫武等注力於湖北方面的發展。湖南方面，則以譚人鳳早有布置，故進行尚易為力。但當時經費非常困難，會務之賴以進行者，僅少數同志之堅強的精神，但亦不絕如縷了。時達峰的同鄉周海文與劉肯堂，以販賣夏布為業，時常往來於漢口、長沙之間。達峰曉以革命之大義，博得彼等之同情，將所販夏布，質取現金，分發於共進會的各部門，會務遂得活躍。周、劉二商，不僅是把夏布的資金獻於革命運動，而且也加入了共進會，成為革命同志，達峰的精誠感召之深，由此可知。這是湘、鄂共進會的生死存亡關頭，值得我們特別提及。

　　己酉年（1909 年）的七月，焦達峰化名左耀國，偕同周、劉二商，潛回長沙，首先聯絡散處於瀏陽、醴陵、萍鄉等地的會黨，遂與余華祿、楊任等正式組織革命機關，由楊任往湘西的常德、沅靖一帶，彭邦棟往湖南的衡、永、春、桂一帶，聯絡會黨，都很順利的獲得成功。著名會黨周果一、吳燮、鄭人康、柳鶉火等，分頭接洽，都參加了革命行列。由是，黃菊初往岳州，約同李琦、周四維等；周文斌、謝伯圭往寶慶，會同禹國剛等；大家齊頭並進，接洽都有成就，全湘會黨，至是完全與焦達峰通聲氣，受指揮了。到了庚戌年（1910 年）的三月，焦達峰開始作部隊的編制，他首先至萍鄉、醴陵，得千餘人，是為辛亥以前湘東的第一支革命部隊。是年九月，進一步籌劃湘西會黨的編制。辛亥二月，譚

人鳳回湘，以廣州起義的計劃，通知焦達峰，並屬以湖南響應之事。

策劃起義與陳作新訂交

至此，南方起義的時間與地點都已確定，焦達峰得到這個消息，大為興奮，乃赴漢口，進行大規模的響應事宜。但仍因經費問題，困難重重。時襄陽劉公的家中，匯銀元五千至漢，作為留學費用。劉公亦共進會中的重要分子，黨中同志乃共請劉公將此款充作革命活動之用，乃得作有限度的發展。

廣州起義失敗，焦達峰乃急回湘，謀即舉義，以環境不許，遂未果，乃在省垣組織體育社，作為開展革命運動之掩護，進行益力。有陳作新者，原籍安徽，先世遊幕湖南，遂家瀏陽，少好篆隸，精金石學，但好談兵事，乃入湖南弁目學堂，卒業後，任新軍排長。其人亦富民族思想，在他擔任四十九標排長時，授課於隨營特別班，常為諸生講述民族大義，頗得學生的好感，有至其私室求教者，作新更循循善誘，撫愛有加，遂成部分新軍中的核心人物。事聞於當道，排斥之，作新乃設帳於李培心堂，為謀生之計，其革命意志，正愈挫而愈旺。辛亥二月，譚人鳳回湘，黃興亦遣謝可僧至湘，都是為了革命策應之事，他們在劉文錦家召開會議，譚人鳳、焦達峰、楊任等與會，陳作新也應邀參加。自此，陳作新與焦達峰深相結納，達峰的革命運動，遂由會黨的聯絡，進而向新軍及巡防軍發展，主其事者即陳作新。三月中，新軍代表四十餘人會議於天心閣，那就是陳作新等聯絡新軍同志的成績。天心閣會議雖以事洩而失敗，但對新軍與巡防營的聯絡已有成就，使焦達峰在湘中舉義的信心大增。五月間，焦達峰與陳作新等商定湖南方面以新軍與巡防營為骨幹，輔以各地的會黨，期在新軍照例舉行秋操時發難，而由鄂中同志舉義以應之。焦達峰為了此事，特別赴漢口機關部作接洽，獲得鄂中同志的同意。

殊不料鄂中以迫於形勢而先湖南起義了。

長沙起義被推都督

　　辛亥九月初一日晚間的長沙舉義，便是焦達峰和陳作新合作的結果。是夜，焦達峰親統新軍攻小吳門，陳作新則攻北門。清吏所恃者為新軍與巡防營，新軍已多傾向革命，且為義軍之前鋒，而巡防營中亦多同情革命而為內應，故焦達峰與陳作新兩路向長沙進攻，形同破竹，一帆風順，未幾入城，巡防統領黃忠浩伏誅，巡撫余誠格潛逃，長沙一舉而定。眾議推焦達峰為都督，陳作新為副都督。時達峰年二十六歲。長沙既定，各地會黨亦聞風響應，全湘底定。武漢首義後，湖南為第一個響應起義而迅速成功的省區，湘鄂唇齒相依，實在是武漢的後方重鎮，湖南光復，對武漢的安定，關係極為重大。而湖南之光復，是焦達峰努力的結果，故湘省父老舉以為都督，所以酬其功，也正合於共進會的原議。

　　湖南光復時，清袁世凱軍已經南下，陽夏首先告緊，黃興先生已經由港來鄂，任陽夏保衛戰的指揮重任。鄂軍拚死抵抗，軍力頗感支絀，火力尤感不濟。焦達峰聞訊，立即派新軍四十九標與五十標，迅速增援，並派防營繼之。或以湘省初定，宜酌留得力部隊於長沙，以保安全。達峰以武漢安危，關於革命全局，故不顧一切，竭力援助；對湘省之安全，則以舊日聯絡之會黨加以訓練而任之，並大招民軍，編組訓練，以全力援鄂為己任，達峰之被推為都督，原本力辭，不得已只允暫時任職；至此，決心辭職，以便率軍親赴陽夏，與清軍作殊死的戰鬥，他提出辭職，是在九月初七日，任都督僅一星期，湘父老竭力挽留之，省垣各界更推代表堅決挽任。達峰乃暫留任，一面整飭吏治，一面編練新軍，對援鄂仍然作為他工作中的惟一重心。不謂變起匆卒，達峰竟遭毒手，而賫志以終。

竭力援鄂被立憲黨造謠陷害

湖南之光復，以新軍與巡防營的力量為骨幹，會黨之入長沙，乃事後之事。此類三山五岳的英雄人物，對革命大義雖有所聞，但對紀律則初不注意，對權位則不免作非分之想，要求不遂，口出怨言，亦事理之難免，不料此等情勢，被立憲黨所利用，轉對焦達峰作不利的蠢動。湖南在清季設有時務學堂，梁啟超曾執教於時務學堂，一部分青年受其影響而為保皇分子，更由保皇而轉成立憲黨，在湘省革命空氣熾盛時，立憲黨知無前途，乃向焦達峰等要求併入革命黨，準備分享革命成果，但為焦達峰所拒，故銜恨甚深。及湘省光復成功，焦達峰一躍而為湖南都督，因而轉銜恨為嫉妒，欲狙而去之，以為報復。三山五岳人士之進入長沙，使長沙秩序，為之不穩。立憲黨人乃利用此種情勢，製造一個鈔票擠兌風潮，並揚言焦達峰領有軍餉數十萬，盡入私囊，來增加軍心的不安；他們最喪心病狂的謠言，竟謂焦達峰早已被殺，現任都督的焦達峰，乃是冒名頂替之徒。

他們如此的嫉恨焦達峰，實際上與焦達峰的鼎力援鄂，更有密切關係，他們是希望清軍在武漢會戰中獲勝，除去出力援鄂的焦達峰，就是增進清軍武漢會戰的勝利機會，那便是他們對清政權的大功一件了，他們既這樣無所不用其極的破壞湖南秩序與焦達峰的名譽，最後仍以陰謀加害於焦達峰與陳作新，他們先製造一個駐在和豐公司的某部隊有譁擾行為，要副都督陳作新前往彈壓，及陳作新出北門，即為他們預伏的黨徒所殺，這是九月初十日午後的事，他們襲殺陳作新獲逞後，乃整隊入城，向都督府作勞軍狀，要求焦都督出見，達峰不知其詐，在他出迎的途中，亦遭暗算。長沙居民，聞達峰被害，皆大慟，閭巷夜哭之聲，到處可聞，其得民心之深如此。立憲黨人施此毒手，以為一日之間除去正副都督，省垣必為之大亂。但湘父老處變有方，立即推定深

得人望的譚延闓為繼任都督，光復大業，未受影響，殆亦出於立憲黨人的意料之外了。

焦達峰對民國的締造，究竟有多少貢獻呢？湖南軍人季雨霖等及湖北重要革命同志孫武等，曾向臨時大總統請求褒功懲兇，其中有幾點意見與事實，說得最為公正，茲摘錄數段如下：

> 鄂自武昌起義，湘省繼之，其冒險前進，成事迅速，功最著而死最慘者，莫如已故湘督焦達峰。專就湖南一省言之，不過獨立一都督耳，而其功則影響全國，為民國締造極有關係之人物。

> 焦故都督雖特任湖南革命事業，然湖北各事，亦靡不有殊功。前後在鄂與孫武等組織一切，多所擘劃。又常與現任山東都督胡瑛等秘密計劃，開辦文學社及法政學堂，暗與軍隊聯絡，相約維持秩序，建節制之師。故武昌起事，其功之易，有如反掌者，焦故都督實與有力焉。

> 湖南為焦故都督生長之地，鼓吹進行，歷有年所，登高一呼，自易為力；而其起事之初，地方不至糜爛者，則由焦故都督平日聯絡，新軍要求退伍轉入巡防隊之所致，巡防隊者，多湘軍舊人，平日官吏恃以捕黨人，殺同胞以自衛者也。自新軍多人轉入巡防隊，同化之力，最大最速；以致新舊各軍聯為一致，義旗初建，相率倒戈，節制之師，有律不二，則焦故都督之布置周密，有以得軍心者然也。武昌事稍定，焦故都督即回湘謀獨立，既足以牽動各省皆行反正，而關係民國存亡間不容髮者，則出師援鄂，當鄂軍之初起，不過武漢三鎮而已；且老兵多行逃散，新兵未能禦敵。九月初六等日，漢口失敗，武昌漢陽幾難為守；幸而初八日湘軍第四十九標來鄂，士氣為之一振，得以轉危為安，使各省徘徊瞻望者，一同響應，則焦故都督援鄂之力也。

焦故都督光復長沙後，即議派正雅一軍直趨荊州，握南北之咽喉，係鄂省之西陸，豫鄂川陝之交通，得以無阻。又派軍出萍鄉，窺南昌，進九江，以襲薩鎮冰所統之海軍後路，運籌扼要，尤能動協機宜。

焦故都督國而忘家，公而忘私，平昔出其家資，奔走鄂事，已有毀家抒難之風。及任湘都督，尤耐勞習苦，為士卒先。方其受人排擠也，即出示遜位，……又預戒其部下曰：「今日大局未定，一般滿奴，將欲取消獨立，為滿清守，是必殺我也；我亦誓死不去，以待各省響應而已。然殺我者必滿奴也，非人民也，萬一我不幸遇害，諸君萬不可以報復而殃無辜。」所以焦故都督被害時，有多數人欲圖報復者，卒賴焦故都督之舊部以其遺命止之，而地方卒以保全秩序，不受蹂躪。

這個文件裡面的許多事實，可補焦傳及事略中不足之處甚多，更可由此而知焦達峰之革命志節及其對光復大業影響之大。其人雖死，其事與民國史同垂不朽。世人或以焦達峰與會黨關係密切，而有疑其為會黨中人者，觀此，可知焦達峰本書生而熱心於奔走革命，其聯絡會黨，係受黨的命令，而其性格的好俠尚義，輕財好客，實使會黨中人對之欽遲無已，相見恨晚。史稱俠「以武干禁」，在創造時勢的階段，只要願意捨身為國的，我們無不歡迎，但在大局粗定之際，則以守紀律、定秩序、安人心為第一要事，焦達峰革命成功而捐棄生命，是一項重要的歷史教訓，我們不可忽視這項歷史教訓。向使長沙光復後，會黨中人能確守秩序，保持團結，則長沙安得而有亂民，反動分子更安得加以利用，而加害焦達峰哉！達峰無子，其父命以仲兄達人之子嗣之，後人情形不詳。湘人德達峰、作新及其同時受難者楊任，為鑄銅像以紀念之，亦德報也。

柒 蔣翊武

——策劃武昌首義與策動討袁革命的志士

倜儻少年志在革命

當年豪氣今何在？如此江山怒不平！嗟我寂冤終無了，空
餘膚劍作寒鳴！

只知離亂逢真友，誰識他鄉是故鄉？從此情絲牽未斷，忍
餘紅淚對殘陽！

痛我當年何昧昧，只知相友不相知！而今相識有如此，滿
載仁聲長相思。

斬斷塵根感晚秋，中原無主倍增愁！是誰支得江山住？只
有餘哀逐水流。

這是蔣翊武臨死時的四首絕命詩，其滿腔憤慨之氣，一一發
之於詩，可以想見其臨死時內心怨苦之深。其時為民國二年的十
月九日，他是為了討袁而自湖南至廣西，在全縣時被廣西的巡防
統領秦步衢所拘，械送桂林，袁世凱密令他的爪牙陳炳焜就地處
決。他自知已臨絕境，賦詩見志，慷慨赴義，他本是武漢首義的
策劃人之一，而且被推為總綰軍符革命領袖。他不死在武昌首義
之夕，而死於討袁起義的奔走策動之時，革命志士，生有自來，
死有所歸，其此之謂乎！

提起蔣翊武，我們知道武昌起義的第一作戰命令，就是蔣翊
武所發布的。當時的革命同志，以三武最負盛名。三武就是孫武、
張振武與蔣翊武；三武中負最大責任者即為蔣翊武，而且始終在
革命陣營，始終堅持志操，與反動勢力相周旋者，亦惟蔣翊武，
最後且死於袁世凱的爪牙之手，其志未遂，而其身先死，良可哀

圖18　蔣翊武

已。

蔣翊武，原名伯夔，湖南澧縣人。少年的時候，便有大志，為人倜儻不群，對革命大義，服膺殊深。其血性男兒的氣概，可以說得諸天賦。年十八，入澧縣高等小學肄業，次年即入常德師範學堂深造。常德的風氣，開通較早，湘西的革命同志，在常德甚為活躍，而常德師範常常是他們集會的地方。蔣翊武在校中，與劉復基相善，即武昌首義前被害的三同志之一，復基先受桃源的革命志士宋教仁的影響，奔走革命甚力。翊武自與復基相識，其滿腔熱誠的愛國情緒，即納入革命主流之中，協力推進革命運動，非常的積極，學校當局對他們的活動，已有所警覺，而特予注意。稍後，宋教仁在黃興的革命起義中負責湘西革命運動，返湘西，將在常德有所部署。劉堯澂、蔣翊武與另一同學梅景鴻，參加這一革命運動，風聲外洩，清吏追究甚急。學校當局為了息事寧人以保職位，竟將蔣翊武與梅景鴻開除學籍。

蔣翊武初事革命，而遭此挫折，但是他並不灰心；反而因此挫折，暫時放棄學業，專門致力於革命。他和劉復基奔走於沅江下游各縣，專與會黨相聯絡，傳播反清復漢的革命思想，所至之地，都深得會黨的同情，而願意接受他們的指揮。在他們奔走接洽之後，他們得到志同道合之人，達數百之多，乃設革命機關於常德城內的祇園寺，以寺院為掩護，推行益力。

蔣翊武等以常德為中心的革命運動，是革命主流的一小部分而已，他們深知這一孤立的革命勢力，必須與同盟會取得聯繫，方可發揮更大的力量。因此，蔣翊武、劉復基在湘西活動了一年多，在已收成效之後，決定親赴東京一行，以便了解同盟會的行

動計劃，使湘西的革命力量，互與配合發展，以竟全功。翊武他們的想法，是完全正確的。可是當他到了上海以後，不幸生病。等他病好以後，正要設法東渡，卻知道上海的革命同志，參加了吳淞中國公學的創辦。翊武看到了這一機會，便決定先在中國公學讀一段時間的書再說。他在中國公學，認識了另一革命同志楊卓林。楊卓林正在辦理《競業旬報》，翊武助之，他用白話撰文，鼓吹民族主義，提倡排滿的革命運動。革命同志寫白話文，實已開風氣之先，而他們的文章，情辭並茂，博得很廣大的同情。事為當時的兩江總督端方所聞，《競業旬報》被封，楊卓林被捕，旋即被害，這一挫折，對蔣翊武來說，是一個很大的打擊。他一時心灰意冷，不但放棄了東遊日本的原計劃，而且連中國公學的學業也不繼續了。遄返故鄉，蟄居家園，閉門不出，實在覺得氣悶難堪時，喝喝酒，吟吟詩，過了一段頹廢的生活。

重整革命精神加入新軍行列

一個革命的英雄人物，偶遇挫折，而心灰意冷，以鳩酒消除塊壘，這原本是一時的現象。時間稍久，便將有髀肉復生之感，而內心激蕩不已了。蔣翊武在家居年餘以後，心裡的創痛漸復，而滿清政府正在推行假立憲來妄圖緩和革命氣氛，苟延自私政權。而若干奴隸成性的知識分子，竟有誤認為滿清政府的立憲政策是具有誠意的，因而予以響應，以欺騙社會。翊武見此情形，氣憤難平，立予駁斥，而久經壓抑了的革命情緒，至此更為揚溢，他決心邀約他的舊日同窗好友、革命同志劉復基，同赴武漢，加入新軍的行列，在軍中發展革命運動，以便迅收事功，早日推翻滿清。己酉年，即宣統元年，西元 1909 年，翊武與復基相偕至武昌，投入鄂省新軍四十一標，充當士兵，這是是年九月中的事。

其時，鄂省的革命志士，已有群治學社的組織，專以結合軍中同志為擴展革命運動的工作方針，時亦舉行演講，或展閱書報，

以與社會知識分子或學術界人士相聯絡。翊武與復基既入軍中，立即加入群治學社，大受同志的歡迎，並推為社事的主持人。庚戌年即宣統二年的春天，以產米著稱的湖南省，竟以缺乏米糧而形成饑荒，災民流徙，厥狀甚慘，而湘省的清吏，反藉軍隊的力量，為壓服的打算。群治學社的同志們，乃謀響應湖南的災民，而作革命的起義。但以事機洩漏，不僅所謀失敗，即群治學社的組織，亦告解體。所幸主持人的身分，尚未暴露，翊武乃得結合舊日同志，組織振武社，以繼群治學社未竣之功，但振武社的革命運動，未幾又被清吏所破壞，翊武等乃重行組織文學社，以講學及發揚文學運動為號召，始得暫免清吏的注意。實際上，自群治學社而振武社而文學社，一脈相承，其宗旨完全相同，其負責人也完全相同。這一段清吏和蔣翊武等革命同志的鬥法，魔高而道更高，更足以說明革命志士奮鬥不懈的精神了。文學社之成立，已距武昌首義之時不遠；故文學社中的負責人如蔣翊武、劉復基等，乃武昌首義的直接領導人。

在文學社有計劃的策動之下，軍中革命同志愈吸收愈多，武漢一帶的新軍中差不多都有革命黨人，其或尚無革命同志者，則千方百計打入之，打入以後則以滾雪球的方式來吸收同志，各單位的同志，都採取直線式的聯繫，而盡量避免橫的關係，以資保密而免於一旦不幸被破壞時的遭受株連。各營隊都推代表，參加文學社的總社會議，以決大策。故軍中組織的發展及其代表與所有同志，惟文學社總社始知其全貌，故文學社的組織，比較群治學社等的組織，嚴密得多了，它的細胞分布也廣泛得多了，當時在軍中吸收的同志，專以士兵為對象，隊官已經很少，這一宗旨的決定，是恐怕受清政府所任命而吃俸祿的小軍官，不免要貪戀祿位而做狗腿子，萬一遇到了狗腿子，假作同情，豈不有誤大事。故文學社諸同志不吸收軍官，所以同志中連低級軍官都很少。此在發展組織階段，其方法是十分正確的，但在舉義以後，軍事指

揮人才便大有問題了。當時能夠擔任指揮重責的革命同志，只有
蔣翊武一個人。舉義前夕蔣翊武出奔以後，便有指揮無人之感，
不能不臨時脅迫隊官吳兆麟來擔任了。這一經過，以後另作說明。

文學社與共進會的合作

其時武漢方面的革命團體，除了文學社以外，還有共進會。
共進會性質及其工作方向，請看本書〈焦達峰〉一文，已有敘述，
此不復贅。文學社與共進會的推誠合作，內外都有著密切的聯繫，
造成了中部革命的新形勢，這兩個革命團體的聯為一體，為了舉
義時任務的分配，雙方代表常在武昌小朝街黃土坡的文學社機關
部，舉行多次聯席會議，決定舉義日期和工作分配，共推蔣翊武
為舉義時的總司令，上述蔣翊武發布的革命軍第一號作戰命令，
就是在雙方決議起義日期時頒布的。

新軍中革命同志之多，武昌清吏已有所聞，於是有調派新軍
離開武昌的決定。先是，川省鐵路風潮，愈演愈烈，清政府特派
端方為欽差大臣，入川彈壓；端方以軍力不足，特商諸湖北的清
吏，借調新軍兩營，故新軍在武漢三鎮的革命同志，力量已經減
少了許多。至此，又以湖南不靖為名，調四十一標駐防岳陽，四
十一標就是蔣翊武服役的部隊。革命同志以部署未定，只好眼看
蔣翊武等一批得力同志離開武昌而去，無如之何。好在岳陽與武
昌相去甚近，聲氣呼應，尚稱靈便，及八月十八日，漢口俄租界
的革命機關部，以試驗炸彈，不慎而爆炸，轟然一聲，震驚了俄
租界的警察。

這一聲爆炸的觸發，據說是由劉公之弟偕劉公之妾硬欲到機
關部去參觀，革命同志原不同意；惟劉公曾捐鉅款，堅拒他們前
去，似亦不近情理，只好勉強讓他們進入。不料這兩個花花世界
的人，不知輕重，進入機關部後，仍然是香煙在手，不知警惕，
香煙的火星，落入炸藥中，而巨響就發作了。俄警既至，則屢查

而不得的革命機關部，赫然呈顯於目前，乃大肆搜索，把革命黨人所準備的起義旗幟、火器等物，悉數捆載而去，一部分革命同志之不及走避者亦遭拘捕，最對革命黨人不利者，則為革命機關部之分布地點、同志的名冊等重要文件，也被搜去，俄租界當局向來是同情清政府而反對革命黨的；至此，將搜得各項的重要文件，都交給清吏，清吏遂得按圖索驥，大舉搜捕革命機關部與革命同志。

返回武昌決定起義

蔣翊武隨四十一標移駐岳陽，然心在武昌，與武漢方面的革命黨人，聯絡甚密。漢口俄租界事件，翊武不久獲悉，即兼程趕回，在小朝街的革命機關總部會合同志，籌商對策。決定於十八日夜半起義，以南湖砲隊同志之發砲為號，分布各營隊之同志，聞砲即行發難。但其時武昌城內，清吏戒備甚嚴，向南湖傳達命令之同志，竟不得出城。也有一說，謂命令已經傳達到，而南湖砲隊的清軍，防制嚴密，砲隊同志無法下手，各地同志未聞號砲，故不能發難。於是度過緊張的十八日之夜，至十九日，蔣翊武與劉復基等在黃土坡機關部密議，而清軍搜捕驟至，敲門聲甚急，劉復基知道事情已經不好，乃懷著炸彈，從容下樓，時清軍已擁至樓下，復基乃擲炸彈一枚以警之，不料炸彈失靈，未及爆炸，迨復基前進，而炸彈忽炸，以致復基受傷被捕，終於成仁。蔣翊武在樓上，聞聲攀援而下，越牆逃走，奔往岳陽，故武昌首義，是蔣翊武一手布置的，但是到了首義之時，翊武已逃向岳陽，而未親與其事。

這是因為翊武的膽子，比劉復基為小，而劉復基之下樓與擲彈，正好掩護了蔣翊武，使他得到逃走的機會。翊武如不逃走，是晚可能與劉復基一同成為烈士；惟其膽子較小，故暫時保得性命，不料二年以後的蔣翊武，仍然成為烈士。死生有命，其此之

謂乎？由於身負指揮重責的蔣翊武之臨陣脫走，故武昌方面的舉義同志，一時成為無首的群龍，各自為戰，且不知道戰爭的指揮術，原不在革命同志行列中的吳兆麟隊官，臨時被迫而為指揮官；原任協統而有好人之稱的黎元洪，也被拉出來當了總司令。這兩個人之一舉成名，都和蔣翊武的臨陣遁走有關。如果蔣翊武脫離了黃土坡的機關部後，轉至較安全的地區而與同志取得聯絡，指揮起義的軍事，那蔣翊武的歷史要重寫了，吳兆麟與黎元洪的歷史也要重寫了。

八月十八日夜的黃土坡之難，另有一說，謂蔣翊武亦與劉復基、彭楚藩、龔霞初等同被逮捕。翊武至警局，裝作鄉愚之狀，自稱為房東的伙夫，且詢警局人員：為什麼要抓他？警局人員見翊武穿的衣服是長衣大袖，腦袋後面且垂有髮辮，與其他被捕之人的雄糾糾、氣昂昂者大不相同，故監視不若其他同志之嚴，翊武乃得乘間脫逃。其說似亦有據，惟翊武在脫逃後至岳州防次，則無異詞。故翊武視劉復基的膽子較小，殆為事實，此為翊武的大失策。若非張振武奮臂而起，力任臨時總提調，分別通知各同志起義，則雙十節之武昌首義，可能流產，而民國開國的歷史，將是另外的一頁了。

抵抗北軍的上策與防禦使的任命

武漢三鎮既光復，黎元洪被推為都督，翊武以在光復之役，未建赫赫之功，故被置於閒散地位，當了一名都督府的軍事顧問，時清政府以兵部尚書蔭昌為欽差大臣，起用已被罷黜的北洋軍首領袁世凱為湖廣總督，以其爪牙馮國璋為第一軍總指揮，以四師之眾，向漢口發動總攻擊，並以段祺瑞所部為第二軍，為馮國璋軍之後援部隊，聲勢洶洶，漢口革命軍但知勇猛的抵抗，不善軍略的運用，以致挫敗，而危及漢陽。當北軍長驅南下之時，蔣翊武本其軍事上的獨特天才，向黎元洪建議：兵貴神速，應在北軍

未集之前，先發制人，北據武勝關，憑天險以阻其南下，此為上策。

黎元洪心知其善而不能用，致北軍輕取武勝關，以孝感為前進指揮所，漢口遂遭猛烈的攻擊。黎元洪至此，方知翊武在軍事方面之長才，任為防禦使，將命其渡江指揮陽夏的軍事。但元洪左右，頗有嫉忌翊武之才能者，因改派張景良前往。張景良雖名為景慕張良，但實際上卻是心胸狹小，既無韜略又無膽量的庸碌之人。他以渡江調查虛實為名，巡視一番，便向黎元洪提出不實的報告，長敵人之志氣；但是他的報告，對黎元洪卻有很大的影響力，元洪對陽夏前線的增援，尤其漢口淪陷以後漢陽保衛戰的增援，陽為盡力，陰圖保全，致黃興先生在漢陽方面的力戰，幾陷於孤軍奮鬥的危機中，若非湘軍的迅速應援，此戰早已陷於不利的地位了。其時武昌方面頗傳黃興為常敗將軍之流言，當與黎元洪之嫉忌才能與張景良之措置乖方而推卸責任有關。翊武在這些戰役中頗有有力而不能使用的遺憾。推究其原因，都是他起義之時走避岳州的錯誤所造成。

及漢陽保衛戰失敗，黃興走上海，黎元洪走葛店，賴譚人鳳與張振武之力而穩定了武昌的局勢，譚人鳳的職務是武昌防禦使，蔣翊武在武昌危機中被任為總司令，他的任命是黎元洪下的？還是譚人鳳所派的？我們無法可以知道；但是蔣翊武見危受命的精神，由此可以完全證明了。翊武在此任內，把沿江的防務，分為四區，由張廷輔、杜錫鈞等分別駐守，武昌遂得安定，其時南北議和，由伍廷芳、唐紹儀為代表，在上海英租界接觸頻繁，蔣翊武在這樣的時機中，被任為駐漢招撫使，清軍之被感動而向革命軍投誠者，時有所聞，這是蔣翊武招撫有方的結果。議和告成，翊武被任命為湖北軍務部長，他的頂頭上司便是黎元洪，翊武之不能久於其任，讀者諸君，自可意會得之。

奉召至京認清袁之陰謀

議和告成，國父把臨時大總統的職位，讓給袁世凱，由國父向參議院辭職而舉袁以自代。參議院接受國父的辭職，選舉袁世凱為臨時大總統，仍選黎元洪為副總統。四月一日，國父正式宣告卸職，臨時政府由南京移往北京。袁世凱以臨時大總統的名義，召見武昌首義的革命志士。蔣翊武以部署首義之故，亦被召往，袁則任命翊武為軍事顧問以籠絡之。

他在北京居住了幾個月，目睹袁世凱種種蔑視法律的恣意獨裁專斷的暴行，對袁的陰謀，體認頗深，以為袁某必將對民國有不利的行為，而謀所以制裁之。時同盟會改組為國民黨，翊武被選為參議，乃乘機離北京而至上海，與國民黨同志商議匡時救國之策。新國會的議員選舉後，國民黨籍的議員佔大多數，依照約法的規定，責任內閣的總理，將屬於國民黨籍，而宋教仁的呼聲最高。翊武則與國民黨籍的議員們接觸頻繁，其意中國不能再亂，故主張制裁袁世凱的辦法，則透過國會為之。國民黨籍的議員，對蔣翊武的建議，都認為至當不易之理，而寄以莫大的同情。

但是，翊武的希望終於落空了。包藏禍心的袁世凱，知新國會召開以後，宋教仁必被舉為負有處理國事全權的內閣總理，所謂大總統將僅僅是一個畫押承諾的虛名元首，志在獨裁的袁世凱，乃蓄意破壞之。他的卑劣手段是刺殺宋教仁。民國二年三月，宋教仁被袁世凱所密派的惡賊刺殺於上海。國民黨人聞此消息，大為震驚，紛紛謀舉義旗，以討袁世凱。蔣翊武則遄返故鄉澧縣，訣別雙親與家人，誓死殺賊以保共和政體，如不成功，決不還鄉。

二次革命入桂被難

時江西都督李烈鈞已在湖口舉義討袁，湖南等省的都督響應之。長沙方面，即促蔣翊武赴省，正式宣布獨立，及翊武至省，

則受命為鄂豫招撫使，將向北發展，藉以促成袁世凱的敗亡。赤手空拳，接納豪士，部署軍事，本為翊武之所長。以此職授翊武，正可以說任用得人。但是翊武在這個任務中，竟然無法一展所長。其故有二：其一，是湘省當局對於舉義討袁，原有舉棋不定的衷曲，陽為獨立，而陰具疑慮，故對翊武的敵區工作，支持不力；其二，翊武的才能之高，凡知之者都嫉忌之，長沙方面的妒忌蔣翊武，正與前此武漢方面相同，故凡翊武有所需要，都陽示贊助甚力，而暗中卻阻撓備至。由此種種，翊武在岳陽方面的一切工作，一籌莫展，無何而長沙竟以取消獨立聞，這是蔣翊武最痛心的事。

蔣翊武在湖南的討袁工作，中道受挫，心殊不甘，其部下有以桂軍中頗有同志而勸其赴桂活動者，翊武接受之，遂自湖南赴桂林，桂省當局，原與翊武有淵源，但其實已受袁世凱的收買；偵知蔣翊武將赴桂林，密派緹騎，在全縣坐候，及翊武至全縣，巡防統領秦步衢遂加逮捕，械送桂林，並向袁世凱報告。袁世凱對二次革命的討袁運動，既深惡而痛絕，而翊武又為推行倒袁運動甚為激烈的革命健將，久欲得而甘心；乃密令桂林鎮守使陳炳焜：「著將蔣翊武就地槍決。」陳炳焜本是翊武舊友，及翊武至桂林，陳炳焜還假惺惺的把袁世凱的電報，出示翊武，表示愛莫能助的樣子，翊武詩中所謂：「只知相友不相知」、「只知離亂逢真友」，即指此而言，翊武至此，知為陳炳焜出賣，不能免難，但仍神色似常，與陳炳焜痛論討袁救國的大道理，狗腿子一心藉翊武以邀功受寵，那還顧得到國家，顧得到友誼，自然毫無所動。

從容就義關切身後

於是翊武索紙筆，草遺書，長達數千言，中有「蕪田荒地，已委之蔓草荒煙」的沉痛語，時翊武尚無子，遺命說：「如夫人遺腹得雄，便為家門之幸，取名繼武；二夫人遺腹得雄，取名幼武；

予之靈柩，運回葬於後園，每逢寒食盂蘭，亦可享清水寒燈。」讀其遺書，對身後事吩咐得如此周到，可見其態度從容，視死如歸的恬靜心情。清吳梅村詩「千古艱難惟一死」，革命黨人對此，早已以身許國，看得平淡無奇。但其對遺靈及後嗣問題，仍然看得非常重要，這便所謂「不孝有三，無後為大」與「葉落歸根」的農業社會之傳統，而非「埋骨何須桑梓地，人間到處有青山」的英雄本色了。他的絕命詩四絕句，就是本文篇首所引的那四首詩，便是在草遺書後所賦的。

蔣翊武到了桂林的第二天，陳炳焜效曾國藩款待李秀成的故智，在內廳為翊武設宴，作為訣別的歡送。假仁假義的陳炳焜，還在宴畢用他自己乘坐的轎子，讓給翊武乘坐，他自己並且親送到刑場，以示對他的親暱，實際上他是怕革命黨人對他的報復。當翊武出鎮守使署的時候，鎮署警衛人員，以整齊的服裝，列隊於署前，對這位革命英雄行軍禮致敬，像似迎送高級長官的樣子，翊武也舉手為答，毫無異狀。

他到了麗澤門外刑場的時候，還作了一次最後的演講，說明討袁救國的必要，激昂慷慨，聽者動容。講演畢，即赴刑場，坐於預先布置的紅氈上，神色自若的承受袁劊子手的槍聲。時為民國二年十月九日，距翊武部署武昌首義的時間，兩年稍多。他就義時的年齡為二十九歲。後來他的兩位夫人，果然生下兩位公子，遵翊武遺命，命名為繼武與幼武，並有女兒一人，不知其名，殆為嫡妻所出。

民國十年，國父以非常大總統出師北伐，督師於桂林，在蔣翊武就義的麗澤門外，立碑以紀念之。碑上刻有胡漢民先生所撰的碑文，其詞如下：

> 蔣公翊武，澧縣人。蓄志革命，辛亥武昌發難，以公功為冠，以武昌防禦使守危城，卻強敵。事定，即引去。常道縻以官爵，不受，癸丑討袁，將有事於桂林，到全州，為

　　賊所得，遂戕公於麗澤門外，今年冬，大總統督師桂林，
念公勳烈，特為公立碑，而令漢民書公事略，公之死事，
與瞿、張二公不同，而其成仁取義之志，則一也。中華民
國十年十二月，胡漢民謹記。

　蔣翊武之見重於國父及黨國先進，由此可知，他的身後之哀
榮，得此碑與此記，更可與民國歷史，同垂於不朽了。

捌 陳其美

——革命運動中的東南砥柱

江浙光復對武漢局勢的重要性

武昌首義以後，革命軍的發展，雖然非常的順利，但因吳祿貞被刺殞命，袁系大軍長驅南下，陽夏淪陷，武昌陷於敵軍的砲火之下，頓現危機，若非江浙兩省相繼光復，蘇滬浙聯軍力克南京，則革命前途，幾於危如累卵了。由此，可知江浙的光復，對武昌首義的成功，關係至為密切，而策動江浙兩省的革命之中心人物，則為陳其美先生。

上海起義與杭州光復，是江浙光復的關鍵。上海起義是陳其美先生直接領導的，杭州光復則是先總統蔣公所率領的百名敢死隊一擊成功的。杭州光復而浙江在不久之後，即全部底定，上海始無後顧之憂，滬浙聯軍之勢乃成，故杭州光復與上海安定有密切的關係。此外鈕永建先生領導松江起義成功，蘇籍士紳勸導江蘇巡撫程德全反正，鎮江新軍林述慶起兵響應，對蘇滬浙聯軍進取南京，都有莫大的影響力。這一切的策劃與推動，都出自先生。故其有挽回革命頹勢的大功績。我們談武昌首義的轉危為安，民國締造的頓現光明，對先生這樣一位關鍵性的人物，不能不作特別的介紹。

富有急智的小英雄

英士先生名其美，浙江吳興人，世為產絲著名的南潯鎮之望族。其先世即為經營絲業而起家，故先生在齠齡以後，隨即從事商業於上海。生於清光緒二年，即西元 1876 年。是年，左宗棠借

圖 19　陳其美

洋款一千萬兩，派留學生三十名，分赴英法諸國學習工業；而日本則迫韓國開放海口，正計劃向韓侵略。此在中國而言，正是同光新政的時代，而日本則明治維新已初見功效，已初步的發展其所謂大陸政策；其時國父則已是十一歲的大孩子。故先生對國父來說，則為晚輩。先生幼年即富機智而饒膽略，在他八歲那年，與群兒作燒田野枯草的遊戲。一兒不慎，被火燒及衣裳，群兒皆驚惶逃走，先生獨將此兒推倒在地，而以身覆之，緊緊不捨，火無氧氣為助燃，即告熄滅，此兒由此而獲救，而先生即由此而被稱為富有急智的小英雄，此種不平凡的勇敢與機智，即為先生後日成就其革命事業的基礎。

先生之從事於經商，蓋受庭訓，但他和一般商店學徒不同。他經常留心國事，對當時外人之囂張，帝國主義國家侵略我國的危機，不但十分重視，而且義憤填膺，誓立保衛國家的宏願。那時候，先生的年齡還不過十五歲。其愛國的熱忱，可謂出於天賦。由於他有這樣的抱負，所以他和同事們的談話主題，都以國家前途為內容。同事們有的是心知其意而表示同情的，有的只是唯唯否否而已。先生既有志於報國，乃以結合同志為著手，約集志士，組織學社，作為推動救國運動的開端。時上海已成為愛國志士最主要的活動場所，著名革命黨人活躍於上海者有張靜江、譚人鳳、秋瑾、徐錫麟等，先生一一與之交往，共同計劃發展革命運動，諸革命先進，對於這位青年同志，都是非常的器重。

抵制美貨與發展革命組織

　　光緒三十一年，即西元 1905 年，日俄戰爭即於是年由美國的調停，訂立〈樸次模斯條約〉以和。是年，美國政府忽然頒布明令，禁止我僑胞工人入境。消息傳來，國人無不憤慨，因有抵制美貨的發起。陳其美認為這是發展革命運動的最好機會，因分赴內地，表面上是呼號同胞，不用美貨；而實際則作救國的宣傳，尤其著重在革命同志的聯絡。是年秋冬，先生以執行抵制美貨的名義，到達湖南省會長沙，實因湘中多革命同志，欲利用此項機會，與上游同志相結合，使整個長江中下游的革命運動，聯為一體，以期擴大效果。先生兄弟三人，弟藹士，即後來任職國民政府主計長的陳其采先生，幼習軍事，時在長沙，任新軍統帶。兄弟相逢於客地，其親熱自可想見。陳其美常常抽出時間，參觀藹士先生的軍隊訓練，並殷殷以著重部隊的精神教育與聯絡軍中同志為勖勉，而深為藹士先生所接納。由此，足以說明陳其美之推動革命是到處留心，無微不至的。

　　陳其美在這次革命旅行中，最大的收穫，是他對自己學識的不夠而不滿意，立定深造的意志。國父說：「革命的基礎，在高深的學問」，這種境界，不是躬行實踐革命運動的人，是無法體會得到的。所以陳其美此項覺悟，對於他後來之成為中部革命運動最主要人物之一，有著密切的關係。這一點，尤其值得我們今天的青年取法。先生既有深造之意，其目標即為往日本留學。留日所需經費，較諸留學歐美，自然要節省得多；但是當時的陳其美頗為此項必須的經費來源所困。他的志願，被藹士先生所知，竭力促成其東渡，並願在經費方面盡量予以支援，陳其美因得達成其留日的願望。他是在光緒三十二年赴日的。

留學日本專習警察與軍事

陳其美東渡日本後，最初的志願，是學習警察法。他的意思，仍然是在為革命事業著想。因為警察雖然是政府與人民之間的橋梁，但其更重要的任務，則為政府的耳目；革命運動開展的時候，警察所處的地位，極為重要。如果他學成歸國，在警察方面服務，必可吸收同志，便利革命。但是，他學了一年警察法後，他的志願改變了。他感到發展革命運動，更積極、更重要的是軍事，率領健兒，向清政府的爪牙，直接挑戰而予以摧毀，比服務警察界僅具消極目的，更有意義。故在光緒三十三年改入東斌學校，專攻軍事學，準備回國後在戰場上與敵廝殺。後來陳其美指揮江浙的革命運動軍事，進攻南京，支援北伐，發揮其軍事上的長才，都是這一志願所形成的。

日俄戰爭，在我國而言，是一項奇恥大辱。甲午之後，李鴻章以參加俄帝尼古拉斯二世的加冕禮為掩護而西遊聖彼得堡，訂立〈中俄密約〉，其性質是中俄聯合對日的軍事合約。及日俄兩國以我東北為戰場，我國審時度勢，不履行〈中俄密約〉，以開罪日本，只好宣告中立。我們從這個經過來研究〈中俄密約〉，當時的決策，實為一重大的錯誤。第一，日俄對我東北與朝鮮的爭奪，必然會引起戰爭，且其為期必不在遠。中國在此兩大之間，應如何自處，應在當時即作審慎的估計，不可因一時的意氣，輕作以夷制夷的聯俄對日之決策。第二，李鴻章高估俄國的實力，低估日本拼命的決心所發揮的力量，誤認為可以藉帝俄的威望，足以鉗制日本對我的侵略。第三，帝俄對我的侵略，其野心在咸豐年間的英法聯軍之役，已暴露無遺，其干涉還遼，是為了它自己攫奪遼東半島預留地步，絕非有愛於我國，李鴻章對此點的觀察力，實甚為膚淺，須知引俄入東北，實與被日本侵入東北，其害正同，李氏對此，並無認識。據曾樸先生《孽海花》一書所載，當李鴻

章遊俄歸來，親友僚屬迎之於上海碼頭，李對歡迎人士伸二指以示意，眾不解，及晚間集宴，有人問其伸二指何意？李氏答稱中國將有二十年之安定。按李氏訂〈中俄密約〉，是在 1896 年，而日俄在東北大戰則在 1904 年，先後僅八個年頭，所謂二十年安定，實在是一個錯覺。《孽海花》雖為說部，但其所記遺聞軼事，大抵都有所本，李在當時，為我國辦理洋務之中心人物，其所見短絀如此，既訂不應訂之約而又不履行，足以說明滿清政府之低能。此一情勢，正是發展救國運動之最佳機會。時國父正在東京，因改組興中會為同盟會，設總會於東京，設支部於香港與上海，而於各省則分設分會，普遍發展革命運動，陳其美既至東京，與革命同志交遊益繁，其見國父，即在此時，並正式加入同盟會。其介紹先總統蔣公晤見國父，亦加入同盟會，亦在此時，此在革命救國運動史上，應該大書特書的一件大事。

自日返國推進革命運動

陳其美在日本學習軍事，約有二年，國內的革命運動，已大有進展。浙人徐錫麟刺殺安徽巡撫恩銘於安慶，朝野為之震動。清政府乃下令嚴密搜捕江浙革命黨人，秋瑾女士也就在這一搜捕中遇害。壓力愈大，反抗力愈強，革命運動亦然。陳其美默察大勢，認為此乃在江浙發展革命運動之大好時機；乃於光緒三十四年春季回國，仍以上海為策動中心，從團結同志著手。在上海的部署粗有頭緒以後，即赴浙東各地，聯絡志士，組織各種祕密團體，作為響應革命起義的準備，其成果相當不錯。於是重回上海，設革命機關部於馬霍路福德里，作為聯絡同志策動起義的總司令部。故浙東革命同志的團結，陳其美之力居多。世人以為陶成章、章太炎輩的光復會為兩浙革命運動的主力，其實不然。上海方面的布置告一段落後，先生乃親赴平津一帶，觀察情況，團結同志，準備一旦在江浙舉義後，南北響應，一舉而推倒滿清政府。

陳其美回國以後的一年多時間中，對革命運動的發展，實已盡其最大的努力，所收效果，亦至為宏大。在南方如此，在北方亦然。故自北南旋後，即致力於實際的舉義之策劃，福德里遂成為黨人聚議策劃的中心，時在宣統元年的夏天。有劉光漢者，即國學上頗有造詣之江蘇儀徵人劉師培。此人在留日時亦加入革命組織，但心志不固，受其妻之影響甚大。其妻有外遇，因以共產公妻之說惑師培，師培不知其詐，亦附和之，而不以頭戴綠色帽為恥。及回國後，又復利祿薰心，暗與兩江總督端方部下相勾結，表面上則仍為革命志士，時時參加馬霍路革命機關部之祕密會議，而盡以會議內容，通知端方在滬之偵探。因此，上海革命機關總部的舉義計劃，盡為端方所悉。端方乃與上海租界當局祕密交涉，企圖查搜革命總機關部，把上海的重要革命同志，一網打盡，江蘇偵探會同巡捕房偵探乃至福德里搜查。

其時陳其美適外出，另外一些革命同志如周淡遊、褚輔成等則在樓上開會，陳其美之姪果夫先生則在樓下守候，以防不測。果夫先生聞扣門聲甚急，則大聲拒之，使樓上同志聞聲準備。周淡遊、褚輔成等改裝為工人模樣而脫走，獨張同伯一人不及逃避而被捕。其後張同伯被解至南京監禁，陳其美則化裝至南京，探視同伯，並賄通獄卒，善視同伯，故同伯雖遭拘禁，並未受苦。由此可知陳其美的勇敢和俠義。若劉師培者雖飽讀聖賢之書，而不識民族大義，靦顏事仇，甘心作兩面人而不知氣節為何物，而且專門謀害同志，可惡可恨。故人或稱劉為國學大師，而實際上則為無恥之尤的革命蟊賊。其後又加入袁世凱的籌安會，力捧新華宮短命皇帝，是十足的毫無心肝之國賊。劉光漢之告密，把陳其美的革命計劃完全破壞。雖然那個時候的內外環境，革命起義的時機尚未成熟；但是這一計劃被劉某一人的荒謬行動所破壞，使長江下游的革命遲延了幾年，畢竟是一件十分可惜的事情。

馬霍路的機關部雖遭破壞，但是當時的革命大業，不過受到

一個小小的挫折，並未使革命黨人因此而心灰意冷；反之，漢奸的愚蠢行為，使革命同志愈益淬勵奮發，進行則益為積極而謹慎。上海方面的革命運動，較前更為開展，陳其美對於這一形勢，仍然認為非組織統一的機關部，無以聯絡指揮；乃與譚人鳳、楊譜笙、周淡遊等發起組織中部同盟總會，主持長江流域的革命組織，與南方同盟會取得密切的聯繫，策動中部與南部的革命起義，作另一番轟轟烈烈的革命事業。先生鑑於革命宣傳尚有加強的必要，而創辦報紙作為革命宣傳的喉舌，在當時尤有必要。在這樣的認識之下，上海的《中國日報》、《民聲叢報》以及稍後的《民呼報》等，陸續出版，因此東南的革命空氣，更加熱烈，吸收到的革命同志，也由此而大為增加，對日後的革命起義，影響至為重大。

成立精武學校，組成敢死隊

　　先生又鑑於革命起義時孔武有力的突擊隊與衝鋒隊，需要尤為殷切，時北方武術名家拳擊大師霍元甲南來，先生蓄意結納，交誼漸深，乃與縱談天下大勢與國家多難的種種問題，以探測其意向，他發現霍元甲不僅是義俠心腸的性情中人，而其愛國的熱忱，較諸革命黨人，並無多讓。乃相與聯絡上海之愛好武術人士，創設精武學校，招收學生，選擇意志堅強、體格壯健者五十人為一班，加以組織與訓練，使成為宣揚武術的幹部，並施以軍事教育，六個月畢業後分赴各省縣市，以同樣方法，組織武術訓練班，也招收學生五十名，再行分赴各地，作相同的吸收與訓練，以便在革命起義中擔任衝鋒與突擊的任務，這是準備革命起義最有效的途徑。照這個計劃進行，不出十年，即可練成百萬精壯隊員，他們既精武術，又嫻軍事，何愁滿清不滅。這一計劃，後為日本人所破壞。因為這個時候，中日之間，正發生「間島」問題的交涉。先生在滬倡導抵制日貨運動，收效頗宏，日人啣恨甚深。及探知霍元甲計劃，深知此計劃一旦成功，不特清社成墟，中國即

可富強，日人侵華計劃，亦將成為泡影；乃設法接近霍元甲，邀之歡宴，而於酒會中密置毒藥，霍元甲畢竟是一個武夫，不知宴無好宴的古訓，慨然赴約，中毒身亡，因而這一計劃無從實現，這也是最為可惜的一件事。但是精武學校依舊進行，依然造就不少的人才，在上海光復中，出了不少的力。然與原計劃的預期功效，則有天淵之別了。

革命黨人的主要義務之一，是遵守黨的決定。事前可以充分的發表意見，決定後便須完全服從，無任何商酌之餘地。陳其美在辛亥三月的革命偉大運動中，所負責者為長江流域的革命運動，尤其是上海和東南各省的革命運動。及南方革命運動具體實施，乃邀陳其美赴香港密議。陳其美至港後，對起義的籌備，襄贊甚力，必要時且將赴廣州殺敵。無奈廣州之舉義日期，有臨時的改變，且已遣返一部分已經到省的同志。既又迫於情勢，不能不臨時發動，而港中同志赴援不及，以致不能成功。起義同志除一部分被難外，尚有不少陷身廣州，無法脫出牢籠。陳其美既痛起義之失敗，又為匿居廣州之同志擔心，而廣州的滿清鷹犬張鳴岐、李準等對這些同志，又必得而甘心。陳其美乃以《上海新聞》記者名義，化名入廣州，面見李準、張鳴岐，施以說詞，頗奏成效，隨即暗中設法救出陷身之同志脫難。張鳴岐和李準旋即發現此《上海新聞》記者實為重要的革命同志之化名，立即下令逮捕。港中同志，頗為陳其美擔憂，但是陳其美自有巧計脫身，安返香港。我們從這一件事和探問張同伯於南京的獄中，聯合研究，足以說明陳其美的勇敢和對同志愛的深切，其身入險地，真所謂赴湯蹈火在所不惜者，此種義俠心腸，肝膽行徑，實為陳其美所獨具。

上海在租界時代，就其行政區劃言，實分三個部分，即公共租界、法租界與華界。公共租界為英美日三國租界合併而成，把華界隔成南北兩區，南區稱為南市，北區稱為閘北。英人以公共租界為基礎，以越界築路的方式，不斷擴張其勢力圈，如滬西的

大西路、愚園路等，都是越界築路而歸入其勢力範圍。英人又覬
覦閘北地區，以髒亂腐敗，不能保障外人之生命為理由，意欲將
公共租界的範圍，擴充至閘北地區。清政府對此問題，竟置而不
顧，上海士紳，據理力爭，也相應不理，因而英人進行益力。陳
其美知道滿清政府對保障國家的領土與主權，一定不會出力辦理，
非由革命同志採取實際行動，不容易得到結果。先生的辦法，是
策動同志，首先清除租界的滿清政府密探，其次清除閘北地區妨
礙治安的惡勢力，地方秩序，因而正常，外人遂無藉口以侵害我
閘北的主權了。這是陳其美以在野之身，保全國家領土主權的大
貢獻。

　　同盟會成立以後的革命起義運動，以華南為重點，由南方同
盟支部負責進行，其主要負責人是胡漢民、黃興、趙聲；而以中
部為策應，其主要負責在華中進行者為居正、譚人鳳等，下游的
負責人即為陳其美。黃興的革命計劃，由廣州發動起義，以革命
同志組成的敢死隊為進攻的主力，而以同情革命的新軍防營以及
會黨等為響應，事成之後，分兩路北伐，一經江西而趨向下游；
一經湖南而趨向武漢。此計劃，華中同志頗持異議，但黃興等以
進行此計劃有香港作為轉輸之便利，且有南洋方面的僑胞與革命
同志為後援，在地緣上佔極有利的地位，故在東京決定後，取得
國父的同意，而著著進行。

上海對革命之重要性與中部同盟總會之成立

　　陳其美既自廣州脫險回香港，旋返上海，他審察當時的革命
形勢，三二九的廣州之役失敗，革命陣營中的精英，遭受慘重的
損失，短期間內，南方的重行起義，勢不可能；此後的發展，當
以長江流域為中心；武漢處長江的中游，扼九省的通衢，這是一
個革命起義最理想的地區；上海處於長江下游咽喉的地位，為全
國工商業的首善之區，也是發動革命起義最理想的地區。這兩個

發動革命最理想的地區，比較起來，上海更為重要。因為上海在工商企業方面佔地位，對外關係佔地位，但在政治軍事上不佔地位，故清政府在上海只設上海道，而置其軍事重心於南京，政治重心於蘇州（今稱吳縣），故上海清軍的抵抗力不大，起義易於成功；上海華洋雜處，水陸交通輻輳，各方接洽，最稱便利；上海有公共租界與法租界，皆屬外人的勢力圈，為清政府的權力所不及，發展組織，便利滋多。基於上述的理由，陳其美返回上海以後，竭力經營上海的革命組織，兼及武漢，互相呼應，使清政府首尾不能相應。按革命起義的地區，黨人本有南部與中部不同的意見，至此中部革命論的主張，頓成最重要的途徑，其主張最力者陳其美實即其中之一。

廣州之役失敗後，中部同志參加此役者，陸續北返，上海遂成黨人聚集之所。陳其美乃與譚人鳳、宋教仁等籌設中部同盟總會，作為策動的總機關，時在辛亥年即宣統三年的六月。成立大會中，陳其美被推為事務部長，其性質是如今日的祕書長，可稱之為中部同盟總會的靈魂人物。根據後來的發展，則知上游的中心人物是譚人鳳，而陳其美除綜攬中部的革命推動外，兼下游及東南各省的策劃與推動。譚人鳳促成武漢的文學社與共進會的團結合作，是一大貢獻；而陳其美在江浙諸省的發動革命，貢獻更大。武昌首義成功，而杭州、上海等重要地區之光復一舉成功，並由此而光復南京，組織臨時政府，則以陳其美為中心。

當北洋軍大舉攻漢時，黎元洪發電各省區告急。先生在滬，得電後急趕往南京與當地同志會商起義響應，但寧方同志以張勳擁有重兵駐寧，而滿人鐵良尤以反對革命著稱，時機尚未成熟，不宜率爾舉兵，先生無奈，只好回滬，趕赴杭州發動，但杭方同志，也認為那個時候不是舉義的好機會，如杭州先於上海發難，更非所宜，他們要求上海先行舉兵，杭州應之，然後勝算可操。先生聽了他們的理由，認為合理，於是立刻趕回上海，組織滬上

同志，策動清軍反正。九月十三日，一切準備均已就緒，他把部分革命軍，分給楊譜笙、高子白指揮，向江南製造局進攻，製造局駐有清軍，事先已有接洽，原擬革命軍進攻時開門迎接；詎知當革命軍攻向製造局時，部分清軍贊成革命，部分清軍則主張反抗，革命軍到達時，仍開槍迎戰。先生知道了這個消息，立即下令革命軍停戰，他自己重違同志之勸，隻身進入製造局，開導駐軍響應革命。同志們的顧慮，深入虎穴，如不能達目的則必被扣留，對滬上革命全局影響太大。先生不顧安危，逕入製造局，果被製造局所扣留，綁於柱上，以備處決。滬上各界聞先生被扣，紛紛推派代表向製造局當局洽請釋放，皆無結果。先生在局受困一日夜，革命同志為了解救先生脫險，擬解散，鈕永建覺得不可，他認為駐軍有先生為人質，必以為革命軍為了先生的安全，停止進攻，防守必懈，乘其懈而急攻之，不僅可脫先生於險，且可一舉而佔製造局。乃由鈕揮軍突擊，勢甚猛烈，守軍不能禦，先生亦得局中同情革命之人去縛而得自由，製造局隨入革命軍之手，全滬不久底平。是役之成功，非因先生之膽與鈕永建之識的合作，不能竟事。滬上人士乃推先生組織滬軍都督府，即由先生任滬軍都督。

製造局的光復，實為上海光復之先聲，無何而全滬底定，無何而吳淞光復，又未幾淞江、蘇州、鎮江等名城，亦相繼光復，東南形勢大定。上海底定後，軍政商學各界集會於小東門內的海防廳，依照同盟會的規定，組織軍政府，推舉都督。與會人士一致認定，上海地位重要，工作繁重，繫革命大局的安危，都督人選，一定要一位中外翕服、文武兼資的英雄人物，捨陳其美莫屬。先生人望之重如此，眾議所屬，義不容辭，先生乃充任滬軍都督，並即日就職，時吳淞駐有海軍船艦，實力甚厚，態度不明。先生對海軍中人，本來素有聯絡；至此，要求他們明白宣布獨立，脫離清政府而歸屬革命軍。海軍見上海既已光復，清政府的命運危

在旦夕，其中雖有少數頑固分子，也不能不適應這個時代的大潮流；因此，吳淞海軍隨即宣布脫離清政府。吳淞海軍之獨立，使上海的安定，更為鞏固，這也是陳其美事先布置的功效，而其關鍵實為製造局的一擊成功，亦先生勇敢堅毅的精神之收穫。先生的次一步驟，即為接收上海電報局與郵政局，通信機構完全掌握在革命軍手中，自此與各方函電往返，完全自由，對外聯絡，益稱便利。我們從這一經過看，更加佩服先生辦事，先後本末的處置，完全得到最扼要的中心，是最值得我們取法的地方。

滬杭、京滬兩鐵路的沿線要站以及太湖流域與浙東的底定，東南全部都入革命軍的掌握，江西、安徽等省亦已光復，獨南京負嵎頑抗，依舊效忠滿清。這是因為那裡有滿人鐵良和滿奴張勳，擁有相當雄厚的巡防軍，依高山深水為險，猶以為仍可阻撓革命事業的成功。於是光復南京，成為陳其美的次一目標。蘇、浙、滬、鎮聯軍的組織，便是以陳其美與鈕永建、柏文蔚為中心而組織成功的。聯軍總司令一職，眾推備受鐵良、張勳壓迫的新軍第九鎮統制徐紹楨。徐紹楨所部的九鎮部隊，大部分本駐南京，鐵良、張勳恐其生變，已將其主要部隊的一部分調駐上新河一帶，其砲隊則另駐一處，並予以嚴密的監視與陰謀的分化，故徐部雖

圖20　上海光復後，城內掛起象徵革命勝利的五色旗。

號稱一鎮，而實力有限，須由聯軍予以全力的支持。這一戰役中，實際的攻城軍以浙軍、蘇軍、滬軍和鎮軍為主力，後來又有粵軍參加。

紫金山天堡城的爭奪，革命軍付出相當高的代價，上海在這一戰役中，成了革命軍的補給運輸與聯絡中心，人力、物力、財力以及運輸工具的籌措、集中與輸送，都由上海任之，不用說，籌劃的中心人物，自然又是陳其美了。此役凡歷二十多日，陳其美晝夜勤勞，席不暇暖，寢不安席，真可以說辛苦備嘗，憂喜交集，提心吊膽亦二十餘日，至最後數日，勝利消息，紛至沓來，眉宇間始有喜色。

國父返國與籌組臨時政府

南京尚未光復時，黎元洪鑑於各省紛紛獨立，各自為政，未能發揮行動的一致和指揮的統一，乃與各省都督協商，籌組中央政府，當時大家都主張臨時的中央政府，應設於武昌。各省都督亦紛紛派遣代表，集中於上海，準備轉赴武昌。及南京光復，因其地乃形勢勝要區、歷代故都，且東南已趨安定，不如武昌在陽夏北軍砲火之下，一夕數驚，安全堪虞；故各方代表都主張應在南京集會。這個政治的新形勢中，籌劃南京臨時中央政府的組織以及對各省的聯絡之責，又落在陳其美的雙肩了。此外，國父自歐返國，以上海為目的地，這是一則革命運動開展中最重要的消息，上海是陳其美負責的區域，如何籌備迎接國父？如何負責保護國父的安全？如何策動各方擁護國父主持革命大計？如何推選國父為新政府的領導人？這許多問題的解決，當然又是陳其美的責任。而在另一方面，北洋軍到處挑釁，如何努力從根本上予以重大的打擊，這便是所謂北伐問題，自然又是陳其美義不容辭的大責重任了。所以南京光復以後，陳其美在軍事政治方面所負的責任，較前更重，其勞心焦慮，也較前更苦。

辛亥十一月初六日，國父的座輪抵達吳淞口，隨行人員有廣東都督胡漢民及革命志士謝良牧、李曉生、朱卓文、黃菊生等，此外尚有美國軍事專家霍馬里將軍及日本志士六人。陳其美為國父籌備行轅於寶昌路四○八號，並派建威軍艦由陳其美率領滬上各界代表親迎接國父下船，改乘軍艦進入上海；而各省代表選舉國父為臨時大總統之議，亦決定於此時。

當袁系清軍猛攻陽夏之際，袁世凱即派唐紹儀為全權代表，南下議和。唐紹儀初抵武昌，而政治形勢急變，上海已成革命軍的臨時政治中心，唐乃轉赴上海，與革命軍總代表伍廷芳開議。英士先生對和議本不贊成，認為袁世凱是一個狡獪特甚的政治販子，他挾革命軍的聲勢向清政府壓迫，復以政府軍的力量，向革命軍多所要挾，對民國前途，極具危險性，所以主張乘此時機，揮軍北伐，根本上推倒滿清政府，剷除袁系部隊。他的主張，與廣東都督胡漢民的主張（胡主革命軍集中南方，加以整補與訓練，然後完成北伐大業），原相吻合。但是國父對當前的國是，認為中國再也經不起內部的戰亂，使國脈民命，元氣大傷；因此，力主和議進行，先使滿清政府垮臺，然政府以約法鉗制袁世凱的野心，以鞏固民國的體制，俾國家安定，全力從事於三民主義的建設，國父抵滬上，向《民立報》記者發表談話說：

> 武昌舉師以來，即由美赴歐，奔走於外交、財政二事，今歸上海，得睹國內近狀，從前種種國難，雖幸破除，而來日大難，尤甚於昔。今日非我同人持一真精神真力量以與此困難戰，則過去之辛勞，將歸於無效。

其語重心長，由此可知。故胡漢民在香港舟中與國父一席長談，放棄其主張，陳其美見國父謀國之誠如此，也放棄他自己的主張，而都贊成南北的謀和了。國父是辛亥十一月十三日離滬赴京就任臨時大總統的。陳其美率領滬上各界代表護送國父上火車後，仍留滬鎮守，安定後方。

南北和議告成，國父向參議院辭去臨時大總統職務，舉袁世凱以自代。袁世凱既膺選為臨時大總統，依照議和的條件，首都應該在南京，袁世凱應該到南京宣誓就職，臨時政府推蔡元培先生為代表團長，率領代表團赴京歡迎。

袁世凱破壞議和條件與宋案發生

然而，袁世凱竟唆使其子袁克定等發動兵變，致使代表團諸人頗受虛驚，袁則以為藉口，謊稱北方局勢不安定，他必須在北京鎮守，幾經磋商，袁之宣誓，改用電報，中央政府則遷北京，南京則設留守處，由黃興先生任留守之職。袁世凱就總統職後，舉唐紹儀為內閣總理。唐內閣徵陳其美為工商總長。陳其美在此種情勢之下，更加了解袁世凱的野心，決難與其共事，乃辭職不就，並解滬軍都督之職，以在野之身，繼續與惡勢力奮鬥，以保障民國的法統，誓除袁世凱。先生既解滬軍都督職被選為參議員，亦不就，惟對被派出國，考察各國政治實業的使命，勉予接受。但正在摒擋出國期間，宋案發生，遂不果行。

所謂宋案，即袁世凱密派他的爪牙刺殺宋教仁一案。宋教仁是醉心於內閣制的革命黨人。原來的臨時政府組織法草案，就是宋的主張居多，是內閣制性質，國父返抵滬上，研究這個草案，認為照這個草案實行，臨時大總統將為一徒有其名的領袖，實際上無事可做，認為中國此時尚不宜實施此種制度，故國父任臨時大總統時期，為總統制。及決意讓袁以求國家的和平統一，深知袁世凱的野心，故臨時參議院通過的〈臨時約法〉對未來的政府組織，改為內閣制，內閣對國會負責，其用意蓋在防止袁世凱的獨斷專行。那個時候，一小撮不了解政治情勢的黨人如章太炎等，倡「革命軍興、革命黨消」的謬說，居然也得到相當的同情。於是宋教仁等改組同盟會，並吸收黨外的許多派系，組成國民黨，致力於國會議員的競選。選舉結果，國民黨籍的議員佔極大多數，

宋教仁將為未來的內閣總理，袁世凱勢必成為名義上的國家領袖，因此非去宋教仁不可。宋教仁被刺殺於上海，其導源便是如此。但袁世凱卻揚言此為國民黨內部的自鬨，以推卸其罪責。時陳其美尚在上海，憑其對上海情形的熟悉，與對租界當局的友誼，合力搜查，第二天就將刺宋的兇手武士英與應夔丞捉到，並將袁世凱爪牙趙秉鈞、洪述祖等人的來往密電都搜出，袁世凱為刺宋的主唆人，罪狀大白於天下。堂堂民國的大總統而為刺殺案的主謀兇犯，這真是世界各國所無而中國獨有的奇恥大辱。

宋案發生後，全國震動，革命同志，更是憤慨萬狀，人人欲得袁世凱而甘心。革命黨人對付袁世凱的主張，分為兩派：一派是國父的主張，一派是黃興的主張。黃興認為中國已經是民主法治的國家，法律之前，人人平等，大總統觸犯刑章，應該與庶民同罪，因此，他主張向法院提起訴訟，由國會提出特別彈劾案，組織特別法庭，傳袁世凱到案受審，依據證據，判處罪刑。國父對黃氏的看法，認為必無效果，因為袁世凱行同梟獍，他既敢如此狂悖胡行，必視法紀為無物，必不肯接受法院的審訊與處分，反之，袁世凱兵權在握，必在此際調兵遣將，以武力擴張其地盤，革命黨籍的都督，都將遭受攻擊，因此，主張乘袁世凱部署未定之際，起兵討袁，宣布其罪狀，使國民共知其奸惡，群起響應而除之。時革命黨人居都督地位者，有安徽的柏文蔚、江西的李烈鈞、廣東的胡漢民等，而江、浙、閩等地區革命勢力，尚甚雄厚，義軍一起，各處必立即響應，而袁世凱尚無用兵的準備，殺他一個措手不及，軍事上的成功勝算甚大。

陳其美對於這兩派的主張，偏向於黃興方面，故黨人的舉義，成為議論不決的局面。兩個月後，袁世凱調兵遣將與賄賂收買的部署已成，乃免廣東、安徽、江西三都督之職，並調李純（馮國璋部）、段芝貴（段祺瑞部，時稱小段）等北洋大軍兼程南下，迎擊可能發生的民軍起義。他同時收買一部分騎牆觀望的國會議員，

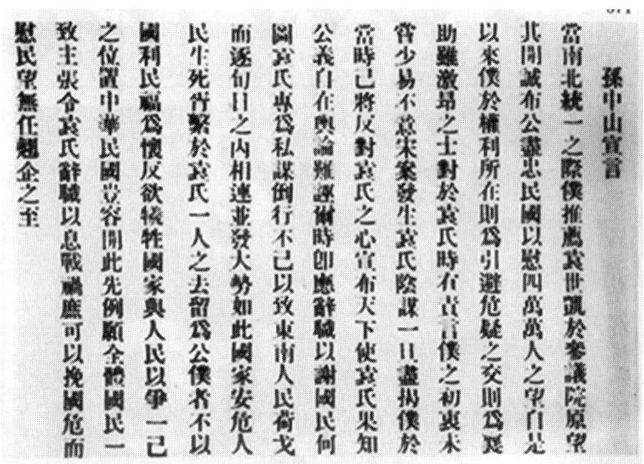
孫中山宣言

當南北統一之際僕推薦袁世凱於參議院原望其開誠布公盡忠民國以慰四萬萬人之望自是以來僕於權利所在則爲引避危疑之交則爲異助雖激昂之士對於袁氏時有責言僕之初衷未嘗少易不意宋案發生袁氏陰謀一旦盡揭僕於當時已將反對袁氏之心宣布天下使袁氏果知公義自在輿論難誣徹時即應辭職以謝國民何圖袁氏專爲私謀倒行不已以致東南人民荷戈而逐旬日之內相連並發大勢如此國家安危人民生死胥繫於袁氏一人之去留爲公僕者不以國利民福爲懷反欲犧牲國家與人民以爭一己之位置中華民國豈容開此先例願全體國民一致主張令袁氏辭職以息戰禍庶可以挽國危而慰民望無任翹企之至

圖 21　孫中山發表討袁聲明

增強他的羽翼，竭力接洽二億五千萬的大借款，作為添置軍械發動內戰之用。至對國會的彈劾與特別法庭的傳訊，固如國父所料，置而不理。革命黨人看到形勢如此發展，乃不能不分頭起義，由完全主動而處於完全被動，由協同出擊而轉變為各個受敵。這便是著稱於歷史的二次革命，其失敗乃在當時的一念之誤。如果先生不附和黃興先生的主張，那二次革命的經過完全要重行寫過了。這一個案件的處理，完全證明國父的高瞻遠矚，黨人的高級幹部皆見不及此。至此，他們完全信服國父，而陳其美的內疚，尤在一般同志之上。從此以後，陳其美完全服從國父的領導，所謂「不二過」，所謂「君子之過，如日月之光」，陳其美就是這樣一位知過能改的英雄性人物。

二次革命首先發動的是江西省，陳其美則在上海策動響應，他的職銜是上海討袁軍總司令。以陳其美和滬上海陸軍的關係之深，其策動的成功，應無疑問。但當陳其美解除滬軍都督之職後，袁世凱即派其心腹鄭汝成為淞滬鎮守使。鄭汝成到了上海以後，專以銀元攻勢，收買駐滬的陸海軍。部分見錢眼開趨炎附勢的軍中人員，居然變節受買。故當先生發動他們舉兵，他們觀望不前，

互相推諉，而北洋軍南下以援鄭汝成者日眾，海軍且正式接受袁世凱命令。吳淞方面的部分同志，雖舉義成功，但以孤立無援，不能立足；先生雖率領部分敢死志士，向製造局發動猛攻多次，亦以後援不濟，不能得手，滬上義軍遂無形潰散。起義同志多有赴日避難者，先生獨留上海，籌劃在東南地區的再度舉兵。袁世凱知先生不除，東南必無安定之日，乃會商租界當局，緝捕先生。

應召赴日佐組中華革命黨

　　二次革命失敗，國父東赴日本，同時赴日的同志甚多，而先生獨留上海，仍圖再起。國父至日後檢討二次革命失敗之故，乃由於黨的組織不嚴密，革命同志精神渙散之所致，於是主張組織中華革命黨，重振革命旗鼓，為民國作保姆，為討袁作準備。先生在滬，為討袁起義，再接再厲，事被袁偵知，乃會商上海領事團，逮捕先生，先生致函領事團，提出嚴重抗議，故袁之陰謀不得逞。國父知先生留滬，已處危境，且中華革命黨之組織與擴大，皆須先生為助，乃電召先生赴東京。先生當時的感想，是：「辛亥革命，手無寸鐵，集眾數百，武昌一呼，全國震動者，革命黨之精神有以致之也；癸丑一役，據地數省，擁兵十萬，壯兵負隅，而全局失敗者，革命黨人志氣消沉之所致也。」故奉召後即赴東京，竭力佐理中華革命黨之組織。時來日同志，頗有以為經此失敗，宜稍休養，以復元氣，即時組黨討袁，實非時機，即黃興先生亦持異議，認為應從訓練軍事、政治、經濟等幹部入手，創浩然廬與政經學院，雖不反對組黨，卻在自行其是。惟先生則不然。他曾經對胡漢民說過這樣的話：「總理領導我們，我們都追隨不上；總理如在山頂，我們只在半山。我們這兩年才算認識總理的偉大，卻已是太遲了，而許多同志，還未覺悟，說我們服從太過者，豈不可嘆！」又說：「我所以服從中山先生的緣故，並不是盲從，是因為我現今已經實在認清此刻中國，有世界眼光，有建設計劃，

有堅忍不拔的精神，除了中山先生以外，再沒有第二人，所以我誠心的服從他。」先生經癸丑之失敗，對國父認識清楚，痛自追悔當時未即舉兵，以致二次革命失敗得這樣慘，因而大徹大悟，從此絕對服從孫先生。對組織中華革命黨，異常出力，中華革命黨吸收黨員，採取嚴格主義，並需立誓書，服從總理的領導。先生皆照辦，故國父以先生任中華革命黨庶務部長，其性質相當於祕書長，其受孫先生之重視如此。

黃興對中華革命黨的誓詞有異議，孫先生同意修改，但因其他同志反對而未果。黃興自此，與孫先生有貌合神離之勢；舉他為協理，也不就。他這一系的同志，議論紛紛，影響中華革命黨的團結甚大。會袁世凱向美國進行大借款，正在積極進行。他借款的目的，不是為了國家的建設，而是為了擴充他的北洋軍，以便加緊控制全國，為他的皇帝夢奠定基礎。此項借款，如告成功，則革命討袁軍事，將備感困難，故國父命黃興至美設法阻撓之。孫先生並親電美國各支部歡迎黃氏，並協助黃氏，進行工作。黃氏雖同意赴美，也同意進行討袁與阻止袁之借款，但對中華革命黨的黨務，始終以誓詞不為修改之故，不甚熱心；時歐洲已發生戰爭，其從人且有歐洲問題研究會之組織，對黃氏與中華革命黨之團結，時有加以阻止之舉。當時國內政局，袁世凱帝制進行益力，且與日本勾結，出賣我國家的權利，換取日本對其帝制的支持。因此中華革命黨進行討袁，更為積極。先生鑑於黃氏對中華革命黨始終不能積極合作，乃以長函，以他自己的徹底覺悟，列舉事實，說服黃氏。他的信中重要部分，大意是這樣說的：

從一年多的經過來看，中山先生的許多見解，都能事先想到，各同志的見識與學力，都不及中山先生，以致處處牽制，不服從其命令，因此有這樣重大的失敗；他自己非常後悔，決心服從中山先生的主張，助其組織中華革命黨，嚴格訓練黨員，並邀黃氏返日，團結一致的進行討袁運動，先生這一段話，使其他同志深

為感動，但黃氏對此，仍在猶豫，未作肯定的答覆，只是說因病尚須休養而已。先生受任為庶務部長後，每日與各省同志接觸，常達數十人之多，故黨務發展，非常順利。先生常謂：「機會必須由創造而來，我們若能努力創造機會，則雖然本身不能坐收成功，也可以造一大潮流，以促進社會的進步。」這一見解，正是「英雄造時勢」和「成功不必在我」的註解；而且還另含一種意義，那就是創造革命的機會，即使不能成功，也要轟轟烈烈的幹它一番，使大家認識這一運動的意義，而綿延下去，發展下去，終必有成功之一日。這就是國父喚起民眾的意思。大凡一種運動，有的「知其不可為而為」，有的「知其可為而為」。知其可為而為，是為現在；知其不可為而為，是為將來。這也便是莊子所說的薪火相傳之意。先生由經驗而發此偉論，更足見其意義之精深。由於先生這樣的努力，故討袁運動，擴展甚速，漸次及於國內，而有舉義起兵的可能。

先生是長江下游的人，他的基本革命力量，是在長江下游地區，所以他和譚人鳳的意見相同，都是主張革命起義，應在長江中下游發動。但在二次革命失敗以後，他的論調一變。他也主張首都革命論。他向國父建議：希望國內革命運動，應著重於京師方面。他認為一、二兩次的革命，其失敗原因，非止一端，但不能在京師發動舉義，以動搖敵人的基礎，應該是最重要的因素。

袁世凱之所以能夠控制政治的神經中樞，發號施令，以臨迫各省，便是不能在京師革命的後果。先生的主張是絕對正確的。在這裡，我們又要回想到彭家珍的中央革命論、吳祿貞的燕晉聯軍與冀東獨立運動來夾攻北京的革命運動之重要。京師軍警林立，防衛森嚴，做革命運動的地下工作，危險性比較大，故北方雖有革命運動的布置，但其重點則在天津；而彭等「我為其難」的策動，只能做到個人的突擊為止。彭家珍費盡心機，只能殺死良弼，而使宗社黨瓦解，清室的命運，不久即告終了；而王芝萌等的刺

殺袁世凱,未能奏效,袁世凱仍得發號施令,為壓制民軍;而吳祿貞的被刺與張紹曾的被調,乃革命運動中的最大損失了。《春秋》責備賢者,吳祿貞徒逞個人英雄主義的勇氣,以致身死事敗,我們不能不表示重大的遺憾了。

陳其美既有北方革命論的主張,受到國父的重視,乃於民國三年春,自日本赴大連,住了五十天,就是為了布置東北的革命組織,發展東北的革命運動,奉天革命機關部的成立,即在此時。在該方面部署略有成就後,先生復回東京,對長江革命運動的進行,再作建議,亦被國父採納。乃密派同志,分別在浙江、江蘇、安徽等省,進行軍事布置。先生亦於四年二月間,迭受各省同志的催促,祕密返回上海,主持長江方面的抗袁軍事行動。其重返上海,實已抱不成功便成仁的決心,故電告國父,有事若無成,決不願再赴日本作逋逃客之語。國父深慮先生操切,以致影響安全,乃屢電先生,囑速返東京,先生皆不願,這是他成功不必在我的實踐。這一經過,足以說明國父對先生的關切之深,更足以說明先生為革命犧牲的決心,真是一位典型的革命黨人,先生革命奮鬥的史實,照耀於中國革命史與民國建國史,絕不是偶然得到的。

民國四年,是袁世凱政權最重要變化的一年。袁世凱這個近代的曹操,既做了民國的大總統,又夢想要做皇帝。這個梟雄性的惡賊,其時年在六十以上,他的幾個寶貝兒子,袁克定野心有餘,才具不足,但一心要做曹丕;袁寒雲詩酒自娛,一心要做曹植,這一群都是不明國情、不知世界情勢的糊塗人。袁世凱在民國四年,做了兩件最為國人所痛恨而竭力反對的事。其時歐戰正酣,歐洲國家對東方已無顧及的能力,於是日本向袁世凱政權提出〈二十一條〉的要求,這些條件,顯示了滅亡中國的野心;但是袁世凱竟在是年五月九日簽字承認,換得的條件,是日本承認袁世凱做皇帝。皇帝夢沖昏了袁世凱的頭腦,竟以出賣國家來達

到他個人的私慾，這在中國歷史上，只有兩個人可比。前乎此者是後五代的石敬瑭，他把燕雲十六州割給契丹，還承認他自己是契丹國王的兒子。後乎此者，另有一個汪精衛。汪精衛為了要維持他的偽政權，訂立〈日汪密約〉，把中國海陸空的資源與軍略重鎮出賣給日本。

袁世凱另外一件被國人所唾棄的事是所謂籌安會，他利用湘人楊度製造「民意」，要袁世凱做皇帝。袁系的軍人政客分布在各省的，復乘機響應，這些御用的走狗，說得天花亂墜，好像袁世凱不做皇帝，中國便不能存在似的。這也是袁世凱大拂民心的一件醜事。

返滬主持討袁軍事

袁世凱這樣的倒行逆施，為百姓所唾棄，自然是發展反袁革命的最佳機會。但是奸狡兼備的袁世凱，知道各地民心必然反對，革命運動必然開展，乃布重兵於各地區；對東南各省，尤為注意，故也駐有重兵，以便控制。陳其美的主要力量是在上海一帶，故其革命部署，也著重在這一方面。國父在東京，審察全盤形勢，深知上海起義，勝算不大，失敗堪虞。乃於八月間電請陳其美先生速至東京會商。先生既至東京，國父告以東南袁軍，實力雄厚，西南則較為空虛，以主持西南革命事宜，交付陳其美，先生也樂於接受，先生在東京留居兩月，將過滬而至廣東。但當陳其美抵滬時，滬上同志堅留之；先生亦認為上海局勢，大有可為，乃改變主張，留滬主持革命運動。

當時袁世凱派在上海的軍事將領是鄭汝成，他的官銜是上海鎮守使，擁有指揮袁系陸軍的大權，其主要對付的目標就是上海的抗袁革命軍，上海方面的同志，對鄭汝成所指揮的部隊，聯絡頗著成效，而以海軍方面之同情而願受指揮者為尤多，但鄭汝成不除，諸軍行動顧慮甚多，為革命起義的重大障礙。

故上海同志計劃，首先除去鄭汝成，使袁系駐滬海陸軍群龍無首，舉義乃易進行。此事非聲望卓著、才能出眾的先生主持不可，先生之留滬，其原因亦即在此。刺殺鄭汝成的實際行動，由東北籍的王曉峰、王明山兩人任之。他們偵知鄭汝成在十一月某日將赴公共租界的日本領事館應宴，其路程必須經吳淞江（一稱蘇州河）口的大鐵橋，滬人稱為外白渡橋。兩位王同志首先把這一帶黃浦灘路的情況，事先弄得非常清楚，然後等在外白渡橋邊，靜候鄭汝成車子的經過。正午十二時，鄭汝成的車子來了，他也戒備森嚴，前有開導車，後有警衛車，他自己的車子居中，電掣風馳而來，王明山看準目標，先向鄭汝成車很正確的投擲一顆手榴彈，車頂炸燬，司機嚇壞了，不知措手足，王曉峰則一個箭步，跳上汽車，兩枝駁殼槍同時向鄭汝成射擊，鄭汝成的腦袋立中十幾彈，打成蜂窩一樣，立即一命嗚呼。兩位王同志雖然身手俐落，但無法脫出租界巡捕的兜捕網，終於被捕，解到鎮守使署，同時遇害。這一擊成功，雖然犧牲了兩位勇敢的同志，但革命同志的士氣大振，遂得進行第二步的抗袁起義工作。

鄭汝成之死，滬上人心浮動，咸感大事情就要發生，而袁世凱也大為震驚，立即派一個資望甚深的爪牙楊善德至滬，升格而為淞滬護軍使，以為可收鎮撫之效。但是楊善德已似沒有氣的皮球一般，昏庸老朽，徒負虛名，實際上卻毫無辦法。此對革命同志進行抗袁起義，反而多了一層鼓勵。陳其美乃決定乘袁軍人心惶惶，部署未定之際，急謀舉義。江浙同志咸認為上海舉義，東南震動，各方必紛起響應，成功的勝算極大，亦促陳其美不可失此良好的機會。各方的意見一致，先生之意遂決，於是有肇和軍艦之役。

肇和軍艦上自艦長，下至士官，與革命同志聯絡得最好，為革命軍舉義時首先奪取之目標。肇和軍艦將有不穩的可能，或為袁政權方面所聞，故十二月三日，海軍部忽下令肇和艦開赴廣東，

似有使其脫離上海革命軍掌握的用意。上海同志聞此消息，都認為肇和如果駛離上海，對抗袁起義之影響實在太大，都主張在肇和未離上海之前，發動攻擊，肇和艦長黃鳴球及艦上其他士官也作同樣的主張。先生乃決定於十二月五日舉義，當時任務的分派是這樣的：

一、由先生擔任淞滬司令長官，吳忠信擔任參謀長。

二、由黃鳴球擔任海軍總司令，即以肇和為總司令部。

三、由楊虎擔任海軍陸戰隊司令，孫祥夫為副司令；楊虎在佔領肇和後，即開砲猛攻製造局，孫祥夫則分派部隊佔領應瑞、通濟兩艦，協助肇和，發動攻擊。

四、製造局方面同情革命之部隊與閘北城內等地之同情軍隊，聞肇和砲聲，同時響應。

五、夏次岩聞砲聲即在上海城內各城門舉火響應。

六、闞鈞等同志，率領志士攻佔電燈廠與電話局，薄子明率山東同志攻佔警察總局，陸學文則攻警察第一區工程局。

七、姜匯明等擔任對閘北軍警的聯絡與響應。

職務分派既定，各同志於五日午後，分別進行。楊虎首先率領同志三十餘人，抵達肇和艦，艦上同志，立即響應，所以很順利的達成了佔領肇和的第一任務。但孫祥夫的工作，以所乘船舶沒有照會之故，被巡捕所阻，不能前進，故未能佔領應瑞、通濟兩艦，肇和遂成孤立無援之勢。

楊虎雖順利地登上肇和軍艦，但未能得到砲彈庫的守衛者之合作，所以尋來尋去，找不到開啟砲彈庫的鑰匙，無法開庫取彈而發砲，這種焦急的情形，非當事人是無法想像的。肇和未能發砲，影響討袁革命全局，遲至下午六時，在毫無其他辦法可想時，只好硬把庫門打破，取得砲彈，向製造局發砲射擊。應瑞、通濟兩艦未能佔領，而肇和發砲，又延遲了十二小時，上海袁軍已獲得消息，有所準備。故岸上同志，雖照原計劃進行，分別佔領電

話局、電報局、警察總局，先生也率領同志向華界進攻，而大隊袁軍已陸續開到，得及時向革命同志迎擊。袁軍人數既眾，槍械又較犀利，革命同志憑一股浩然之氣與袁軍作戰，為時稍久，犧牲漸多，不得已只好退卻，從而已聯絡成熟的陸軍，亦不敢響應，陸上戰鬥，至此完全失敗。袁軍及警察又復密布崗位，搜查甚急，致使先生的退路也發生困難，只好個別的相機遁走，情形十分狼狽。

先生之總機關部，本設於法租界之漁陽里五號，各同志雖然逃出樊籠，仍以漁陽里之總機關部為集合地點。法租界的巡捕，看到漁陽里的出入之人，為數甚多，因而起疑，起初只以為可能藏有軍火，故加以搜查，尚不知其為革命的總機關部，故只捕去可疑者數人，而派警監守。幸而先生尚未回部，及見有巡捕多人看守五號，知已事敗，乃偕同志多人另去他處，自此同志間的聯絡中斷，這又是陸上革命發展的重大損失，歷時甚久，始能逐漸集合，圖謀再舉。

其時的應瑞、通濟兩艦，忽向肇和發信號，要求不要攻擊，楊虎等又發生錯覺，認為兩艦正在籌劃反正響應，故不加準備。實際上滬上袁軍楊善德、薩鎮冰等正以重金賄買兩艦，正在接洽，兩艦火力不如肇和，深懼被攻，故以模稜兩可的信號，以給肇和。肇和不察真相，以致受騙而不作戒備。及賄賂交易成功，翌晨，通濟等兩艦驟向肇和發砲，匆忙應戰，同志頗受傷亡，心慌意亂，發砲多難命中，而肇和的汽爐，反而中彈爆炸，不能行動。同志們知道肇和已不能據守，乃易服泅水而逃，其受傷在艦之同志，則都被害。肇和軍艦上之失敗，較陸上同志尤為狼狽。是役，海陸兩路的革命討袁軍雖皆失敗，但袁世凱得力爪牙的被殺與海陸兩方的舉義，發生在十日之內，頗使袁世凱震驚不已，對於民氣的聲張與討袁空氣的加強，收穫亦復不少，仍是帝制失敗的莫大打擊。此正先生成功不必在我的實踐了。

　　各省反袁運動日漸激烈，上海的舉義，僅僅是表面化的部分。袁世凱對此雖感震驚，但不能喚醒其帝制的迷夢，進行反而更為加速。西南方面，遂以堂堂正正的義師，對袁世凱聲罪攻討，此即雲南蔡鍔、唐繼堯等所倡導的護國軍之役。陳其美在上海，本在作再舉義師的準備。至此，更加鼓勵同志積極進行，並協助廣州、武昌的同志策動響應。先生在肇和起義失敗之後，憂勞國事，心力俱瘁，又以經費籌措困難，加深了他的精神負擔，對他的健康影響甚大。在此討袁軍情發展迅速之際，各方同志，尤其是上海的同志，都以陳其美為中心，每日請示問計者，常達數十人之多。某日以會客特多，竟在會客室中暈倒。先生健康不良，對討袁起義的部署，影響實在太大。

　　同時先生精神的另一打擊，是討袁運動竟然產生派別，且對陳其美的計劃，常加掣肘。大敵當前，而討袁運動，反生內鬨，此種徒逞意氣與妒忌，以致力量分散抵消，實不啻袁世凱的幫兇，故先生十分痛心。曾經剴切而坦誠的和他們洽談，希望化除成見，開誠合作，建立討袁運動的統一指揮和統一奮鬥的體系，以增強討袁的力量。但是頑石不能點頭，生公復生，亦難發生效力。因此，憂勞日深，使他的健康，更受影響。

　　但是先生是一個毅力過人的革命同志，雖然討袁運動的進行中，不如過去的順利，他的意志是決不會動搖的，他仍然苦心經營在上海再度舉行討袁起義。經過幾個月的籌劃後，情況大為改善。乃決定於民國五年四月十二日晚間十二時，正式起義，以砲聲為號，海陸兩方同時發動。但是天不作美，十二時既屆，忽然天降大雨，號砲竟不能燃放。準備響應的陸軍，無所遵循，當然按兵不動。遲至深晚三時，始勉強發了一響號砲，但本已準備響應的海軍，精神已懈，無所動作，陸軍的情形也是如此，故此次舉義，遂至流產。

　　到了第二天發放號砲的時候，但是，海軍屆時仍不發砲，陸

軍方面，也無可動作，又成了一次的流產，三度改為十四日舉義。
屆時，對海軍極為熟悉而且擔任運動海軍起義的宋振同志，親自
上船，監督發砲，並負責指揮海軍的舉義。但當宋振到達時，艦
長不在，艦上士兵不聽指揮，反欲向宋振開槍。這位血性過人的
宋振，憤而投江自殺。以致第三次起義又告流產。

　　三次討袁起義的流產，其本身雖然並沒有什麼損失，只犧牲
一個熱血同志；但在另一方面卻產生一個紕漏，那就是陸軍連日
的整備，不免有可疑的形跡洩露，被人所注意。袁系將領遂作嚴
密的防範，並將可疑分子立加逮捕，予以殺害。這對先生在上海
發展討袁運動的影響，卻是很大。先生只好暫時的深居簡出，潛
伏著做幕後的策動，並將活動的地區，自上海移轉至蘇浙兩省。
如江陰砲臺的舉義，初步完全成功，但以後援無繼，無法立足而
失敗。另派夏次岩赴浙江策動，為屈映光所破壞，夏氏且喪失了
生命。這是先生最沉悶而痛苦的時期。一個有大志於革命建國大
業的英雄志士，潛伏以待時機，他本是造時勢的英雄，至此成待
時勢的英雄，完全處於被動的地位，先生的處境，實在值得我們
十分的同情。

誤中陰謀被刺殞命

　　先生雖蟄居於上海，並未在上海積極的策動反袁革命；但是
袁世凱的心目中，卻視先生為上海與東南諸省的主要敵人，先生
不除，袁決不能安枕，於是對先生下暗殺的毒手，以國家的元首，
既為宋教仁暗殺案的主謀唆使犯，又為陳其美暗殺案的主謀唆使
犯，我們稱之為賊，不是應該之至嗎?!

　　袁世凱之謀殺先生，完全是謀殺張培爵案的老辦法。袁的黨
羽，偵知先生討袁革命的最大困難是經費的籌措，乃唆使許國安
等偽裝開設一間鴻豐鋼鐵公司，另外買通一個民黨的叛徒叫做李
海秋的，向先生進言，偽稱鴻豐公司有一塊礦地要做抵押借款，

如能向日本人介紹，必可獲得鉅款，可以十分之四，濟革命之需，央求先生介紹一個日本人，做成這筆押款。先生因正需經費，既是同志介紹，當非謊言，乃願為之介紹，李亦煞有介事的草成一份合同，約定五月十八日偕先生與鴻豐經理相見。

既至鴻豐，甫坐定，李偽稱忘記帶合同草約，出取即來。詎李賊甫出大門，立即衝進來兩個彪形大漢，以手槍向先生頭部射擊，立中數槍，頓時氣絕。此一手助成辛亥武昌首義有大功於民國締造的革命英雄，竟墮袁的奸計，而與世長辭，誠為國家的大損失。

先生民國四年告別國父，返國策動討袁革命，本抱必死之心，但其不死於討袁舉義之時，成為死難於疆場的烈士，而死於袁的暗殺陰謀之下，殊為可惜。但是，袁世凱殺死一個陳其美，還有無數的陳其美做反袁工作，陳其美死後不久，他還是在被國人唾棄下完蛋。或謂陳其美之死，他自己也有疏忽之責。作者對此看法，不敢苟同。我們已經說明先生在二次革命以後，歷次在上海起義，都未成功，主要是經費不足。如果肇和之役，先生有充分的經費，則通濟、應瑞二艦何致中途變節，反向肇和開砲？後來舉義討袁的三次流產，也何嘗不是經費不足之故，以金錢運動來的響應，在革命的意義言，並無多大意思；但是先使討袁成功，然後處理其他問題，確是革命運動的捷徑。先生之挺身而出，親往接洽，正足以說明他是熱心於推動討袁革命，而過去因受制於經費困難，所感受到的莫大委屈了。李海秋原是革命同志，先生不知其變節投敵，而信其所謂鴻豐抵押礦地為真，則其親往接洽，無寧是必然之事了。辛亥以還，革命志士變節者頗有其人，先生常常深為痛心。不料其生命仍結束於變節分子之手，為可痛耳。

玖　鈕永建

——文武兼資的革命家與大好人

大老、大官和大好人

鈕永建先生是革命的健將，國父最器重的革命同志之一，在國民革命的歷史中及民國以來的政壇上都有他顯著的重要性。張文伯先生在追懷惕老的大作中，有這樣一段話：

> 鈕惕老……是一位文武兼資的革命元勳，與吳稚老並稱江蘇二老，也便是國之大老。這二老交誼很深，早年同學江陰南菁書院，其後奔走革命，患難與共。惕老……久歷戎行，北伐後轉入政途，由省主席而內政部長、銓敘部長、考試院代院長。在諸顯要中，獨重躬行實踐，守身如玉，守口如瓶，從不誇張其辭，自我標榜。這就得力於他的儒學素養及軍事教育，終其身保持著書生本色和革命軍人的本色。……稚老是終身不做官的，但他的不做官論，並不反對好人做官，而且主張只有好人才可做官；因此在稚老心目中，惕老便是大官中的大好人。

吳稚暉先生的高風亮節，是大家所熟知的，鈕惕老能被吳稚暉先生評之為「大官中的大好人」，其人官格與人格之高，我們可以想見，我們更不可以不知道他的革命勳業與服官成績，尤其是不可以不知道他的人品和修養以及革命的奮鬥歷程。

張文中稱鈕先生為「惕老」，蘇省的大老亦即國之大老，那是對鈕先生的尊稱，一如孟子稱伯夷、叔齊、太公望為天下大老，英國稱格拉特斯東 (Glad Stone) 為大老 (Grand Old Man) 一樣，因為鈕先生出任江蘇省政府主席時已五十八歲，此後三十多年一直

服官政府，所以大家以惕老稱之。「惕」是鈕先生的大號中的一個字。他本名永建，字惕生，惕老之稱本此。

科場得意的青年

鈕先生的原籍是上海縣，家住俞塘鄉，其先世出自浙江省的湖州，即吳興縣，故先生自稱其族為吳興鈕氏的俞塘支。他出生於清穆宗同治九年（1870 年），幼受傳統式的教育，聰慧絕倫，十七歲的時候，便已考中秀才，光緒二十年甲午，考中恩科舉人，時年二十五歲，可以說是科場得意的青年人。光緒二十年，是慈禧太后的六十正壽，所以有恩科的舉行；可是就在這一年發生中日戰爭，中國海陸軍都大敗於新興的小國日本，這是中國的大恥辱，也是對國人的一服興奮劑，有志之士，都感覺到清政府之腐敗無能，有的主張改革，康有為、梁啟超為其代表，而國父孫中山先生則主張革命，且行之十年，就在那個時候組織興中會於檀香山，在國內進行革命起義。鈕先生既在青年時期得意於科場，照一般慣例，便當赴京參加會試，博取進士的榮銜；但是先生不屑於為此，志在求取高深的學問，以便服務於國家，於是受江蘇學臺之推薦，肄業於著稱江南的江陰南菁書院，在那裡便認識了吳稚暉先生，吳氏長先生五歲，先生則為南菁書院最年輕的舉人。那個時候，先生最喜歡的運動是騎馬，一個文弱書生而擅於馳騁，足證他的目的，並不在於文事了。先生騎術相當優良，一日，馳馬於江陰北門外的水塘邊，馬鞍索裂斷，先生緊握馬鞍，被拋落池塘中，仍是踞鞍而坐，並未受傷。稚暉先生見而喜曰：「惕生，你的騎馬本領，真是天授，我看你大可習陸軍。」習陸軍本是先生的夙願，至此益決投筆從戎之志。時有同學田某，為江陰縣逮捕入署。鈕先生和吳先生知道了這件事，便邀同學二十餘人，至縣署質問。清例，縣府捕秀才，必須先行革除其科名，始可拘捕。江陰知縣知已犯法，乃商請南菁書院山長出面鎮壓，一面用轎子

把被捕同學送回，事本可了，但是山長對他們兩個為首之人，不能諒解，他們兩人也自願退學，自此先生與吳先生就離開了南菁，吳先生轉學於蘇州紫陽書院，鈕先生則轉學於上海正經書院。

光緒二十年六月，國父孫先生偕陸皓東北遊平津，旨在察看北方形勢，以便窺探清廷的虛實，準備在北方舉義，一舉而覆清廷。時李鴻章任直隸總督兼北洋大臣，頗有吸收西方長技以振興國家之企圖。國父認為如能說服李鴻章，實施新政，未始不是一條興國的捷徑，乃商請在總理各國事務衙門裡任職的徐秋畦作介，會晤李鴻章，上書言救國大計，此即著稱於世的〈上李鴻章書〉，其中列指清政之不綱與人盡其才、地盡其利、貨暢其流等的重要建議。這封萬言書在上海的《萬國公報》上發表，給鈕先生讀到了，從此欽佩國父的目光遠大，認為是中國的救星，因而每天閱讀《萬國公報》，得到許多新知識，並且進一步讀《泰西新史攬要》等書，對西方國家的政治經濟等學說，知道得更多，對西方的民主政治，嚮往尤深，覺到「人家的民主好，我們君主不好」。先生的思想，自此改變益多，逐漸傾向於民主與革命。所以先生之離南菁書院，誠可稱之為塞翁失馬，焉知非福。

棄文習武、留學日本

先生本有棄文習武之志，時湖北省武備學堂招生，先生前往投考，以先生之才之學，發榜入選，自然是意中之事。時張之洞任湖廣總督，提倡中學為體、西學為用之說，頗為知識分子所重視。張又蓄意延攬才俊，幕中人才稱盛，廣東籍的知名文人梁鼎芬，便是他幕中的要員之一，湖北武備學堂就是他主持的。先生入學後，認識了另一才氣縱橫的同學吳祿貞，兩人遂成莫逆之交，各科成績，都是非常的高，第一名不是鈕先生，便是吳祿貞，備受梁鼎芬的激賞，也因此而獲得張之洞的重視，以最優異的成績，畢業於武備學堂。張之洞等有意栽培才學優異的青年，要他們參

加官派日本留學於士官學校的考試，鈕先生以第一名入選，先生與吳祿貞等遂被派赴日本留學。但以到日時間稍遲，士官學校招生之期已過，不能入學，乃函邀吳稚暉先生至日，共租一小屋同住於神田區的明凌館，時與革命黨人相往還，這是 1901 年 3 月的事，即光緒二十七年，亦即辛丑年，李鴻章正因八國聯軍之役而與各國訂立〈辛丑和約〉之時。

時國父孫先生已自美赴日，住橫濱。吳祿貞與程家檉函約鈕先生同往晉見，吳稚暉先生不以為然。吳先生認為鈕先生是官方派來的留學生，而孫文乃是江洋大盜，鈕先生不可與孫先生相見，但是鈕先生則以早已讀過國父〈上李鴻章書〉，認為是中國的救星，堅決主張前往相見。但據馬洪煥先生〈敬悼惕老〉一文，則鈕先生見國父在前，吳先生之見責在後，原文有這樣的一段：

> 鈕先生和吳稚暉先生在清末留學日本，同住東京一日本人家二樓。有一天，鈕先生外出，很晚才回來。吳先生問他到何處去？先生說：是到橫濱去見孫文先生。先生弱冠已中過舉人，後來又入湖北武備學堂，以成績特優，深為兩湖（按應為湖廣總督）張之洞所器重，保送日本深造，物望甚隆；在吳先生認為以先生的身分，不應去見孫等，所以聽了先生的話，便氣急急地說：孫某是一個江洋大盜，怎可去見他？先生說：孫先生決非江洋大盜，實在是一個遠見識廣的熱心愛國志士。詳加解釋後，吳先生仍不以然。過了幾天，孫總理由橫濱回拜鈕先生，吳先生知道了，就趕快躲起來，先生再三勸請出見，硬是不肯。後來又一次孫總理來訪，吳先生在先生對面一房間，忽然相遇，在無可避免的情勢下，由先生介紹與總理相見敘談，至告別後，吳先生態度轉變了，認為先生所說的話不錯，而讚許其有知人之明。

由此可知先生知國父之為人，較吳先生為早，而吳先生在與

國父敘談後便一改過去的成見，讚許先生有知人之明，吳先生之勇於改正錯誤觀念，實有足多者。

鈕先生怎樣與吳先生解釋國父之為人的呢？據陳天錫〈追悼黨國元勳鈕惕生先生〉一文中，有如下的一段：

> 年二十九，謁國父橫濱山下町。稚暉先生問：孫文是否像八蠟廟裡大王爺？公曰：你大大的弄錯了，一個溫文爾雅，氣象偉大的紳士；你沒有看見，看見，一定出於你的意料之外。稚暉先生又問：梁鼎芬是頑固人物，不必論，難道就有張之洞的氣概嗎？公曰：張之洞是大官而已，你不要問孫文的氣概，我沒有見過第二個，你將來見了，就知道了。

由此，可知鈕先生對國父的第一次印象之深刻，但是吳先生必待親自接談以後，始改變態度，前輩之謹慎如此，可為風範。那麼，國父對鈕先生的印象如何？那也可以說是深刻之至。由於鈕先生是學陸軍的，所以國父問鈕先生：革命應從何處著手？先生答以應從邊陲著手。國父認為十分正確，因此益加器重，此其所以答訪之後，又加訪問，蓋以先生為黨人中難得之人才視之。同盟會成立，先生遂加盟為會員。自此，獻身革命，更為努力。

拒俄運動與義勇軍

先生在東京讀書時，正值日俄在東北大戰，清政府曾與帝俄訂立〈中俄密約〉，與俄締結軍事同盟；但在日俄大戰時，清政府反守中立，一任日俄兩國蹂躪我東北領土。按日俄戰爭之發生，實由於八國聯軍結束後，各國相繼撤兵，而俄軍獨滯留於東北，大有久居不去之意，且有進窺朝鮮的企圖，故留日學生對帝俄之強橫霸道，憤慨尤深，因而發生拒俄運動，鈕先生便是這一運動的中心人物。留日學生對於俄軍滯留東北而不去，本已發生非常惡劣的影響，及日本報紙刊載俄國政府對滿清政府提出七項要求，

更是憤恨不能遏止。這七項要求，有如下述：

一、中國不可將東三省之地，賣與或租賃於別國；

二、沿營口至北京之電線、電路，俄國可於其旁，別自架設別線；

三、不論何事，中國於北清苟有建設，不得僱傭他國人；

四、營口海關稅務，當使中俄銀行管理，稅關長必用俄國人，且合稅關兼領檢疫事務；

五、東三省地，除營口外，不得開放為通商市場；

六、蒙古之行政組織，不得有變更；

七、團匪亂事以前，俄國所得之權利，不得有所損害。

帝俄七項要求中之所謂蒙古行政組織，就是指哲布尊丹巴呼圖克圖，即一般所稱的活佛制度之繼續維持，因為蒙古活佛已經落入帝俄的圈套，作為帝俄侵略蒙古的工具。所謂「團匪」就是義和團，那就是說帝俄不僅要求新得的權利，而且還要保有已得的權利。因此，我們從七項要求的內容來看，帝俄是要囊括東北和蒙古的一切權利，此項內容如果付諸實施，那東北與蒙古無異全部受到帝俄的干預了。日本對於東北，向來是得而甘心的。東京各報所刊的帝俄要求，是由日本新聞記者向帝俄駐華公使濮蘭特的訪問而得到的消息，日本報紙即發行號外以傳播之。於是留日學生大憤，立即召開大會，於四月初三日舉行，大家主張推行拒俄運動，群情激動，會場空氣，至為緊張，大體上都是慷慨陳詞的議論，並沒有具體的辦法，鈕先生特別發表意見，主張要從軍事行動方面著手進行。他說：「中國志士，痛哭流涕，徒有空言，事實不能自己擔當，而徒責望於人，人任其艱，我議其後，非所以為國民也。留學生當自行組織義勇隊，準備赴敵；然後致電南北洋，俾天下曉然於我留學生界中無畏死者，亦全國哮噓之先聲也。」會眾都示贊成。由此，可知先生不僅具有愛國拒俄的熱忱，而且還有與眾不同的具體辦法，無愧為出身軍界的不怕死愛國大

丈夫。由於鈕先生這一建議，大家在那一天的下午繼續舉行會議，討論義勇隊的設立。會中也有持反對意見者，其理由是「此時一切軍糧器械，皆所不備，區區學生之力，何能當俄國之鐵騎？輕舉妄動，固宜切戒」。湯槱立即駁之曰：「君議極周密遠到，然吾聞包胥哭秦庭七日，異國且為之感動；何況我輩嘔心嚙齒，可誓天日，但能與俄人戰，雖為蒼頭走卒不辭。至云軍火，學生本不應蓄，使隊伍整齊，運糧輸用，吾知甫入國門，已遭大辟，又何能為沙場之鬼，達拒俄之目的乎！……吾輩徒以國家大義所激，誓以身殉，為火砲之引線，喚起國民鐵血之氣節。中國死，吾輩數人如九牛之亡一毛，我國民有知，當亦為之感泣。死生一髮之際，還想四面周到，難道還要預備衣衾棺槨嗎？」湯氏言畢，眾皆發憤，涕泣不可抑，於是拒俄義勇隊遂告成立。時李鴻章已死，繼任北洋大臣者為袁世凱，於是以東京已成立學生義勇隊，將赴敵之事，電告袁世凱，並分電各界，北京大學及上海教育會等均有覆電響應，上海教育會為一革命團體，並派代表赴日接洽。

留日學生義勇隊隨即改名學生軍，仍以拒俄為目的，在政府統治之下，任主戰責任，以表國民公憤。其組織設隊長一人，區隊長一人，參謀長一人，分隊長十二人；其總部則設部長一人，運動科長一人，經理科長一人，書記科長一人，參謀科長一人，下設運動員、經理員等，無定額。日本外務省知其事，出而干涉，乃改稱為軍國民教育會，仍從事於軍事與體操之訓練。其後上海教育會與愛國學社代表至東京，報告國內已組織義勇軍之情形，於是選舉特派員赴國內接洽一切。鈕先生與湯槱膺選為特派員。

當學生軍之成立，隊長由藍天蔚擔任，下設甲、乙、丙三區隊：甲區隊長為龔光明，下設四分隊；乙區隊長為敖正邦，亦設四分隊；丙區隊長為吳祿貞，亦設四分隊。鈕先生則為乙區隊下的第三分隊長，隊員有徐秀鈞、劉景熊、黃軫、方聲洞、王季緒、黃立猷、秦文鐸、華鴻、楊士熊，黃軫即黃興之原名。

　　當留日學生議拒俄問題提出時，開會地點是在東京留日會館，鈕先生特向到會的四十餘人發表演說：

> 中國志士，激昂慷慨，徒有空言。近數年間，己亥十二月爭立嗣之電，辛丑二月爭俄約之電，此次在東留學生爭法國干涉廣西之電。非不淬厲奮發，言足動人，然事事不自圖擔當，徒責望於他人，人任其艱，我議其後，斷非所以為國民也。留日學生苟能自行組織義勇隊，準備赴敵，然後再致電南北洋，俾天下曉然於幾學生界中無畏死者。……

眾皆贊成，隨於下午集會於錦輝館，到會者五百餘人，作成八項決議：

一、願入赴義勇隊者，近兩日內簽名；

二、別設本部，部署軍隊各事；

三、致電北洋袁軍及上海各團體；

四、致緘袁軍，義勇隊先隸麾下，資其軍火糧餉；

五、特派員至天津，與袁軍訂定彼此關係；

六、遣人至南洋各埠；

七、遣人至內地各殷富地區；

八、遣人至外國。

　　當時簽名願入義勇隊者三十餘人，願在本部任事者五十餘人。此後上海教育會代表與愛國學社代表至東京，報告國內義勇軍組織情形，鈕先生等即被選為特派員，當即本此。而鈕先生等返國後，即赴天津，與袁世凱接洽，亦即本此。但當時袁世凱主持對俄交涉，採取敷衍政策，那裡敢採取強硬態度，故鈕先生等至天津後，屢次往見，閽者都以白眼相向，置之不理，連通報都辦不到，遑論商討拒俄義勇軍的隸屬問題了。以致上海方面，盛傳鈕先生與湯槱已被害者，上海《蘇報》特為發布消息，以闢訛言。《蘇報》光緒二十九年五月十七日的新聞報導說：

> 東京學生鈕（永建）湯（爾和，按即湯槱）二君，往天津

見袁督，滬上頗有譌傳，嗣經二君所親電問，得二君覆電
云：往見袁督數次，閽人終不納，宮中文愒武嬉，若不知
國事之危急，所識之官人，皆勸從事學問，國事自有主張
者，故擬遄從津門返東。按二君不識事務，無端欲運動官
場，既不得見，則悻悻然而去，正所謂何所見而來，何所
聞而去？還質二君，亦當失笑。

《蘇報》結語，對鈕先生等此行，採取幽默的反詰，亦以見
當時上海的革命黨人對清政府官僚階層之看法。無何，清政府下
令各省，嚴禁拒俄義勇軍之組織；日人佐藤武次郎亦攻擊軍國民
教育會「名為拒俄，實則革命」，致清政府對東京留學生之活動，
益加注意。但鈕先生之拒俄運動，在國內仍發生極大的鼓勵作用，
蔡元培等在上海發行的《俄事警聞》雜誌，即其一例。東京的軍
國民教育會之活動，亦始終不懈，後且成為發動國內革命的團體。
蘇鵬的《柳溪憶語》，有下列一段記載：

清癸卯甲辰間，予遊學東京，適日俄交戰於我滿洲之野，
留學國人，組織義勇隊，……主之者為黃君瑾午（即黃興），
每星期三、六午後及星期日，分赴京橋區各體育場，實彈
射擊，練習槍法，每次各人自備彈費金三十錢（即三角），
意氣激昂，精神發越。無何為清日兩政府協謀所解散，群
情更憤，遂改為祕密結社，效俄虛無黨之所為，實行暗殺。
名曰軍國民教育會。本部設東京，由黃瑾午……等主之，
設支部於上海，由蔡孑民……等主之，以愛國女校為機關。
後吳樾之在天津狙擊出洋五大臣，……徐錫麟之在安徽刺
殺恩撫，皆軍國民教育會實施之政策也。

由此，可知拒俄運動雖失敗，但其餘波轉變為革命運動，影
響實大。不僅如此，由於留日學生之拒俄運動，使各有關國家更
加注意日本報紙所發表之帝俄七項要求，美、英、德諸國群起反
對，帝俄政府知眾怒難犯，乃聲言駐華俄使所言，並無此事，欲

以失言之罪，撤濮蘭特之職，由此可知這一運動，在國際上所發生之影響也很大。

革命的三方面與回國革命

鈕先生在東京留學，先後大約四年，尚未於士官學校畢業，本擬繼續深造，但是國父認為現在革命重要，促其回國任事，學業以後再講，先生乃遵示返回祖國，是為鈕先生另一生活階段之開始。

初，鈕先生在東京，既識國父，便時去訪問，傾談方略，先生建議，革命應從三方面著手，這三個方面，便是：要購運武器，輸往發動地區；要訓練一般幹部，擔任宣傳聯絡工作；並滲雜在清軍防區及政治組織裡去，以便發生作用，一旦事起，可以裡應外合，收事半功倍之效。鈕先生的高見，深為國父所賞識，由此器重益深。先生後來的革命工作，即循此三項途徑進行。時四川青年鄒容亦在東京，著有《革命軍》一稿，曾請鈕先生潤色，此稿後來國內發行，轟動一時，其中便有鈕先生的心血。先生初回上海，創辦紫岡學舍，訓練一批青年，首先實施兵操，即先生三項主張之實踐。在家鄉默默進行者約二年，先生之幹部，遂密布於上海一帶，他們都在鈕先生那裡得到戰爭技能與革命思想。

時蘇人莊蘊寬任廣西太平思順兵備道兼邊防總辦，聞鈕先生名，邀請入桂相助。從邊區部署革命，本為鈕先生的素志，於是應邀南下，有學生十餘人及隨員二人同往。莊氏以總文案及邊防教導團的總理之職相委。先生到達龍州後，認真訓練教導團約二百餘人，朝夕努力，學生精神為之一振。不久，黃興也奉國父之命，至龍州聯絡，察看教導團的訓練情形。其時，幫助先生辦事的，還有文案劉伯中，督帶陳炳坤、譚浩民，陳、譚二人並非先生的得力助手，先生鑑於真正能夠幫助辦事的人手實在太少，乃邀請日本士官學校畢業生四十人、南北洋學校畢業生八十人，共

同工作，希望把革命種子散布在這個邊區，作為裡應外合的準備。最可惜的是廣西邊防處不久結束，莊蘊寬調任桂林兵備處總辦，鈕先生則調任該處的幫辦，同時奉命兼任籌辦廣西講武堂及陸軍小學的總辦。這個新的職務，對鈕先生推行革命運動，散布革命種子來說，還是有深遠的意義。先生悉力籌劃，一時青年學生受到先生薰陶的，為數甚多。先生在職四年，革命空氣充滿了這所學校。事為清廷在廣西的狗腿子所悉，乃作密報，清廷乃下令緝捕先生。這是辛亥前一年的事。幸而先生事先得悉，乃微服出奔，得免於難。先生既離廣西，至香港，又興繼續深造之志，於是在港登輪赴歐，至柏林擬受德國的軍事教育。

　　翌年，先生在柏林知道了黃花崗起義的壯烈犧牲，悲憤填膺，決心回國，參加實際的革命工作。是年六月，先生離柏林，至八月二十六日，到達上海，始知武昌業已首義，上海方面，還在策動起義，由陳其美先生主持，先生乃協助陳其美，於九月三十日突攻江南製造局。時陳其美已陷身於製造局，上海同志願暫停止行動，以拯陳其美，先生以為不可，率隊立即進攻，卒克製造局，陳其美乃得恢復自由。上海光復，眾推先生為都督，先生不從，謂上海革命工作之部署，滬督非陳其美不可，於是推陳其美為都督。東南革命運動，遂得蓬勃發展。先生念上海之左右翼為蘇州與松江，這兩個地方如不光復，上海不免孤立，先生乃隻身赴松江，獨力策動松江起義。

　　在松江，先生有許多學生在那裡工作，先生一到，即被推為領袖。時江蘇巡撫程德全見清廷大勢已去，乃循江蘇紳士之請，宣布獨立，並向各方通電。松江同志遂在自治公所開會，當場宣布獨立，並推鈕先生為軍政部長，謝宰平為民政部長，沈思齊為執法部長，錢選青為財政部長，另專設參謀長為四部之總機關，松江知府自願交出印信，並於三日內交代地方公款與未了事宜。隨即組織松江軍政分府，推鈕先生為松軍總司令，這是九月十六

日的事。松江光復，而上海之後路遂固，是役誠可謂兵不血刃，是皆鈕先生二年中興辦紫岡學舍之功效。松江既光復，鈕先生立即以光復經過，電告蘇州都督莊蘊寬，並電促旅居上海之松江名流陳陶遺返松，任民政總長之職。在軍事倥傯中，先生舉措，仍不失體制，稱松政府為分府，並尊重蘇督的地位，先生誠可謂知禮之人了。按當時各地光復，其組織均稱為軍政府，其首要均稱都督，惟鈕先生不然，先生真非常人也。

　　松江既光復，鈕先生的另一大事，為協助北伐與光復南京，乃組織學生軍，作為北伐的準備，先生對於學生軍，首先標明宗旨，以倡導中華民國義務徵兵之風氣，樹立文明軍隊之基礎，要他們銘心切記三事：一、盡義務，以絕對之義務心，拯救同胞；二、擔責任，對於戰爭及維持秩序，以一身擔任之；三、振紀律，凡國民及軍隊中應守之文明秩序，均一切履行之。此外，還告誡他們，不可提倡個人權利主義，恪遵教練長之指揮，不得質問理由。由此，可知先生新軍事家之風範。學生軍組織既成，乃提倡北伐，規定參加北伐之學生軍，須具備下列資格：一、身體健全無嗜好者；二、國文清順，具有普通常識者；三、年齡在十六以上，三十以下者。由此，可知松江的學生軍，並不是全體參加北伐，而採取志願方式，惟規定資格則甚嚴，其切望於此一部隊成為精萃之革命軍，概可知矣。據錢大鈞先生的記載，松軍分府，當時尚辦有幹部學校與弁目班，由此可知先生對訓練的注意。

　　松事既定，先生乃赴上海，策劃光復南京之運動。時第九鎮統制徐紹楨以雨花臺之役的失敗，亦赴上海，暫駐泰館，此即後日著稱於上海之一品香旅社。時參加安徽革命運動失敗之顧忠琛，亦住該旅社。徐、顧二人相遇，顧即以此消息走告鈕先生。鈕先生認徐雖失敗，但九鎮舊部散處於鎮江附近者，為數仍多，只要有相當經費，仍可召集，作為攻擊南京之用。但是經費從那裡來呢？鈕先生籌思之下，即與顧忠琛同訪上海大商人虞洽卿。虞洽

卿寧波人，擁有三北輪船公司等大實業，為人頗慷慨好義，甚負
時望。先生見到虞洽卿後，就把計劃要做的事，告虞洽卿，向虞
商借二十萬元，並約定革命成功後償還，大局急於星火，請虞務
必照辦。虞聞言，一諾無辭，約定明晨交款。第二天一早，虞洽
卿果以匯豐銀行支票十五萬元交鈕先生。徐紹楨得此鉅款，即匆
匆赴鎮，收集舊部，擔任攻寧軍的前方任務，而鎮江亦於此時光
復。蘇滬松杭、浙江與大江南北的光復，蘇滬浙聯軍的成立實皆
先生幕後推動之力，其時，誓為清政府效命而駐防於南京的張勳
所部，卒在革命軍環攻之下，浦口又被柏文蔚軍攻擊，匆匆北遁。
故論南京光復的幕後策動人，鈕先生之功實居首要，而虞洽卿之
深明大義，慨以鉅款以濟革命軍，亦有足多者。是亦革命史中之
祕辛也。

　　鈕先生在松江組織學生軍而加以訓練時，尚有一事，亦須補
述，是錢大鈞之專往投效。錢大鈞〈敬悼鈕師惕生〉一文中，有
云：

　　清末，宣統三年，余就讀江蘇陸軍小學。一日，忽聞武昌
　　起義消息，至為興奮，學校當局怕惹事端，乃下令解散，
　　余即回歸家鄉蘇州。不久，聞上海獨立，乃由蘇趕往上海，
　　投效學生軍。余原已受軍訓三年，而學生軍尚在受新兵入
　　營訓練，又不開赴前線，與余初志未合。其時，聽說松江
　　軍政府鈕永建先生在松江創辦松江幹部學校，半年畢業後，
　　即派充軍隊下級幹部。乃趕赴松江投考，因此得拜識先生。
　　松江幹部學校隸屬松江軍政分府，校長為劉公郁周，其餘
　　教師管理，皆由先生手創之私立軍事教育機關紫岡學舍之
　　學生焦忠祖……八公分任。時鈕先生尚成立一個弁目隊，
　　相當於一個營，不啻為學校之練習營，由陳公惟儉擔任營
　　長，余於民國元年六月畢業後，奉派任弁目隊班長，後因
　　南北統一，軍政分府取消，故弁目營即移至蘇州駐紮。……

民二癸丑，二次革命起義，鈕先生決定加入反袁陣營，於是弁目隊奉命自蘇漏夜調赴松江，並改稱為松江別動隊，余得奉派為該隊排長，鈕先生提攜也，嗣由松江出發，先攻龍華製造分局，攻高昌廟，走七寶而至寶山，再轉戰至嘉寶而解散。……在行軍中，陳公惟儉屢以打伐極苦，生死未卜為詞，反覆挑說，以試余決心。又說：「我老了，打死了不冤枉，……像你這樣年輕有為，假使打死，那真太冤枉了」。……原來陳公以余為蘇州人，蘇人多文弱，殊鮮至前線作戰者，見余年紀尚輕，頗能吃苦耐勞，乃以此語試探余之毅力與勇氣；見余不為所動，作戰如故，行軍如故，絲毫不以為苦，知余意志堅定，不畏死，不畏苦，乃深蒙器重。後來，陳公在鈕先生面前保我赴日深造，即沿途考察所得也。革命失敗後，先生亡命日本，陳公隨行。至日後，先生欲培植革命青年，陳公以余薦。余奉命赴日，一切費用，均由先生資助。抵日後，住先生寓所，是時尚有戴天仇（李陶先生）馬素同住。

從錢先生的記載中，可知先生在松江軍政分府時期，除組織學生軍外，尚辦有松軍幹部學校、弁目隊等軍訓機構，他仍然是實行向國父陳述的軍事方略的部分工作，所以先生的革命工作是最實在的、最基本的；而其獎掖後進的一片熱忱，更於這一件具體事實中，可以見其風範。

南京的中華民國臨時政府，成立於民國元年的元旦，國父被選為中華民國臨時大總統，也就在這一天就職，這是元旦為民國開國紀念的由來。臨時政府中設有參謀本部，參謀總長是由黃興擔任，鈕先生則任次長。黃先生的本職陸軍部總長，陸軍部本身的業務，已經忙得不可開交，自然沒有時間再管參謀本部的事，所以鈕先生名義上是次長代理部務，實際上他就是在執行參謀總長的職務。參謀總長的主要職責是大總統在軍事方面的幕僚長，

主要任務是提出作戰計劃。當時最重要的軍事是北伐。先生在松
江軍政分府的時期，即已注意北伐軍事，在代理參謀總長的時期，
當然更注意於北伐的軍事。當時有五路北伐的計劃和籌備，雖然
在文獻上還不能找出這一計劃的來源，但是就業務方面看，就鈕
先生向來注意北伐的一點來看，這一計劃，可能出自參謀本部，
也可能出於鈕先生之手。清帝退位，國父辭去臨時大總統的職位，
向參院推舉袁世凱繼任。鈕先生的參謀本部的職務，也跟著國父
的解職而解職。而國父在解職後有北方之行，鈕先生也隨同國父
至北京。時吳稚暉先生已在北京擔任教育部讀音統一會的會長，
住在前門外的客棧裡，鈕先生也住到那個客棧裡，與吳先生朝夕
相晤，真是他鄉遇故知了。

二次革命與海外流亡鼓吹討袁

　　民國二年的二月間，先生回到上海，時在京同志在宋教仁等
推動之下，與若干小黨相聯合，組織國民黨，以與袁世凱擴大拉
攏政客所組成的共和黨相抗衡。國民黨組成後，推國父為理事長，
不就，推鈕先生為名譽參議，先生亦不就。其時國會已進行選舉，
國民黨獲大勝，宋教仁已被視為未來的內閣總理。袁世凱嫉國民
黨，尤嫉宋教仁，因定謀刺宋教仁，解散國民黨的陰謀。三月二
十日，宋教仁被刺於上海北火車站，是為袁世凱陰謀之爆發點。
宋案發生後，全國震動，國民黨同志，誓破此案，為宋教仁洩憤，
同時揭破袁世凱之陰謀。宋案，袁世凱實為幕後主使人，證據確
實，於是國民黨人乃謀起義討袁，國父亦至上海，主持其事。國
父主張乘袁世凱尚未作軍事布置時發動，而黃興、陳其美等主循
法律途徑解決，事遂延擱。及袁世凱已部署軍事，免國民黨四都
督職，乃發動二次革命，鈕先生亦參加此項運動。討袁運動中，
陳其美為上海討袁軍總司令，鈕先生則負責指揮其前所組織之學
生軍以協助之。時學生軍已改組為弁目隊，調駐蘇州，先生命其

星夜趕赴松江，稱為松軍別動隊，另組敢死隊，協同作戰，先攻龍華製造分局，克之；繼與滬軍會攻高昌廟，圍攻五日，以北洋軍砲火猛烈，革命軍死傷重大，官兵均疲憊不堪，乃奉命撤退至吳淞砲臺，會同居正等守禦。時吳淞口外，北洋艦隊集結甚多，巨砲連發，壓制了吳淞砲臺的砲火，故砲臺亦不能守，撤退至寶山，仍受壓迫，不得已退至嘉定而部隊解散，鈕先生則亡命日本。未幾，國父亦至日本，於是另一革命組織因而誕生。又在鈕先生的革命行動中，有攻擊江陰要塞一役，大概就發生在二次革命中，先生親臨前線督師，見一士兵聞砲聲而戰慄，先生令易位而處，砲彈適至，士兵遇難，先生則安然無恙。由此可知先生作戰時之勇敢與愛護部屬之深切，其得免於難，殆德報歟！

　　這個新的革命組織，便是中華革命黨。民國三年，中華革命黨正式籌備，鈕先生即為籌備委員之一。是年六月，中華革命黨開選舉總理大會，國父膺選任總理。七月，中華革命黨開成立大會於東京精養軒，鈕先生即加盟為黨員。是年冬，鈕先生離日至美，轉赴倫敦，首訪吳稚暉先生，開始學習英文。在英居留未及一年，轉遊巴黎，重至美國。民國四年是袁世凱帝夢正酣的時候，日本以支持袁世凱為帝作條件，向中國提出特殊權利的要求為交換。日本所提出的要求，計分五號，共二十一條，這便是著稱於世的〈二十一條要求〉。時歐戰正殷，在中國擁有不平等特權最多的英國，無暇東顧，美國對亞洲事務的興趣與發言力量均不大；何況袁世凱與日本早有勾結，故其接受的可能傾向極大。我們的愛國同志，對袁世凱的野心，早已洞燭，至此，反袁益力；而國民對於袁世凱的帝制自私及其賣國的罪行，也完全了解，因此國內的反袁空氣，更為濃厚。鈕先生席不暇暖的經法至美，其主要目的，即為鼓動海外僑胞的反袁運動。旅美僑胞，西海岸多於東海岸，故鈕先生至美後，在紐約停留約兩個月後，急急忙忙的到舊金山去，就是為了上述的目的。

　　鈕先生抵達紐約，紐約《民國公報》，即發表新聞，報導鈕先生抵美的消息，稱之為「堂堂正正的革命黨中之健將軍」。紐約同志特集會於紐約的華人舊戲院，歡迎鈕先生，並請其發表演說。是日（民國四年三月六日）為星期日，故到會者特別踴躍。首由謝英伯宣布開會理由後，並介紹鈕先生革命從政的略歷。鈕先生乃登臺演說，其詞如下：

　　　　弟今莅臨斯埠，得與諸君敍會一堂，無任欣感。但我國今日被倭人橫來廿一款之要求，政府姜靡，恐允其一款，則亡我國而有餘矣。所恃者，我內外國人一心抗拒耳。姑不論何黨、何界，務須出財出力，以拒敵，雖不良之政府，未克大慰民心，而丁茲外侮侵凌，危急存亡，千鈞一髮，凡我國人當以救亡為急務。他事未遑改革，我非謂政治革命不當也，但急則治標平。譬如居家，家政雖甚腐敗，應興應革雖迫不容緩；然倏值大賊圍劫，為室中人者，必要同心協力，驅逐賊匪，而後可以圖存，不然家破矣。一家如此，一國亦然。彼日本今之要求，則吾國立亡，諸君皆知矣。惟於垂危頃刻間，欲救危亡於奠安者，舍戰尚有良策耶？雖論者謂日本之強，吾國之弱，何可竟言戰事？弟

圖22　民國四年，中日雙方簽訂〈二十一條〉。

亦謂然也。然吾所主戰者，蓋亦有說焉。如興動吾國師旅，遂謂克掃三島之庭，犁倭奴之穴者，實憂憂乎其難；若果大起戎軍，秣馬厲兵，以禦強橫之日，使彼不得侵我主權，佔我疆土，所謂以逸待勞，以直禦曲，綽綽乎有餘裕也。弟曾於軍事上閱歷有年素，查我二十二行省，有三十餘鎮練軍，每省武備學生有三、四千人，倘以之編練民軍，至少可得六百萬兵，則用之以抵抗叢爾彈丸之日，吾亦何畏彼哉！試觀德國軍力之雄，夫誰與敵；然英、俄、法聯軍雖不能戰勝德軍，猶能抵拒；矧日本軍力財政，萬不及德國耶！至我國軍力財政，隨便可與日本戰至三載。果我同胞振臂一呼，舍死以救亡，則敵愾成功，可勿卜預知矣。

（民國四年三月七日紐約《民國公報》）

由此，可知鈕先生此行目的，旨在喚醒海外同胞，團結一致，對抗日本足以使我亡國之〈二十一條〉。由於袁世凱與日本已有暗盤交易，故態度軟弱，既不肯表示強硬，更不敢言戰，故鈕先生主張對日作戰，雖不能攻擊其本土，但自保有餘，他從兵數上、財政上來看戰爭之結果，預測只要我們堅強團結，人人出錢出力，一如英俄法之團結抗德，則勝利必屬於我國。其所提出之對日抗戰原則，大體上和我國在七七事變以後的抗日原則相似。先生蘇人，不能操粵語，故演說時需要翻譯，陳劍虹和鄧家彥兩位革命同志，就是當時鈕先生的舌人。由此可知先生此一演說的言外之意，是反袁和討袁。

鈕先生既自美東至美西，即與林森先生相晤。林森先生就是後來擔任國民政府主席很久的國民黨老同志，其時主持美國西部的中華革命黨黨務。鈕先生是民國四年五月初到達舊金山的。林先生特別為鈕先生召集僑胞和黨同志，開了一次盛大的歡迎會，參加者數百人，會場為之爆滿。初二日下午一時開會，首由馮自由介紹鈕先生的革命歷史，次即由鈕先生發表演說：

永建多年夢想金山僑胞愛國之熱誠，凡祖國最重大之事業，多由美僑發起，而金山常為之總匯及樞紐，實為內地一般人士所欽仰，今何幸重來此地，得以本黨同志之介紹，與諸同胞聚首一堂，此實天假之緣，蓋天將使此地僑胞，又將為祖國發起重大事業。而使永建得參與之榮也。故不揣鄙陋，樂與諸同志一陳其所志焉。

夫祖國今日之所謂重大事業者何在乎？即應於今日世界之變局，而為祖國擔維持之責，以脫今日所遭之險難，且從此而得發展之機，俾我祖國此後能轉弱為強也。鳴呼，祖國今日之險難，諸君既已知之矣，固無待我輩之贅論。吾輩今日之所當研究討論者，乃在此救濟之方法耳。永建欲與諸同胞討論。

連日閱報，得悉政府已將日人要求案中第五款各件，明白否認，將正式外交文件，交與日使，日使即宣明日政府必不滿意，並即宣布取消前日允將膠濟鐵路交還中國之議。據此，則日人要求之苛酷，其即為取消膠州允還之藉口乎？抑用意別有所在乎？何弄我中國若小兒也！

日人動言此次交涉，須以武力解決。今經部分之拒絕，此後日人對我，不知又有何種變態？依國際公例言之，中國不應從第五款之要求，係出於自保主權之正理，日人斷無藉此興戰之理由。況我對於日人此次交涉，讓與之權利已多，苟非直接關於國家根本者，無不忍痛割讓，中國已成不國之象。倘日人誠有保全東亞和平之心，或仍以友誼待中國，則得此條件以後，亦應自制。遍讀近日由東京寄多種新聞雜誌，其論調殊出於正軌之外，余不暇一一枚舉。總而言之，則無不含有不可測深度危險意思，余知日政府之用意，必不至如新聞記者之輕率；然倘與一般新聞記者之論調同意，則中國極大之危險，業已迫於眉睫。

吾輩對於此次交涉，決非含有主戰之意思，因鑑於世界大局，中國斷不容再起戰鬥，致陷黃族於滅絕之地位；況一般國民誤會吾輩對於現政府或有不利之意見，存乎其中，將藉挑起外戰，以謀傾陷政府，而圖本黨不合理之發展。故吾輩對於此交涉，雖未嘗不講求最後之應付方法，然從未敢輕於發論。但今日時勢已迫眉睫，適逢今日不易遇之大會，而與我同根一體休戚與共之各同胞相遇一堂，則弟亦何敢不為最後之討論，徒為蒙頭蓋面之談，以虛送此好時機。故余所欲言者，即不幸中國如竟不能避此極大之危機，吾輩當取如何之決心，以救濟此危險？此今日所急宜講求者也。

余欲論此，余當先論兵事上之三原則，即兩敵相遇之際，其勝負之數：

一、物質上之優勝，常不敵精神上之優勝也；

二、侵略者之軍隊，常不敵自衛者之軍隊也；

三、政府組織軍隊之奮鬥，常不敵國民自練團隊之奮鬥也。

以上云云，其理由甚為繁複，余今不能一一剖析；惟此實為戰爭哲理上所公認，世界名將，均不能違此原則。

中國今日對日戰爭，如竟不能避其戰爭，誠不免多少之危險，若干之損失；然自戰爭哲理觀之，卻全佔有優勝之各原則，故吾人對此戰爭，實不須落膽，不須失望，只要國民全體一致之決心，堅忍耐久，不屈不撓，期始終貫徹其目的，此乃最要之前程也。

此前提既明，乃有方法可言。以鄙見推測所及，亦無他奇，且即諸同胞所早經見及者，蓋不外乎全國人民彼此團結，互相協助，一心一力，向危險之要點，而各盡其應盡之責任，以利用戰爭哲理上之優勝各原則；則無論若何危險，斷無不能救濟之理。

吾國今日之弱點，在乎國體新經變換，全國人心，尚未一定，以致各黨各派受其影響，即有決心主張新體政治者，亦以民國創立未久，各方面人物之見解經驗，多未暇精到普及，以致遇事疑惑，多所猜忌；而人與人之間，黨與黨派之間，亦復互相疑惑猜忌，因生出種種鬩牆之爭，不暇整理其內治，此所以來外人之窺伺也。余論及此，余非欲顯出吾國民之短處。余意乃使同胞鑑於此等弊病，亟宜及時覺悟。須知前此相互之鬩牆，乃新造邦國必有之幻想，乃一不可避的自然之趨勢，非真有不可解之堅礙。吾輩當深明此理，弗為所誤，以為對於今日危險之根本救濟。

諸同胞不以吾言為謬乎？則余願諸同胞彼此急自猛省。須知今日祖國危機，已達極點，轉瞬即有存亡興滅之關之團結協助（原文，疑有誤字）。以余之愚見，則莫如先立一救國團體，自此以後，各黨各派，各宜互相聯合，研究種種救危之方法，則必有成效可觀。此項辦法，鄙見以為今日全國均宜如此。惟金山僑胞，向有發起祖國大事業之資望，故余尤望金山僑胞倡此大義，以為全美僑胞及全國聯結之先驅也。

至於本黨宗旨，弟亦可為諸僑胞一言，余非能代表本黨之意見，惟本黨之內容及方針，余忝附黨末，頗能知其要領，今不過就余所知者，為諸僑胞言之，亦為有志聯合者所宜知也。本黨向以反對惡政府為宗旨，然尤以國家之利益為前提，故雖有革命團體之組織，然本黨救濟國家之方法，並不專在革命一方面。向者中國國會解散，自治消滅，約法破壞，共和團體，岌岌乎危哉，故以專力決心，亟興第三次革命，以為一時之抵制。然一方面仍於政治上及教育上求根本之救濟。蓋惡政府肆無忌憚，若中止革命，則必有共和覆滅之危；然專恃武力革命，則政治上根本不立，

亦無能進化圖強，競存於世界。故急進緩進，各方並奮，互相補助，適以完成救國之作用。世人誤以為本黨劃分數派，殆未悉本黨之苦心也。

今則時移世易，雖政府可以非難之處多；然於外勢，業經多次研究，於內政方面，多決意持慎重態度，雖不能即表同情於政府，然果政府能為合理之對外，則本黨決無掣肘之理；且將視其能力之所可至及其地位之所應為，為有力之後盾。要之，本黨之作用，一視公理之所當為，決不有所瞻徇。故政府而肆惡，則雖排萬難，而革命在所必行；如國家當危難之時，則當先其所急，即暫時中止革命，亦殊無躊躇。蓋革命係屬改良內政不得已之手段，並非好為其難。

弟言至此，弟更有附加之一言，即於此國難時期內，本黨對於政府多所曲恕，然並非犧牲其主義，縱容政府之私圖。照政府已往行為，常使一般人民，多生恐慌，則此後之政策，決難信其善良；故吾黨於此，惟有於寬假之中，嚴行監察，並持定素來之決心，竭其可為之能力，著著為積極之準備，決不有所懈怠。雖有時不能不取慎重之態度，然亦決不為無意識之容忍。設使政府甘為賣國之舉，對於此交涉，為無理之失敗，或對已定之共和國體，發為無限制之野心，或對於內政上釀成不可救之退化，則本黨必將隨時屬行積極之動作，無可避免。

同胞居此革命成功之世界第一文明國，其於革命大義及革命之有益於國利民福，當已深明，無俟余之絮論；惟余明告之一言，即須知革命者乃最義俠，最公平之行動，故凡事必以大義正道為標準，非有報復之見，決非有意氣之私，更何論虛榮俗利之謬見。由此可知時勢上之大義正義應在何點，即本黨之行動應在何點。故諸僑胞只以公理平心觀

時局，即可知本黨方針之何在矣。余為此言，非欲標榜本
黨於諸君之前，余意欲使諸僑胞之不在本黨而熱心救國者，
於此期內決不必有所礙於本黨，而阻礙其進行；且諸僑胞
果有善策足以救國難者，本黨且必樂從其後，以為之助，
此余可為本黨諸同志信者也。

天下事總在人為，而國家之事，尤在各人民各盡其力，方
能有濟；若有一人不盡力，即國家失去一分力量。今日吾
祖國大難當前，此間僑胞，雖止全國人民之一部分，然倘
能奮起勃興，竭其心力，求自盡其救濟之方法，則補助國
家，必非淺鮮，然莫要於彼此實行團結，各盡其責任。倘
能倡設總團體，連合研究種種方法，則進步必更易。諸君
以為然乎？倘蒙不棄而賜教焉，則永建之幸也。（1915 年
5 月 2 日舊金山《少年中國晨報》）

作者特錄鈕先生在美國的演講詞兩篇，佔相當篇幅，此其原
因，乃在鈕先生雖對革命理論與革命實踐，都有其獨到之處，但
他從不作個人宣傳，有人建議他寫些回憶錄，他直截了當地說：
革命者為革命而來，為革命而去，何事於回憶？因此，鈕先生革
命二十餘年，服官三十餘年，所經大小戰役，所辦各種創新的政
治風氣和社會事業，不知凡幾，但是我們要搜集鈕先生自己作品，
乃至於比較詳細的傳略，都不可得。今日能得的鈕先生的言論，
只此二篇，尤以舊金山的演說詞為完整。吉光片羽，已極珍貴，
故照錄全文，使鈕先生的言論，能使後學有所觀摩。

鈕先生在紐約的演說詞與舊金山的演說詞，詳略頗有不同。
在紐約，他直接地說明中國對〈二十一條〉之交涉，如果引起戰
爭，則有其必勝之理。在舊金山，則極力避免戰爭的提及，在委
婉曲折中，雖然仍是提到戰爭，但極力避免反袁色彩；但是骨子
裡卻並沒有放棄反袁。此中因素可在字裡行間，看到金山僑界對
國內政治意見之複雜，甚至有人疑及中華革命黨在利用對外交涉

來推行反袁運動，故鈕先生在闡述戰爭為最後手段之前，先行說明中華革命黨對此交涉所採之立場，為嚴密之監督，要以袁世凱政府對此交涉所採之方針是否合理而定；如果合理，則革命黨決不以過去之嫌隙，放棄其支持的責任；如果出於賣國和帝制自為的私慾，則革命黨決不放棄其保衛國家主權與共和政體的職責，革命勢在必行了。鈕先生這篇演說之富於說服性，完全是了解群眾心理的結晶。他是軍事家，所以他的軍事三原則與對日最後用兵之勝利的分析，最為合情合理，博得聽眾的熱情洋溢的贊同。但他勝利的寄託是在國民的堅強團結和民兵的嚴格訓練，對政府軍不寄希望，言下可以理解袁系北洋軍勇於私鬥，怯於公戰，是並不可靠的。也由此可以理解鈕先生的對日戰爭論，不是當時的目前之事，而要民兵組訓完成之後。他演說時由馬醴馨傳譯，《少年中國晨報》記錄聽眾的感受時說：「鈕將軍將國民對於中日交涉案之救亡方法及國民黨救國的宗旨，詳細發揮，聽眾無不動容，一語一擊掌」。由此可見當時聽眾對鈕先生的意見之如何歡迎了。從《少年中國晨報》的報導來看，鈕先生在舊金山的演說，共有二次，一次是在五月二日，一次是在五月九日。五月九日那次演說，「對國民黨之宗旨，在於正義公道，痛切發揮，由馬醴馨傳譯，滿場大鼓掌」，由此可知鈕先生的兩次演說，都非常成功。《少年中國晨報》又云：「是日有數埠國民黨分部派員歡迎兩將軍（另一將軍為黃郛）前往一遊，將軍因事務忙，尚未定期」。鈕先生是否尚赴他埠演講，無法查考。鈕先生是這一年的十二月由美抵達香港的，由此可知鈕先生在舊金山演說後，留美西的時間，至少還有四個月。這四個月中，他不知又為國家做了多少事，向僑胞作了多少次演講，他是決不會閒住那裡的。

　　袁世凱對日本的〈二十一條要求〉，終於在作了若干次交涉後簽了字，為的是他要提早做皇帝。簽訂〈二十一條〉，已經違反了全國的民意；做皇帝又破壞了民國的體制，遭到知識分子，尤其

是革命的知識分子反對，終於爆發了反對帝制的戰爭。鈕先生急於返國，就是為了參加討袁的革命戰爭。不過在鈕先生返國時，雲南的護國軍和各省的討袁軍，已經把北洋軍打得捉襟見肘，到處敗北。時國父在上海，主持討袁運動，聞鈕先生返國，即召赴上海，襄贊一切，鈕先生本惟國父之命是從，當即迅速赴滬，協助討袁工作。袁世凱是民國四年十二月宣布做洪憲皇帝的，是月二十五日蔡鍔與唐繼堯、李烈鈞等在雲南組織護國軍，分為三軍，向四川、兩廣發動攻勢，袁世凱還命曹錕、龍濟光分率部隊，在川、粵作最後的掙扎。其後，袁世凱鑑於各省討袁運動的風起雲湧，眾怒難犯，乃宣布取消帝制，仍稱大總統，蔡鍔斥之為「再醮之婦而欲歸祀宗祧」，各省也不承認他這種形同兒戲，恬不知恥的胡作非為。西南等十七省也在南京集會，組織軍務院，以代北京政府行使職權。而被袁世凱視為心腹，特別命他入駐四川，以防西南的反袁運動的陳宧，見袁世凱大勢已去，通電袁政府宣告與袁斷絕一切關係。袁世凱接到這一通電報後，立即羞憤成疾，不久一命嗚呼。洪憲短命皇朝自此結束，由黎元洪繼任總統，這是民國五年七月的事。及袁死黎繼，聲言取消袁世凱當政時的國會，恢復民國元年的參議院，並選馮國璋為副總統，段祺瑞為內閣總理兼陸軍總長，黎元洪政府實際上仍控制在袁系北洋軍之下。段祺瑞繼承袁世凱的遺政，仍欲參加歐戰的協約國方面，以便取得日本大借款，擴充實力，進行武力統一。段提此案於國會後，國會表示反對意見，北洋軍人紛作段祺瑞的後援，黎元洪乃免段祺瑞職，而令安徽督軍張勳調處之。張勳乘機壓迫黎元洪解散國會，沒有一點骨氣的黎元洪，旨在戀棧，一一聽命。但國會解散，而黎元洪即被迫下臺，張勳即乘此機會進行復辟，擁溥儀再作皇帝。段祺瑞起兵馬廠，擊敗張勳，馮國璋乃以副總統入承大統。讀者試體會此一壓迫黎元洪免段祺瑞職的北洋軍，當是馮國璋欲繼位總統的一種陰謀，我們從溥儀小朝廷垮臺後，不由黎元洪復

職而由馮國璋代理，即可見其中的蛛絲馬跡了。

護法廣州被刺受傷

　　但是被解散了的民元國會，又豈肯善罷甘休？國父最注重法統，至此號召國會議員至廣州集會，成立軍政府，由國會議員選舉國父為大元帥，致力於討段運動，這是民國六年九月間的事。國父既被選為大元帥，九月十日就職於黃埔公園，電召鈕先生南下襄助。鈕先生是十一月間到廣州的，國父即令接收冷遹所部的十五個營，擴編成師，派任師長，嗣又令鈕先生交部隊於莫榮新，調任大元帥府參謀次長，其時的參謀總長為李烈鈞。鈕先生又被任命兼兵工廠長，這是軍火供應的總機構，任務極其重要，而為各方所矚目。鈕先生既任廠長，一本其革命精神，辦事至為認真，以致引起不滿。此不滿之來源，讀者諸君當可一眼看破之。

　　其時的廣東，可以說是廣西人的天下。龍濟光在粵本擁重兵，莫榮新又有軍權。他們都是廣西人，與廣西的陸榮廷，聯成一氣，獨霸嶺南。由此可知國父令鈕先生把部隊交給莫榮新而令兼兵工廠長，是有深意的，而鈕先生在兵工廠遭受反對，這也是必然的。廣東在這樣的環境中，國父無法執行任務，更是必然的。因此，國父在不久之後，即辭去大元帥之職，北赴上海，但鈕先生則留任廠長如故，於是鈕先生遂成嫉忌者的目標，俟其外出時，以暗殺方法對付之。暗殺者向鈕先生發一彈，由臀部穿出，未傷要害，兼以營救得宜，不久即告康復。國父在滬聞此消息，頗為關切，特電作懇切的慰問。電報是這樣說的：

> 前日接新聞傳說，執事在粵，猝遇兇徒，致受微創，聞之深為駭愕。猶幸吉人天相，化險為夷，尚足相慰。惟粵為通都大邑，而姦宄橫行，弁髦法紀，宜嚴懲兇黨，以儆將來，並望勉事調治，以期速瘥，出入戒慎，以防未然。臨書懸念，藉頌痊祉。孫文，十二月二十八日。

　　由此，可知國父如何器重鈕先生、關切鈕先生了。鈕先生任
兵工廠長共九個月。以國父已北上，而環境又如此惡劣，也只有
辭去職務，北返上海了。在這一段時間內，國父在滬，專理黨務，
於時政並無積極的意見對外發布，鈕先生也正好利用這一段時間，
在滬養病，生活過得相當悠閒，並任基督教美以美會創辦的中西
女塾國文教師，如蔣鼎文、秦汾等的夫人，均出其門下。

　　民國十年，廣東的國會議員成立非常議會，選舉國父為非常
大總統，於是年五月五日就職，親自督師北伐。以先生在滬，乃
任命為江蘇省長，由汪精衛親致印信。鈕先生對此任命，由於當
時的蘇省黨務工作，尚無部署，即上海亦然；所以建議暫不就職，
先在策應工作方面，作努力的籌備，俟有成效，始行就任。於是
聯絡蘇滬黨同志，展開活動。但是粵省軍閥陳炯明蓄意謀反，叛
軍在白雲山砲轟總統府，國父避居永豐艦上，先總統蔣公冒險到
達，繼續指揮戡亂工作，事不得濟，乃脫險返滬，繼續發展黨務
工作。

　　民國十三年，吳佩孚率師東征張作霖，兵分兩路，吳自任山
海關正面，而由馮玉祥自熱河側面進攻。馮玉祥在熱河回師截吳
佩孚之後路，奉軍乘機反攻，東征吳軍，遂至一敗塗地，北京遂
入馮軍手中，賄選總統曹錕被囚，由段祺瑞任臨時執政，號召南
北統一，邀國父北上，參加國民會議。國父乃繞道日本北上。先
是，國父決心恢復北方的黨務，令部分重要幹部至北方，聯絡各
地黨同志，並相機遊說北方的軍政人員，使他們服膺革命主義，
接受革命黨的號召，鈕先生也接到命令，他的任務是聯絡並策動
馮玉祥部隊反正，表面上並擔任其總參議名義。馮部在熱河宣布
回師，鈕先生居間策動之功實大。及國父至天津，鈕先生特去天
津歡迎。國父入京後，即發表四政治委員，鈕先生即為四政治委
員之一。及國父逝世，由重要同志二十四人，分組舁遷遺體，鈕
先生也以萬分悲慟的心情，參加舁櫬的行列。

上海特派員與底定京滬

　　國父的喪事告一段落，吳稚暉先生與鈕先生均仍留京，吳先生辦一海外補習學校，收納國民黨要人子弟入校讀書，準備遣送國外深造。民國十五年，奉軍張宗昌部入駐北京，鈕先生覺得事態嚴重，北京不可再留，乃與稚暉先生移住東交民巷，微服至天津，搭輪南返。時廣州的國民黨中央，已任鈕先生為中央政治會議祕書長，先生乃至廣州就職。是年七月九日，蔣總司令誓師北伐，派鈕先生為駐滬特派員。先生至滬，設機關於法租界的環龍路志豐里，一方面策動上海，另方面作敵後的活動，積極部署地下工作，以響應北伐。他自己仍回中西女塾擔任教師工作，以為掩護。一襲青衫，信步往來，行若無事，不知者咸以初至上海的鄉間教書先生視之，而不知此一青衫客，即肩負蘇滬革命重任之國民黨上海特派員。這段期間，先生不但完成蘇滬的革命組織網，同時策動孫傳芳部的海軍反正，國民革命軍兵不血刃而佔領全國最重要的大商埠，先生預為布置之功也。

　　南京底定後，國民黨即發動清黨運動，黨內的共黨分子被一網打盡，隨即奠都於南京，這是民國十六年四月八日的事。國民政府在南京成立後，鈕先生即被任命為國民政府祕書長。是月二十六日，國民政府明令發表先生為江蘇省政府委員兼民政廳長。其時江蘇省政府並不設置主席，而以五位常務委員行文，鈕先生則為五位常務委員之首。國民革命軍北伐至江西的時候，國民政府自廣州移至武昌，所有事務，實際上由蘇俄顧問團鮑羅廷操縱，汪精衛不過是一個傀儡而已。鮑羅廷對於蔣總司令的北伐，陽示贊成，陰實反對，其目的在阻撓中國產生一全民敬仰的領袖，以阻礙其赤化中國之陰謀；故對入贛的蔣總司令親自指揮的對孫傳芳勁旅之拼生死的決戰，不發餉、不補充彈藥，期望此戰不能成功。卒賴蔣總司令之指揮有方，孫部潰敗，東南底定，且有清黨

運動，使共黨分子不能在東南活動。故武昌國民政府對南京國民政府採敵視的態度。是年夏間，武漢也發現了共黨的陰謀，也採取分共的政策。至此，武昌國民政府與南京國民政府乃有合併之議，蔣總司令即在合併之議進行中下野。孫傳芳部雖敗績於蘇、浙、贛、皖，但殘部尚在江北，即乘蔣總司令下野的時機，渡江猛撲，一度至龍潭附近。戰爭勝利雖終屬於革命軍，但其間協調於各革命軍的總指揮之間，協力作戰者，鈕先生與李烈鈞之功居多，而鈕先生的責任尤重，其時先生既任國民政府祕書長，復主蘇政，中央與地方兼顧，地方對中央部隊之服務，戰區難民的救濟，都需要負責，他的責任是雙重的，他的辛苦也是加倍的。是年十一月，江蘇省政府改為主席制，先生乃受命為江蘇省政府主席。

主持蘇政全力革新

江蘇省會原在南京，革命後的第一個江蘇省政府成立於五月間，即接收舊日的省長公署設省府及民政廳於此，其他如教育廳、實業廳、財政廳等，各省官署，各自接收，成立新機構，順理成章，本無問題。但自國民政府把南京改為特別市，設有市政府，其官階與省政府主席相等，因此省政府及其所轄機關在其駐在地，反無行政權，而受治南京市政府，先生以為不便。其時在南京的政府機關，尚有江寧縣政府，南京本為江寧縣的轄地，南京特別市成立後，江寧縣轄區與南京市的轄區，混淆不清，在管理上諸多不便。於是先生開始籌劃江蘇省政府與江寧縣政府之遷徙。江寧縣政府遷至東山鎮，這是極為簡單之事。但江蘇省政府究遷何處，事關全省行政中樞的新區位問題，不得不徵求各方面之意見。清代的江蘇省會，本在蘇州即吳縣，至此遷吳之說復盛。地理學家張其昀先生發表一文，主張新省會應設鎮江，江南江北可以兼籌並顧，這是一個新說法。鈕先生綜合各種建議，提出於省府會

議，率以多數可決，遷省會於鎮江。一個省政府的搬家，談何容易，但在先生主持之下，只停止辦公三天，包括各廳在內，即已遷徙完成；而且同時還解決了五百多位省政府全體職員的宿舍問題。由此可知先生辦事效率之高。其職員宿舍之解決，則由鎮江各界自動協助之結果，明白先生在蘇省的人望之隆。省府遷鎮之日，地方各界自動焚香鳴砲，並推代表赴三十里外郊迎，先生雖再三婉謝而不可止，這是江蘇省政上的一件大事，便這樣輕而易舉的解決了。至江寧縣與南京市的劃界，比較複雜，先由各廳處提供意見，再經省府會議提出草案，會同南京市政府商討，得內政部之參加與同意，然後成案，南京除轄舊日南京城廂內外地方外，並轄下關對岸的浦口，那時候的浦口，是屬於江蘇省的江浦縣的。

　　當時江蘇的最大問題是盜匪猖獗，這個東南財富地區的魚米之鄉，一再兵燹之後，游勇散為匪徒，再加上舊有的鹽梟等等，沿海、沿江以及太湖流域等地區，匪盜出沒無常，打家劫舍，焚燒綁架，幾為家常便飯，蘇人苦之，省內雖駐有國軍，但不負地方治安責任，鈕先生乃不能不挺身擔任肅清地方匪患的責任。他首先向省府會議提出設立水陸公安管理處的方案，他自兼處長，把省府原有而業已殘破的船艦加以修補整編，並加強其裝備，分成陸上保安團若干團與水上保安團，分負水陸的清剿之責。陸上保安團的主要任務，是要肅清徐泗淮海等地區的土匪，採取的辦法是明剿暗捕，為首者殺無赦，其爪牙或脅從者，則導其向善，輔導其生產就業，淮泗地區，遂得安寧。水上保安團，分為兩區：一區是沿海地區，主要的對象是鹽梟之捕治；另一區則以太湖為對象，聯絡民船，明其出沒之處，窮追緊捕，一一奏效。前後只二年的時間，蘇省治安，完全恢復。其收效所以如此迅速者，一由於先生之德望，二由於所有工作人員，都是先生的門生故舊，都能切實執行先生所交之任務，故能在短期間內，收到預期的效

果。

　　先生是革命後的第一任省府主席，時當新舊交替之際，而蘇省最重要之財賦來源的上海，又升格為特別市，其財源已與蘇省無緣，蘇省的最大收入，只有田賦；而田賦的徵收根據，則為各縣的魚鱗冊，歷經喪亂，已多不全，於是發生有田無賦，有賦無田或田與賦並不相稱的種種流弊，而海埔或江邊新生地之未入魚鱗冊而納賦者為數亦不在少。先生為政，最重公平，整頓田賦以裕稅收，尚在其次。他是從根本上一勞永逸做起，先辦全省土地測量，特設江蘇省土地整理委員會，由省府委員陳和銑主其事，分全省為若干大區，每一大區分為若干小區，設若干測量隊，先作三角測量，凡山、川、地勢、田地、道路、城縣、街市、房屋、墳墓、橋梁、森林、池塘、園林、名勝、古蹟等等，悉行繪入，作成明細地圖。再就田地之正確面積，分水田、旱地兩等，作成另一種地圖，並登記其地主的姓名，作成新的魚鱗冊，確定其納稅義務。最後則與舊魚鱗冊相比對，面積超出者補稅，面積不足者減稅，舊魚鱗冊無名者課稅，舊魚鱗冊有名而新魚鱗冊無地者免稅。此項工作，雖極繁複；在鈕先生的鼎力推行之下，進行頗為順利，在先生卸任時已完成若干小圖，循序而進，完成有期。可惜繼其任者，對於此項既可增加稅收而又實現公平原則之要政，未能繼續進行，以致半途而廢，先生之公平政治未能達成最後任務，實一重大的遺憾。按為政應自經界始，中國古代聖賢，早有明訓，然不讀書者，固不知其義。故為政貴在得人，是百世不易之公理。

　　先生最注重社會教育，認為可補正規教育之不足。社會教育不限於成人補習教育以消除文盲，諸凡公共道德之提倡、公共育樂事業之推行，多在社會教育範圍之內。以當時蘇省文盲之多，即就此一點而言，提倡社會教育，已是十分的需要。此在國父地方自治施行法中，固已極端重視。但先生之提倡社會教育，仍自

根本著手，所謂根本著手，即自培養社教人才為起點。先生為了
實現此項政策，特別設置專門培養社教人才的學院一所，此即省
立教育學院便是，社址定於易於延攬人才之無錫，初任院長為名
教育家高陽，其餘社教名家如俞慶棠、陳禮江等，都加入工作；
並附有民眾教育實驗區，俾在校學生得教學相長之益，更設識字
教育班，俾作掃除文盲之實驗。教育學院創辦之初的二、三年中，
先生每週必有一次或二次的巡視，並且常作講演，鼓勵師生之工
作興趣，有時候且在院中小住，與教師學生共同生活，藉以了解
學院之實際情形，作必要之修正指示。在辦教育學院的同時，更
令各縣均設民眾教育館，大縣且設二、三處。此項措施，不僅為
教育學院之畢業生謀求出路，在先生的理想中，且以民眾教育館
為中心，致力於民眾的組訓，作為組織民兵的準備。蓋先生早知
中日之間，遲早必將再度發生另一次的戰爭，勝之之道，就是民
兵，有組織、有訓練及有作戰能力的民兵，此意，先生在舊金山
演講中即已提出，至此乃得實現。也由於先生的努力，使蘇省民
眾教育之發達，冠於全國各省。

　　教育是國家立國的基礎，故先總統蔣公曾以兵事、經濟和教
育，為國家鼎足而三的要政，可謂治國要領，悉在於此。鈕先生
主持蘇政，深知教育經費之不足及其來源的不安定，為蘇省教育
發展之大障礙。於是下定決心，要各縣提教育經費在捐稅中定有
成數，隨稅帶徵，凡屬教育經費項下的成數，隨徵隨提，專戶存
儲，使教育經費得以獨立，並在省政府中成立教育經費管理處，
由先生自兼處長，使執行順利，不致發生移用之弊。各教育機關
所需在預算內之經費，自此便可按時領到，再也不發生青黃不接
之弊。當時各省教育經費，都未獨立，其獨立蓋自江蘇始，亦先
生提倡之功也。此項制度，在抗日戰爭發生之前，始終維持，直
至抗日戰爭發生後，蘇省轄區淪於敵手者甚廣，始告破壞。三十
四年勝利還都，鈕先生時任國民政府委員，仍繼續擔任江蘇教育

經費管理處處長，在南京廳後街原址辦公，二年後移交蘇省府，其重視蘇省教育之精神，於此可知。

　　警察是最接近民眾的公務人員，其素質之是否優良，關於民眾福利者至深且鉅。這一點，先生在未任公務員以前，早有認識。及蘇省要政次第實現後，即從事於警察素質之改進。當時，江蘇有水陸公安教導團，也有訓練地方治安人員之作用，先生認為尚不足以適應需要，乃於民國十八年改組為江蘇省立警官學校，分本科與速成科，本科第一期、第二期同時招生，旨在訓練各縣的警官人才，速成班則以訓練警察為目的。警官學校畢業生即分發各縣任職，蘇省警政，自此漸上軌道，對於地方治安，造福不淺。

　　此外，在鈕先生主蘇政期間，尚有一事必須補述者，即江蘇省志委員會之設立便是，省縣志乘，向為國人所注意，作為述往事、知來者之借鏡，並有保存地方文獻的功用。其時，江蘇省志，失修已久，先生深恐文獻之散失，乃設置江蘇省通志委員會，後來改為江蘇通志館，館址設於清靜秀麗而多風濤變幻的著名風景區焦山，禮聘江蘇名宿莊思緘蘊寬主其事，其餘委員如柳貽徵等都是江蘇一時的俊彥，分任各篇的纂修，搜集各縣志書達一千數百種之多。但以經費不足而告停頓，抗戰期間，此項志書，亦不知散佚何處，這是江蘇文獻的重大損失。此事雖未竣全功，但先生保存江蘇文獻的宏圖，實有足多者。

　　江寧縣舊為江蘇的首邑，雖經南京市的成立而縮小轄區，但面積仍廣，稅入亦豐，在訓政期間如何完成地方自治的各種工作，是一個最大的課題；而江寧實具為地方自治實驗區的條件。先生再三思維，意欲作此宏圖，但茲事體大，非廣徵各方意見，難於完成圓滿的計劃。先生乃與省府中熟悉地方自治的人員，多所商議，以原有財政，致力於縣自治一切措施為原則，提出江寧自治縣的完整計劃，通過於省府委員會，成立江寧地方自治實驗縣。凡是一種理想的制度，須經實驗，方可知其利弊之所在，而逐漸

予以修正。政治措施，與科學實驗不同。科學實驗如一次不成，再來一次，乃極為簡單之事。政治措施則不然，先以一縣作為實驗，以觀其成效，然後作必要的修正；俟其完善，乃推行於各縣，所以實驗縣自治的構想是正確的。可惜這一制度施行未久，而抗戰軍興，無由賡續；然先生政治措施之周密，本末終始，先後輕重的認識以及徹底執行的努力，實已樹立政治家的風範。先生的政治作風，要可以認真與求才兩事以概括之。縣級主管長官，為一縣政治的領導人，也是地方自治各項政策的推行者，其是否得人，關係至為重大。當時考試院雖已成立，但掄才大典，尚在籌備期間，對於縣級主管人才之考選與任用，尚付闕如。先生鑑於縣級主管多數出身於老官僚，對於新政治或缺乏認識，或推行不力，或敷衍了事，亟思擢用有為青年，注入新血輪。早在民國十七年即創辦江蘇訓政學院，招考大學畢業生，規定肄業期間為兩年，其中便有很長一段期間為實習階段。考試課程，與後日之高等考試相似。試務極為嚴格，故投考者雖多，而錄取者僅二十餘人，合各縣所保送之地方自治人員在內，共四十餘人，先施軍事訓練，然後分八組即民政、財政、教育、建設和地方自治等加以訓練，所有任課教師，皆一時名流，如先生自任「《建國大綱》」，葉楚傖先生任「三民主義」，茅祖權先生任「《民權初步》」，趙戴文先生任「經學要旨」，夏勤（敬民）先生任「〈民、刑、訴訟法〉」及「〈法院組織法〉」，而教務長則為樓桐孫先生。先生對於這個訓練班非常重視，常於寒冬嚴霜之晨，天甫黎明，即穿灰布戎裝，至院集體點名或個別談話，以最誠懇的態度，對諸生作為人處事的訓誨，完全是循循善誘的長者風度。有一學生置水煙袋於床下，被先生發現，即召其談話，歷一時許方止。由此可知先生對於院生，是採宗教家以誠感人的原則，不採處罰的方式。依照原定規則，民政組畢業者將派任縣長，先生感其人數不足，乃於民國十九年夏季，另行舉行縣長考試，以補院生人數之不敷應用。其考

試之嚴格，與院生考試同；其畢業後須受訓練與實習，亦與院生同。由此可知先生對蘇省政治求治之切與求才之殷。先生常對學院學生說：「國家政治基礎，應注重地方基層組織，過去政治不能臻於治理者，即在僅注重高層，而忽視基層，人才多集中於中央，形成頭重腳輕，有如金字塔之倒置所致。漢代政治之所以照耀史冊者，即由於朝廷極端注重地方官之人選。故漢宣帝曾有『與我共天下者，其惟良二千石乎』之言。現本黨實施訓政，各項建設，經緯萬端，而最重要之工作，則為實行地方自治。應如何推行總理手訂之《建國大綱》有關地方自治各條及地方自治開始實行法所規定之項目，實為切要之圖。國家今後施政，如能多多注重鄉村建設、人才下鄉等要政，則訓政工作，自可推行盡利，而國家日趨富強康樂之境了。汝等年富力強，服膺總理遺教，具有深切之認識，並具有相當之經驗，當竭力於地方基層之建設，秉持篳路藍縷、披荊斬棘之精神，絕不可畏難苟安，一官自娛，作一自了漢，殊有失人生之真義及黨員應有之責任。其次所當注意者：操守必須廉潔，服務必須勤慎，古人所謂清、慎、勤三字，必須一一做到，缺一不可。如此，庶不致辜負國家培植選拔之至意。」從這些言論中，我們可以看到先生對於這批新血輪注入到地方政府中去的目的。按先生處事，必有其理想，亦必根據國父的遺教；亦必有一套完善的計劃和實施的步驟；而其入手之處，常是從培養人才方面首先努力。要人才下鄉去實行鄉村建設，要大家把清、慎、勤三字完全做到，以樹立新的政治風氣。清、慎、勤三字，正是先生畢生為政服官的基本精神，他無不一一做到，並不是空口說白話的宣傳。因此，這些言論，都是先生的由衷之言，也都是先生的經驗之談。他朝思暮想的，就是自己要完全做到，也希望經過他訓練的青年，完全做到。先生的道德、勳業，冠冕於世，而所流傳的言論極少，故備錄之，使我們當代的青年，了解革命前輩立身處事的典範。

任職考試院的原委

　　先生主蘇政，先後約四年，其間數度改組，都未影響先生的地位。至民國二十年三月，請辭江蘇省政府委員兼主席職務，政府鑑於先生主蘇多年，辛勞實甚，乃准其所請，擢為內政部長，仍兼立法院軍事委員會委員長如故。先生對於他的新職務，似乎興趣不高，所以他卸任江蘇省主席後，暫回上海，休養一段時間，過若干寧靜的日子，先生在江蘇省主席任內實在操心太多，實在太辛苦了。可是中央決不任此功勳蓋世的元老，作優遊林下的享受，行政院譚院長延闓親至上海速駕，先生乃赴京就新職。不半年，調長銓敘部。二十一年被選為考試院副院長，仍兼銓敘部。次年，辭去銓敘部兼職，專任考試院副院長，二十二年又兼銓敘部，至二十八年始卸職。至三十年轉任國民政府委員兼政務官懲戒委員會委員長，主持簡任官以上之政務官懲戒事宜。這些官職，都是閒缺，先生乃得稍享清閒之福。三十四年八月，日本軍閥投降，抗戰勝利，政府準備還都，先派先生與葉楚傖先生為京、滬、蘇、浙、皖宣慰使，代表中央，宣慰淪陷區人民，並撫輯流亡。先生等首先至滬。時楚傖先生病，入院求治，月餘不癒，先生乃單獨往各地實行宣慰，葉先生則派汪寶暄為代表隨行。汪氏為文記他們宣慰的經過云：

　　　　先生平時素著長袍馬褂，內穿馬褲，足登短馬筒靴，健步如飛。那時我方四十餘歲，但覺走路有追不上的感覺。每天清晨五時左右，即見先生在燈下正襟危坐，閱讀公文，記載次日工作綱要，或批覽古今書籍，二十餘日未嘗稍有不同。由此，可見先生生活的嚴肅與用功的不懈。我打起精神，每天提早起身工作，但每次仍均在先生之後，但先生不但無不悅之色，反而溫言撫慰。……宣慰路程，是由浙江到上海，由上海到南京，由南京到皖北。剛抵合肥，

忽接上海電報，謂楚傖先生病逝。先生悲慟不已，遂偕我
匆匆返滬，參加祭喪大典。楚傖先生生前對惕老一向以晚
輩自居，凡有關江蘇黨政大事，均絕對尊重稚暉先生及先
生之意志，所以他們彼此之間的公誼私交，均極深厚。抵
滬後，撫屍痛哭失聲。

　　我們從汪氏這一段記載中，可以看到鈕先生的生活片段和工
作認真的情形以及誠摯的懷友之情。其時，他的官職仍然是國民
政府委員兼政務官懲戒委員會委員長。民國三十六年，政府作實
施憲政之治的準備，辦理各省市國民大會代表、立法委員、監察
委員的選舉，先生受命以中央監察委員的身分，駐節鎮江，督導
選舉提名事宜。是年三月，行憲國民代表第一屆大會開會，選舉
總統，蔣公當選，於五月二十日就職，國民政府改組為總統府，
先生初被任為國策顧問，旋擢任資政，政務官懲戒委員會亦於此
時結束。這是先生最清閒的時期，家居上海，參加雲林書畫社，
並鬻書。先生對於書法，造詣頗深，初效顏魯公體，熟而生變，
鐵畫銀鉤，蒼勁有力，實具大家氣質，但不以書名；至此，以生
活關係，始以書法問世，見者無不珍惜之。當時滬上鬻書者，以
吳稚暉、沈尹默二先生最負盛名，先生和他們鼎足而三，蓋不僅
重其書，且尊其品也。只是傳世的仍然不多，在臺所見者，僅強
恕中學所懸之對強恕二字的解釋：「不強人謂之恕，不恕己謂之
強」，蓋夫子自道也。先生當時雖未負政治上的實際責任，但國家
如有大典，他一定由滬赴京，出席參加，守其本分，一如往昔。

　　訓政時期的考試院長由戴季陶先生擔任，直與訓政相終始。
行憲後，戴先生改任國史館長，考試院長選任張伯苓先生，而由
賈景德先生副之。民國三十八年三月，閻錫山任行政院長，調賈
景德為行政院祕書長，於是鈕先生被徵選為考試院副院長。是年
四月，北方局勢驟變，伯苓先生不及撤出，院長職務乃由先生代
理，自此先生的政治生活，即與考試院發生不可分離之關係。其

時政府的最主要工作有二：一即抵抗中共的南下，一即政府機關的南遷。先生督率考試院同仁，將院中案卷與圖書，分別遷臺，以臺北市大龍峒的孔子廟為辦公室。其時，政府第一步的遷移目的地為廣州，其次則為重慶。但考試院在先生主持之下，獨遷臺灣，這是先生目光遠大處。多數考試院同仁，未遭穗渝跋涉之苦者，先生之賜也。先生對考試院關係獨深，過去曾兩長銓敘部，一任副院長，先後達十年之久。至此，代理院務，可謂駕輕就熟。但先生始終以年已耄耋，健康衰退，時萌退避賢路之意。但是他在職一日，必負一日之責，而且必須做到考試院對國家所能發揮之積極任務。

在臺推行考試院的工作及其意者

政府在三十八年全部撤退來臺，當時雖有先總統蔣公以執政黨總裁身分，坐鎮臺灣，但人心仍不免有惶惶不知何至之感。先生思欲以考試院之地位，來安定人心，其途徑莫如舉辦全國性的高普檢定考試與高普考試。此舉之作用有四：其一，政府照常舉行掄才大典，表示徵集人才、勵精圖治，作反攻大陸之準備；其二，此項人才徵考以後，在建設臺灣方面，可以發揮很大的作用，建設臺灣，正所以充實反攻的力量；其三，知識分子來臺以後，不免心有鬱積，興懷才不遇之嘆，舉行高普考試，正所以給他們以精神上的出路，安定他們不穩定的心理；其四，臺灣淪於日本統治之下者已五十一年，臺灣知識分子從來沒有見到祖國掄才大典的規模，遑論參加了，舉行高普考，所以使臺胞知識分子對祖國的考試制度之合理公平的措施，發生深刻印象，鼓勵他們向學的興趣。基於上述四項的積極意義，先生提出三十九年的施政方針，以舉辦高普考為工作重心，要考選部積極籌備。是年四月，舉行高普考檢定考試，參加者七百餘人。九月舉行全國高普考，參加者二千六百餘人。四十年又舉行一次，參加者增至三千餘人。

先生安定知識分子的心理，收效之宏，由此可知。先生在代理考試院長任內，所作考試及所登錄之人才，陳天錫曾作扼要的敘述云：

> 任內除經常辦理之專門職業及技術人員檢覈外，舉辦全國性公務人員高等及普通考試各二次，專門職業及技術人員高等及普通考試各二次，臺灣省公務人員及普通考試各二次，全國性考試前之高等及普通檢定考試三次，其特種考試之舉行，計河海航行人員考試五次，船舶、航空器電臺及無線電電信人員考試二次，中央警官學校特種警官訓練班畢業學員任用資格考試二次，中醫師考試一次。此外又舉辦技副晉升技師考試一次，核准中央標準局舉辦度量衡檢定員升等考試一次，中央信託局雇用人員升等考試一次，郵政總局舉辦郵務員甄拔試驗一次。綜計先後舉辦及核准舉辦之各種考試，計三十二次，錄取行政人員、建設人員、外交人員、司法人員、專門職業人員、技術人員及經常檢覈及格之專門職業及技術人員，共六千七百零一名。

由此，可知先生在短短二年鼎力推行考試之成就。政府遷臺之初，一切均採取精簡政策，各機關人員頗有在精簡原則下被遣散者，當時有人以為考試院頻頻舉行考試為多事，而不知即使是資格考試也有安定知識分子的作用；何況依照憲法規定，公務人員非經考試及格，不得任用，則為政府儲備人才而考試，實為當務之急，又何疑之有！

我國公務人員的任用，由考試選拔人才，這是考選部的任務；被錄取之人才，分發至各機關任用，這是銓敘部的職掌，二者都屬考試院。考試院為此特別訂立〈公務人員任用法〉、〈俸給法〉、〈考績法〉，都在三十八年完成立法程序，由總統明令公布。但在精簡原則下，三法均格於事實，艱於施行。銓敘部在遷臺時，所有公務員登記名冊，無法運臺，以致核對陞遷案件，無法查對，

執行亦感困難。為了解決實際的問題，先生在再三籌思之下，分囑主管部門研究三法之修正案，經院會通過後，提出於立法院，但未能協調，經年未決，先生感慨頗深，退志益堅。

　　中央機構緊縮，限制員額甚嚴。先生執行政府政策，作最低限度之籌劃，人員之少，實為中央各機關之冠。但因佔孔聖廟為辦公室，有違體制，故在政府屬行疏散政策下，決定遷地為良，乃在近郊木柵溝子口仙公山下，覓得空地一處，以合法手續，向業主租得畑（意即旱地）一萬六百餘坪，其所以選定此區者，以山中有洞多處，大者可容數百人，適於防空避彈之用的關係，也是為了部屬安全與節省經費。建築辦公室時，同時為眷屬建築宿舍，俾便安心工作。新址完成後，先生對部屬提出四項要求：其一，必須有時代之認識；其二，必須有豐裕之基本知識；其三，必須有相當辦事能力；其四，必須有艱苦卓絕之精神。為了實行第一項要求，乃分組研究時事，逐日輪流報告，三十九年二月起實行。為了實現第二項要求，規定同仁的進修課程，且有月課與獎金的辦法，同年十一月實行。為了實現第三項要求，隨時給予任務，觀察其才能，規定每人須寫工作日記，每單位須於一週之初，擬定工作計劃，而於週末提出討論，於七月及翌年二月起實行。為了實行第四項要求，於是有克難促進會的組織，以提倡食、衣、住、行的節約，考試院同仁均為會員，且定月終舉行大會，互相檢討，先生則以身作則，為同仁率先倡導。先生是把舊日書院獎勵學生的辦法來獎勵考試院同仁，使他們心有所專，目無旁騖，來端正風氣，來倡導向上。同仁月課之佳作，不僅可得獎金，而且還給予發表的機會，《考銓月刊》最早創辦的動機，便是為了發表這些入選的佳作。

　　考試院遷院完成後的問題甚多，諸如自來水、電燈等都有關同仁福利的要事。但是鈕先生卻主張先辦一所小學，俾同仁的子女以及附近電力公司職員的子女和老百姓的子女等，都得到適時

就學的機會，比任何事情都重要。由於先生的德望及其注重下一代教育的堅決主張，大家都沒有話說。小學的籌備，委由先生之姪長耀義務擔任。原來，鈕先生在來臺之初，為了使江蘇在臺子弟多得就學的機會，已經辦了一所中學，是即強恕中學，其校長即由長耀擔任。至此，長耀又為考試院的子弟籌備這所小學，不僅是完全義務，而且連車費都自掏腰包。先生東拉西借，得四、五千元，蓋成兩所克難教室，考試院同仁的子女，因此而得免失學，即附近的經濟部、軍醫署、臺灣銀行、電力公司等職員的子女，也得到就讀的機會。學生人數，逐漸增加，校舍也相繼擴建，今日之規模，已非昔比，然其艱難締造者，則為鈕先生，仁人之言其利溥，其先生之謂乎！校名原稱中興小學，由考試院同仁馬洪煥為董事長。五十八年，臺北市政府接辦，改稱永建國民小學，蓋紀念先生創校之功也。

公務人員生活，自抗戰軍興以後，即甚清苦，來臺以後仍是如此。先生除提倡克難節約外，仍感同仁在平時僅能維持最低的生活，設有意外開支，勢將無法應付，乃組織福利委員會，特定應急的支付辦法，使他們有所需要，得到一個周轉的地方。先生仍恐不敷開支，乃將其可以自由支配的機密辦公費，完全支用在同仁福利方面。此項經費，當時每月約新臺幣三千元，自三十九年七月起，就完全儲存起來，擬定四項支用原則：一、作為員工補助金之用，職員每月可得十元，工友可得五元；二、加給職員公費，院部主管財務事務職員，每人加給若干元，鼓勵廉潔風氣；三、為設計財務及稽核之計劃而聘請的名譽專門委員一人支付其交通費；四、餘數充作本院預算外之費用。此外，是年一至六月之機密費共一萬八千元，作為本院之儲金，備作建設費用。由此，可知先生處處顧到考試院同仁的生活，要求他們努力工作，解決他們生活問題，而置自己生活於不顧，其高風亮節，實非一般主管公務人員所及，也為後來的主管及長官，樹立一項新的規範。

最後使先生對考試院工作不再感有興趣者，是一項不為先生贊同的官階建議，即提任級公務員之增設。我國官階，本特任、簡任、薦任與委任四段，行之數十年，向無異議。但自行憲後，產生了新的一級，即所謂提任，也就是各院院長副院長、立監兩院委員和考試委員等，他們是經由選舉，或經由立監兩院行使同意權而產生。這些名高望重的官員，很多人主張納入政府的官階之中，於是有人主張在特任官之上加提任一級，把這些由選舉產生的新貴，納入此一官階中，先生對於此一方案，本不贊成，但一二新進與議分子，挾其虛驕之氣，自視甚高，務求達其目的，逞其意願。考試院在行憲後，實行會議制，若輩鼓其如簧之舌，務使此案通過。鈕先生提交複議，彼輩不顧；輿論予以抨擊，彼輩亦不顧。由於提任官之設置，俸給加高，連帶的總統與副總統之俸給亦提高。故此案之提出於立法院，實成問題。率因總統諭令而撤回，而其責任卻由鈕先生負之。先生本淡於名利，因先有公務員三法之修正而被擱置，至此又奉諭撤回他所不願的提案，遂堅決求去，四十一年四月辭職，自此先生除保留總統府資政外，不再服官。考試院同仁，對先生之去，無不惜之。

最後敵人之認定及其最後努力

先生辭考試院代院長職後，在臺北約住二年，以患病及男女公子均在美，迎養之意甚殷，先生乃偕夫人於民國四十七年與四十八年，赴美兩次，在表面是應子女之孝思，實際上他另有目的。目的為何？狄君武先生曾概乎言之。蓋先生認定我國最後之敵人，仍為俄國，他是乘此機會，到美國去搜集資料，研究日後的對俄作戰問題。我們不要忘記，在日俄戰爭時，先生提倡拒俄最力，後來三次遠遊新疆，兩次是取道西伯利亞的，第三次是由上海取道蘭州，時為民國三十六年七月。時先生已近八十高齡，但策馬而馳，直上天山，威風凜凜，有不可一世之概。先生嘗言：「中國

失地於俄，已非一朝一夕；邊疆之重要，有如身體之於皮膚，皮膚不存，即及於肌肉，馴至心腹。」因此，常常鼓勵青年：「保中國，須先保陝甘，保陝甘尤須鞏固陝甘之邊地」；並勗勉青年，須效張騫、傅介子。凡此，都足以說明先生對國家前途之關切。先生志在報國，雖八秩以上之高齡，尚在致力於對俄的研究，準備反攻復國時參加作戰的行列，與帝俄相周旋。這真是所謂老驥伏櫪，志在千里了。四十八年年底赴美後，即未再返國，但先生對祖國實在是縈念在懷、夢寐以求的要回來。一日，子女回家，忽然發現先生失蹤，家人惶急萬狀，因其時先生耳、目力均減退，深恐迷途或發生車禍，乃四出尋覓，終於發現他在街頭蹀躞，問其故，則含笑回答道：「吾欲買飛機票回國，參加反共復國大業的完成。」他曾對他的子女說：我生於中國，死於中國。其愛國熱忱，老而彌篤，令人欽敬無已。先生體格素健，雖時患頭痛，而精神矍鑠，談笑風生，事事樂觀，健步如飛，為年輕人所不及，百歲之壽，大家都以為必無問題。可是晚年忽患攝護腺肥大症，開刀數次，迄未根治，家人之不肯任其歸國者以此。先生身雖在美，而仍心寄祖國，聞鄉音而喜，即此耿耿之心的具體表現。他曾對家人說：「我是一個軍人，反攻大陸，我要同國軍一起打回去，你們把我強留在美國，我死不瞑目。」家人深恐他獨自一人買機票回國，則密商航空公司，以無機票為婉謝，並託公司打電話通知家屬，苦勸回家，如是者已不止一次。由此可知，不能回國，使先生內心，深感痛苦。先生患疝氣及攝護腺發炎等病，始於五十年，動手術三次，元氣大傷，創口難復。至五十四年十二月上旬，復患肺炎，發高燒，入院醫治，醫生為抽去水分，得小癒，卒以年高體弱，回春乏術，至十二月二十三日與世長辭。病中聞越南戰爭擴大，反攻有期，為之欣慰，臨終猶頻呼反攻復國不已。鈕先生真可以說是為國家而生，為革命而生，他之未為國家而死，沒有見到反攻復國的完成，真是莫大的遺憾了。先生逝世時享年九

十有六，夫人黃梅仙女士、公子長德、女公子孅華、珉華、幼華
及孫庭偉等均隨侍在側，哀毀逾恆。

身後哀榮與生活片段

先生既逝，美國《紐約日報》特發長篇新聞，稱先生為國父
的助理，並扼要敘述先生之求學、革命與服官經過，表示哀悼。
國內聞耗，對此開國元勳的黨國元老之溘逝，深為震悼，先總統
蔣公與夫人等立致唁電，先總統蔣公特撥治喪費美金一萬元，以
便辦理優厚之郵典。紐約方面之僑界領袖，紛往弔唁，殯殮日到
者尤多。鈕先生是一位虔誠的基督徒，一切儀式，都照基督教慣
例，由江守道牧師主頌，靈櫬暫厝公基禮堂，美人稱之為長期停
放而不入土的地方，蓋待反攻復國迎回大陸，安葬故鄉，以慰先
生在天之靈。中國國民黨常務委員會於十二月二十七日開會時全
體肅立，為先生默哀。國民黨第九屆中央委員全體會議舉行預備
會議時，先總統蔣公親自主持，也全體肅立，為先生致哀。江蘇
同鄉會會同中央黨部總統府等有關機關，組織追悼籌備會，推張
祕書長群為主任委員，嚴家淦、顧祝同、谷鳳翔、程天放為副主
任委員，於二月二十七日上午舉行追悼會，先總統蔣公特頒「永
念耆勛」輓額，並立下褒揚令，與會者三千餘人，素車白馬，備
極哀榮。亦先生應得之酬報也。

先生勖勉後進，常以「清、勤、慎」三字為訓，他自己徹底
的做到，我們應該再加一個「廉」字。先生服官三十餘年，勤勤
懇懇，謹謹慎慎，考慮一事，必周詳而後已；執行一事，必徹底
而後已。其清如秋水，其廉如明鏡。以他的地位，如果只以薪水
為積蓄，晚年生活，決無問題；但是他將所得的報酬，都用之興
學與獎勵，他擺脫公職時，真可以說是一貧如洗，住的是公家二、
三等宿舍，吃的是最簡單的食物，由夫人黃梅仙女士親自操作。
卸任考試院代理院長後，乃住於博愛路之公家簡單宿舍。黃梅仙

夫人年事已高，日操家務，已有不堪其勞之苦，此亦為鈕先生家人堅留住美的原因之一。先生任銓敍部長時，居南京成賢街公家宿舍。一日，戴季陶院長過訪，看到先生寓處陳設之簡陋粗劣，深以為異，謂此非國家對待開國元勳與特任官應有之報酬，囑其副官另購全新家具，務使與先生身分適合。副官難之，戴院長謂此事由我負責，何難之有？副官答稱：部長在滬及他處所居，都是如此，若易新家具，必不接受，且將被責。越數日戴院長又往訪問，見其家具簡舊如故，乃命院庶務人員購買一套，俟先生赴滬時布置之，亦普通性質而已。在臺北市的博愛路簡單宿舍中，粗布被褥，簡陋家具，一如往昔。一日，蔣夫人往訪，見先生所臥為一竹床，異之，為易彈簧床，先生只好勉強接受。夏季所穿者常為粗布夏威夷衫。卸任後，出無車，則常安步而行，或擠公共汽車，部屬或友朋駕車而過，常邀先生上車，送至其目的地，則稱歡喜走路以卻之。因此，在先生行誼中，除清、慎、勤外，應該還加一個儉。先生平時喜穿長衫，但有軍人去訪，則必臨時改裝，而後出見。所謂改裝，乃改穿一套卡其布中山裝，這便是先生的禮服，其所以更換者，則以尊軍人也。先生服官，高至選任，但絕無官僚架子，友朋或同事往見，除非有急事，必立刻接見，決不以官銜稱同事，而稱之曰先生。同事即使有過，先生亦從不面責，總以和顏悅色鼓勵之。吳稚暉先生與先生既為老同學，又為老同志、老朋友，但彼此相見，亦互稱先生。常見稚暉先生作書，其上款必稱先生，下款必署弟吳敬恆，老輩風範，特別令人欽敬。在重慶時，先生與吳先生同住上清寺的一座一樓一底的街屋，吳先生居樓上，先生居樓下，其簡陋一如平民而又不如，但是他們老友相處，反而覺得其樂無窮。

先生對於行政，有「凌厲無前」的勇往精神，在江蘇省政府及銓敍部與考試院任內的本身事務，都足以表現此種精神，對於人才之愛惜與獎掖，尤不遺餘力，凡是先生的部屬，都能把這種

精神，了解得很清楚，都寫了不少的文章來紀念他，提到這一點的特別多。但是，有一點，先生不肯做的，那就是他對家人的提拔。先生主江蘇省政時，便對他的姪輩們說：「我在此，於姪等諸多不便」。考試院遷臺時，他有一個姪女本在院任監印工作，不合銓敘資格，先生必欲去之；經同事們再三設法，卒降至僱員而後已。由此，可知先生對於內舉不避親的古人行誼，不表苟同。春秋時晉國大夫祁奚，受晉平公詢問，要他舉一個可資依畀的臣子，祁奚先舉的解揚，和他一向不和睦，晉君問他：「他是你的仇人，你為什麼要舉他？」祁奚答道：「君問可不可，不問仇不仇。」後來晉平公請他舉一位可以擔任尉（國防部長）的職務的人。他說：「午也可」。晉君又問他：「午是你的兒子，你為什麼要舉他？」他又答道：「君問可不可，不問子不子！」這便是「外舉不避仇，內舉不避親」的著名歷史典故。鈕先生對親族的任用，並不效法祁奚的故事，這是當時風氣的矯枉過正。作者久佐陳布雷先生，他便是同樣矯枉過正的政府大員。例如：當時政府要人，八行書隨便發，陳先生便一封也不寫；當時政府要人，週末至上海休假的人，比比皆是，先生家在上海，除了陰曆過年返家外，平時足不出戶，一角小樓，朝朝暮暮所致力的，惟公務而已。當時愛惜名譽的政府要人，殆都有矯枉過正的操守，可惜這種人太少了。此鈕先生與陳先生所以都有「完人」之譽的由來吧！

先生對於民眾教育之注意和提倡，在主蘇期間已有卓著的成就。其後如有機會，決不放鬆，如一二八之役，國府暫遷洛陽，他在洛陽便辦了一所民眾教育館；為了紀念他的尊人百歲誕辰，在他的故鄉俞塘斥私資辦了一所強恕中學，一所民眾教育館，由他的夫人當校長。其強恕中學就是來臺以後的強恕中學的前身，由長耀主持。長耀辦強恕中學，經費完全公開，以學費為教職員薪水，以雜費為學校開支，涓滴都歸於公，其廉潔勤慎，饒有先生之遺風。先生愛國、愛鄉、愛家族的精神，是一貫的。他認為

國父民族主義中所倡導的家族組織，不僅是中國文化的骨幹，同時更是改良家族使成為三民主義新中國的基礎；因此，獨創三民主義之宗族組織，由上海鈕氏作實踐，這又是一項新風氣之倡導。

改良家族組織的推行

上海鈕氏，本為望族，族大人多，原有的家族無形組織，本和其他望族一樣，由年高德劭的族長主持一切。先生覺得這個組織，殊有改良之必要，乃親草擬「鈕氏宗族組織」，由鈕先生親自召集族人，商討舊家族組織的改良之法，其原則悉本民族主義，先在俞塘成立族務所，興建鈕氏紀念堂、鈕氏公墓等，實現本族的福利與團結。宋代政治家江蘇先賢范文正公希文，設有義莊制度，以積金置產為途徑，來贍恤貧族，其旨雖佳，但先生認為過於消極，應加改進，提出五大原則：提高人格，充裕生計，健全身體，增進能力，改良家族，而尤重於提高人格。先生親訂族訓，其條目凡二十有八，復親擬宗族公約，為實施族訓之根本法則。先生為了闡述其宗旨，特別為文以釋之。文云：

> 求民族之生存，而有政治的組織，是為國家。有國家政治所不及者，則以宗族組織辦之。宗族者民族之分支也，又家庭之擴大也。有男女，即有夫婦，有夫婦，即有父子，夫婦父子而家庭之形體成。積家庭而成民族，故民族之治，始於家庭。……
>
> 家庭者以血統之感情，遺產之利益及聚處之密接。故法令所窮，賞罰予奪之所絀，統治之所不至，而家庭間可以治；然其劣點則溺於恩，牽於和，散而無紀；故弱而不振，弛而不廢，有時正誼弘益反有所不能行。政治學說有不重家庭而重個人者，亦正有其取義。然中國之治，以家庭為中心，其來也舊，既不能驟革，而優點亦正不乏，此乃一種國粹，則惟有整理而利用之。惟宗族組織，有家庭之特長，

而有團體之系統，則不嫌其散，有團體之制裁，故不嫌其
弛，有團體之互助，則不慮其孤。故其整理之效力，足以
補國治鄉治之不及，而為家庭之後盾。故民族統治上之形
式，應分為三方面：國家、地方、宗族、家庭及個人，以
國家統地方，以宗族統家庭，而國家與地方又以統家族及
家庭，由是以及於個人，則國家、地方、宗族及家庭四者，
均可直接間接以統治之。故家族組織，一方面在家庭之上，
一方面在地方自治之中，又一方面在國家統治之下。其地
位實與國家、地方及家庭為四角式的分立，而不可缺一者
也。民族國家之成立，必如是，然後組織密而所事無不舉，
方得立於優勝之地位焉。古今言政治組織者，對於國家、
地方、家庭個人既多有規劃，而宗族方面獨未之詳，此不
可不加以用心也。

　　由此，可知鈕先生三民主義之宗族組織，實為國父民族主義
第五講〈改良宗族之具體實施方案〉之嘗試，其用心不可謂不深
遠，鈕先生真是時時刻刻為實踐三民主義與改良中國政治之有心
人。鈕先生在此文中，對其族人，更有誠摯之勗勉。他說：

　　吳興鈕氏俞塘支……漢晉以來千餘年優秀之族望，公定族
　　訓，期以本支之努力，進而與我鈕氏全族及中國全民族大
　　結合，以發揮我大中華之民族精神，凡我族人，務須切實
　　奉行，自求多福。

　　此則儒家由近及遠，登高自卑之擴而充之的精神，亦施政本
末先後之程序，先生用心之深遠，由此可知。鈕氏之宗族組織，
後來輯錄成書，由胡漢民先生親撰序文，譚延闓先生親為題署。
先生著作，流傳於世者不多，此獨成書，蓋欲以鈕氏的家族新組
織，推行於全國，奠定民族主義改良家族奠立基礎之故。我們今
天讀此遺文，益可了解家族組織之重要與嚴格庭訓之需要。明乎
此，始可理解共黨摧毀我家庭之惡毒，而復興我國文化，當自家

庭對子女之教育與家族組織之改良，為急不容緩之要圖也。張秋
澤君曾訪問先生在美之直系親屬，共達五十餘人，皆潛心研究科
學，將來反攻大陸，皆願返國效勞，此則先生身教言教之效果了。

最後，尚有一事，補述之以告讀者，那就是先生最重黨的意
見。先生主蘇政時，有一次省黨部舉行會議，對二十三縣的縣長
的工作，表示不滿，先生立即把這些縣長一一撤職。由此可知先
生辦理訓政學院之重要。當時財政廳長張壽鏞出席會議口唧旱煙
袋，執行江蘇教育職務的第四中山大學校長張乃燕手持西式手杖，
省黨部認為官僚習氣太重，請先生糾正。先生皆一一辦到。凡有
省黨代表參加之會議，先生必請黨部代表首先發言。訓政時期，
以黨領政，先生對黨部意見之尊重，乃體制上所應為之事。此雖
小節，但先生都能注意及之，其處事之縝密，由此可知，足為從
政同志服從黨的指示之典範。

作者恭述先生事略既竣，頗思作若干綜合性的贊詞，但以先
生之偉大，苦無適當的詞句。陳天錫先生有云：「昔子貢答子禽之
問，謂夫子至於是邦，必問其政，由於溫、良、恭、儉、讓以得
之，若先生者，其亦當之而無愧。」又云：「綜合先生一生，為黨
為國為人為己，孜孜矻矻，老而不倦，雖各有遠大之成就，平日
不求人知，而人亦不盡知，甚或轉生誤會，而先生但求心安理得，
絕不以個人成敗利鈍關懷，此正董子所謂正其誼不謀其利，明其
道不計其功者。至其謙而多禮，有周公吐哺之風，儉非矯情，無
公孫布被之誚，清如秋水，和若春風，求之晚近顯宦中，亦不可
多見。」陳先生追隨鈕先生歷十三年之久，其所見所知如此，讀者
亦可想見其為人。蓋先生之人格修養，由儒家、兵家、宗教家之
精華匯合而得，其卓絕誠有人所難能者。作者敬以范文正公贊嚴
子陵語：「先生之風，山高水長」，為此文之殿。

拾　宋教仁

——深通政治，醉心內閣制的革命偉人

家在桃花源的革命志士

在締造中華民國的革命運動中，宋教仁先生無疑的是極重要的關鍵性人物之一。如辛亥六月的上海中部同盟總會的成立，宋先生便是最重要的發起人之一，如武昌首義後，武漢同志急盼赴鄂共負指揮之責的滬上同志，宋先生便是指名邀請者之一。如黃興組織的華興會，宋先生便是這個組織的副會長。如黃興策動慈禧生日舉義的革命起義，宋先生便是五路總指揮之一。由此種種，便可知道宋先生在締造民國的革命運動中所佔地位之重要了。

宋教仁先生是湖南桃源縣人。這個桃源縣就是晉代隱士著名詩文家陶淵明先生筆下〈桃花源記〉所在的地方。故宋先生以漁父為外號，他本名鍊，有時自稱桃鍊，他的本號叫做遯初（一作鈍初），是在民國二年（1913 年）被袁世凱派人暗殺而逝世的，時年僅三十二歲。由此推之，他應該出生於光緒八年（1882 年）。1885 年中法在越南發生戰爭而訂立〈天津條約〉以和。中法戰爭是我國在戰勝之後，反承認越南脫離我國的關係而為法屬殖民地，並承認賠款，這是世界戰勝求和而反訂屈辱條約的史所未有的醜事，故國父決心革命，推翻無能的滿清政府，以振興中華。

宋先生時在童年，未知國步之艱難，但他天資聰穎，讀書過目成誦。家本寒素，年幼喪父，對先生的生活，打擊甚大，先生既痛心於失怙，在母親的教養下，更加奮發，更加刻苦用功，學業因而大有進步。在他的天性中，本來是既重感情，又好交友，而對於各種問題，尤富於判斷力，至此已嶄露頭角，對清政府當

圖 23　宋教仁

局的愚昧自私與國家所處的地位之艱危，已有清楚的認識。

負笈江夏始識黃興

　　光緒二十九年（1903 年），即日俄戰爭的前一年，先生考入武昌文普通學堂，負笈江夏，更求深造。其時，已抱定改革的宗旨，在校中祕密物色同志，謀組革命團體。不久，黃興自日歸國，道出武漢，應武漢團體之邀，作半公開的演說。宋先生潛往聽講。黃興的演講詞，對清政府的腐敗，痛加批判，並提倡改革，以救國家。先生聽了以後，大為悅服，即與黃興訂交，是為華中的兩大革命領袖合作之始。

　　黃興的返國，鄂當局本擬借重，予以相當的工作機會；及聞其對清政府之不滿，乃驅使離鄂，黃興乃返長沙，在明德學堂任教，他的職務是體操教員，他是以學校教師為掩護，志在聯絡革命同志，組織革命團體。湘人陳天華、劉揆一等，冀人張繼等，都成為黃興的密友。他們分頭發展革命運動，吸收革命志士，組織華興會，作為華中的革命機關。

　　宋教仁在武昌亦與胡瑛等合作，發起科學補習所以響應之。翌年，即光緒三十年，華興會策動革命起義，選定的日期是十月初十日，那正是慈禧太后的七十歲生日，在清政府與各省地方官吏看來，這是最好的拍馬屁的機會，準備「熱烈」而盛大的慶祝一番，黃興等便擬乘此機會，在長沙舉義，把參加慶祝的長沙重要官吏，一網打盡，藉成大事。

　　這一革命計劃，分五路進行，這五路的革命，除長沙外，尚

有常德、寶慶、衡陽、岳陽。宋教仁是負責常德方面的起義與指揮。時宋教仁尚在武昌讀書，接奉華興會的派遣後，立返常德，籌劃進行。

宋教仁返回常德後，立即約集常德方面的革命同志，進行響應，當時最感困難的，是經費的籌措。這些大孩子在地方上的紳耆看來，不過乳臭初乾，而且幹著他們所認為「大逆不道的勾當」，自然無人響應；宋教仁等在敵我未分之際，亦不敢公然有所接洽，在無可奈何中，想到了變賣祖產的一條途徑。教仁首倡此議，而且自願將祖產變賣，以充經費。但是教仁家業，本來有限，而且急切間也未能覓得買主，此路不通；不得已，只有遄赴省垣，請求濟助。九月二十二日，宋教仁乘船赴省，歷七日而抵長沙。初不知黃興的起義計劃，已被清政府的地方官吏所破壞，各祕密機關，有的已被查封，有的已經改變原狀；最後至黃興的祕密住所，守門人告訴他：「已經十天沒有回來了。」他正在徘徊街頭，進退無據的時候，忽然遇見了革命同志曹亞伯（《武昌革命真史》的作者），相約至長沙聖公會的密室聚談，他才知道舉義之事已告失敗，黃興逃出長沙，他當然非常的痛苦。其時武昌方面，亦已偵知宋教仁為湘省革命起義的參加人，學校已經把他的學籍開除了。宋教仁知留居國內，於事無補，反多危機，乃東至日本流亡，藉以進一步追求學問，開展革命運動。

東渡日本力學救國

這是宋教仁初次嘗到革命失敗的滋味，但他的東渡，對他的學問與革命大業，反有促成的效果，正所謂「塞翁失馬，焉知非福」了。此為宋教仁對國家的貢獻及其名垂於中國革命史而佔有光榮的一頁，有其關鍵性的重要。

宋教仁既至日本，留居東京，那是中國革命策進的中心。他先進順天中學，補習日文與英文，嗣入東京的法政大學。他本來

是寒素之家，在急切的流亡中，那裡有時間籌措留學費用？所以
他在這一段時間，生活最為困難。幸而那個時候，武昌文普通學
堂的同學已有好幾位在東京，他們知道宋教仁是一位知能高、品
學佳的同學，又知道他的困苦，乃共同努力，為他籌措一筆經費，
供他使用，所以他的志願得以實現，「好人是不寂寞的」，這真是
一句至理名言。教仁在同學們資助之下，格外努力，聽講閱讀，
更為奮發，學業進步甚速。學校當局察知其中文程度甚高，乃請
他擔任漢文教授，他又利用空閒時間，或撰文，或譯書，得稿費
稍足以濟窮。清政府亦以教仁志高行潔，為不可多得的人才，乃
給以公費，教仁之困乃得解除。

　　教仁在日，學業既有成就，乃轉其注意力於革命救國大業。
光緒三十一年，時教仁年二十五歲，留日已一年多。鑑於國內人
心，仍在醉生夢死之中，知道清政府的罪惡與國家的危機者，仍
不甚多；乃約集同志，創辦刊物，期以文字喚醒國人。贊成的有
陳天華、黃興、程家檉等十餘人，雜誌《二十世紀之支那》便是
他們組成的。這份雜誌祕密運至國內，發生了很大的鼓吹作用。
在該雜誌的第二期，宋教仁刊登了一篇題名〈日本政客之經營中
國談〉的文章。教仁本意，原欲揭破日本政客的野心，使他們有
所悔悟；但日本政府卻惱羞成怒，假借「妨害公安」的名義，竟
把該雜誌封閉。其時黃興等本有出版《民報》的倡議，教仁以《二
十世紀之支那》遭受摧殘，乃竭力促成《民報》的問世。《民報》
職員中有一位叫做強力齋的協辦人，強力齋便是宋教仁的化名。

　　教仁既傾心革命，頗以一見中國革命領袖國父中山先生為平
生大快事。一日，教仁乃偕程家檉往見日人宮崎，宮崎以國父已
來日本的消息，告知教仁等，教仁等乃央其介見，過了幾天，國
父偕宮崎接見教仁，對《二十世紀之支那》社，垂詢甚多，教仁
一一作答，國父深表滿意。繼又暢談世界大勢與革命方略，教仁
對國父深為嘆服，認為是中國惟一的革命領袖，擁護之心，油然

而生。是年七月三十日,同盟會改組成立,宋教仁即加盟為會員。《民報》為同盟會成立以後的會刊,宋教仁既贊助其成立,復力為之助,成為當時東京革命運動的健將,國父的得力助手。

同盟會成立後,東京的革命空氣更為濃厚;《民報》發行後,密運回國,不僅革命志士爭相閱讀,即一般知識分子,亦輾轉祕讀,發生了極大的影響。

清政府對於這批留日學生,無法應付,則設留日學生監督,企圖加以監視,日政府竟同意清政府的要求。留日學生大憤,宋教仁的好朋友陳天華投海自殺,作為抗議。教仁感情本極豐富,對於這位志同道合的契友之喪生,內心沉痛之深,我們不難想見。其在《民報》發表的哀悼詞,真是嘔心瀝血之作。他又和寧調元等聯合起來,反對留日監督。致觸留日監督之怒,奏請停給公費,並與日本交涉,驅逐回國。幸而宋教仁辦法多,應付快,改名桃鍊,自法政大學轉學早稻田大學,仍習法政,並習財政、經濟各部門學問,以備革命完成以後對國家建設,預作準備。他致力學問的方面愈廣,所消耗的精力愈多,故其學問的成就愈深,其健康所受的影響愈大。他真是一位革命不忘求學,求學不忘革命的模範青年。也就因此而經過一年多的努力,他的精神支持不住而生起病來了,而且病勢還相當的沉重。他在被病魔纏繞時,曾經寫過一首五言絕句道:「四壁蟲聲急,孤燈夜雨寒;此身愁裡過,故國夢中看。」英雄只怕病來磨,我們一讀此詩,意境淒涼,感人至深,而其情況實堪予我人以無限的同情。在他病中,有一日本友人去探望他,他非常的傷心,伏枕而泣,日友大驚,謂遯初何悲痛如此?先生自謂:「恐一病不起,生平志業,付諸東流,此乃為祖國之事,君所不知!」日友也不禁為之點頭嘆息,一掬同情之淚。

他那次的病,自秋天到冬天,因為得到了休息,倒是慢慢的好起來了,自覺一身輕快,久靜思動。他覺得與其久在異國從事

鼓吹革命，不如返國舉義，馳騁疆場，來得更有效果。當時的革命運動，在南方已屢蹶屢起，再接再厲，清廷已為之震驚，防範加嚴，一時無可能為力之處；而北方的革命空氣，尚不濃厚，清廷的戒備較鬆。故先生回國革命，擬在北方進行。時先生的日本友人中，有末永節與古河兩人，久在東北，熟悉東北的所謂馬賊，願為之介紹，於是他決心到東北去革命，利用馬賊起義。

此意得黃興等同意，乃於光緒三十三年（1907 年），約同志白逾垣、吳崑，偕同古河等潛至東北，三月底，逾韓境而達安東。清探在這個地方，密布甚多，不便深入內地。於是，他自己暫留安東，調查當地的風土人情，詳細研究地圖，作為用兵的基礎；並囑日人小長谷往鳳凰一帶，作同樣的調查與研究。古河則寫信給馬賊頭目李逢春等，曉以民族大義，示以革命宗旨，請他們共襄義舉。李逢春等都欣然同意，並願約集同道，共同進行。

由於李逢春等的號召，馬賊之歸向者日多，宋教仁把他們組織起來，設同盟會遼東支部，把他們納入革命的主流中，東北的革命風氣，自此有飛躍的進步。是年，南方的革命同志，將在潮州與惠州一帶舉義，宋教仁擬在東北作響應。他的計劃，俟潮州起義時，他在東北同時舉兵，首以收復遼東為目標；第一步工作完成後，則向山海關進兵，以迫京師。因此，招兵買馬，購槍儲械，悉力以赴，由於革命運動開展，各種行動積極，消息不免外洩，清廷遂加注意。故白逾垣在鹽場招兵的祕密行動，為清吏所識破，逾垣被執。教仁是一個善謀能斷的人，他察知大勢不佳，成功的勝算不大，與其進冒危險，不如全身而退，以待後圖，於是化裝易服，仍經朝鮮而返日本。是為宋教仁反清起義又一次的失敗。

宋氏既回日本，仍居東京，一面完成其學業，一面仍與同志合力經營《民報》，鼓吹革命。翌年，即光緒三十四年，中日之間發生了所謂「間島問題」的交涉。清政府的中樞大吏，對日人所

稱之間島，地望何在？實情如何？根本毫無所知，不免大為著急。宋教仁本長於歷史與地理的研究，乃遍考載籍，再加上日人有關間島的散見於報章雜誌的著述，彙輯成書，稱為《間島問題》，對日人的謬誤，根據歷史和事實，痛加駁斥。其書尚未出版，而為駐東清吏所聞，乃以重價購其原稿，寄供清廷作為交涉的根據。從此《間島問題》這本書及其著者宋教仁，成為全知識分子及朝野官吏所矚目欽佩之人了。宋氏此作，是直接幫助了清政府，實際上卻是為國家保全了這一片甌脫之地；而其所得稿費，悉數買書，半數贈人，半數留以參考，不失其書生的本色。《間島問題》一書，今尚留傳於世，讀其書，即可知其學識之博與考訂之審。

革命路線的上中下三策

是年冬，宋先生撰寫了一篇以〈革命之心理〉為題的文章，發表於二十四期《民報》。清廷對《民報》之鼓吹革命，盛行於國內，早已看作眼中釘，久欲拔去而稱快；商之日本政府，日本政府亦無以難《民報》，只得任其發行。及宋氏此文發表，日政府乃認為此文有鼓勵暗殺、妨礙治安的嫌疑，乃加以查封。此為同盟會在東京的宣傳上之重大打擊。日本政府此舉，是受清廷的請託，本莫須有的原則，蛋中覓刺，以快清廷之意。先生與《民報》同仁均不服，向日本法庭提出訴訟。日本法庭，那裡有正義感與司法獨立的精神，先生等的訴訟，仍不得直。

《民報》之不能復刊，不僅對同盟會的宣傳，有重大的損害，且對經費的來源，亦大感艱難。先生乃譯日人所著《財政學》一鉅著，寄國內出版，得稿費數千元，悉數交同盟會，以濟其需。宋教仁公而忘私的精神，是一貫的。

辛亥年以前的歷次起義，多在南方進行，初雖成功，繼即瓦解，革命同志大為沮喪，革命精神，無形中鬆懈下來，先生在日，逐日與譚人鳳、居正等商討重整革命精神的途徑，時鄒代藩自國

內東渡日本，與譚人鳳、鄒永成等，商討的結果，得革命起義的上、中、下三策：上策是在北方起義，中策是在長江流域起義，下策是在邊疆地區起義。上策就是彭家珍等的中央革命論，以北京為首都所在，戒備森嚴，即地下活動，發展亦至為困難，故流變而為革命志士個別進行的暗殺，黨人集中活動之處，以天津為中心，其部署也不甚普遍。下策即指歷次的河口起義、鎮南關起義、防城起義等，雖有外國地區可作事先的準備，舉義易於成功；但影響力不大，清軍一至，即如煙消雲散一般。故三策中可用之策，實僅長江流域起義一策，三策提出後，經宋教仁等約集同志，進行商討。

大家認為中策應為上策，此後革命舉義，當以長江流域為主要目標，組織長江流域的革命機關，為其時的當務之急，所難者仍為經費問題。宋教仁的解決辦法，是將湘省新化縣錫礦山的銻礦，介紹給日本人收購，賺取介紹的回扣，可得百分之五，總計可得銀一百數十萬兩，足可供整個長江各地設置革命機關之用。宋教仁這個建議的基礎，是因為錫礦山經營銻礦的主人，和張鎮衡、鄒永成都有親戚關係；而張鎮衡、鄒永成都是熱心沸騰的革命同志，而且在討論三策的取捨問題時，他們兩人也都出席參加。鄒永成與張鎮衡也認為這是一個有相當把握的籌款辦法，因受推返國，組織廣惠礦業公司於漢口法租界的寶善里，以便與諸礦主接洽。討論會中並推派譚人鳳為代表，前往香港，向同盟會南方總支部陳述東京同志的意見。

但當譚人鳳到達香港的時候，南方的革命同志已在英屬檳榔嶼舉行過會議，決定了起義地點是在廣州，時間是在辛亥年的三月。此項決議，且得國父的同意，黃興、胡漢民、趙聲等且正在集中力量，作廣州起義的準備工作。在這個起義計劃中，南方是起義的中心地區，長江流域是居於策應的地位。此計劃與東京同志的意見相左之處，是東京同志認為南方起義是下策，中部起義

為上策；而南方總支部則以南方起義為上策。革命黨人的共同信條，是服從領導，南方總支部的計議既得國父的同意，其他同志，便只有服從而不作其他的主張了。

宋教仁自東北革命後，重返日本，居住已經有兩年多，與現實革命脫節，現漸有髀肉復生之感。因在中部革命為上策成為決議案後，即潛返上海，著手起義工作的籌備。

返國居滬策動中部革命

南方革命論既成定案，他便暫居上海，以便策應。時陳其美、于右任諸革命志士，在上海已創立《民立報》，乃聘請宋教仁擔任主筆之職，宋氏乃以漁父的筆名，撰著社論，以其深厚的學術基礎、犀利的文字技術和革命建國的深切理解，每撰一論，知識分子爭相購閱，革命聲勢大振。在這一段期間，宋先生與右任先生相處最得。于先生對這段經過，曾作回憶云：

> 記者創辦《民立報》時，欲求為文者。時康君實忠，自東京歸，記者即求康君於同盟會本部中薦一能文之士，康君以宋教仁對。時正間島問題交涉最困難之際。康君曰：「君試一讀《間島問題》之小冊子，即可知宋君之學問與識廣矣。」此記者知宋先生學問淵博之始也。
>
> 庚戌（宣統二年）冬，先生自東京至上海，與譚君价人，劉君成禹偕來，先顧記者寓所，相見即作深談。時中國外交正亟，先生言其關係與準備之策，旁及報社之宗旨趨向，暨其進行之方，抵掌而談，記者傾心。今日我報《民立報》之有此成績者，先生實規其先疇矣。記者乃力請先生擔任編撰，先生言：上海危難，恐不能久居？記者曰：行止艱難，我與君等耳，然必欲為周密之布置。時《民立報》賃屋於山東路，遂另覓一編纂之室於法界三茅閣橋畔，今茲《民立報》之舍宇，猶因宋先生而始經營也。……；後《民

立報》火災，同人競為詩文以自弔，有云「桃源漁父真逃世，一炬居然避祖龍」，即指先生也。當時上海人士，無有知先生姓名者，同社中稱先生為桃先生，外來之函件，亦以桃先生目之。居之久，稍稍出入，人初但知為《民立報》之漁父。此時之困阨堅忍，報館與先生直相依為命。社中經費既絀，羅掘數十元，為先生償旅館費。

這是于先生口中先生自日回國參加革命工作與《民立報》的關係。《民立報》不應集中一起工作，以免受害後無法繼續出報，這是先生的先見之明，而先生在滬，始終不肯以真姓名示人，且亦深居簡出。作為一個地下革命工作者，其身分應有嚴格的保密，在這方面，先生真可為地下革命工作者之模範。

奉召南行與脫險北返

辛亥年春，同盟會南方總支部統籌部，決定在廣州大舉起義，以達掃除滿清政府的目的。統籌部連電宋先生，要他前去參加。上海方面的革命同志，都勸宋先生不必南去，其所持理由有二：一、上海的革命運動正在開展，繼續發展中部的革命運動，以響應南方的起義，其重要性正無分軒輊；二、先生為一文弱書生，參加衝鋒陷陣的行動，危險性太大。

後一點，更是人人堅持，以挽先生，于先生持之尤力。但是先生權衡輕重，深深地感到南方革命起義的成敗，關係革命全局，同盟會既作決定，統籌部有所召喚，盟員有服從的義務，所以大家很重視的第二點理由，先生出之以輕鬆口吻，向大家說：「這點，你們不必怕，成功了足為四萬萬同胞造福；不成，拼我一個頭顱就完了。」於是決計南行，以《民立報》的筆政，交由方潛代理，所撰論述，仍署漁父之名，以免啟人疑竇，而追究行蹤。故黃花崗起義前後的一段短期間，《民立報》的漁父論著，非先生親撰。其中部分的代筆人，便是于先生。

　　三月中旬，先生到達香港，時原任統籌部的編輯課長陳炯明，另有任務（按即派赴廣州擔任起義的籌備事宜，舉義時陳炯明沒有照預定時間協同行動，為是役失敗的重要因素之一），乃派宋先生繼任其職，自此開始，統籌部的一切令文，都出自先生的手筆，然先生仍於百忙中抽暇研擬革命成功以後的各種組織章程，成稿達一大箱，其時，統籌部決定的廣州起義日期為三月二十九日，故三月二十五日，黃興先至廣州，作實行起義的籌備，胡漢民、趙聲、宋教仁等暫留香港，一面作支援的準備，在港黨人至起義之日，聯袂入穗，與清軍決一死戰。二十七日，黃興等因為起義的消息，已被洩漏於清吏，二十九日起義日期當後延，電香港同志不必進省，並將一部分已到省的同志遣回。但至二十八日，又覺局勢未必有嚴重的不利，事尚大有可為，又電港中同志急速入省，如期舉義。港中同志以籌備不及，請延一日。但在二十九日上午，穗市的革命機關，次第被破壞者不少，同志被逮捕者已甚多，黃興等來不及等候香港同志的到達，即實行起義。及宋教仁等於三十日到達廣州，起義同志已遭擊敗，死傷慘重，起義已告段落，無可為力，只好重返香港。

　　當廣州起義的失敗消息，傳至上海，《民立報》同仁，認為先生必難倖免；死亡的電碼譯至宋字，就不忍心往下再譯了；但不譯又怎樣可以呢？及至玉琳二字，始放了一半的心，但仍惴惴不安。越數日，先生忽翩然攜一大箱回至報社，同仁皆歡喜若狂。及聞先生報告廣州起義失敗的經過，又為之沮喪不已。但先生則慰勉有加，謂此次失敗，增加了許多經驗，可供以後舉義的補正，裨益實多。他自己仍然重理舊業，和過去的積極精神，完全一樣。敗而不餒，先生的革命精神，尚較黃興、譚人鳳等勝過一籌。是役，與先生同行返滬者，尚有陳其美先生。他曾以記者身分，在廣州營救同志，其義勇似又過於先生。

　　教仁既安返上海，對此後的革命起義，仍積極圖謀，努力不

已。因將在東京曾經討論過的起義地點之上中下三策，向同志們重行闡述。大家的意見，認為上策行之太難，下策已行多次而失敗，惟一可以進行者為中策，即在中部進行，於是中部起義論，成為那個時候的革命中心理論。

時譚人鳳等自湘鄂回至上海，先生乃與陳其美先生等發起組織中部同盟總會，作為東京同盟總會下的一個分支機構，而與南方總支部求取密切的聯繫，總會與分會的章程都是由宋先生起草的，總會的宣言是由譚人鳳起草的。六月六日開成立大會，通過組織章程與宣言書。會長一職，虛懸未設，下分總務、庶務、會計財務、文書、交通五部。總務會由五人組成，五位總務幹事即宋教仁、陳其美、譚人鳳、楊譜笙、潘祖彝，另有候補幹事二人，則為呂志伊與史家麐。每一位總務幹事各領一組，宋先生任文書，陳其美則任庶務。這個總務會就相當於後來的常務會，庶務組長、文書組長則相當於祕書長。由此，可知宋教仁在中部同盟總會中的地位之高。作者對這個組織中，無論開會的出席名單和職員錄中，都未有于右任先生感到不明，而當時中部同盟總會的通信地址即為《民立報》館，宋先生等幾位重要人員，也都是《民立報》的職員，于先生不可能不知道這一組織的成立，但何以既不出席，又不擔任職務？實令人百思不得其解。後來作者在某一個機會中，得晤于先生，並將此一問題請教。于先生告訴我：他主辦《民呼》、《民吁》兩報，備受清政府之注意與租界當局的蹂躪，他不能再有政治的實際行動，使此已著聲響的革命喉舌《民立報》再受影響，故不能在名義上參加此項活動，以授人口實。由此，可知當時上海的革命黨人之行動，仍是十分的受到注意。明乎此，則宋先生初到上海時的保密之嚴，自有其必要了。上海中部同盟總會的成立，為宋教仁另一革命生活的開端。

先生在初回上海的那一段時間，內心的負擔甚重，居恆鬱鬱不樂，但對國家前途，仍關切備至。于右任先生記述這一段時間

先生的生活，有云：

> 自是（香港返滬）恆鬱鬱不樂，惟葬身於書籍中。一日，記者見先生方理書箱，中有手寫之鉅冊三，噫！凡文告、約法及中央制度，地方機關之設施，綱舉目張，纍纍備載。蓋先生於廣州之役，事前所手草者。記者驚謂此危險物也！先生曰：此不可棄，吾將存一標題，而存其擘劃可耳。先生十數年來，潛心建設事業，其所主張者，悉在此三鉅冊中。……
>
> 先生自此，憂憤溢膺，歡笑之顏色，不可多得。憂愁之中，復若有深思湛慮，呈其慘淡經營之色，自晨至昏，無片刻暇豫。某日先生有喜色，怡然獨笑。記者異而叩之，先生曰：吾於葡國歷史之劇，悉心參考，於吾革命事業若有機竅之為吾獲也。遂時時以葡國革命之時機、經歷，著為論說批評，以詔同志。其為言曰：一、革命之時，宜神速而短（不可久事戰爭）；二、革命之地，宜集中而狹（宜於中央）；三、革命之力，宜借重舊政府之所恃者為己用（用政府軍隊）；此三事，皆革命成功之原則也。
>
> 故中部同盟會成立之後，其首要任務，即派員分赴各省策反清政府之軍隊。由此可知先生之憂，憂革命前途尚無正確路徑也；先生之喜，喜革命進行，已有有效途徑也。先生誠可謂於一粥一飯之際，寢夕之間，無不為革命而籌劃，至於苦心焦慮，顯顇見於形色。一外國戲劇而對先生革命的理論，有如此的深切影響，對先生而言，誠可謂到處都是革命的學問，其關鍵只是處處為革命而留心研究而已。

中部同盟總會成立後，其次的工作，即為籌組各省的分會，此即根據中部同盟總會成立時分會組織的章程。由此，可知先生草擬此種章程時，對中部革命，已有全盤的計劃。范鴻仙與鄭贊成派赴安徽，籌設分會；曾傑被派赴湘，與焦達峰、楊任、鄒永

成等，籌組湖南分會；譚人鳳奉派赴鄂，與居正、詹大悲、孫武等促成共進會與文學社，組織湖北分會。這三個分會都是直屬於中部總會，統一了長江中下游的革命運動。武昌首義以後，中下游各省紛起響應，造成偉大的革命洪流，一、兩個月之間，十多省都脫離清政府而站在革命軍的行列，都是這種布置的效果。

中部同盟總會之在各省籌組分會，其最主要的任務，是在聯絡新軍中的革命同志，策反清政府的防營，使響應革命運動。其時四川省的鐵路風潮，正鬧得不可開交，這是一個川籍紳士與革命同志聯結起來的反清運動，逐漸轉到革命的路徑，深為黨人所注意。時陝西的革命同志井勿幕，在陝西運動軍隊，成績極佳，派人經由湖北而至上海，與同盟總會聯絡。時川籍革命同志吳永珊適由日返川，將參加四川的保路運動。上海同盟會以川陝山險地區，形勢相依，故特囑兩方面密切聯繫，互相策應，俾收指臂相連之效。其時需要最迫切的是軍械彈藥，而軍械彈藥之獲得，則需經費，黨人以窮書生為多，中部同盟總會成立時，各出席同志所認的會費，只是三、五元不等的小數，凡有所需如派同志赴各省聯絡之旅費等，無不賴臨時的籌劃，勉強湊集最低數字，以應急需。

當時革命的進展，已至需用大量經費之時機，黨人對此，焦急萬狀。有富商柏小愚者為上海四川間的商界鉅子，對革命向甚同情，同意捐助銀元五千，以供上海同盟總會使用。同盟總會得此捐款，立即作為赴日購買軍火之用。但柏小愚之產業，多在四川，急切無法得款，乃由于右任先生多方為之籌墊，僅得二千元，只是不無小補而已。但川、陝各組同盟分會，卻由吳永珊與井勿幕而得以實現，長江上下游聲氣已通，其聲勢且及於黃河中游，是為革命形勢之大進展。

武漢起義之利弊與解救方略

組織工作有相當進展以後，其次的問題，即為革命舉義的地點，究以何處為最有效果？宋教仁向以中央革命為上策，今不得已而取中策，其理想的地區，是在長江中游的水陸要衝，非武漢三鎮莫屬。三鎮久有九省通衢之稱，得之，足以震動全國，使清廷為之喪膽。但是三鎮起義，亦有其自然與人文方面的三大弱點：其一，大江中橫，水深可航巨艦，時革命黨人對海軍方面的聯絡，尚無甚發展，一旦舉義，在清政府控制下的海軍船艦，可直抵武漢，對革命軍的發展，影響頗大。

其二，平漢、粵漢兩鐵路，以漢口與武昌為聯絡點，清政府控制下的北方陸軍，可藉平漢鐵路而長驅南下，對漢口有直接嚴重的威脅。

其三，漢口為華洋雜處的大商埠，有英俄等國的租界，亦時有外國軍艦巡弋，租界可為革命黨人設置機關，籌備革命的掩護，但租界當局如同情滿清政府而為之助，對革命軍之立足於三鎮，亦大有影響。

有此關係，故宋教仁等雖議定以武漢三鎮為起義地點，但顧慮甚多，尤其是宋先生憂慮更甚，以致影響了他的健康。但是他還是應用葡萄牙戲劇中所示的革命理論，照原定計劃，積極進行，惟加上一條，即各省在武漢起義之後立即響應，以分清廷的注意力而壯革命軍的聲勢，藉以解除武漢革命軍孤立的形勢。

辛亥七月，清政府從郵傳部尚書盛宣懷之請，頒布〈鐵路國有令〉，是為川省發生護路運動之始，清廷則下格殺不論令，以為鎮壓，但以此激動川民公憤，護路運動，發展至速，大有不可收拾之勢。清政府乃調其能吏趙爾豐主持川省軍政大計，並派岑春煊入川相助。岑春煊察知形勢不妙，辭不就職，乃改派端方入川，以鄂省新軍兩營隨行，以備調遣。

入川新軍中多為革命同志，清政府此舉，有調虎離山的作用，自以為一石二鳥的得意傑作；但鄂省黨人，則以為革命起義的時機已至，即派居正、楊玉成兩同志赴滬購械，並歡迎宋教仁、譚人鳳、黃興至漢，主持起義事宜。

居正等至上海，備述川鄂兩省的革命新形勢，宋教仁也認為這是起義的最佳時機，立即令居正運械先回，本人則暫留滬上，別作策動，並電邀黃興（時在香港）即速至滬，共圖大舉。他在上海，並不是閒著身子，坐觀形勢的推移，而是計劃在下游的響應，他派范鴻仙、柏文蔚，擔任攻取南京的任務，他自己則助陳其美、李燮和規復上海，他的工作，正是更積極而富意義的。時先生已病，八月十八日得武昌報告，略謂機關已有若干被破壞，彭楚藩、劉復基與楊宏勝三烈士殉難，先生既痛同志的慘遭犧牲，又憤革命事業的遭受挫折，因大呼「完了」，而病勢加重。次夕又得電報，知武昌楚望台下已經發難得手，清吏遁逃，武昌已完全光復。先生一躍而起，病勢霍然而癒。其憂喜一繫於革命大業的進展，這裡又有一個具體的證明。

武漢首義時，即電請黃興、宋教仁等到鄂指揮，當先生捆擋行李，正欲啟程時，黃先生適至上海，於是相偕出發。九月初七日到達鄂軍都督府，鄂方同志聞先生等至，無不萬分歡喜。時漢口已失，漢陽垂危，武昌亦同在緊急狀態中，先生等適時而至，對軍心士氣的鼓勵實多。鄂軍政府的同志們立即推黃先生為戰時總司令，趕赴漢陽前線，對漢口發動反攻；並推先生在外交方面工作。先生對漢口租界的領事團的態度，素來非常的注意。大體上說，俄國領事偏袒清方；法國領事同情革命；英國領事則採中立態度。他們的意見，並不一致。時鄂軍政府外交方面的負責人為胡瑛，先生即襄贊胡瑛，向領事團進行中立化的遊說。鄂軍政府對領事團種種交涉，包括保護外人生命財產的安全與領事團中立等，其中大部分都是先生的貢獻，但先生只是幕後工作，並不

計較名位，他是慣於作無名英雄的。

宋教仁在襄贊外交工作之外，以深邃的眼光和研究的素養，深知各省紛紛獨立，各自為政，缺乏統一的領導與指揮，實對革命前途有不良的影響，因主張建立中央臨時政府，鄂軍政府同意他的主張，通電各省，請派代表，磋商臨時政府的組織辦法。就在這個時候，他和鄂軍政府的民政部長湯化龍商訂〈臨時約法〉，作為臨時政府的根本大法。

各省對於組織臨時中央政府都表贊同，各派代表紛紛至滬，但至武昌者不多。到滬代表集會於江蘇省教育會，決定設中央臨時政府於武昌，採內閣制，此亦先生的向來主張。於是一部分代表留滬任聯絡之職，一部分則西至武昌。

各省代表在武昌集會，不贊成內閣制，另行議定臨時政府組織大綱，作組織臨時政府的依據。時漢陽失守，南京光復，因此各省代表都主張以南京為臨時政府所在地，在鄂代表亦紛紛東下。其時江蘇發生都督問題，林述慶與徐紹楨互不相下，影響了革命軍內部的團結，先生鑑於這個問題非常重要，必須有適當的調處；兼以各省代表都以上海為集中地，政治軍事問題，重心都在下游，因與黃興等相率東下。鄂軍政府挽留先生任民政部長，先生不願居何名義，辭而不就，這是先生對革命工作的一貫作風。

江蘇在南京光復後為什麼會發生都督問題呢？在攻克南京之後，鎮江的林述慶新軍頗有恃功而驕的情形發生。在經過上看，林述慶在鎮江起義的成功，打通了京滬線，使滬浙蘇聯軍得以順利西上，其功自不可沒，即在攻取南京時，鎮軍作戰甚力，也有相當的貢獻。但林述慶的一標，本屬於第九鎮統制徐紹楨的部下，徐紹楨已在聯軍攻寧之舉義，在雨花臺一役，因實力已被分散，械彈又不足用，故未能奏功，其東退之軍，遂被林述慶所改編。因此，林部實力反較徐紹楨部為強，林述慶因對江蘇都督的職位，頗有非我莫屬之想。但其時的徐紹楨究竟是統制的地位，又是攻

寧軍的總司令，頗有不堪壓制的感覺，雙方感情，遂發展至破裂的邊緣。雖幸有柏文蔚的斡旋，在寧未有衝突，但劍拔弩張之勢，依然存在。先生返抵上海，與各方接洽，提出折衷方案，以林述慶為東路北伐軍總司令，以徐紹楨為首都衛戍總司令，而以清政府時代原任江蘇巡撫而向革命軍反正的程德全為江蘇都督。程德全所統的蘇軍，在攻取南京之役中出力甚多，建功亦大。論資望與地位，不但高於林述慶，且亦高於徐紹楨。這一方案，使各方都告滿意，一場風波便告解決。宋先生之富於折衝的長才由此可知。

在臨時政府的部長名單中，宋先生被提任的是內務部總長，但在各省代表會議時，與章太炎的教育總長，同遭否決。各省代表對內閣制既多不滿，對章之信口雌黃，更為不齒，故宋氏之任命未能通過。後來，章太炎被聘為大總統府的樞密顧問，教育總長由蔡元培擔任，內務總長由江蘇都督程德全擔任，而以莊蘊寬繼任江蘇都督，宋先生則被任為大總統府的法制局總裁。此在常人來說，由擬議中的內閣總理與內政總長降而為法制局總裁，不免有怏怏之感，而宋先生則反是，以為為國家草擬各種組織法與章程，是他的特長，反可為國家作更多的貢獻，樂而不倦。

作者前面已經道及宋先生自港返滬時，攜有大箱一口，裡面都是先生抽暇為國家建設所擬的法令規章；又臨時大總統府成立後各種法令規章的燦然而備，這都是宋先生心血的結晶。「革命的基礎，在高深的學問」，「青年應立志做大事，不可做大官」，這兩點宋先生都做到了，先生之被疑有爭取臨時內閣總理之說，亦有其故。

此不僅因設置內閣總理一職，出於先生極力的主張，並且因章太炎在《神州日報》的宣言，更加深了時人的誤會。章太炎的宣言中，有「遯初有總理之才」的話，遂被誤解為先生之爭設內閣總理，為其本身謀地位，以致連內務總長亦被否決，此則章太

炎一言之後果了。章在上海屢發謬論，其教育總長之被否決，亦意料中之事，而章自此更為快快，常發對政府不利之言論，以自外於革命黨。

先生在南京，雖然簿書鞅掌，日不暇給，但其生活簡單清苦，一如在革命時期。于右任先生曾口述其中的一部分云：

> 先生在南京時，記者每至，輒居其寓（按于先生時任交通部次長）。行李不俱，入夜往往同宿一榻，談笑歡呼，莊諧雜出，往往雞鳴向晨，猶刺刺作深談。所言者，半為政黨組織，半為政府組織。……
>
> 一日休暇，記者就先生案，握筆漫塗，寫近詩為戲，有絕句云：「雨花臺下傷心淚，白骨青燐舊黨人。」先生逼視之，輒憮然曰：生者不暇哀，而君顧有閒涕淚，以哀死者乎？
>
> 聞其言者，心骨為驚，記者亦為之不怡。

南京臨時政府成立時，先生貴為法制局總裁，而于先生則為次長級的高官。照理，這兩位臨時政府的要人，都應該有一所住宅，不必富麗堂皇，也當足可容納婢僕，有書房，有客舍；而乃僻居陋室，僅具簡單的行囊，客至被褥不具，且同榻而眠，這簡直是一種國民革命軍北伐以前的學生宿舍，其簡樸可謂達於極點。然先生與于先生甘之若素，與革命運動地下工作時期住閣樓者無異。這種美德，使後人讀此，不由得油然而生敬意。以此比諸民國十六年國民革命軍進軍南京時的情形，凡屬要人無不備有小汽車，插有黨旗或國旗，電掣風馳而過者，相去不可以道里計了。

南北和議告成，國父向參議院辭臨時大總統職，推舉袁世凱為繼任人，但堅持兩個條件：其一，是袁世凱必須到南京就職；其二，袁世凱必須向參議院及全體國民公開宣誓。袁世凱一一應承，故參議院選舉袁世凱為繼任臨時大總統後，即組織迎袁專使團，由海道北上，迎袁南下。專使團團長為蔡元培先生，先生是團員之一。

　　袁世凱對專使團，表面上十分尊敬，大開正陽門相迎，對專使團所提的意見，都一一接受。但是他在暗中卻另懷鬼胎，發動了兵變，而且自北京延至天津、保定，對專使團的寓所，也大肆搜索，專使團人員，飽受一場虛驚。

　　袁世凱這一陰謀，是製造一個藉口，那就是北方不靖，他必須坐鎮，不能南下就職。這一毒謀，使革命政府擊中袁要害的離其巢穴的預計，完全打破。時國父已經辭職，參院已改選袁為臨時大總統，袁世凱得此憑藉，使南京的臨時政府，無法不遷就袁在北京就職和政府遷往北京的要求。

　　蔡先生與宋先生等全體團員，再三會議，認為袁之南下，已無可能，他們久守北京，於事無補，乃向南京政府作兩項建議：其一，是承認袁在北京就職；其二，是向國會宣誓，改用通電方式。袁世凱不能脫離他的強固勢力圈，為此後跋扈專權的關鍵，也是此後軍閥以北京政府為傀儡而禍亂國家十餘年的張本。有人說，蔡先生和宋先生等作此建議，大可不必；飄然南下，看他何法以善其後。其實不然，當時如果不遷就袁世凱，南北又成對壘之勢，戰端必然重啟。固然，參議院可以袁世凱不尊重國會的決議，不遵守事前的約定，予以免職而另選總統，但這不是和平奮鬥救中國的國父本意。

　　中國在此時期，一般國民也都希望和平，中國實在經不起再有戰亂了。在宋先生等想來，〈臨時約法〉已經規定內閣制的政體，只要在新的選舉中，國會議員佔著多數，所謂總統，不過是名義上的元首，何愁不能加以制止？此或為當時黨中同志的一般想法，宋先生是醉心於內閣制的，宋先生或是此類想法的有力人物，亦未可知。初不料袁是老奸巨滑、鬼計多端的新曹操，他以兵力為後盾，玩弄知識分子於股掌之上，法律或憲法是拘束不住他的。而且以後的十多年，中國始終在軍閥混戰之中，當時的力避戰爭，對以後來說，實不是一個妥善的國計。由此，可知當時遷就袁世

凱的主張，不免是一種政治上的短視了。

　　袁世凱既受命為臨時大總統，乃依照〈臨時約法〉的規定，組織政府，而以唐紹儀為內閣總理。唐紹儀是廣東香山人，與國父為小同鄉，他是容閎幼童出洋留學案中的第三批學生，對民主政治，頗有認識；所以在南北和議中，曾向民軍總代表伍廷芳表示，他也是民主政治的擁護者，因亦於此時加入同盟會；但他對袁世凱的野心，似乎並無認識，所以他欣然負起責任內閣的責任。在袁世凱的臨時政府中，宋教仁被任為農林總長，革命黨人之被任總長者，除宋氏外尚有蔡元培、陳其美、王寵惠三人。

　　時經費艱難，總長月薪，僅得銀元二百枚，袁世凱意欲用銀元攻勢，收買各總長，每人各贈以交通銀行支票簿一本，聽他們自由支用。革命黨人或以支票簿送回，或雖暫留而分文不支，宋先生便是屬於後者。袁世凱見到革命黨人決非賄賂可以收買，殺機殆即始於此時。

　　依照〈臨時約法〉的規定，臨時大總統發布命令，須由國務總理副署，始可生效。這是防制其獨斷專行的一種有效辦法，也是民主國家的通例。

　　易言之，袁世凱如果不依照法律的規定，任意發布命令，則國務總理不予副署，命令便告無效。國務總理不副署，便是國務總理對臨時大總統的否決權。但袁世凱則認唐紹儀為可以頤指氣使的，因而不用唐紹儀副署，而竟然發布命令。唐紹儀因此憤而辭職，革命黨的四總長看到袁世凱的那種弁髦法令，知不可為，乃亦相繼辭職。這本是袁世凱所希望的，於是北京臨時政府的負責主管，便成清一色的袁系私人。

農林行政的綱領

　　農林行政非宋先生的專長，但宋先生在這方面常識非常豐富，他一本向來負責盡職的精神，為中國未來的農林事業，作一個通

盤的和高瞻遠矚的設計。他親自擬訂的工作計劃，略有下列各條：

一、變賣官有土地；

二、變賣政府所有之股票；

三、徵煙草稅；

四、測量田地；

五、改鹽法為專賣制；

六、設中央銀行，並使兼管國庫，發行鈔票；

七、設進出口貨商業銀行；

八、設拓殖銀行；

九、治河三法：（甲）由甘省河開一河道，直達湟水，（乙）北放入於蒙古，（丙）由山西寧武縣，開一河道，直達於桑乾、滹沱；

十、治江五法：（甲）開荊州境內諸支流，（乙）開武昌南之河，由金口直達樊口，（丙）開黃州以東諸河為北江，（丁）開蕪湖以東諸湖為中江，（戊）開河口以北諸湖，使漢水東流，至黃州入江；

十一、徵酒稅；

十二、設勸農使於各省；

十三、設督辦屯墾事務官於滿、蒙、新；

十四、設各省勸業道與興業司，報告至部；

十五、以各省積穀，常年倉穀，為農業銀行資本；

十六、微山湖有可墾田地萬餘頃，淮海間葦蕩營有可墾地二處：一處五千餘頃，一處七千餘頃；

十七、設蒙古興業公司，請願政府，許以行政權；

十八、接辦安圖縣木植局，並請願許以收捐權。

宋先生這一農林部的工作綱要，其中有涉及財政部的權責範圍者，如設立中央銀行與進出口銀行等，但其主要宗旨，不外籌措經費，舉辦屯墾與興修水利等，都是農林部最主要的工作，也

是國家最重要的工作。雖其治河三法與治江五法，不免志大言大，迂闊無用；但長江與黃河的必須整治，那也是必要的原則。至於徵煙草稅與酒稅，其所謂煙草，當非罌粟，是即後日之煙酒公賣稅；設立農業銀行，而以各省積穀為資本來源，不必另籌經費，更是切實可行的方案，此項專供農業資金的金融組織，也就是後來的中央農民銀行與各省農民銀行。

凡此，都是說明宋先生對農林工作，具有遠大的構想。宋先生不是農業專家，但我們不能不佩服他對農林建設的長久而合理的計劃。

宋先生在那個時候，已是總長級的高官，但其生活簡樸，仍與致力於革命工作時無異。于右任先生曾口述其在京的生活狀況，有云：

> 宋先生以臨時政府（當指北京臨時政府）成立入京，記者後至，在京一月餘，無日不見先生。先生勞苦萬狀，恆日未進飲食；顧性矯潔，不願居城內，獨寄宿於西直門外之農事試驗場，即俗所謂三貝子花園者。同居者惟其書記數人，恬靜自熹。而京城反對者之報紙，顧造為蜚語，謂先生將納名妓蘇映雪於簉室，先生平日絕無嗜好，凡識先生者，無不知之，見此記載，無不失笑，蓋先生未嘗與蘇映雪一面也，因群請馳函辯正。先生曰：是奚足誣我者！置不與較。此雖小節，而先生之光明磊落，不屑與群小爭短長者，又可見矣。

由此，可知先生在那個時候，雖已官高位尊，但仍是書生本色，這正是心在廊廟而身在山林，他的特立卓行，足見一斑。先生之被誣，當係袁系政客對先生之一種試探性的污蔑。「食、色性也」，普通人不是好財，便是好色。袁世凱以財試收買先生，而先生不理；此則以色誘先生，如先生動心，則籠絡有術；如先生不動心，則以假道學來破壞先生之人格與社會地位。不知先生以國

事為重，以卓絕之人格示國人，他的生活，在政府為要人，在社會則有如隱士或得道高僧，此種伎倆，烏足以污蔑先生哉！真金不怕火煉，謠言止於智者，先生之不屑於自辯，那真是事實勝於雄辯了。事實上，袁系的無聊政客，欲藉蜚語以中傷先生，如先生有所申辯，則彼等必將以更歪曲的謠言加以侮辱，眾口鑠金，反可造成積非為是的傾向，社會人士不察，必將發生「容或有之」的感想。所以宋先生不加辯正，是最正確的應付方法。

宋先生在北京臨時政府的職務是農林總長，此在各部長中是比較閒缺的職位，即自宋先生提出的農林大政方針來看，在政府財政艱困聲中，乃都是不急之務，未必需要日不暇給的加以推動，即或晝夜努力來推動，也一定得不到什麼結果，以宋先生的智慧之高，當不致如此的浪費精力，然則先生在京「勞苦萬狀，恆日未進飲食」，他忙的是什麼呢？簡單的答案，是新政黨的組織，以便在正式的國會選舉中，佔有多數的議席，以便以內閣制來對付袁之擅專。

國民黨的組織與國會選舉

按照〈臨時約法〉的規定，新國會即正式國會議員的選舉，當在六個月內施行，故時間甚為迫促，讀者諸君也許要懷疑革命黨不是有革命同盟會的總會與各地區的總支部與各省的分會，這是個完整的政黨體系，正好是競選國會議員的當然團體，何必還要有什麼新政黨的組織呢？但是當時的情形，並不如此簡單：

第一，革命黨人中，對同盟會是否繼續領導革命，意見甚為紛歧，如章太炎即有「革命軍興、革命黨消」的謬論，一般淺見之人，也有認為民國成立，革命黨的任務，已經完成，同盟會非加改組不可。

第二，革命黨建此推翻滿清政府和建立民國的大功，未來的執政黨，非革命黨莫屬，許多投機分子都向革命黨攀龍附鳳，以

便在國會議員的選舉中和新政府的組織中，分嘗杯羹。

第三，袁世凱為了爭取正式國會的選舉勝利，拉攏政客，廣事布置，組織共和黨以抗革命黨，革命黨乃有擴充基礎的必要。

這些投機分子的紛紛要求加入革命黨，是革命黨非加改組的另一因素。在北京的革命黨人，長於組織才能者推宋先生，於是宋先生便成為新政黨組織的中心人物。各方面都與宋先生接觸，以致使宋先生忙得不可開交。把革命同盟會改組，盡量容納各方面的投機分子，與國父的本意，似不相合，故國父對此，並不熱心，此可在國父不就新政黨的領袖一事中，得窺端倪。但宋先生對此，則異常熱心，宋先生大概認定新政黨成立以後，國會議席穩操多數，他的內閣制的主張必可成為事實，便可與袁世凱相抗衡，而遏制他的武斷與違法事件了。

上面所說的各方面投機分子紛紛組織政黨，他們的目的，只是爭取地位，並無匡時救國的大計。袁世凱這個陰謀家，知道未來的國會議員選舉，必須透過政黨的組織，所以他也唆使其門客，組織一個所謂共和黨的御用機關，作為他競選國會議員的基礎。共和黨知道它本身實力不足，分布不廣，不能與革命黨相對抗，因有聯絡各小黨以壯聲勢的舉措。此當為宋先生聯絡各小黨，免其倒入袁世凱的懷抱之動機所在。宋先生任農林總長只有一個多月便辭職不幹了。但是他聯絡小黨派的成績，卻是很好，經他和各小黨聯絡的結果，當時所謂統一共和黨、國民共進會、國民公會、共和實進會等，都願和同盟會合併，改組為國民黨，以民國元年八月二十五日為國民黨成立日期。開會之日，請國父蒞會致辭，並選舉國父為理事長，宋教仁等八人為理事，發表宣言，聲勢浩大。

國父對理事長一職，交由宋教仁代理。先生的地位愈高，袁世凱忌之愈深，大有兩雄不能並立之勢了。而選舉國會議員結果，國民黨又大勝，在國會中所佔議席，超過半數以上甚多，袁世凱

遂將宋教仁視為眼中釘，決心非除去不可了。

回鄉省親、赴滬論政與慘遭殺害

　　宋教仁在國民黨改組完成和選舉竣事以後，離京回桃源原籍，省視高堂，距其離鄉之初已經十多年了。在這十多年中，宋氏因熱心革命，東西奔走，席不暇暖，故雖屢赴湘鄂，並未抽暇一返故里，與母團敍。至此，闊別十餘年的母子重逢，歡樂自不待言，宋氏鑑於母親的舐犢之情與依閭之苦，遂興家居奉母之意。怎奈國家需要他出任艱鉅，同志們需要他出任領導，在此公私兩難之際，教仁決心移孝作忠，揮淚與老母相別，在母親熱淚雙流的悽慘情況下，重離故鄉。他是取道長江而下，路經湘鄂皖蘇，每至一埠，必發表演說。

　　以其深邃的學理基礎，遠大的國是主張，闡述責任內閣制的精義，聽眾無不竭誠歡迎，表示擁護，收到宣傳上最大的效果，他並且一路強調，將來內閣總理，不必出於國民黨，只要是責任內閣，誰做總理都是一樣，他的公而無私的政治家風度，使大家更為心折，更使袁世凱為之膽戰心驚。他此次出山，以國民黨代理理事長的身分，攜未來的大政方針與建國計劃，將交國民黨中央審議，使成為國民黨的政治主張，而提交國會，使成為國家的政策，尤使袁世凱寢饋難安，謀殺宋教仁之心，更為堅決。

　　袁世凱對宋教仁離鄉以後的各種活動，無時無刻不在嚴密注意中。他妄想在學理上駁倒宋教仁，唆使其門下的政客，著論與宋教仁辯難。袁某門客知無法可以在對辯中獲勝，故不敢以真姓名見人，而出之於匿名的不負責的鬼祟行為，蓋深恐辯而不勝，反足以損害袁世凱的聲望。袁世凱又恐如此仍不能挫折宋教仁的銳氣，乃虛偽地利用「救國團」的名義，發布全國性的通電，向教仁提出許多責難的問題。宋教仁從容不迫的很客觀的把辯難的問題，一一予以駁倒，袁氏政客反而弄得灰頭土臉，討得一場大

沒趣。袁世凱在此種毫無希望的情況下，乃以暗殺手段來對付宋教仁，於是宋教仁便在光天化日之下，遭劊子手袁世凱的毒手，成為擁護民國的第一個犧牲者了。

時袁世凱政府的內閣總理為趙秉鈞，此人是袁世凱一手培植出來的死黨。袁世凱暗殺宋教仁的計劃，就是交給趙秉鈞來執行的。趙秉鈞奉命後，把這個任務交給他的心腹洪述祖，洪述祖時任內務部祕書，洪述祖接到此項任務後，以厚酬收買浙人應桂馨，要他實施暗殺。應桂馨是一個惟利是圖的無賴，素來是膽大妄為的惡賊。應桂馨貪此厚利，乃在上海設辦事處，密結其他的無賴，日日窺伺宋教仁的行動，以便候機會向宋下毒手。有一個山西人名叫武士英的，原名吳福銘，本是清季的失意軍人，孔武有力，而槍法奇準，流落滬上，百無聊賴。應桂馨看中了他，央人說合，武士英便受僱為暗殺手。

宋先生被刺的經過，是這樣的。武士英等既追蹤宋先生，且獲其照片，印發各亡命之徒，隨時注意可以下手的機會。三月中旬，袁世凱電邀宋先生北上，共商一切大計。此在宋先生來說，自然義不容辭。乃摒擋一切，定期三月二十日取道滬寧鐵路、津浦鐵路入京。袁世凱當然立即通知應桂馨等在滬爪牙，於是應等便祕密調查宋先生的行蹤，而相機下毒手了。在這樣的時機中，武士英獲手槍一支，率其黨羽，埋伏於北火車站，專候宋先生經過。

是日上午十時許，宋先生到達車站，送行者有黃興、于右任等諸革命同志，他們同至議員接待室小坐，至十時四十分，由吳仲華帶頭，行向剪票口，後隨者有拓魯生、黃興、陳勤宣、廖仲愷等。于右任則尚在接待室與諸議員寒暄。方欲出室相送，即聞槍聲，知事不妙，乃急步而前，與宋、黃兩先生相值於剪票口，宋先生即曰：我中槍了。

當時兇手武士英共發三槍，第一槍聲最低，聞者甚少，但中

宋先生腰部，但二、三兩槍則係拒捕性質，幸未擊中任何人。于先生見狀，立即決定一面送宋先生就近入鐵路醫院急救，一面緝捕兇手。但兇手於得手後，即逃逸無蹤。有目擊者，謂兇手發第一槍後，即匍匐於地，向左右連放二槍，使緝捕者不敢接近，而他就乘機逃走了。兇手連放二槍時，未再傷及行人，也算是一件幸事。

兇手逃走時，車上小孩見一身材矮小、穿黑色新軍衣的人，自地上爬起，自裡月臺向站門狂奔，連跌二次，卒被兔脫。車站門口，在宋先生進入車站前，本有水果攤販二人，及巡警聞報檢查至此，則水果攤與攤販皆已失蹤，他們原來是兇手武士英的同黨。由此，可知他們已事先偵知宋先生行動的時間安排，故作有計劃的布置，非置宋先生於死地不可！

宋教仁有遭人暗殺的可能，事前已獲警告，宋先生亦親聞其說，先生的友人更嚴重地警告宋先生，要他戒備。但宋先生淡然處之，謂：「光天化日之政治競爭，豈容有此卑劣殘忍之手段？吾意異黨及官僚中人，未必有此，此特謠言耳；即使非謠言，吾豈以此懈吾責任心哉！」宋先生但知異黨必不為此，而不知袁世凱竟能為此，其謀國之忠如此，而對自身之安全輕視如此。不知他一身的安危，實寄天下之重，所謂千金之子，不死於盜賊，宋先生真太不為自己的生命打算了。

「吾豈以此懈吾責任心哉」，其語甚壯，但卻甚為迂闊，防暗殺與對國家的責任心並不衝突；進一步說，有了生命，才可以為國家效力，先生何不思之甚也！作者曾以《春秋》責備賢者之義，責備吳祿貞之徒恃血氣之勇，而不自謀安全，幾壞革命大局；宋先生有可以不死之機會，而竟輕易被賊人得手，是亦宋先生之太大意了。不過宋先生與吳祿貞有其不同之處，吳氏自己能夠保衛自己，但宋先生則自己沒有保衛能力，袁世凱既處心積慮的要謀害宋先生，則其離滬北上以後，已入袁世凱的虎口，故宋先生雖

不死於上海，將來必死於北京無疑。

從這一點看，其死於上海，尚可藉革命黨在上海的深厚勢力，迅速破案，使袁陰謀，無所遁形，天下皆知袁世凱為謀殺宋先生之主唆要犯，是亦不幸中之大幸了。假使宋先生在北京被刺，則此案必將如石沉大海，無從破獲，袁世凱反得來他假惺惺的緝兇哀悼等的一套，那豈不冤透了嗎！所以袁世凱也有他失算的地方，此殆天奪其魄，使其自暴罪行乎？

醫治與逝世經過

當宋先生語送行人「我中槍了」的時候，語音極低，狀極痛苦，所以大家集中力量護送宋先生至醫院，對緝兇事未加注意，因任其逃逸。宋先生被送至醫院時，適醫生不在，在候診室等候，而流血甚多，痛楚不堪，緊抱于右任之首，而投其首於于氏胸間，斷斷續續地說：「吾痛甚，殆將不起，今以三事奉告：一、所有在南京、北京及東京之書籍，悉捐入南京圖書館；二、我本寒家，老母尚在，如我死後，請克強與公及諸故人為我照料；三、諸公皆當勉力進行，勿以我為念，而放棄責任心，我為調和南北事，曾盡心力，造謠者及一般人民，不知原委，每多誤解，我受痛苦，死亦何悔。」他在極痛苦的時間，所關心者只是他書籍的處置、母親的養護和對國事的關切而已。宋先生真可以說是移孝作忠的典型。

宋先生既入醫院後不久，醫生至，為先生在右脅骨稍偏處，檢視傷勢，知子彈尚在創口附近，乃施手術，在十二時四十分，取出子彈一枚，斷定為六吋六響之勃朗寧手槍所用者。醫生作詳細的檢察後，認為宋先生所流之血，並不算多，但痛楚特甚，當係接近心臟的關係，暗示傷勢相當嚴重。為之注射止痛藥水，意欲使其痛止而能休息。但宋先生仍是劇痛不已，宛轉呻吟，不忍卒睹。時為宋先生主持醫療之醫師為加爾平博士 (Dr. Culpin)，或

以宋先生之傷勢如何？有無生命危險？詢問醫生。醫生答稱：須視四十八小時的經過情形，始有結論，以現況論，則危險殊甚，四十八小時後或有好消息可告慰諸君耳。加爾平博士殆對宋先生之受傷，表示其醫家應有的同情心，而對宋先生之生命前途，似亦有無限之關切者。

當子彈取出後，黃興先生倉忙而入，探視宋先生，宋氏見黃，即招手使其向前而告之曰：「如我死後，諸公總要往前做」，並請他報告袁總統，並囑其代致袁世凱一電，略謂：「仁本夜乘滬寧車赴京，敬謁鈞座，十時四十五分，在車站突被奸人自背後放槍，彈由腰上部入腹下部，勢必致死。竊思仁自受教以來，即束身自愛，雖寡過之未獲，從未結怨於私人，清政不良，起任革命，亦重人道，守公理，不敢有一毫權利之見存。今國基未固，民福不增，遽而撒手，死有餘恨。伏冀大總統開誠心，布公道，竭力保障民權，俾國會得確定不拔之憲法，則雖死之日，猶生之年。臨死哀言，尚祈見納。」

宋先生的生命雖將告終，但以民國的基礎，國民的福利，期之袁世凱；而不知有計劃的殺害宋先生和蹂躪民國者，正是此獠，宋先生臨終的哀言，正是袁世凱的最好消息，這真可以說君子可欺以其方了。

宋先生在醫院治療期間，《民立報》派有專人，侍候宋先生，此君姓周，名錫三，是《民立報》的特派記者，他在宋先生的病房中，悉心照料，撰有《病床筆記》，有如下的幾段文字：

二十日夜二時，余方寬衣欲睡，忽得館中函告宋先生被狙擊事，囑往滬寧鐵路醫院照調。既至，悉先生已沉睡，乃坐至天明。看護言先生醒，似覺較前痛楚。余因入問，先生呼痛殊甚，余扶起。看護以玻璃瓶進，囑余扶先生小解。歷二十分鐘始得出，顏色鮮紅，皆血液，厥後痛楚益甚，時以手執余衣，曰不畏死，特苦痛耳；出生入死，我習慣

之，果醫者能止我之痛，則死亦何恐！余慰先生再三，然其痛又急，乃復執余衣，微嘆曰：吾不料南北議和之事，乃若是之難，時事如斯，奈何，奈何！忽復言曰：罷了，罷了，惜兇手在逃，不知彼誤會我者，乃為何許人？言畢，看護者對余言：「醫生將至」，時正六時也。

迨醫者來，余以狀態詳告之，醫者詳察數過，乃以嗎啡針打入其左臂，先生乃漸沉睡，醫者告看護以十一時再來。臨行囑咐一切，越數十分鐘。客漸集，詢問病狀，惟醫生囑不許外人攔入，致擾先生腦力。右任、英士、克強，相繼到院。約十時二十分左右，先生復醒，覺痛稍減，惟屢拒宿食，及醫者來，細視一周。

余以克強先生意譯告之，請多延醫者，相與研究。於是格爾本（按即作者所譯之加爾平）醫士即召比林哈士醫士至，相與考驗，遂告右任曰：須開割，始有望，兩醫士復召捷克生、摩亞兩醫士來院相助。少頃，克強先生接右任之電話亦來院，英士旋亦至。醫士決定以二時開割。及時將先生移至二層樓開割室，時祗許右任一人監視。先以迷藥撲面，繼下刀，共兩下，約廣六英寸，取腸出，驗之，去血塊，縫之，解迷藥，至三時十五分竣事。據醫士言：似有希望云。解剖時，醫士僅許于右任一人在旁審視，剖解後，並言此時尚無把握，故不能具報告書；僅將剖割情形，略述如下：槍彈取出後，宋先生曾大小便一、二次，鮮紅如血，且呼痛楚不止。迨剖割時，先薰迷藥，繼用刀將腹與腰間割開，其創口約六英吋，檢視大腸有一處被槍彈洞破，故腸中之飲食，時溢出腸外。此為其痛楚之主因。其腸外之血，亦隨破裂處闌入腸內，此為其大小便出血之原因。醫生隨將腸臟修補，將其中之血塊除去，又縫其創口，復將迷藥解去。

五時後，宋先生頻頻呼痛，雖醫生時以嗎啡針注射，俾其神經略靜，而猶宛轉反側，令人不忍睹。八時許，又得報告，謂醫生檢查腰部，實受有傷，亦有血出，故其痛楚尤甚，嗚呼慘矣！

二十二日午前四時，《民立報》以電話詢問鐵路醫院，由特派駐院記者答話，言宋先生病勢極險，兩手熱度漸低，目睛亦有仰翻之勢；惟神識極清，故希望猶未盡絕。據看護婦言：醫生已竭其能力為之，惟宋先生似久經勞瘁，內部稍弱，如能支持至天明以後，當大有希望云云。稍頃，忽醫院電話又至，則云宋先生恐將不起，兩眼上視。黃克強、于右任兩先生，均已得電話，急馳至院。嗚呼，吾宋先生果捨吾中華而長逝乎？抑猶有最後之希望乎？吾淚枯，吾無言已，嗚呼！

二十一日夜間十時許，……尚有醫生來視，猶言或有轉機之望，記者等方私相慶幸。於十二時許，醫生二人復來，互相討論，中有勢極危惡之語，又謂恐其腎部受傷，流血過多，已露無可奈何之狀，至三時後，漸見宋先生目睛有上翻之象，周身溫度漸低，手足已冰。急請醫生至，則注視良久，謂恐已無救，嗚呼！宋先生於十二時頃，曾與劉君白言：我所欲言，已盡與右任言矣，吾死後，請與右任商之。至此，劉君猶伏枕間，問其有遺囑否。宋先生微言：一二時內，我將死矣，尚有何言！時其故人均先後聞警至，先生已不能語，尚以目四矚，周視故人，其兩手忽作合十形，忽迴抱其胸際，若有無數欲言者在；又或觸念其老母，作此依依不捨之形，又現一種不適之狀。

克強以首接近其面，附耳呼曰：遯初，你放心去吧！時在旁諸人，皆欲哭無淚，含悲對之，其慘痛情形，無言可狀，嗚呼！宋先生氣絕，而猶直視不瞑也。在側者以手撫之，

使暝，稍頃又睜，如是者數次，至午間十二時許，已臨歿矣，其目始暝。英士猶在旁哭慟，頻呼此事真不甘心；其餘諸人皆頻哭失聲，及見宋先生之殮殯者，為克強、英士、鴻錫、覺生、仙三、曾鏞十餘人，及其書記劉君白也。

宋先生既卒，黃興、陳其美、居正、于右任諸先生及先生之親戚劉君白（即上文先生之書記）等，為宋先生洗滌血污，而先生左目又睜，洗滌既畢，諸先生商議照相問題，黃興先生主張外衣加身後始攝影，以符先生光明正大之人格。范鴻仙則謂宋先生遭此慘劇，不可不留歷史上哀痛紀念；居先生贊成之。於是先照上身傷痕部分。三時半含殮，多人在旁環泣，口間忽流夜間所服之藥，繼之以血，經拭淨後，將頭部抬高，始止，所盛棺木，由陳先生親自購置，殮場則在鐵路醫院樓下，著衣履時，黃興先生偕伍廷芳先生俱來，黃先生凝視一周，忽呼遯初，痛哭失聲，時國民黨人及新聞記者與各界欽仰宋先生的人，到場者甚多，滿室嚎啕，慘不忍聞，蓋棺時哭尤慟。居覺生則捧宋先生之靈位，置於棺頭，葉惠鈞則登椅捶胸頓足而大呼曰：「諸君永遠勿忘宋先生之死，人人皆當緝兇」，眾又大哭。居先生則宣布二十三日（即先生易簀之次日）午後三時出殯，暫厝於湖南會館。

由鐵路醫院至湖南會館，須經公共租界與法租界，租界當局同意宋先生之出殯路線，經北四川路、蓬萊路、北河南路、河南路、四馬路、廣西路、六馬路、福建路、浙江路、三洋涇橋、鄭家木橋、寧波會館、斜橋。執旗者前導，送殯行列隨後，繼之以軍樂隊、遺像花亭及靈位雙馬車，又繼以軍樂隊及花圈、靈櫬，軍隊黨員皆簇擁靈櫬，為之執紼，殿以軍樂隊及來賓，皆綴黃花於胸前，纏黑紗於左臂，沿途莊嚴肅穆，送殯行列，有自備車輛者達二百以上，但均步行，時天忽降雨，送殯者皆不顧。說者謂送殯者之多，參加送殯軍隊及商團之多，哀容之戚，在上海皆為空前；而所經道路，兩旁之人皆佇立默哀，成擁擠不堪狀，有嘆

息者，有揮淚者，一切皆出於自動，也是空前的。

伍廷芳先生時已高齡，亦步行送殯，自鐵路醫院直至湖南會館，外國人之送殯者以日人及韓人為多，學生之自動參加者尤不少，而沿途肅靜悲涼，尤上海之空前未有者。上海獨立性的銷路最大之《新聞報》，報導宋先生出殯時之情況亦特詳，略云：

> 前農林部長宋鈍初先生教仁，於二十晚在滬寧鐵路車站，遭人暗殺受傷，於二十二日黎明，在鐵路醫院身故。二十三日三時出殯至湖南會館暫停，清晨，上海官、紳、商、學各界及國民黨並西人、日人之恭送花圈至醫院者，絡繹不絕，而送喪之賓朋到院，先發黑紗一方，黃花一朵，在簿上簽名伺候者，有數人之多，觀者人山人海，路為之塞。捕房恐人眾滋事，飭探王金茂、譚鳳池前往彈壓。迨下午二時半，舉行出殯，前導由國民黨員派吳鐵城、陳雨溏、周然……策騎開導，由令旗二面，交叉而行，繼以商團、馬隊、軍樂隊、第一師範學堂全體學生隊，各攜花圈一個恭送。宋君遺像花亭一座，西樂一部（上海基本商團會員）。靈位安置於花紮雙馬車內，殿以軍樂。
>
> 執紼之中西人員，均禮冠禮服，親執花圈步行，用黑紗圍在當中，在靈櫬前恭送。靈櫬置於西式雙馬車內。混成第三旅兵士及海軍隊伍等，均排隊恭送。……靈櫬出院，往東走靶子路，往南，……至湖南會館。官、紳、商、學各界及黨員行三鞠躬禮而後各散。……是日黃克強、陳英士、于右任三君，均在湖南會館照料，沿途路祭者甚眾。

宋先生靈櫬暫厝所湖南會館，館門素彩，大廳則白燈彩。是日送喪者共計約三千餘人，十餘人一排行禮，至六時許，尚有前來致祭者，會館的前後廳，都擠滿人頭，只聞噓唏與飲泣聲，肅穆悲慘之至。

作者對宋先生被刺、受傷、醫治、逝世及出殯情形，詳為追

述，足以說明袁世凱謀殺宋先生之罪惡與宋先生對民國安危關係之密切而受國人所重視與尊敬之深。作者屬稿至此，猶不禁淚流雙頰而不能自已也。

宋先生被刺後，上海地方檢察廳翌日才得到通知，即派檢察官與書記官偕法醫前往調查，向車站站長查詢甚詳，當時所得的結論，有下列數點：

一、兇手行刺時，距離被刺者僅數步，確定其面目無人認識；

二、以素不相識之人，行此極殘忍之事，必非宿怨私仇；

三、刺客一槍後，即匍匐於地，再左右連放兩槍，以拒捕者，必係行刺之老手；

四、就行刺時情形，刺客舉止，甚是從容，其旁必尚有同黨；

五、刺客行刺後，尚攜其手槍以逃，不畏累贅，必其附近有機關部，其旁必尚有同黨；

六、就以上情形看，刺客行刺，必為人買通，破案獲兇，或非難事。

檢察官詢問當時有無巡警？站長稱事發後，以電話通知閘北警局，該局竟稱非其權力所及，又通電至總巡捕房，二十分鐘後，始有包探至站。由此，可知行刺的事前，他們對警察方面已有布置。

緝兇與破案

對於宋案的緝兇，國民黨人都盡其所能，而陳其美尤為悲憤而願全力以赴，終於獲得一可靠的線索。有王阿法者，河南人，以販古董字畫為生，曾在案發前一星期，向居住於小西門外的應桂馨兜銷書畫。應桂馨出一照片，囑其謀刺照片上之人，事成可獲厚酬，王阿法初不知照片上之人為誰，王因無此能力，將照片交還。及宋案發，宋之照片，刊登報端，始知應欲謀刺之人即為宋教仁。陳其美先生設法偵知此一經過，乃囑國民黨人與王阿法

聯絡，同時向總巡捕房卜總巡捕提供此項線索。

先是，武士英以販賣花瓶為名，住寶善里之六野旅館。其鄰居一旅客，乃國民黨人，出入常與武相見，因而認識。其時武士英窮愁潦倒，自稱為雲南的落職管帶，困窘無以為生，常向某君融通一、二角小洋，以維生活。後來，武忽有喜色，其後常有不三不四之人，至武之房間，行跡詭祕，某君疑之，而亦不以為意。宋案發生之前，武忽匆匆離旅館，未幾返回旅館，又匆匆結賬，欲離旅館，但無車資，向某君告貸，某君以小洋一角予之，武稱不夠，因欲至西門，非小洋三角莫辦，某君遂照數付給。晚間八時許，又回旅館，全身新服，手持鈔票數十元，自謂他現在已經有錢了。

宋案發生後，某君回想前後情形，覺此人行跡可疑，恐係宋案兇手，乃將前後情形，向國民黨上海本部報告，適王阿法將販賣字畫之情形供出，因知應桂馨家的地址也在西門附近，及捕房捕獲應桂馨，在監視應家時，特別注意穿新衣而身材矮小之人而逮捕之。武既被認出，因坦承刺殺宋教仁不諱，而且自謂「上了應桂馨的當了」。武之至應家，並偕同一妓女專向應桂馨報告消息者，真所謂法網恢恢，疏而不漏了。

至王阿法之出面報告向應家銷售字畫之經過情形，亦甚曲折。原來，王阿法至應家銷售字畫，乃由於鄧某之介紹，鄧亦國民黨人。王見報上所刊宋教仁之遺像，因憶應桂馨要他刺殺之人的照片，乃向鄧報告其經過，但恐禍及於己而悔之。鄧將此情形，報告於國民黨本部。國民黨同志要鄧某找到王阿法，至鄧之寓所，則已由某洋行大班覓得探目多人，已到鄧家，迫王阿法詳述過去與應某接觸之情況，王知無法可以隱瞞，乃具述之。此為二十二日晚間十二時之事。

國民黨同志恐尚有誣枉，以照片多幀，囑其辨認應所欲殺之人的照片，王一見宋先生照片，即認定此即當時應所示之照片，

乃將此項情形，轉報卜總巡捕，卜乃發動幹探，偵知應之行蹤而逮捕之，並監視應家。凡此種種布置，殆皆為陳其美所策動者。

應正在迎春坊李姓妓女處玩樂。捕房將里弄出口，完全包圍，由國民黨同志進入李姓妓女處，謂有事欲見應桂馨，問誰是應先生，應坦然承認。某同志謂欲會見應某之人在樓下，應跟著下樓，即被捕房探目所捕，這正是晴天霹靂，樂極生悲了。

會審公廨既使王阿法與應桂馨對質辯駁，應尚抵賴，但武士英已據實招供，應尚未知。會審公廨對宋案主唆犯與主兇犯，既已胸有成竹，乃下令搜索應家，見到了武士英所販賣之花瓶，佐證更為確實。其後又發現祕密函電兩通：一件是招應北上，有密事相商；另一函乃應回滬後，詢問謀刺宋教仁之發展情形。應之住地在法租界，其主辦捕房，乃屬法租界，其搜獲之涉嫌文件，據聞有兩箱之多。

國民黨人主張，此案應由公共租界會審公廨辦理，因與法領事商量，將所獲證據，悉數移交會審公廨，而由卜總巡捕妥密保管。英、美、法三國領事，對此案非常注意，因西人素重人權，而且在那個時候暗殺案數起，均未破獲，故對此案特別重視。會審公廨辦理此重大政治謀殺案也更是非常認真，主審官員把所有的有關資料，一一慎重研究，始開始偵訊。

但是應桂馨在公堂上十分狡猾，所有罪嫌，無不否認。竟稱平日與宋教仁毫無嫌隙，實無謀殺宋教仁的任何理由，宋教仁為何人所刺，他完全不知道；他又自稱為國民黨人，對宋之被刺非常憤慨，宋出殯時，他還前往執紼，表示哀悼；他又稱與王阿法、武士英均不相識，王阿法可能在字畫交易中要求不遂，而捏詞陷害，並且向法官反詰：如此重大的機密事，豈可隨便與人談及？他不知道武士英也是他臨時以一千元的代價僱來的，其經過捕房已十分清楚。法官問他，家中可有祕密文件與此案大有關係者，他答稱無，而不知捕房已盡將所有文件搜去了，他之善於詭辯，

由此可知了。顧會審公廨問案，首重證據，其次即為當事人之供承；應既狡賴，會審公廨當局認為有提審武士英，與應桂馨對質的必要。公共租界的英美領事亦以為然，因向法領事會商提審武士英事，法領事慨然同意，於是武士英也提到了會審公廨。武士英是此案最重要的兇犯，故解送途中，戒備森嚴，由西探五人擔任此事。武一身衣著，相當華貴，御灰色羊皮袍，外罩玄色花緞對襟馬褂，頭戴狐皮小帽，與落拓於六野旅館時的情形，大不相同，只有手銬，才表示了他是一個犯人。他們是坐汽車而去的，武在候審室中對人表示：「生平未坐汽車，此次因犯案而坐捕房公車，也是一樂。」其無賴的形相，實可在此數語中，足以見之。

至應桂馨在其被捕後，為之運動者甚多，應又善賴，自以為必無問題，故在捕房及會審公廨，都表現了瀟灑而毫不在乎的形態，完全是一種有恃無恐而示人以其奈我何的神色。故公廨大審中，觀眾對他憤慨達於極點。他所聘請的律師，有西人四人之多，其對律師所陳述的，也都是謊言，故辯護律師在證據和法律之前，對於這個惡棍，也毫無辦法可想。西人律師對犯罪證據與犯罪法條，決不牽強枉法，以利惡賊，此亦為其美德之一。

會審公廨的中西官員，在三月三十日下午二時半鞫訊應武兩犯。滬人士對此案關切異常，下午一時，公廨大門內，觀審之人已陸續到達，初擬在大堂審訊，以便市民旁聽。但來者極多，大堂已不能容納，乃移至樓上，聽眾聞訊，奪梯而上，一時秩序大亂，西探目僅允五、六十人上樓，而聽眾則達六百以上，尚有陸續前來者，後來增至二千餘人，故秩序不能恢復。應、武二犯雖已押到，其律師要求改期，故二犯皆未開口。應犯穿外國大衣，戴外國便帽，見熟人，則頷首為禮，狀甚悠閒，而聽眾見之，無不嗤之以鼻，足證公道之自在人心了。

法捕房在應犯家中所獲重要證據，上述二函，雖極重要，但尚有更重要者：其一，即為六吋勃朗寧手槍一支，能藏六顆子彈，

已失三顆，其式樣與宋先生被中之彈完全相同，按武士英發槍共三響，此即失去之三彈，這是鐵證之一；應犯家中，更搜得電信一批，都是洪述祖發來的，那就是對刺宋的進行之策劃，有來電必有去電，國民黨同志與租界緝捕當局，都在電報局中查抄出來，故此案之來龍去脈，在這一批電信中得到了全貌，即洪述祖在京所發的快信一件，洪電請扣留，尚存在郵局，至此亦被查出。此等證件，都顯示了應桂馨之謀刺宋教仁，乃由洪述祖所指使，而洪述祖之幹此勾當，則由於趙秉鈞的主唆，趙秉鈞之所以為此，乃出於袁世凱的主謀。

至洪述祖與趙秉鈞和應桂馨的關係，則《民立報》曾有一段描寫云：

> 宋先生案內要犯洪蔭芝（即洪述祖），年五十餘，面圓，有紅斑、黑鬚，小有才。武漢起義時，洪在上海，和使南來，洪乘機入都，游說於各要津。對趙智庵（按係應之同鄉）任前清民政部，蔭芝投刺晉謁，抵掌而談，頗得趙旨，趙愛其才，引為己用。時正南北紛擾，亟謀統一，故趙智庵事事賴之籌劃，並任以祕書一席，此次挾資南來，為解散歡迎國會團，殺機遂起，而我宋先生適當其衝……按洪之心理，實欲藉是以媚其主耳。

又《民立報》北京訪員三月二十九日專電，指述洪、應二犯之關係及洪述祖近祖事四則：

> 一、有一方面人說，洪述祖為趙同鄉，兼有戚誼，因此結識唐紹儀……清帝退位詔書，洪對人吹：係其手筆（按係張謇所擬），唐因此荐於內務總長為內務部祕書長，建官制發表，各部無祕書長，是以僅與祕書職，洪在都汲引私人，大受同人攻擊。……
>
> 二、有一方面人說，洪述祖在津，家住宿緯路，當趙總理在津閒居時，曾有翰墨緣，……洪得任內務部祕書，……

三、又聞去年八月十五日武昌兵變，應（桂馨）實主謀，
曾經黎（元洪）通電緝拿，應逃至蘇，運動程都督（德全）
代為解脫，並電荐於中央。應去年到京，寓金臺旅館，洪
素餌應名，知應為人貪狠狡猾，敢為不義，……洪欲買為
死黨，且可假應兇威，以騙錢財，遂到金臺旅館結交應，
應亦利用洪可以紹見政府諸公。故日相往來……洪見政府
中人，並力吹應在南方之勢力，……應之見袁，亦係洪為
介紹。……

四、南方歡迎國會團出現，政府頗為震撼，洪遂藉此遊說
當局，名為解散青洪幫，實則欲解散該團。

宋先生被刺以前，曾經接到一封怪信，內容如下：

鈍初先生足下：鄙人自湘而漢而滬，一路歡送某君赴黃泉
國大總領任，昨夜正欲與某君握別，贈以衛生丸數粒，以
便紀念，不意誤贈與君，實在對不起了。雖然，君從此亦
得而享千古之幸福了。因某君尚未赴新任，本會同人昨夜
曾以鉅金運動選舉，選舉結果，則君最占優勝，每票金額
五千元。故同人等請君先行代理黃泉國大總統，俟某君到
任後，自當推舉你任總理。肅此，恭祝榮禧，並頌千古。

救國協會代表鐵民啟。

這封信發自上海本埠，信封信紙，都是上等西紙，用紅墨水
書寫，信封則用黑墨水，外署「鐵民自本支部發」。這又是應桂馨
他們受命所使的鬼計，意欲以選舉和黨派傾軋，分散國民黨人的
注意力，其逃避責任的陰謀，可謂設想周密，但是事實具在，無
論如何避不過國民黨人的耳目，而破案之迅速，搜集證據之完備，
大出袁世凱意料之外。一個民國的大總統，而為謀殺案的主兇，
誠足騰笑友邦，而為中華民族人格與中華民國國格的大污點。無
怪北京的《北方日報》，有「合五大洲論道德墮落，人格卑下，未
有如今日之中華民國」的悲憤語了。

全國輿論哀悼宋氏

　　宋先生被刺和逝世的消息，真可以說是震動了全國。光是上海和北京的報紙，發表宋先生被刺經過、破案情形的報導，無不用最大的篇幅，鉅細不遺地宣布著。其發表社論者，上海大報除《申報》外，有八家報紙之多，而且還一再的評述此事，計《民立報》九篇，《中華民報》三篇，《民強報》二篇，《民權報》、《民國新聞》、《大共和報》、《新聞報》、《民報》各一篇。北京報紙之發表社論者，有《北方日報》三篇，《民國報》與《民主報》各二篇，其他如《國光新聞》、《中央新聞》、《國風日報》、《國權報》、《大自由報》、《亞細亞新報》、《大中華民國報》、《北京時報》、《天聲報》、《京津時報》等十二家，各發表評論一、二篇不等。其他如天津的《民意報》，武昌的《群報》，漢口的《民國日報》、《大漢報》，杭州的《全浙公報》、《平民日報》，江西的《晨鐘日報》、《豫章日報》，汕頭的《大風日報》，廣州的《震旦日報》、《人權日報》、《平民報》、《商權報》等，也都有評論發表。由此可知宋先生之被害，各大都市都為之震動，成為新聞界最注意的問題，宋先生誠民國之偉人哉！

　　宋先生之死，各地報紙，既如是的哀悼，所有評論，無不以痛宋氏之遭遇與民國之不幸，恨奸徒之兇惡，應盡法懲治，大家心情沉重，情緒哀傷，佳作如林，不勝枚舉。其哀輓亦然，譚人鳳是宋氏的同鄉前輩，對先生情深誼重，其講詞至為動人，曾作一次哀悼的演講，茲摘錄其中之一段：

　　……嗚呼遯初，君生平和平樂易，與世無忤，與人無仇，並無取死之道也，而竟慘死耶！嗚呼遯初，君為破壞建設兩時間重要人物，當此民國飄搖，需才孔亟之日，本萬不可死，而又萬不忍死者也，何竟死耶？夫死常事耳，君之死實太離奇；死快事耳，君之死實太慘酷！天耶？人耶？

鬼耶？天不幸如是之昏黃，人不應如是之孟浪，鬼不應如是之張膽明目，出沒於光天化日中……嗚呼遯初，死者已矣，生者復何堪，吾即不必過為君痛，究不得不為中國前途痛，且不得不為二十年來舍身救國之諸烈士痛也！

至輓聯之最能道出一般人對宋先生遇難的感受者，當以愛國女校全體教職員的一副，最具代表性，聯云：「言滿天下，行滿天下，大業未成，畢命僅三十二歲；為一家哭，為一路哭，良心不死，報仇有四百兆人。」

宋先生的靈櫬，後來移葬於閘北，名曰宋園，作者曾在民國十五、六年間，訪遊其地。園地甚廣，但甚空曠，作荒涼狀，但並無雜草，足證尚有人管理。墓在園的中央，冢豎一碑，曰：嗚呼宋教仁先生之墓。旁有銘文，已忘其整個的詞句，其中二語，似為「謂直筆乎，直筆已死；謂屈筆乎？屈筆已亡」云云，皆于右任先生手筆，字遒勁可愛，與現時流行之于先生的草書不同。

至於所謂宋案，因為事涉趙秉鈞，而趙時在北京，任袁世凱的內閣，故會審公廨屢發傳票，趙秉鈞皆拒不到案，會審公廨也無可如何，只好不了了之。民初黨人之高級知識分子都信法律萬能，但在袁世凱的擅權專政下，法律竟變為無能。此案幸發生於租界，捕房、會審公廨尚能與國民黨人合作，破案抄兇審訊，並票傳國務總理，若在華界發生，則中國法院早在「新式曹操」的壓迫下無能為力了。會審公廨只有這一案發揮了些作用。後來武士英斃於獄中，應桂馨被人劫獄而出，避居青島。二次革命失敗後，民國二年十月，他竟公然至京滬，寓李鐵拐斜街同和旅館，向袁索取刺宋酬金五十萬金，被袁派人擊斃。洪述祖也一直避居青島，至民國六年，公然至滬，化名張皎安，被一德國商人之母扭送捕房，清償舊債。當其償清債務而離去時，被宋氏之子振昌，扭送法院，解往北京，於民國八年以主唆殺人罪名絞死。故一干人犯均已伏誅。惡人自有惡報，其此之謂乎！

時代造就英雄，
英雄創造時代

　　站在歷史浪潮的頂端，他們乘風破浪，叱吒風雲，留給後人的，當不僅是英雄偉業、名垂青史，令人動容的，是一股歷史的使命感和扭轉乾坤的霸氣，而忠義智勇更是英雄之所以成為英雄人物的元素，且看惜秋如何帶領讀者一略歷史風雲人物的氣概。

【戰國風雲人物】
孫臏、田單、樂毅、廉頗、趙奢、白起、王翦、蘇秦、張儀、范雎……

【漢初風雲人物】
張良、蕭何、韓信、曹參、陳平、周勃、灌嬰、叔孫通、婁敬、彭越……

【東漢風雲人物】
吳漢、鄧禹、寇恂、馮異、王常、岑彭、來歙、銚期、馬武、馬援……

【蜀漢風雲人物】
諸葛亮、關羽、張飛、趙雲、龐統、黃忠、法正、劉巴、蔣琬、費禕……

【隋唐風雲人物】
高潁、楊素、劉文靜、李靖、房玄齡、杜如晦、長孫無忌、魏徵、秦瓊……

【宋初風雲人物】
趙普、石守信、王審琦、范質、王溥、魏仁浦、高懷德、張永德……

【民初風雲人物】（上）（下）
黃　興、胡漢民、焦達峰、陳其美、宋教仁、蔡元培、居正、于右任……

佛教與素食
康　樂／著

雖說「酒肉穿腸過，佛祖心中留」，但是當印度的素食觀傳入中國變成全面的禁斷酒肉，肉食由傳統祭祀中重要的一環，反成為不潔的象徵。從原始佛教的不殺生到中國僧侶的茹素，此一演變的種種關鍵為何？又是什麼樣的力量左右了這一切？

慈悲清淨 —— 佛教與中古社會生活
劉淑芬／著

你知道嗎？早在西元六世紀的中國，就已經出現了有如今日「慈濟功德會」一樣的民間團體。他們本著「夫釋教者，以清淨為基，慈悲為主」的理念，施濟於貧困中的老百姓，一如當代的「慈濟人」。透過細膩的歷史索隱，本書將帶您走入中古社會的佛教世界，探訪這一道當時百姓心中的聖潔曙光。

疾病終結者 —— 中國早期的道教醫學
林富士／著

金爐煉丹，煉出了孫悟空的火眼金睛，也創造了中國傳統社會特有的道教醫理。從修身道士到救世良醫，從煉丹養生到治病救疾，從調和陰陽的房中術到長生不老、羽化升仙的追求，道教醫學看似神秘，卻是中國人疾病觀與身體觀的重要根源。

公主之死 —— 你所不知道的中國法律史
李貞德／著

丈夫不忠、家庭暴力、流產傷逝 —— 一個女人的婚姻悲劇，牽扯出一場兩性地位的法律論戰。女性如何能夠訴諸法律保護自己？一心要為小姑討回公道的太后，面對服膺儒家「男尊女卑」觀念的臣子，她是否可以力挽狂瀾，為女性爭一口氣？

流浪的君子 —— 孔子的最後二十年
王健文／著

周遊列國的旅行其實是一種流浪，流浪者唯一的居所是他心中的夢想。這一場「逐夢之旅」，面對現實世界的近逼、理想和現實的極大落差，注定了真誠的夢想家必須永遠和時代對抗；顛沛流離，是流浪者命定的生命情調。

海客述奇 —— 中國人眼中的維多利亞科學
吳以義／著

毓阿羅奇格爾家定司、羅亞爾阿伯色爾法多里……，這些文字究竟代表的是什麼意思 —— 是人名？是地名？還是中國古老的咒語？本書以清末讀書人的觀點，為您剖析維多利亞科學這隻洪水猛獸，對當時沉睡的中國巨龍所帶來的衝擊與震撼！

女性密碼 —— 女書田野調查日記
姜　葳／著

你能想像世界上有一個地方，男人和女人竟然使用不同的文字嗎？湖南江永就是這樣的地方。與漢字迥然不同的文字符號，在婦女間流傳，女人的喜怒哀樂在字裡行間娓娓道來，建立一個男人無從進入的世界。歡迎來到女性私密的文字花園。

說　地 —— 中國人認識大地形狀的故事
祝平一／著

幾千年來一直堅信自己處在世界的中央，要如何相信「蠻夷之人」帶來的「地『球』」觀念？如果相信了「地『球』」的觀念，中國「天朝」的基礎豈不搖搖欲墜？在那個東西初會的時代，傳教士盡力宣揚，一群中國人努力抨擊，卻又有一群中國人全力思考。藉著地球究竟是方是圓的爭論，突顯了東西文化交流的糾葛，也呈現了傳統中國步入現代化的過程。

◎ 中國現代史（修訂五版）　薛化元／編著

　　本書分題論列中國與臺灣現代歷史的發展脈絡，並評析其歷史涵義。對於這段歷史過程中的重大事件，論述不求其詳備，而取其精義，並與時並進，希望能讓讀者有系統而概念性的理解。關於這段歷史過程中譯莫難明的史事，也參酌最新研究成果，務求確實無訛，盼望亦能讓讀者有超越傳統歷史論述的認知。

◎ 中國近代史（增訂二版）　　李雲漢／著

　　本書敘事始自明末至 1949 年後的兩岸關係，是一部層次分明的中國近三百五十年史。著者將學術專著的精審與大專用書的詳備，合而為一，廣泛引用中外史料與史著。體裁上打破傳統，內容上力求充實新穎。若干關鍵性的重大歷史事件及一般未及記述之敏感問題，本書均依據正確可靠的史料，予以客觀公正之分析。

◎ 中國近代史（增訂版）　　薛化元／編著

　　本書根據時序先後，分題論述中國近代歷史發展的脈絡，並評析其歷史意義。在內容取材上取其精義，使讀者不僅知悉歷史事件，更能對事件的歷史意義，也有概念式的理解。同時在章節安排上，透過最新研究成果的參酌，及借重科際整合對歷史事實的重新詮釋，不但力求確實，亦能有超越傳統歷史論述的認知。